普通高等院校经济管理类"十三五"应用型规划教材
【国际经济与贸易系列】

国际贸易理论与实务

第3版

THEORY AND PRACTICE OF INTERNATIONAL TRADE

赵静敏 郑凌霄 孙勤 等编著

机械工业出版社
China Machine Press

图书在版编目（CIP）数据

国际贸易理论与实务 / 赵静敏等编著 . —3 版 . —北京：机械工业出版社，2019.9
（普通高等院校经济管理类"十三五"应用型规划教材·国际经济与贸易系列）

ISBN 978-7-111-63642-7

I. 国… II. 赵… III. ①国际贸易理论 – 高等学校 – 教材　②国际贸易 – 贸易实务 – 高等学校 – 教材　IV. F740

中国版本图书馆 CIP 数据核字（2019）第 188338 号

  本书紧密结合当代国际贸易和我国对外贸易发展的新变化，系统阐述了国际贸易理论与商品进出口业务知识。本书由国际贸易理论、国际贸易实务上下两篇组成，共 16 章。上篇国际贸易理论共 7 章，主要介绍国际贸易基本理论与政策措施；下篇国际贸易实务共 9 章，主要介绍商品进出口业务知识。本书文字简明扼要，内容新颖，注重应用性和知识拓展，实践性强，深度适当。

  本书可作为高等院校国际贸易、电子商务等专业学生的通用教材，也可作为对外经济贸易工作者的知识读本。

出版发行：机械工业出版社（北京市西城区百万庄大街 22 号　邮政编码：100037）
责任编辑：林晨星　　　　　　　　　　　　　责任校对：殷　虹
印　　刷：三河市宏图印务有限公司　　　　　版　　次：2019 年 9 月第 3 版第 1 次印刷
开　　本：185mm×260mm　1/16　　　　　　印　　张：20
书　　号：ISBN 978-7-111-63642-7　　　　　定　　价：45.00 元

客服电话：（010）88361066　88379833　68326294　　　投稿热线：（010）88379007
华章网站：www.hzbook.com　　　　　　　　　　　　　读者信箱：hzjg@hzbook.com

版权所有·侵权必究
封底无防伪标均为盗版
本书法律顾问：北京大成律师事务所　韩光 / 邹晓东

前　言 Preface

《国际贸易理论与实务》于 2010 年 2 月出版，2015 年再版，已经重印了多次，发行了数万册，得到了读者的认可。为了满足读者的需要，我们根据国际贸易和世界经济形势发展的最新变化与国内高校相关专业的最新教学需要，再次对本书进行修订，现将本书第 3 版奉献给广大读者。

进入 21 世纪后，随着世界经济全球化的进程和世界贸易组织不断推动全球贸易与投资的自由化，国际贸易的内外部环境都发生了许多重大变化，国际贸易活动中的贸易方式也有了许多新的发展。国际金融危机的爆发，使得中国企业在国际贸易活动中遇到许多新的问题、面临许多新的挑战。在这种形势下，对既有专业理论知识又有较强实践能力的高素质应用型外向经济人才的需求越来越迫切。

国际贸易理论和国际贸易实务两者关系密切，在实践中相互融合，但从教学和研究的视角，可以明确地将二者分开。二者最大的不同是国际贸易理论多以宏观经济、区域经济为出发点，国际贸易实务多以微观经济、企业经营为出发点。因此，国际贸易理论往往是把实现国际经济、国家经济和区域经济的福利最大化作为研究目标，而国际贸易实务则往往把企业利益最大化作为研究目标。把二者融合为一个层面的命题的确不是一件易事，但是从高素质应用型外向经济人才培养需要的角度出发，要求有一本能把二者结合起来的融宏观和微观于一体、理论与实践相结合的应用型教材。因此，编写这样一本教材，让开设国际贸易课程的高校师生应用这一成果，是我们最大的愿望。

本书在编写过程中，补充了当代国际贸易发展的最新内容，力求做到从中国社会主义市场经济建设的实际出发，面向改革开放、面向现代化、面向世界。本书内容新颖、结构合理、重点突出，具有较强的系统性与逻辑性，注重技能训练，简明扼要，易于自学。本书在结构体系上做了新的探索，全书分为上下两篇，共 16 章。上篇为国际贸易理论，重点介绍国际贸易基本理论与政策措施；下篇为国际贸易实务，重点介绍商品进出口业务知识。

根据新颖、精练、科学、实用的原则，我们力求本书具有以下特点。

（1）内容新颖、前瞻性较强。在本书第 3 版发行之际，世界经济和国际贸易形势发生了许多重大变化，使得国际贸易理论和实务课程的教学面临着新的挑战，编者在充分理解与消化这些变化的基础上，对本书有关章节的内容做了修订、补充、调整和更新。

我们希望能及时跟进各项贸易规则的更新，以期将国际贸易的最新知识介绍给读者。

（2）注重案例引导和知识的拓展。本书针对应用型本科高校学生的特点，力求以案例代替枯燥的说理。每章开始前有学习要点，结尾有本章小结，让学生通过案例感受各章节的教学内容，并同步穿插与课程内容相关的背景知识和拓展知识，便于学生自学。

（3）技能导向，强调应用性。本书尝试从应用型本科高校经济贸易类专业人才培养目标和从业标准的视角，设定各章节内容的学习目标。在内容安排上，各章均安排了练习；适当增加了国际贸易实务的内容，并从培养学生应用能力的角度出发，增加了实训练习内容，使之更适合应用型人才培养的需要。

（4）语言简明通俗，内容深度适当。本书的编写尽量从我国对外贸易实际出发，做到语言简明扼要、通俗易懂。同时，本书对相关知识点做了一定的提炼和总结，以突出应用型本科人才培养的办学理念及教学定位。

另外，本书配有教学课件，供广大读者参考使用。

本书的编写队伍经验丰富，专业基础扎实。编者均为具有多年教龄的教师，由赵静敏、郑凌霄、孙勤负责总体框架设计。初稿撰写分工如下：孙勤编写第1、3、5、8、15章；李松涛编写第2章；罗吉文编写第4章；郑凌霄编写第6、13章；徐彬编写第7、14章；赵静敏编写第9、10、11、16章；周芳编写第12章。本书由赵静敏、郑凌霄、孙勤进行更新并修改定稿。

本书在编写过程中参考了国内外有关国际贸易的著作、教材及文献资料，吸收了其中的一些成果，在此一并致谢，恕不一一详列。由于编者水平有限，疏漏之处在所难免，敬请读者批评指正。

编者

2019年8月

Suggestion 教学建议

　　国际贸易理论与实务课程是经济类相关专业的专业必修课程，是一门实践性很强的综合应用型课程。本课程内容包括国际贸易理论与国际贸易实务两部分，国际贸易理论部分介绍国际贸易基本理论与政策措施，国际贸易实务部分介绍商品进出口业务知识。

　　本课程的先修课程为政治经济学、西方经济学、市场学等，后续课程为国际金融、国际结算、国际商法等。

教学要求

　　本课程的教学以本书为基础，以课堂教学、案例教学和实践教学多种教学形式相结合的方式进行。教师可根据教学需要和学生情况适当调整教学内容。

　　在国际贸易理论教学中，理论分析要准确、具体、形象、生动，体现"广"和"新"。"广"即综合人文、经济、地理、金融、法律等多学科内容，结合各个国家的文化特色和商业习惯。"新"即联系世界经济贸易的最新发展和变化，联系时事热点，突出国际贸易的政策性、实践性，以拓宽学生的知识面，培养学生的专业敏感度。

　　在国际贸易实务教学中，应以案例分析和实践教学贯穿整个教学过程的始终。如在学习"国际贸易货物的运输与保险"一章时，可组织学生到国际海洋运输公司和保险公司参观，使学生熟悉相关业务环节和运作过程；在学习"国际贸易货款收付"一章时，可通过案例分析，使学生认识到支付方式必须与合同中使用的贸易术语相结合，并请外贸企业单证员向学生介绍各种票据，指导学生填制相关单证；在学习"国际贸易合同的履行"一章时，可组织学生到外贸公司实习参观，以了解进出口合同的履约全过程。

教学方式

　　建议本课程采用以下教学方式。

　　（1）启发式讲授结合多样化的教学内容展示。通过在课堂上向学生提出问题，引起学生的兴趣。同时，尽可能地发挥多媒体教学的优势，通过图文展示，用流程图、照片、讲座和纪录片等将进出口业务知识展现给学生，使教学过程直观形象、通俗易懂。

（2）案例式教学。国际贸易课程的讲授离不开案例，在本课程的讲授中，案例的运用主要有三种：一是引入式案例，主要用来启发思考，然后引入主题；二是"小案例"，即篇幅小、内容简单的案例，一般最多涉及几个小的知识点，通过此类案例可以验证学生的学习情况，同时活跃课堂气氛，形成互动效果；三是"大案例"，即篇幅稍多、涉及面广的案例，需要知识的融会贯通和灵活运用。讲授中要给学生留够阅读时间，并组织学生分组进行讨论，形成学生自主学习、合作学习、研究性学习及探索性学习的开放式教学方式。

（3）模拟教学和实践教学结合，重点培养学生的实际应用能力。应充分利用相应的教学软件和模拟实验室设备让学生自己动手开展国际贸易实务模拟操作，如签订合同、填制报关报检单、填写海运提单、修改信用证等，让学生通过模拟实践，提高实际工作能力。

此外，学生业务技能的培养除了课堂实训、模拟实践外，还需要走出校园、走向社会。教师应带领学生参与或观摩商品展销会，指导学生参加产品推广活动，参观外贸公司、物流公司；聘请外贸公司的从业人员，如单证员、货运代理、报关员等，开设讲座，增加学生对相关工作的体验和感触，激发学生的学习热情，以提高其学习的自觉性。

课程评价方法

编者提倡改革课程评价方法，增加对学生实践能力的考核。以提高学生应用能力为目的，适当加大学生考勤、作业、课堂表现等平时成绩所占比例，精心设计和合理安排期末考试，增加问题分析、技能操作和案例研究等题型。建议平时成绩占总成绩的30%～40%，期末考试成绩占总成绩的60%～70%。

课内主要教学内容安排及学时安排

本课程总课时一般为54学时，各章节学时安排建议如下：

章号	教学内容	学时安排
第1章	导论	3
第2章	国际贸易理论	3
第3章	国际贸易政策	3
第4章	国际贸易措施	4
第5章	WTO与TPP	3
第6章	国际服务贸易	3
第7章	区域经济一体化与中国"一带一路"倡议	3
第8章	国际贸易货物描述	3

（续）

章号	教学内容	学时安排
第 9 章	国际贸易术语与商品的价格	4
第 10 章	国际贸易货物的运输与保险	4
第 11 章	国际贸易货款收付	4
第 12 章	进出口货物的检验与报关	4
第 13 章	贸易合同争议的预防与处理	3
第 14 章	国际贸易合同的订立	4
第 15 章	国际贸易合同的履行	3
第 16 章	国际贸易方式	3
	合计	54

Contents 目　录

前言
教学建议

上篇　国际贸易理论

第 1 章　导论　/2

1.1　国际贸易的相关概念及分类　/2
1.2　国际贸易的产生、发展与作用　/9
1.3　国际贸易理论与实务的研究对象、内容体系与研究方法　/14
本章小结　/17
思考练习　/17

第 2 章　国际贸易理论　/18

2.1　国际分工概述　/18
2.2　传统的国际分工理论　/22
2.3　新古典国际贸易理论　/25
2.4　国际贸易新理论　/30
本章小结　/37
思考练习　/37

第 3 章　国际贸易政策　/38

3.1　国际贸易政策的基本概念　/38
3.2　世界各国对外贸易政策的基本类型及演变　/41
3.3　中国的对外贸易政策　/47
本章小结　/53
思考练习　/53

第 4 章　国际贸易措施　/54

4.1　关税措施　/54
4.2　非关税措施　/63
4.3　出口促进措施　/69
4.4　出口管制措施　/72
本章小结　/73
思考练习　/73

第 5 章　WTO 与 TPP　/74

5.1　贸易条约与协定　/74
5.2　WTO 概述　/78
5.3　TPP 简介　/90
本章小结　/93
思考练习　/93

第 6 章　国际服务贸易　/94

6.1　国际服务贸易的基本概念　/94
6.2　国际服务贸易的产生及发展　/95
6.3　服务贸易总协定　/100
6.4　国际技术贸易　/103
本章小结　/107
思考练习　/107

第 7 章　区域经济一体化与中国"一带一路"倡议　/108

7.1　区域经济一体化概述　/108

7.2　主要区域经济一体化组织
　　　简介　/ 113
7.3　中国的区域经济合作与"一带一路"
　　　倡议　/ 117
7.4　区域经济一体化理论　/ 121
本章小结　/ 125
思考练习　/ 125

下篇　国际贸易实务

第 8 章　国际贸易货物描述　/ 128
8.1　商品的品名与品质　/ 128
8.2　商品的数量　/ 131
8.3　商品的包装　/ 133
本章小结　/ 137
本章实训　/ 138

第 9 章　国际贸易术语与商品的
　　　　价格　/ 139
9.1　贸易术语与国际贸易惯例　/ 139
9.2　常用的六种贸易术语　/ 143
9.3　商品的价格　/ 152
本章小结　/ 158
本章实训　/ 158

第 10 章　国际贸易货物的运输
　　　　　与保险　/ 160
10.1　国际贸易货物运输方式　/ 160
10.2　装运条款　/ 165
10.3　国际贸易货物运输单据　/ 169
10.4　国际贸易货物运输保险　/ 172
本章小结　/ 181
本章实训　/ 181

第 11 章　国际贸易货款收付　/ 184
11.1　票据　/ 184
11.2　汇付与托收　/ 188
11.3　信用证　/ 192
11.4　银行保函和国际保理　/ 200
11.5　支付方式的选用与支付
　　　条款　/ 204
本章小结　/ 206
本章实训　/ 206

第 12 章　进出口货物的检验与
　　　　　报关　/ 211
12.1　进出口货物的检验　/ 211
12.2　进出口货物的报关　/ 218
本章小结　/ 224
本章实训　/ 224

第 13 章　贸易合同争议的预防
　　　　　与处理　/ 226
13.1　索赔　/ 226
13.2　不可抗力　/ 230
13.3　仲裁　/ 232
本章小结　/ 237
本章实训　/ 237

第 14 章　国际贸易合同的订立　/ 239
14.1　国际货物买卖合同的
　　　概念　/ 239
14.2　国际货物买卖合同的
　　　内容　/ 241
14.3　国际货物买卖合同有效成立的
　　　条件　/ 249
14.4　交易磋商与订立合同　/ 252

本章小结 /261

本章实训 /261

第 15 章　国际贸易合同的履行　/266

15.1　出口合同的履行　/266

15.2　进口合同的履行　/273

15.3　主要进出口单据　/275

本章小结　/283

本章实训　/283

第 16 章　国际贸易方式　/287

16.1　一般传统贸易方式　/287

16.2　加工贸易　/293

16.3　跨境电子商务　/297

16.4　市场采购贸易　/302

本章小结　/306

本章实训　/306

参考文献　/308

上篇

国际贸易理论

第 1 章　导论

第 2 章　国际贸易理论

第 3 章　国际贸易政策

第 4 章　国际贸易措施

第 5 章　WTO 与 TPP

第 6 章　国际服务贸易

第 7 章　区域经济一体化与中国"一带一路"倡议

第 1 章 导　论

学习要点

1. 了解国际贸易的基本概念及分类，掌握国际贸易与国内贸易的区别。
2. 了解国际贸易的产生、发展及对经济发展的促进作用。
3. 掌握国际贸易理论与实务的研究对象、内容体系与研究方法，为学习本课程打好基础。

引言

国际贸易是个历史范畴，它是在一定历史条件下产生和发展起来的。世界经济一体化是当今国际社会的显著特征，主要表现在贸易的全球化、投资的全球化、跨国公司的发展及国家经济联盟和协调组织的发展等方面。世界经济的快速发展影响着国际分工合作的加强与深化，促进了超越国界和社会制度差异的世界市场的形成，扩大了经济活动的空间。在这样的形势下，国际贸易理论与实务作为研究跨越国境的商品和劳务交换活动规律的学科，也不断发展成熟起来，逐步形成了自己的学科体系。本章主要介绍国际贸易的基本概念、分类、产生与发展、作用及其研究对象、内容体系与研究方法，使学生对本课程的全貌有一个初步了解，为学习本课程打好基础。

1.1 国际贸易的相关概念及分类

1.1.1 国际贸易的相关概念

1. 国际贸易

国际贸易（international trade）也称"通商""世界贸易"，泛指跨越国境的商品、劳务等交换活动，反映世界各国在经济上的相互依赖关系。从一个国家的角度来看国际贸易，它由进口贸易和出口贸易组成，因此也可称之为进出口贸易；从全球角度来看国际贸易，它由世界各国（地区）的对外贸易构成，是世界各国对外贸易（出口）的总和。国际贸易的发展可以调节一国生产要素的利用率，改善国际供求关系，调整经济结构，增加财政收入等。

按西方学者的观点，国际贸易是"不同国家的商人之间所进行的商业活动，这种活动需要使用外币，并影响有关国家的贸易平衡"（F. E. 佩里，《金融词典》，1979年版）。也就是说，构成国际贸易的概念有三个方面的内容。

（1）必须是不同国家、地区的商人或政府之间的交易活动。

（2）交易活动中要涉及使用某种外币（外汇）。

（3）这种交易活动要涉及一国的贸易平衡，进而影响一国的国际收支平衡。

国际贸易的概念有广义和狭义之分。狭义的国际贸易是指各种有形商品的进出口，即一切有形商品的交易，如机器设备、各种农副产品等看得见、摸得着的有形商品的进出口，因此也叫有形贸易。随着生产的发展、科学技术的进步和交换方式的改进，商品的含义也在不断扩大，在有形商品之外又出现了无形商品，如与进出口贸易直接有关的商品运输、保险、金融、信息及旅游、劳务输出、租赁、技术服务、投资利息等，无形商品贸易称为无形贸易。广义的国际贸易是世界各国之间包括有形贸易和无形贸易在内的所有跨国商品交易活动的总称。

有些海岛国家，如英国、日本等同国外进行商品买卖活动，必须跨洋过海，因此，这些国家常将国际贸易称为海外贸易（oversea trade）。此外，也有人用其他术语表示国际贸易，如"跨国贸易""多国贸易""外部贸易"等。

从一个国家（或地区）的角度看国际贸易就是对外贸易（foreign trade）。对外贸易亦称"国外贸易"或"进出口贸易"，是指跨越国家（或地区）的商品和劳务的交换活动。因此，提到对外贸易时要指明特定的国家（或地区），如中国的对外贸易等。中国内地对港、澳、台的贸易虽不是国际贸易，但仍属于对外贸易的范畴。

理解国际贸易要注意区别国际贸易与国内贸易的不同。虽然国际贸易和国内贸易同属流通领域，都是商品和劳务的交换活动，其经营目的都是增加经济效益和获得利润，但前者是在不同国家的企业间进行的，而后者是在国内企业间进行的。后者是前者的基础、起点，前者比后者要复杂、困难，风险也大。二者的区别主要表现在以下方面。

（1）使用的货币不同。参加贸易的各国或地区，实行各自不同的计价货币和结算单位，而贸易货款的清偿又多以外汇支付。选择哪种货币作为贸易双方都可接受的计价单位和支付工具，本国货币与外国货币的比价如何计算，国际汇兑的方法如何选定等都是非常复杂的国际金融问题。

（2）语言文字不同。国际贸易的买卖双方来自于不同的两个国家或地区，语言多不相通，在贸易洽谈、合同签订和单证处理上如不采用一种共同的语言，交易就无法顺利进行。当今国际贸易中最通行、最基本的商业语言是英语。

（3）规章法令不同。世界各国的商业法律、管理制度、贸易条款和商业习惯都不完全一致，有的甚至差异甚大。两国（地区）在贸易中所遵循的规章、适用的法律及发生纠纷时如何处理等问题比国内贸易要复杂得多。

（4）地理环境不同。国际贸易的参与者散居全球各地，因其所处地理位置不同，自然环境和自然资源禀赋有很大的差异，这必然对各国进出口商品结构、销售季节和运输方式等有很大影响。

（5）风俗习惯不同。各国的风俗习惯、民族特性和宗教信仰都有许多不同之处，对颜色、数字、动物、花草等均有各自的禁忌和爱好。通晓各国情况，才不致徒劳无功甚或伤害民族感情，可避免造成不良影响。

由此可知，国际贸易与国内贸易存在许多不同之处，从事国际贸易的工作者，不仅需要具备较扎实的国际贸易专业知识，精通外语，熟悉各国的生活习惯和地理环境，有比较广博的知识面，还必须掌握世界经济方面的有关知识，了解世界各国政治、经济发展的变化趋势，会做买卖、熟悉生产、了解商品，掌握相关的科学技术知识。只有这样，才能在复杂多变的国际竞争中立于不败之地。

2. 国际贸易额与国际贸易量

国际贸易额（value of international trade）又称国际贸易值，是用货币表示的反映一定时期内世界贸易规模的指标，是一定时期内世界各国（地区）出口贸易额的总和。统计国际贸易额，应把世界各国（地区）的出口额折算成同一货币后相加，因为一个国家（地区）的出口就是另外一个国家（地区）的进口，如果把世界各国（地区）的进出口额相加，就会造成重复计算。同时，大多数国家（地区）统计出口额以 FOB 价格计算，统计进口额以 CIF 价格计算，CIF 价格比 FOB 价格多了运费和保险费，所以，以世界各国（地区）的出口额相加，能更确切地反映全世界国际贸易的实际规模。

从一国角度来看国际贸易额，则可以统计进出口总额。一定时期一国从国（地区）外进口商品的全部价值，称为进口贸易总额，简称进口总额；一定时期一国向国（地区）外出口商品的全部价值，称为出口贸易总额，简称出口总额。进口总额和出口总额两者之和即为进出口贸易总额，简称进出口总额。进出口总额是反映一国对外贸易规模的重要指标之一。

国际贸易量（quantum of international trade）是为了剔除价格变动影响，准确反映国际贸易的实际数量而确立的一个指标。在计算时，以固定年份为基期而确定的价格指数去除报告期的国际贸易额，得到的就是相当于按不变价格计算（剔除价格变动的影响）的国际贸易额，该数值就叫报告期的国际贸易量。但由于进出口商品成千上万，计算单位各异，就某一种商品来讲，可以用计量单位表示，而就全部进出口商品来说，则无法用某一个计量单位来表示总的贸易量。因此，国际贸易量通常的计算方法是，以一定时期的不变价格为标准，计算各个时期的贸易值，通过以货币表示的贸易值的变化，反映实际贸易量的变化。以一定时期为基础的贸易量和各个时期的贸易量相比较，就得出表示贸易量变动的贸易量指数。贸易量指数的计算见式（1-1）。

$$贸易量指数 = \frac{\sum 不变价格 \times 比较期各项商品数量}{\sum 不变价格 \times 基期各项商品数量} \qquad (1\text{-}1)$$

为了简化国际贸易量的计算，联合国和绝大多数国家，实际上都采用以进出口商品价格指数除进出口额的计算方法，把求出的按不变价格计算的国际贸易值作为国际贸易量的近似值。其计算见式（1-2）、式（1-3）：

$$进出口贸易量 = \frac{进出口额}{进出口价格指数} \qquad (1\text{-}2)$$

$$进出口价格指数 = \frac{报告期价格}{基期价格} \times 100 \qquad (1\text{-}3)$$

3. 贸易差额

贸易差额（balance of trade）是指一定时期内一国出口总额与进口总额之间的差额。它是反映一国对外贸易收支状况的一个重要指标。当出口总额超过进口总额时，称为贸易顺差或出超；反之，当进口总额超过出口总额时，称为贸易逆差或入超。通常出超以正数表示，入超以负数表示。入超一般在统计报表中用红字标出，所以，我们也将其称为贸易赤字。如出口总额与进口总额相等，则称为贸易平衡。

4. 国际贸易商品结构

国际贸易商品结构（composition of international trade）是指一定时期内各大类商品或某种商品的进出口额在进出口总额中的比重，即各大类商品或某种商品进出口贸易额与进出口总额之比。国际贸易商品结构包括进口商品结构和出口商品结构，分别反映一定时期内国际贸易商品进口贸易构成和出口贸易构成。研究国际贸易商品结构，对了解整个世界的经济发展水平、产业结构状况和科技发展水平具有重要意义。为便于分析比较，世界各国均以联合国《国际贸易商品标准分类》（SITC）公布的国际贸易和对外贸易商品结构进行分析比较。

一个国家的对外贸易商品结构是一国在一定时期内各大类商品或某种商品在该国对外贸易总量中所占的比重，用以表明一国出口商品的去向和进口商品的来源，从而反映一国与其他国家或地区之间经济贸易联系的程度，并看出哪些国家（地区）是该国的主要贸易对象和贸易伙伴，以及该国同其他主要贸易伙伴间贸易关系消长的变化情况。如一国的年出口额为100亿美元，其中初级品占40亿美元，制成品占60亿美元，则该国的出口商品构成是初级品占40%、制成品占60%。通过对一国国际贸易商品结构进行分析，我们可以看出该国的经济发展水平、产业结构状况和科技发展水平，从而使我们了解其对外贸易现状，发现存在的问题，调整对外贸易政策，采取促进对外贸易发展的措施。

5. 对外贸易依存度

对外贸易依存度是指一国进出口总额与其国内生产总值（GDP）或国民生产总值

（GNP）之比，反映一国国民经济对进出口贸易的依赖程度和对外贸易同本国经济发展的关系，其比重的变化意味着对外贸易在国民经济中所处地位的变化。

一国的对外贸易依存度通常以对外贸易系数衡量。对外贸易系数的计算见式（1-4）～式（1-6）。

$$P = R_{(1)} + R_{(2)} \tag{1-4}$$

$$R_{(1)} = \frac{Q_{(1)}}{GNP(或GDP)} \times 100\% \tag{1-5}$$

$$R_{(2)} = \frac{Q_{(2)}}{GNP(或GDP)} \times 100\% \tag{1-6}$$

式中　P——对外贸易系数；
　　　$R_{(1)}$——进口贸易系数；
　　　$R_{(2)}$——出口贸易系数；
　　　$Q_{(1)}$——进口额；
　　　$Q_{(2)}$——出口额。

一国的对外贸易系数，反映了一个国家的全部国民生产总值中有多少是由对外贸易创造的。对外贸易系数提高，说明一国对外贸易依存度加大，对外开放度提高。随着世界经济一体化步伐加快，世界各国经济发展相互影响、相互依赖的程度越来越高，世界各国对外贸易依存度都呈上升趋势。

6. 对外贸易条件

对外贸易条件又称"进出口商品比价"，指一国的出口商品与进口商品的价格比率。简单地说，就是一国在国际贸易中同其他国家的商品交换比率。贸易条件的好坏，直接反映了一个国家在对外贸易中所得到的实际利益，影响一国的国民收入状况和经济增长状况。对外贸易条件的状况，通常通过贸易条件指数反映。由于现实生活中参与国际交换的商品种类很多，而且价格受各种因素的影响经常变化，因此贸易条件指数通常只能用一国对外贸易中商品的价格指数值来计算表示。主要的贸易条件指数有：商品贸易条件指数、要素贸易条件指数和收入贸易条件指数。贸易条件指数大于1且不断增大，说明贸易条件改善；贸易条件指数小于1且不断减小，说明贸易条件恶化。贸易条件指数计算见式（1-7）。

$$贸易条件指数 = \frac{出口商品价格指数}{进口商品价格指数} \tag{1-7}$$

1.1.2　国际贸易的分类

1. 按货物的移动方向分类

按货物的移动方向分类，国际贸易可分为出口贸易、进口贸易和过境贸易。

（1）出口贸易。出口贸易（export trade）是指一国将其生产和加工的产品运往他国市场销售，也称为输出贸易。

（2）进口贸易。进口贸易（import trade）是指一国将外国生产和加工的产品运进本国市场销售，也称为输入贸易。出口贸易与进口贸易是对每笔交易的双方而言的，对卖方（通常是生产方）而言，就是出口贸易，对买方（通常是消费方）而言，就是进口贸易。如果输入一国的货物再输出，就称为"复出口"；反之，输出国外的货物再输入本国，就称为"复进口"。

（3）过境贸易。过境贸易（transit trade）是甲国出口到乙国的货物经由丙国的国境运送，对丙国而言就是过境贸易。

2. 按商品形式分类

按商品形式分类，国际贸易可分为有形商品贸易和无形商品贸易。

（1）有形商品贸易。有形商品贸易（tangible goods trade）是"无形商品贸易"的对称，指可以看得见的有形实物商品的进出口。国际贸易中的有形商品种类繁多，为便于统计，联合国秘书处于 1950 年起草并公布了《联合国国际贸易标准分类》，并分别在 1960 年和 1977 年进行了修订。该分类根据国际贸易有形商品的加工深度不同，共分为 10 大类、63 章、233 组、786 个分组和 1 924 个基本项目。10 类商品如下所示。

0）食品及主要供食用的活动物。

1）饮料及烟类。

2）燃料以外的非食用粗原料。

3）矿物燃料、润滑油及有关原料。

4）动植物油脂及油脂。

5）未列名化学品及有关产品。

6）主要按原料分类的制成品。

7）机械及运输设备。

8）杂项制品。

9）没有分类的其他商品。

上述 10 类商品中，通常把 0 到 4 类商品归类为初级产品，把 5 到 8 类商品归类为制成品。这个标准分类已为世界绝大多数国家所采用。我国 1981 年起实行的新商品分类标准就是以该标准分类为基础，并结合我国进出口货物的实际情况编制而成的。目前我国的商品统计目录编号采用 8 位数，前 6 位与国际标准分类完全一致，从左至右分别为：第 1 位数为"类"，第 2 位数为"章"，第 3 位数为"组"，第 4 位数为"分组"，第 5 位数为"项目"，第 6 位数为"子目"，第 7、8 位数是根据我国关税、统计和贸易管理的需要而设的。

（2）无形商品贸易。无形商品贸易（intangible goods trade）是"有形商品贸易"的对称，指无形的劳务或其他非实物商品的进出口。具体包括两方面内容：一是为有形商品贸易服务的劳务，如运输、保险、商品包装加工、广告、信息等；二是其他与外事有关的各种经济活动，如旅游、投资、金融、股票、债券、专利特许权、服务收支等。

有形商品贸易与无形商品贸易的主要区别在于有形商品贸易要经海关通关，故其金额显示在一国的海关统计上；而无形商品贸易则不经过海关办理手续，其金额不反映在海关统计上，但显示在一国的国际收支表上。

3. 按货物运送方式分类

按货物运送方式分类，国际贸易可分为陆路贸易、海路贸易、空运贸易和邮购贸易。

（1）陆路贸易。陆路贸易（trade by roadway）是指陆地相邻国家之间的贸易，通常采用陆路运送货物的方式，运输工具主要有火车、汽车等。目前，陆路贸易占世界贸易总量的15%～20%。

（2）海运贸易。海运贸易（trade by seaway）是指通过海上运输方式进行的国际贸易，运输工具主要是各种船舶。此种贸易占世界贸易量比重最大，据统计，目前海运贸易已占到世界贸易运输量的75%～80%。

（3）空运贸易。空运贸易（trade by airway）是指采用航空运货方式进行的国际贸易，运输工具主要是飞机。空运贸易的对象多为体积小、重量轻、价格高、时间紧且需快速运输的商品，如药品、贵重金银、首饰及动植物和种子等。采用此种运输方式费用较高，一般较少采用。据统计，目前该种贸易占世界贸易总额的3%～4%。

（4）邮购贸易。邮购贸易（trade by mailorder）是指采用邮政包裹寄送方式进行的国际贸易。邮购的货物通常都是特别急需且数量不大的商品。这种贸易方式虽比空运慢些，但费用较之稍低。

4. 按贸易是否有第三者参加分类

按贸易是否有第三者参加分类，国际贸易可分为直接贸易、间接贸易和转口贸易。

（1）直接贸易。直接贸易（direct trade）是指商品生产国厂商与商品消费国厂商不通过第三国直接进行的商品买卖。

（2）间接贸易。间接贸易（indirect trade）是指商品生产国厂商与商品消费国厂商通过第三国进行的商品买卖。

（3）转口贸易。转口贸易（carrying trade）是指商品生产国厂商与商品消费国厂商通过第三国进行的贸易，对第三国来说就是转口贸易。第三国虽也是进口国，但并不是消费国，或有时第三国进口某种商品并不是为了供给国内消费，而是为了再次出口，这时就发生了转口贸易。有时即使商品直接从生产国运送到消费国，但只要两者之间并未直接发生贸易关系，而是由第三国转口商分别同生产国与消费国发生交易关系，这仍属于转口贸易。转口贸易是某些发达国家贸易商攫取高额利润的手段，它们低价从生产国购进，高价卖给消费国，从中取得利润。

5. 按清偿工具分类

按清偿工具分类，国际贸易可分为自由结汇贸易和易货贸易。

（1）自由结汇贸易。自由结汇贸易（trade by free settlement）是指以货币作为清偿、支付工具的贸易方式。作为清偿工具的货币必须是在国际金融市场上可自由兑换的国际货币。在当今国际贸易中，能作为清偿工具的货币主要有美元（USD）、英镑（GBP）、欧元（EUR）和日元（JPY）等。

（2）易货贸易。易货贸易（barter trade）是指以货物经过计价作为清偿工具的贸易方式。这种贸易方式是根据两国政府间签订的易货协定、民间贸易团体达成的交货协议及进出口商间的交货合同所进行的贸易。其特点是把进出口直接联系起来，双方有进有出，进出基本平衡。这是一种古老的贸易方式，近年又流行起来。

6. 按统计口径分类

按统计口径分类，可分为总贸易和专门贸易。

（1）总贸易。总贸易（general trade）是指以国境作为统计进出口标准的贸易，凡进入国境的商品一律列为总进口，凡离开国境的商品一律列为总出口，总进口额加总出口额就是一国的总贸易额。目前，日本、英国、加拿大、澳大利亚、俄罗斯等90多个国家和地区采用此统计标准，我国亦采用此统计标准。

（2）专门贸易。专门贸易（special trade）是指以关境作为统计进出口的标准。所谓关境是一国关税法令完全实施的境域或一国海关征收关税的领域。一国的关境不完全等于国境，如一国国境内的保税区和保税仓库就在一国关境之外，这时该国的关境就会小于国境；但如果两个以上的国家成为关税同盟，则该国的关境就会大于国境。凡进入一国关境的商品一律列为专门进口，凡离开一国关境的商品一律列为专门出口，专门进口额与专门出口额之和就是一国的专门贸易总额。目前德国、意大利、法国等83个国家和地区采用此统计标准。

1.2 国际贸易的产生、发展与作用

1.2.1 国际贸易的产生

国际贸易是在一定的历史条件下产生和发展起来的。国家的出现、有可供交换的剩余产品、存在社会分工，是国际贸易产生的三个前提条件。

在原始社会初期，人类处于自然分工状态，生产力极度低下，人们只能依靠集体劳动来获取有限的生活资料，然后平均地在群体成员之间进行分配。由于生产力极低，因此在那时没有剩余产品，没有私有制，没有阶级和国家，因而也就没有国际贸易。

随后，由于生产力的发展，出现了三次社会大分工，一步步改变了上述状况。人类社会的第一次大分工，是畜牧业和农业之间的分工。这次大分工，使原始社会的生产力

得到了发展，产品开始有了少量剩余。剩余产品的出现，使得氏族公社、部落之间剩余产品的交换成为必要和可能。随着生产力的继续发展，人类社会出现了第二次社会大分工，即手工业和农业的分工。手工业的出现，产生了直接以交换为目的的生产——商品生产。商品生产不仅进一步推动了社会生产力的进步，而且使社会相互交换的范围不断扩大，最终导致了货币的产生。此后，商品交换由物物交换变成了以货币为媒介的商品流通。私有财产的产生与商品流通的扩大，直接导致了第三次社会大分工，出现了商业和专门从事贸易的商人。在生产力不断进步的基础上，形成了财产私有制。原始社会末期出现了阶级和国家，商品流通超出国界，这就形成了最早的对外贸易。

1.2.2 国际贸易的发展

1. 资本主义时期以前的国际贸易

资本主义时期以前的国际贸易主要是指奴隶社会、封建社会的国际贸易。

（1）奴隶社会的国际贸易。奴隶社会是以奴隶主占有生产资料和奴隶为基础的社会。在这个社会中，自然经济占统治地位，生产的直接目的主要是消费，进入流通的商品很少，商品生产在整个经济生活中还是微不足道的。同时，由于生产技术落后、交通工具简陋，对外贸易的范围受到很大的限制。那时，对外贸易中的商品主要是奴隶和奴隶主阶级追求的奢侈品，如宝石、装饰品、各种织物、香料等。前者为奴隶主阶级提供劳动力，后者满足奴隶主的享乐欲望。奴隶社会时期国际贸易较发达的国家主要有古希腊、古罗马等。

（2）封建社会的国际贸易。封建社会的经济仍然是自然经济。农业在各国经济中占优势，商品生产仍处于从属地位，因而当时的国际贸易规模有限，但比奴隶社会时有了较大发展。封建社会中期，随着商品生产的发展，封建地租由劳役和实物形式转变为货币地租，商品经济得到了进一步发展。封建社会晚期，随着城市手工业的进一步发展，资本主义因素已经开始孕育和生长，商品经济和对外贸易都有了较大发展。在这段历史时期，奢侈品仍然是对外贸易中的主要商品，如丝绸、香料、珠宝、呢绒和酒等。随着贸易范围不断扩大，贸易中心也发生了转移：最初，国际贸易中心位于地中海东部；公元 7~8 世纪时，阿拉伯民族成为主要的贸易民族；公元 11 世纪后，国际贸易中心扩大到地中海、北海、波罗的海和黑海沿岸地区。

需要指出的是，在这段时期，中国的对外贸易也有了较大发展。在西汉时期，我国就开辟了从新疆经中亚通往中东和欧洲的"丝绸之路"，中国的丝、茶、瓷器通过"丝绸之路"输往欧洲。明朝郑和七次率船队下西洋，又扩大了海上贸易。通过对外贸易，我国将四大发明传播出去，同时把欧亚各国的物产输入我国。

2. 资本主义时期的国际贸易

由于自然经济占统治地位和交通条件的限制，国际贸易在奴隶社会和封建社会的社会经济中都不占主要地位。而到了资本主义社会，大机器工业建立以后，国际贸易才获得了广泛的发展，才真正具有了世界性。正如马克思所指出的："对外贸易的扩大，虽然在资本主义生产方式的幼年时期是这种生产方式的基础，但在资本主义生产方式的发展中，由于这种生产方式的内在必然性，由于这种生产方式要求不断扩大市场，它成为这种生产方式本身的产物。"⊖马克思的这一科学论断，揭示了国际贸易与资本主义生产方式之间的内在联系。

资本主义时期的国际贸易，总体发展很快，国际贸易额急剧增加，国际贸易活动遍及全球，贸易商品种类日益增多，国际贸易越来越成为影响世界经济发展的一个重要因素。整个资本主义时期又包括三个阶段：资本主义生产方式准备时期、资本主义自由竞争时期和资本主义垄断时期。国际贸易在各个时期的发展情况不尽相同。

资本主义生产方式准备时期（16～18世纪中叶）的国际贸易是同血与火密切联系在一起的。殖民主义者用武力、欺骗和贿赂等办法，实行掠夺性贸易，使西欧国家纷纷走上了向亚洲、非洲和拉丁美洲扩张的道路，世界市场初步形成，国际贸易的范围、规模不断扩大，贸易的商品结构开始转变——奢侈品减少，工业原料和城市居民消费品的比重上升。

资本主义自由竞争时期（18世纪后期至19世纪中叶）国际贸易的发展源于英国等欧洲国家的工业革命、机器大工业的发展、生产力水平的提高、交通运输和通信发展。这个时期，国际贸易量迅速增加，国际贸易的商品结构发生了很大变化，商品种类和数量越来越多，工业品的比重显著上升，贸易方式及组织形式有所改进，政府在对外贸易中的作用发生转变。

资本主义垄断时期（19世纪末至20世纪初）的国际贸易是随着各主要资本主义国家从自由竞争阶段过渡到垄断资本主义阶段的。19世纪90年代到第一次世界大战前，国际贸易仍显现出明显的增长趋势，但增长速度下降，贸易格局发生了变化。第二次世界大战后，随着科学技术革命的推动，国际分工和生产国际化的深入发展，殖民体系的瓦解和一定时间世界范围内国际环境的稳定，世界工业生产和国际贸易的发展又有了有利条件，形成了又一次国际贸易的大发展时期。在这一次发展中，国际贸易的特点是：制成品在国际贸易中的比重超过了初级产品；新产品大量出现，占世界出口产品的1/3以上；以专利、技术诀窍、商标等技术转让为主要内容的技术贸易得到了迅速发展；资本输出、跨国投资开始成为国际贸易的一种新形式，通过资本输出，可以带动某国商品的出口，还能使其以低廉的价格获得原材料，从而增强该国企业在国外市场上的竞争能力。20世纪70年代以来，由于多方面的因素，资本主义世界经济和国际贸易的发展又进入了缓慢、停滞、徘徊的境地。

3. 当代多种社会制度共存条件下的国际贸易

第二次世界大战后，苏联、中国等一些国家相继建立了社会主义制度，许多发展中

⊖ 《资本论》(第三卷)，人民出版社2004年出版，第264页。

国家纷纷走上了民族独立的道路。多种社会制度共存的基本事实，打破了资本主义生产方式在国际经济关系中占绝对统治地位的格局。广大发展中国家，随着民族经济的发展，在世界经济中的地位不断提高；国家之间分工不断深化，经济合作不断加强，国际贸易不断发展。

虽然战后世界政治与经济的发展经历了曲折的道路，然而和平与发展已成为当今时代的两大主题。在科学技术革命的影响下，生产国际化趋势愈来愈突出，这是国际贸易不断发展的强大动力。同时，在竞争的大前提下，"东西关系"和"南北关系"也日益趋向缓和。各种类型的国家都有必要，也有可能更多地参与国际分工和国际协作，这也必然促进国际贸易的发展。进入21世纪后，国际贸易必将在其自身发展的同时，对世界政治、经济的发展产生越来越大的影响。

1.2.3 国际贸易对经济发展的促进作用

1. 对外贸易是国民经济综合平衡的重要手段

社会再生产协调发展，是国民经济获得最快发展速度和最佳经济效果的基础。在社会化大生产条件下，国民经济各部门之间不仅要求价值形态上的平衡，而且要求实物形态上的平衡，这是客观经济规律的要求。但是，由于受气候条件、资源条件、生产条件和技术进步所引起的社会生产各部门比例关系变化等因素的影响，在一国范畴内，不可能在实物形态上达到平衡。即任何一个国家都不可能生产自己所需要的一切商品，对外贸易则具有促进实现这种平衡的特殊职能。通过对外贸易，实现国际范围内的商品交换，转换各种使用价值形态。用本国一部分产品到国外去换取国内所必需的另一部分产品，有计划地调剂国内供需的不足或过剩，改进、扩大再生产协调发展所要求的实物结构，调整各方面的比例关系，可以促进国民经济平衡、协调发展。此外，通过出口贸易，为国内产品开拓国外市场，扩大一国社会再生产的规模，使国民经济在新的更高的基础上实现平衡，同样具有促进国民经济综合平衡的作用。

2. 对外贸易是获得外国先进技术的主要手段

从世界范围看，在第二次世界大战以后，由于第三次科学技术革命，许多国家生产力得到发展，劳动生产率也得到提高。一些经济发达国家，依靠科学技术进步所实现的经济增长部分，已达50%以上。科学技术是人类的共同财富，但在现代条件下，科学技术也是一种特殊商品，科学技术的发明、使用、转让等都受到国家的保护和限制。二战后国际贸易的特点之一，就是技术贸易在整个国际贸易中所占的比重越来越大。现在国家间绝大多数技术转让是通过技术贸易的方式进行的。

3. 发展对外贸易有利于促进工农业生产的发展

发展出口贸易，组织国内农副产品和工矿产品出口，并不断扩大本国产品的外销市场,是促进国内生产发展的重要环节之一。通过组织农副土特产品的出口,可以增加农民收入,直接促进农村多种经营的发展。工业产品出口的发展,必然要求改革生产工艺,提高产品质量,增加花色品种,会推动工业生产技术改造,并逐步推行国际标准,这必将有力地促进生产技术水平提高和经济结构的改革,推动工业的现代化。

4. 发展对外贸易,有利于丰富国内市场,满足人民日益增长的物质文化生活的需要

通过对外贸易,适当地进口必需的原材料和技术设备,有利于增加一国国内市场的生产产量,提高商品质量,增加花色品种。同时,根据国内需要,适当地进口一定数量的生活必需品和耐用消费品并直接投放市场,这对提高人民物质文化生活水平,改善国内市场供应将起到一定的作用。

5. 对外贸易可以增加财政收入和外汇收入,是国家积累资金的源泉之一

首先,对外贸易的迅速发展扩大了国家税收的来源,与外贸直接有关的进出口关税、出口产品的企业所得税与产品税、进口物资投入生产所发生的税收,都会为国家增加相当可观的财政收入。其次,发展出口贸易也会为一国直接增加外汇收入。最后,对外贸易为国家积累了大量的资金,更重要的是通过对外贸易可以大量节约社会劳动,实现国内价值的增值。

6. 对外贸易的发展,有利于增加劳动就业机会,是扩大城乡劳动就业的重要手段

对于人口众多的国家来说,发展出口商品生产,特别是发展劳动密集型出口产品的生产,无疑是扩大社会劳动就业的重要渠道。此外,劳务出口、来料加工再出口等"三来一补"工业的发展,也有利于一国外向型经济的发展并安排更多的从业人员。同时,进口也能增加劳动就业机会。据初步测算,我国每亿元工业产值可容纳 8 000 个劳动力就业,按此计算,我国每年进口的生产资料可解决近千万人的就业问题。

7. 对外贸易有利于推动一国对外经济关系的发展,同时促进国与国之间建立和发展正常友好的国家关系

对外贸易是发展中国家参加国际分工与协作的主要形式。通过对外贸易,参与国际分工、加强国际经济技术合作、利用外资、引进和出口技术、开展对外承包工程、进行劳务合作等,将有利于一国经济与国际接轨,走向世界。当前,世界上很多国家都开展了国际经济技术合作。各国有一个倾向,就是开展此种合作时,都注意将经济技术合作与贸易配合。但需注意的是,在考虑借用外资时,同时应考虑出口还债的能力,对外承包工程则应考虑带动建材等物资出口。此外,开展平等互利的对外贸易,可以促进一国同其他国家建立和发展友好的国家关系,从而为一国经济的发展创造良好的国际环境。

1.2.4 对"经济增长的发动机"学说的评述

20世纪30年代经济学家罗伯特逊提出了对外贸易是"经济增长的发动机"的观点，50年代以后美国经济学家诺克斯根据对19世纪英国与新移民地区的经济发展的原因分析，进一步补充和发展了这一观点。他们认为，对外贸易及世界经济较高速的增长，特别是出口的高速增长，会带来以下几个动态利益。

（1）出口扩大意味着进口能力的提高，而进口的资本货物，对经济落后国家的经济发展具有重要意义。

（2）对外贸易的发展，使国内的投资流向发生变化，资本会越来越集中在有比较优势的领域，从而有利于优化资源配置。

（3）对外贸易的发展，有利于扩大市场、扩大生产规模，形成规模经济利益，从而降低单位生产成本，提高利润率，增强企业的国际竞争能力。

（4）出口扩大还会加强部门之间的相互联系，促进国内统一市场的形成。

（5）出口的不断扩大会鼓励外国资本的流入，从而促进先进技术和管理知识的传播。

（6）世界市场上的激烈竞争会使国内出口产业及与之相关的产业改进质量、降低成本，从而促进国内产业的发展。

虽然西方经济学家的这些观点在有些地方过分夸大了对外贸易的作用，忽略了对经济增长机制的分析，掩饰了资本主义国际贸易中的生产关系，有一定的片面性，但上述观点对我们今天研究国际贸易相关问题仍有可借鉴之处。

1.3 国际贸易理论与实务的研究对象、内容体系与研究方法

1.3.1 国际贸易理论与实务的研究对象

任何一门学科都有自己独特的研究对象。国际贸易理论与实务的研究对象，广义上说就是国际商品和劳务交换的规律。早期的国际贸易内容主要以有形商品为主，随着经济发展，生产力水平不断提高，商品交换范围不断扩大，从有形商品向劳务、技术、金融、信息等无形商品发展，国际贸易也从狭义的范畴向广义的范畴发展。国际贸易内容的扩展，必然要求国际贸易学科的研究对象从狭义的国际贸易范畴向广义的国际贸易范畴发展。

从一般意义上看，国际贸易所涉及的内容有两大部分，即国际贸易理论和国际贸易实务。国际贸易理论主要是从宏观经济的角度，研究国际贸易的基本理论及国际贸易与经济发展的关系，从总体上来考察国际贸易的产生与发展、国际分工和世界市场、各国政府有关贸易的政策与措施等。国际贸易实务则主要是从微观经济的角度，以单个经营对外贸易的企业为对象，研究有关进出口贸易活动的操作技巧，研究有关商品交易的程序、方法、价格、技术、销售战略等。虽然两者的研究角度有所不同，但两者研究的主题是一致的，都是要揭示有关国际商品和劳务交换的规律；并且两者有密切关系，贸易

理论为贸易实务提供宏观经济方面的理论知识和指导，贸易实务则为贸易理论提供现实依据，并不断发展和完善理论。

国际贸易理论与实务研究的任务，就是研究国际贸易的产生、发展和作用，研究商品进出口业务的程序及具体要求，找出其中的特点与运行规律，揭示其固有的规律性，学习、借鉴国外的先进经验，探索我国发展对外贸易的最佳方式和途径，为发展我国社会主义市场经济，为我国经济尽快走向世界与国际接轨，早日实现现代化服务。

当然，国际贸易理论与实务作为一门学科，在社会主义国家尚属年轻，目前理论和学科体系都还不完全成熟。在新的历史时期，面对国际贸易中不断出现的新情况、新问题，如何以马克思主义的基本原理为指导，努力提出新的见解，寻求解决问题的新办法，正是我们学习和研究国际贸易时需要完成的一个重要任务。

1.3.2　国际贸易理论与实务的内容体系

本书包括上下两篇，共16章。上篇为国际贸易理论，重点介绍国际贸易基本理论与政策措施；下篇为国际贸易实务，重点介绍商品进出口业务知识。

上篇国际贸易理论，包括7章内容。第1章导论，介绍国际贸易的相关概念及分类，国际贸易的产生、发展与作用，国际贸易理论与实务的研究对象、内容体系与研究方法。第2章国际贸易理论，介绍国际分工概述、传统的国际分工理论、新古典贸易理论和国际贸易新理论。第3章国际贸易政策，介绍国际贸易政策的基本概念、世界各国对外贸易政策的基本类型及演变和中国的对外贸易政策。第4章国际贸易措施，介绍关税措施、非关税措施、出口促进措施和出口管制措施。第5章WTO与TPP，介绍贸易条约与协定、WTO概述和TPP简介。第6章国际服务贸易，介绍国际服务贸易的基本概念、国际服务贸易的产生及发展、服务贸易总协定和国际技术贸易。第7章区域经济一体化与中国"一带一路"倡议，介绍区域经济一体化概述、主要区域经济一体化组织简介、中国的区域经济合作与"一带一路"倡议和区域经济一体化理论。

下篇国际贸易实务，包括9章内容。第8章国际贸易货物描述，介绍商品的品名、品质、数量和包装。第9章国际贸易术语与商品的价格，介绍贸易术语与国际贸易惯例、常用的六种贸易术语和商品的价格。第10章国际贸易货物的运输与保险，介绍国际货物运输方式、装运条款、国际货物运输单据和国际货物运输保险。第11章国际贸易货款收付，介绍票据、汇付与托收、信用证、银行保函和国际保理、支付方式的选择与支付条款。第12章进出口货物的检验与报关，介绍进出口货物的检验、进出口货物的报关。第13章贸易合同争议的预防与处理，介绍索赔、不可抗力和仲裁。第14章国际贸易合同的订立，介绍国际货物买卖合同的概念与内容、国际货物买卖合同有效成立的条件、交易磋商与订立合同。第15章国际贸易合同的履行，介绍出口合同的履行、进口合同的履行和主要进出口单据。第16章国际贸易方式，介绍一般传统贸易方式，以及加工贸易、跨境电子商务和市场采购贸易等。

1.3.3 国际贸易理论与实务的研究方法

马克思辩证唯物主义和历史唯物主义是我们认识世界、改造世界的方法论，也是指导我们进行国际贸易理论与实务研究工作的强大理论武器。因此，我们在学习、研究国际贸易时，必须坚持马克思主义的立场、观点和方法，同时结合我国的实际，克服僵化思想，更新陈旧观念，力求取得成效，具体应采取以下方法。

1. 唯物辩证和历史与逻辑统一的方法

马克思主义唯物辩证法告诉我们，任何客观事物都是在不断运动中发展变化的，并且这种运动，并不是简单的重复。因此在学习、研究国际贸易问题时，应该用发展变化的眼光来看问题。例如，我们在学习研究国际贸易的发展变化历史时，绝不能静止地、孤立地、片面地看待国际贸易发展过程中出现的各种表面现象，而应该全面、整体、发展地分析在国际贸易发展过程中出现的各种经济现象，探索其规律性。

马克思指出，在分析经济现象时，既不能用显微镜，也不能用化学试剂，而必须用抽象的方法来代替二者。历史和逻辑的辩证统一，是研究国际贸易历史、现状和未来的方法论的基础。根据这一原理，我们在研究国际贸易问题时，既要注重理论的研究，也要强调对历史和现实材料的分析研究，把二者有机地、辩证地结合起来。

2. 实事求是与实践是检验真理唯一标准的方法

学习研究国际贸易问题，应坚持科学的态度，注意理论联系实际，从实际出发。具体讲，应从国际贸易的实际出发，实事求是地对国际贸易的历史、现状做出具体分析。要分析国际商品交换中的利益与矛盾及其表现形式，研究它们的运动和变化，防止僵化或片面地看问题。国际贸易学科应以马克思主义为指导，但又不拘泥于若干现成的结论，敢于继承和吸收各个时代、各个国家国际贸易理论与学说中一切有价值、有科学的成分，特别是西方资本主义国家国际贸易理论体系中科学的部分。西方资本主义国家的国际贸易理论与实务技术经过长时间的发展已形成一套比较完整的体系，特别是在实务技巧方面，不乏科学成果。我们应积极吸收、借鉴他人的科学成果，同时大量收集资料，进行深入、细致、客观的研究，力求从理论上和实践上说明我国国际贸易的变化规律。只有这样，才能不断完善和丰富我国的国际贸易理论，为发展外向型经济和社会主义市场经济服务。

3. 定性分析和定量分析相结合的方法

定性分析有利于对无法进行定量分析的事物进行性质和程度的判断，还有利于综合全面地考虑其他各种因素的影响。定量分析运用数学手段，可以把复杂的经济问题通过数学模型表示出来，且可以通过计算得出精确结论。把定性分析方法和定量分析方法结合起来，有利于发挥这两种方法各自的优势，相互补充，从而使我们得出正确的结论。

过去，我们在研究社会经济现象、分析社会经济问题时常使用定性分析方法，而对定量分析方法注意不够，较少使用，因而使得分析结果难以准确，有时甚至引起错误。我们在学习、研究国际贸易问题时也是如此，应将定性分析和定量分析结合起来，既注重应用定性分析的方法，也不丢掉定量分析的方法。当前国际贸易不断发展，其影响因素也越来越复杂，越来越难以预测，这在客观上要求我们把定性分析和定量分析结合起来。需特别注意的是，应用定量分析的方法进行世界各国对外贸易规模、贸易条件及发展趋势的对比分析，为制定各国的贸易政策提供依据。

4. 正确看待生产和交换辩证关系的方法

国际贸易属于交换领域，在生产和交换的关系上，我们应科学辩证地看。一方面，我们应当坚持生产决定交换的原理。生产是国际贸易的基础。学者一再指出，经济科学只是在以生产为出发点，而不是在以流通为出发点的时候才成为科学。另一方面，交换对生产过程是有反作用的，有时会起巨大的推动作用或阻碍作用。国际贸易在世界不少国家的发展历史中已充分地说明了这一点。因此，我们应坚持生产和交换辩证关系的观点，不能只看到生产力对国际贸易的决定作用，而忽视国际贸易对生产力和经济发展的反作用；同时也不能以国际贸易对生产力发展的重要促进作用来抹杀生产力的决定作用。正确看待生产和交换的辩证关系，还要求我们学习和研究国际贸易时，不能脱离一定的生产力水平、脱离一国经济发展的实际，而应把国际贸易和一国的经济发展、一国的生产力发展的实际结合起来。只有这样，才能得出正确的研究结果。

本章小结

本章介绍了国际贸易的相关概念及分类，国际贸易的产生与发展及国际贸易对经济发展的促进作用，国际贸易理论与实务的研究对象、内容体系与研究方法，目的是使学生对本课程的全貌有一个初步了解，从而为学习本课程打好基础。

思考练习

1. 国际贸易和国内贸易、转口贸易与过境贸易相比有哪些不同之处？
2. 简述资本主义时期国际贸易发展的特点。
3. 国际贸易对一国经济发展有什么促进作用？
4. 国际贸易的研究对象是什么？
5. 国际贸易的研究方法有哪些？

Chapter2
第 2 章

国际贸易理论

学习要点

1. 掌握国际分工的概念、类型、发展阶段和影响因素。
2. 理解绝对优势理论和比较优势理论,掌握传统国际分工理论的基本内容。
3. 理解新古典国际贸易理论、H-O 理论、里昂惕夫之谜等当代国际贸易新理论。

引言

国际分工是国民经济内部分工超越国家界限的产物,是国际贸易和世界市场形成的基础。国际分工的发展必然会引起国际贸易和世界市场的发展,同时国际贸易和世界市场的发展又推动了国际分工的深化。国际分工理论是国际贸易理论的重要内容,学习、研究国际贸易理论必须搞清国际分工的含义、发展过程、类型及影响国际分工发展的因素等问题。

2.1 国际分工概述

2.1.1 国际分工的含义

国际分工(international division of labor)是各国和地区经济向世界范围发展的表现;是社会生产力发展到一定阶段的产物;是各国从事商品生产时,相互之间实行的劳动分工。它是人类社会生产分工的国际化,与世界各国生产力发展水平密切相关:一方面,生产力发展水平决定了与此相适应的国际分工的形式与内容;另一方面,国际分工又反过来促进生产力的发展。人类社会发展进程经历的几次社会大分工都是与生产力的发展密切相关的。国际分工的发展主要取决于两方面的条件:一是社会的经济条件,二是自然条件,其中起决定作用的是社会的经济条件。

2.1.2 国际分工的类型

根据不同的划分标准可将国际分工分成不同的类型。

1. 按各国参与生产过程的情况划分

按各国参与生产过程的情况，国际分工可分为垂直型分工、水平型分工、混合型分工。

垂直型分工是经济技术发展水平不同的国家之间的分工，一般是先进国家与后进国家之间的分工。这种分工主要表现为初级产品和工业制成品、产品研发和产品生产之间的分工。

水平型分工是经济发展水平相似的国家之间的分工，一般指发达国家之间的分工。其又可分为产业内的分工和产业间的水平分工。前者是指同一产业内不同厂商生产的产品虽然在技术层面上相同或相近，但因在外观设计、内在质量、规格、品种、商标、牌号或价格方面有所差异，从而产生的国际分工和交换。后者则是指不同产业的制成品之间的分工和贸易。发达国家的工业发展有先有后，技术水平和发展状况存在差别，因而侧重的工业部门也有所不同，进而各国会以其重点工业部门的产品换取非重点工业部门的产品。当代发达国家的相互贸易主要建立在水平型分工的基础上。

混合型分工是指一国既参与水平型分工又参与垂直型分工。目前，世界上绝大多数国家的分工形式属于此类。形成这种分工形式既有历史原因，也有新的生产组织方式的影响。特别是第二次世界大战后跨国公司的迅猛发展，使国际分工形式愈加复杂，世界各国的依赖与联系进一步加深。

2. 按生产要素投入的相对密度划分

按生产要素投入的相对密度情况，国际分工可分为劳动密集型、土地密集型、资源密集型、资本密集型和技术密集型。某一种生产要素在劳动产品成本形成中起决定性作用，则为该要素密集型。国际分工由劳动密集型、土地密集型、资源密集型向资本密集型和技术密集型发展，是国际经济发展的必然趋势。

2.1.3 国际分工的形成与发展

在人类社会发展进程中，奴隶社会和封建社会由于生产力水平低下，社会分工主要局限于一国之内，国家之间的产品交换也十分偶然。世界性的国际分工大致产生于15世纪，其形成和发展过程可分为以下几个阶段。

1. 国际分工的萌芽阶段（15世纪至18世纪中叶）

15世纪末至16世纪上半叶的地理大发现，促使欧洲一些国家的手工业生产向工场手工业生产过渡，从而产生了以工场手工业为基础的、具有地域性的、面向国外市场的专业化生产，国际分工由此进入萌芽阶段。在地理大发现之后，欧洲殖民主义者用暴力手段在拉丁美洲、亚洲和非洲进行掠夺，强制当地居民开采矿山、种植热带和亚热带作物，发展了以奴隶劳动为基础、面向国外市场的专业化生产的农场主制度，从而形成了宗主国与殖民地之间的分工。

2. 国际分工的形成阶段（18世纪60年代至19世纪60年代）

18世纪60年代到19世纪60年代，英国、法国、德国、美国等主要资本主义国家先后完成了工业革命，使资本主义从工场手工业过渡到机器大工业，社会生产力得到了空前发展。机器大工业促进了社会分工的快速发展，使各国内部的分工在广度和深度上都得到了拓展，出现了真正的社会化大生产。为适应机器大工业发展的要求，行业之间的分工日益发达，区域之间的分工日趋明显，社会分工最终超出了国家和民族的范围，形成了以机器大工业为基础、以世界市场为纽带的国际分工。主要资本主义国家进一步增强了对国外市场和原材料的需求，商品输出也成为资本主义经济的主要特征。为此，殖民主义者加强了对外的争夺和开发，国际分工进一步发展为工业国和农业国的分工。

3. 国际分工的发展阶段（19世纪末至第二次世界大战）

19世纪70年代至20世纪初发生了第二次工业革命，一些新兴的工业部门，如电力、石油、化工、汽车等纷纷建立起来。此时，自由资本主义开始过渡到垄断资本主义，资本输出成为垄断资本主义控制和掠夺他国的重要手段。在此阶段，第二次工业革命和帝国主义扩张政策进一步改变了世界经济的面貌，为国际分工的扩大奠定了物质基础；各种交通工具空前发展，为国际分工的扩大提供了条件。帝国主义通过资本输出将资本主义生产方式加速移植到殖民地、半殖民地国家，从而使宗主国与殖民地之间的分工、工业国与农业国之间的分工日益加深。

4. 国际分工的深化阶段（第二次世界大战后）

第二次世界大战后发生的以核能、电子计算机、航天航空技术和生物工程的发展为主要标志的第三次科技革命，是人类历史上规模最大、影响最为深远的一次科技革命，它标志着世界生产力进入崭新的时期，推动国际分工进入深化发展阶段。二战以来的国际分工呈现出新的特征。

第一，经济结构相似、技术水平接近的工业国之间的水平型分工在国际分工格局中居于主导地位，从而改变了二战前的工业国与农业国之间的分工模式。

第二，国际分工的形式有了很大改变。二战后，在第三次科技革命的影响和推动下，国际分工从以垂直型分工为主导演变为以水平型分工为主导，从产业间分工发展到产业内分工，从以产品为界限的分工逐渐转变为以生产要素为界限的分工。

第三，参与国际分工的国家的类型和经济制度有了显著变化。当代国际分工体系包括发达国家之间的分工、发达国家与发展中国家之间的分工及发展中国家之间的分工。

发达国家之间的分工以工业分工为主；在发达国家与发展中国家之间的分工中，工业分工得到发展，工业与农业的分工逐渐削弱；发展中国家之间也逐渐开展了广泛的分工与合作。

2.1.4 影响国际分工发展的主要因素

影响国际分工发生和发展的因素是多方面的，既有社会经济条件，也有各国的自然条件，还有国际政治方面的条件。具体可以归纳为以下几个方面。

1. 生产力的发展水平

国际分工是随生产力的发展而变化的，生产力的发展对国际分工的决定作用首先突出表现在科学技术进步的重要作用上，科学技术的进步不仅推动了生产能力的提高和生产规模的扩大，而且促进了生产专业化的发展，使社会分工和国际分工发生相应的变革。其次，生产力发展水平高的国家在国际分工中总会处于领先地位。这是因为生产力高的国家，技术水平也高，而技术因素决定了一国在国际分工中的地位。同时，生产力水平也决定了一国的经济结构，直接制约着一国参与国际交换的产品内容。

2. 自然条件

任何社会的经济活动都是建立在一定的自然条件之上的。自然条件包括地理环境、气候、自然资源和国土面积等。它对国际分工的产生和发展具有一定的制约作用，有利的自然条件只是为国际分工提供了可能性，在自然条件具备的情况下，能否形成现实的国际分工，则取决于生产力的发展水平。只有当生产力发展到一定的阶段，自然资源才会得到充分的开发和利用。

3. 人口、生产规模和市场的情况

人口在世界各国的分布是很不平衡的，有的国家劳动力丰裕，有的国家劳动力稀缺。劳动力丰裕的国家在生产和出口劳动力密集型产品上具有比较优势，劳动力稀缺的国家则在其他生产要素密集型的产品生产和出口方面具有优势，这样，就会在两类不同的国家中产生国际分工。现代工业要求大规模生产，以获取规模经济的好处，在市场调节下，各国会根据规模经济的要求去发展一个或几个产业部门的生产，通过市场满足所有国家对这些产品的需求。规模经济还反映在各国合作生产某一产品，使其产量达到经济批量，从而在国际市场上具有竞争力。

4. 跨国公司的发展

第二次世界大战后，跨国公司的发展使其成为推动当代国际分工的重要力量。它将企业内部有计划、有组织的分工随资本的输出而扩展到世界范围。跨国公司还将生产环

节分散到不同的国家，通过公司内部交易等控制活动，把各国的生产活动联系在一起，从而获得高额利润。

5. 国家的政治、文化等因素

政府的经济政策和措施，能直接促进或阻碍国际分工的发展。实行对外开放的政策，能促使企业参与国际市场竞争，主动参与国际分工；而一个国家采取闭关自守的政策，其国家或民族将孤立于世界经济发展之外。同样，文化观念也会对参加国际分工产生很大的影响，从现实生活来看，国际分工总是首先在文化观念相近的民族中得到发展。

2.1.5 国际分工对国际贸易的影响

国际分工是国际贸易的基础，国际分工的深度与广度决定国际贸易的规模和速度：生产的国际化专业分工不仅可以提高劳动生产率、增加世界范围内的商品数量，而且可以增加国际交换的必要性，从而促进国际贸易的迅速增长。国际分工对国际贸易地理方向也产生了重要影响，世界各国的对外贸易地理分布与它们的经济发展水平及在国际分工中所处的地位是分不开的。国际分工的发展还引起了国际贸易商品结构和内容的变化，世界贸易中商品结构和内容的变化是由国际分工的发展决定的。

2.2 传统的国际分工理论

在西方资本主义生产方式准备时期，代表商业资产阶级利益的重商主义曾一度盛行。重商主义产生于15世纪，全盛于16世纪和17世纪上半叶。重商主义者认为：一个国家拥有越多的金银，就会越富有和强大；若要国家富强，主要应在对外贸易中保持较大顺差，其结果可使金银等贵金属流入，因此，政府应尽可能地鼓励出口、限制进口。

从18世纪中叶开始，西方资本主义国家相继开展工业革命，生产力得到极大发展，重商主义阻碍了资本主义国家的对外扩张，因此重商主义学说遭到古典自由主义经济学家的猛烈批判。在此基础上，代表工业资产阶级利益的古典学派创立了古典自由贸易理论，主张经济自由，反对国家干预，其代表理论有绝对优势理论、比较优势理论等。

2.2.1 绝对优势理论

亚当·斯密（Adam Smith）是古典经济学的杰出代表，也是国际分工理论及古典贸易理论的创造者。18世纪末，英国的经济力量已超过欧洲大陆的两个对手——法国和西班牙。新兴的资产阶级要求扩大对外贸易，以便从海外获得生产所需的廉价原料，并为其产品寻找更大的海外市场。为达到这一目的，就要从重商主义者对国民经济和对外贸易的重重束缚中解放出来。因为在重商主义制度下，经济上的特权和垄断制度已经暴露出效率低下和严重浪费等弊端,因此不能适应经济发展的需要。亚当·斯密在1776年出版的《国民财富的性质和原因的研究》(《国富论》,An Inquiry into the Nature and Causes of the Wealth of the Nations)一书中阐述了国际分工与自由贸易理论,并以此作为批判重商主义的有力武器。其理论称为绝对优势理论(theory of absolute advantage)或绝对成本理论(theory of absolute cost)。

1. 绝对优势理论的主要观点

(1)国际分工的基础是绝对成本。亚当·斯密认为,增加国民财富主要依靠提高劳动生产率,而劳动生产率的提高则要依靠分工的发展。分工的原则不仅适用于一国内部,也适用于各国之间,"如果外国能以比我们自己制造还便宜的商品供应我们,我们最好就用我们有利地使用自己的产业生产出来的物品的一部分向他们购买"。各国应选择自己最擅长的产品进行生产,然后进行交换,这样的国际分工和贸易必然对双方都有利。斯密进而认为,应以劳动成本为标准来确定一国最擅长生产的产品。若一国生产某一产品所耗费的劳动成本绝对地低于另一国,即该国在劳动生产率上占绝对优势,则该国就应该生产此种自己擅长的产品,然后与他国交换自己不擅长生产的产品。由此可见,斯密是以"绝对成本"来说明国际分工和国际贸易的基础的,即贸易发生的原因是同种产品在两国之间存在着绝对成本差异。

斯密认为每个国家通过国际分工,专门生产绝对优势大于其他国家的商品,然后彼此进行国际贸易,这样对双方都有利。

(2)各国存在绝对成本差异的原因。斯密认为,每一个国家都有其适宜生产某些特定产品的绝对有利的生产条件,因而生产这些产品的成本会绝对地低于他国。这些有利的生产条件来源于两个方面:一方面是自然优势,即一国在地理、环境、土壤、气候、矿产等自然条件方面的优势,这是先天的优势;另一方面是获得性优势,如国民特殊的技巧和工艺上的优势,这是通过训练、教育等后天获得的优势。一国如果拥有了其中的一种优势,该国生产某种产品的劳动生产率就会高于他国,生产成本就会绝对地低于他国。

斯密还认为,发展对外贸易的目的,不是通过顺差来获取金银,而是出口本国多余的产品,同时进口本国需要的其他种类的产品,从而促进国家物质财富的增长,这样的对外贸易对参加的各方都是有利的。因而,他极力反对那种为了追求顺差而垄断贸易的做法,主张实行自由贸易。

2. 绝对优势理论的贸易模型

斯密通过英国、葡萄牙两国的贸易实例来说明绝对优势理论。在这个贸易实例中,假定有英国、葡萄牙两个国家,两国都生产葡萄酒和毛呢两种产品,两国分工前后的生产情况及交换结果如表2-1所示。从表中可看出,通过分工两国都提高了产量,通过贸易两国都增加了消费。

表 2-1　绝对优势理论实例

产品 国家		酒产量 （单位）	所需劳动人数 （人/年）	毛呢产量 （单位）	所需劳动人数 （人/年）
英国	分工前	1	120	1	70
葡萄牙		1	80	1	110
英国	分工后	—	—	2.714	190
葡萄牙		2.375	190	—	—
英国	国际交换	1	—	1.714	—
葡萄牙		1.375	—	1	—

3. 对绝对优势理论的简评

斯密运用劳动价值论说明了国际贸易的基础和利益所在，这是历史上第一次从生产领域出发，解释国际贸易产生的部分原因，为科学的国际贸易理论提供了一个良好的开端。斯密绝对优势理论的重大意义，一是揭示了国际贸易的根本原因在于各国有利的自然禀赋与后天的有利生产条件；二是指出了一个国家只要根据有利的生产条件参加国际分工就可以获得贸易利益；三是提出了自由贸易的政策。但是，斯密的绝对优势理论又有很大的局限性。它只能解释在生产上各具绝对优势的国家间的贸易，而不能解释事实上存在的所有产品都处于绝对优势的发达国家和所有产品都处于绝对劣势的经济不发达国家之间的贸易现象，因此无法用来说明国际分工与贸易的普遍规律。

2.2.2　比较优势理论

1. 比较优势理论的内容

大卫·李嘉图（David Ricardo）是资产阶级古典经济学的集大成者。他在 1817 年出版的《政治经济学及赋税原理》（*On the Principles of Political Economy and Taxation*）一书中，进一步发展了亚当·斯密的绝对优势理论，提出了比较优势（或比较利益、比较成本）理论，解决了亚当·斯密所不能解释的问题，指出即使一国的所有产品都处于绝对优势或绝对劣势，但是通过国际分工去参与国际贸易都可获得贸易利益。19 世纪初，英国经过工业革命，建立了强大的工业，确定并巩固了它作为"世界工厂"的地位；而伴随着机器大工业的发展，英国人口膨胀，对粮食的需求不断增加，国内粮价不断上涨。英国工业资产阶级与土地贵族和大垄断商人展开了激烈的斗争，主张取消保护关税政策，实行自由贸易政策，在这种背景下，"比较优势理论"诞生了。

比较优势理论（theory of comparative advantage）指出每个国家不一定生产各种产品，而应集中生产那些利益较大或不利较小的产品，然后通过国际贸易，在资本和劳动力不变的情况下，生产总量将增加，如此形成的国际分工对贸易各国都有利。在进行利益比较时，人们应该遵循"两利相权取其重，两弊相衡取其轻"的原则。即使一国的生产率在任何一种产品上都处于绝对不利地位，仍有与他国发生贸易的可能，而且可以通过国际贸易得到好处。

2. 比较优势理论的贸易模型

在一定基本假设（两个国家、两种商品、生产要素自由流动、完全竞争、物物交换等）的基础上，李嘉图引用了英国和葡萄牙的例子来说明比较优势理论，实例模型见表 2-2。

表 2-2　比较优势理论实例

国家	产品	酒产量（单位）	所需劳动人数（人/年）	毛呢产量（单位）	所需劳动人数（人/年）
英国	分工前	1	120	1	100
葡萄牙		1	80	1	90
英国	分工后	—	—	2.2	220
葡萄牙		2.215	170	—	—
英国	国际交换	1	—	1.2	—
葡萄牙		1.125	—	1	—

从表 2-2 可以看出，葡萄牙生产酒和毛呢，所需劳动人数均少于英国，从而英国在这两种产品的生产上都处于不利地位；英国虽然在两种产品上都处于劣势，但在毛呢生产上劣势较小，按照"两利相权取其重，两弊相衡取其轻"的原则，英国应取其不利较小的毛呢生产；葡萄牙虽然都处于绝对有利地位，但它应取有利较大的酒生产。按照这种原则进行国际分工，两国产量都会增加，进行国际贸易，两国都会得利。

3. 对比较优势理论的简述

李嘉图的比较优势理论比斯密的绝对优势理论更具有普遍意义，后者仅是前者一个特例而已。比较优势理论深刻地反映了当时西方国家经济外向发展的客观要求，为国际分工和贸易理论提供了比较完整的理论体系；揭示了国际分工和国际贸易的普遍性，即一国与其他国家相比，其商品无论处于优势还是劣势，都可以在国际贸易中获利，从而在理论上证明了发展程度不同的国家能够并且应积极参与国际分工和贸易，这对扩大世界市场起到了促进作用；以劳动价值论为基础，说明了价值规律在世界市场上的作用，即价值规律在国内的基本作用是优胜劣汰，但在国际上劳动生产率低的国家却仍有可能进入市场，并可能从国际分工和贸易中获得利益。

比较优势理论也存在缺陷：这一理论只简单地考虑了两个国家之间的贸易情况；难以解释交换互补性商品的情况；没有讨论两个国家贸易的实际交换比率，从而无法回答贸易利益在两国之间如何分配等重要问题。

2.3　新古典国际贸易理论

新古典国际贸易理论包括赫克歇尔－俄林要素禀赋论、里昂惕夫之谜。

2.3.1 赫克歇尔-俄林要素禀赋论

1. 要素禀赋论的提出

要素禀赋论（factor endowment theory）是现代国际贸易理论的新开端，该理论从要素禀赋差异的角度探讨国际贸易的起因与影响。该理论最早由瑞典经济学家赫克歇尔（Eli Heckscher）和俄林（Bertil Ohlin）共同提出。1919年，赫克歇尔发表了一篇题为《对外贸易对收入分配的影响》的著名论文，探讨了李嘉图学说中两国间比较成本差异的产生和这种差异在两国贸易发生后的变化和影响。俄林是瑞典著名经济学家、政治家，曾经是赫克歇尔的学生。1977年瑞典皇家科学院基于他对国际贸易和国际贸易资本移动理论所做的贡献，把当年的诺贝尔经济学奖授予了他。其主要著作为《区际贸易与国际贸易》，在这本书中，他对赫克歇尔的理论做了清晰而全面的论述，提出了著名的赫克歇尔-俄林要素禀赋论（简称H-O理论）。

2. H-O理论的基本假设

H-O理论存在以下几个基本的假设条件：两个国家，使用两种生产要素，生产两种商品；在两个国家中，商品X都是劳动密集型产品，商品Y都是资本密集型产品；两国在生产中都使用相同的技术；在两个国家中，两种商品的生产都是规模报酬不变的；两国在生产中均为不完全分工；两国需求偏好相同，如果两国的相对商品价格是相同的，那么两国消费X和Y的比例也是相同的；在两个国家中，商品与要素市场都是完全竞争的；要素在一国国内可以自由流动，但不能在国家间自由流动；没有运输成本，没有关税或影响自由贸易的其他壁垒；两国资源均得到了充分利用；两国的贸易是平衡的。

3. H-O理论的主要观点

（1）要素禀赋。要素禀赋也称要素丰裕度，是指一国所拥有的各种生产要素的相对丰富性。所谓一国某要素丰富，是指这个国家与另一个国家相比，该要素的拥有量相对多一些；要素稀缺则恰好相反。

（2）要素密集度。要素密集度是指生产某种产品所投入的两种生产要素的比例。在一个只有两种产品（X和Y）和两种要素（劳动和资本）的世界中，如果生产X产品的资本与劳动投入比例大于生产Y产品的资本与劳动投入比例，那么商品X就是资本密集型产品，而Y是劳动密集型产品。

（3）H-O理论。H-O理论认为，比较成本的差异取决于两个因素：各国的要素禀赋与各种产品的要素比例。较多使用丰富要素生产，产品价格就相对便宜一些；较多使用稀缺要素生产，产品价格就相对昂贵一些。产品的要素比例即要素密集度取决于技术条件和产品性质。这里假定两国技术条件相同，故同一种产品在两国的要素密集度是相同的。所以，在H-O理论中，比较成本的差异仅仅取决于各国要素禀赋的差异。在国际贸易中，一国的比较优势是由其要素丰裕度决定的。因此，一国将出口密集使用其丰富要素的产品，进口密集使用其稀缺要素的产品。一个国家应该专业化生产并出口该国相对丰富和便宜的要素密集型商品，进口该国相对缺乏和昂贵的要素密集型商品。只有这样，各国才能充分发挥比较成本优势，在国际贸易中获取更多利益。

4. 狭义和广义要素禀赋论

要素禀赋论有狭义和广义之分。狭义要素禀赋论仅指要素供给比例理论；广义要素禀赋论除了指要素供给比例理论外，还包括要素价格均等化理论。

（1）狭义要素禀赋论（要素供给比例理论）。这一理论认为：各国生产同种产品时，商品的价格差是国际贸易产生的利益驱动力，也就是说其价格的绝对差异是国际贸易产生的直接原因，而这种绝对差异是由生产同种产品时的成本差别造成的；各国生产产品时的成本不同，是由生产要素的价格不同造成的；生产要素的价格差是由各国生产要素的供给差异造成的；两国生产要素供给的差异是由两国的要素禀赋决定的，某种生产要素在一国相对丰裕时，其供给量就大，与之对应，另一种生产要素在该国比较稀缺，则其供给量就少；各国生产要素丰裕度的不同和各种产品所需要的要素比例不同，使各国在生产相同产品时，分别在不同的产品生产上具有比较优势或成本优势。

总之，劳动力相对丰富而资本相对短缺的国家应该专业化分工多生产劳动密集型商品，少生产资本密集型商品，多余的部分用于出口，不足的部分从国外进口。反之，资本相对丰富而劳动力相对缺乏的国家就应反方向进行。要素禀赋论不仅解释了比较成本优势产生的原因，而且说明了国际贸易的流向：密集使用某种要素生产的产品，从该要素丰富的国家流向该要素稀缺的国家。

（2）广义要素禀赋论（含要素价格均等化理论）。要素价格均等化理论研究国际贸易对要素价格所起的反作用。这一理论认为：各国间因要素禀赋不同而引起的要素价格的差异，可以通过生产要素的国际移动和商品的国际移动两个途径逐步缩小。由于该理论提出时要素移动相当困难，故要素禀赋论主要是从商品移动来阐述要素价格的均等化过程。

国际贸易可以在一定程度上替代要素的国际流动。它不仅会使各国商品的价格趋于均等，而且会使各国生产要素的价格趋于均等。以美国和中国为例，中国劳动力丰富而资本稀缺，美国劳动力稀缺而资本丰富；中国劳动力的价格低于美国，而资本的价格高于美国。因此，中国应该出口劳动密集型产品而进口资本密集型产品，美国应该出口资本密集型产品而进口劳动密集型产品。此种贸易进行以后，在中国国内，资本的价格下降而劳动力的价格上升；在美国，则发生了完全相反的现象，资本的价格上升而劳动力的价格下降。

要素价格均等化有以下结果。

1）在世界范围内，使生产要素得到更加合理的配置和使用。如某国地广人稀、资本稀缺，农业属粗放式经营，土地利用效率很低。在价格均等化趋势的作用下，地租上升而利率下降；农民将会比较充分地利用土地，并投入更多的资本，使土地与资本的结合更加合理。

2）世界范围内，生产要素的价格趋于均等，贫富差距趋于消失。俄林认为，要素价格完全相等是不可能的，要素价格均等化只是一种趋势。因为客观上存在着一些阻碍要素价格均等化的因素，如影响市场价格的因素过于复杂；要素在国内不能充分流动；要素的需求是联合的需求，不能孤立地看待某一种要素的需求；大规模集中生产必然会使要素价格产生差异等。1941年，美国经济学家萨缪尔森和斯托珀用数学方法论证了在特定的条件下，要素价格均等化不是一种趋势，而是一种必然。

5. 对 H-O 理论的评述

H-O 理论是对李嘉图比较优势理论的继承和发展。比较起来，H-O 理论更加符合国际贸易的现实情况。它从各国最基本的经济情况，即土地、劳动、资本等因素出发，来解释国际贸易产生的原因，把其他因素如劳动生产率、成本等看成是三大生产要素的派生因素，从而抓住了问题的主要方面，使之比古典理论更加深刻。H-O 理论认为要素禀赋的差异产生了贸易，又认为贸易会缩小这些差异，并优化一国的经济结构。这就进一步阐明了自由贸易的优越性。在分析方法上，H-O 理论首次将一般均衡分析方法、区位分析方法和多要素价格分析方法结合在一起，并应用于国际贸易问题的研究。

但 H-O 理论还存在许多不完善的地方：一是主要从供给方面研究国际贸易的原因，忽略了需求在国际贸易中的重要性；二是这一理论掩盖了国际分工和国际贸易发生的最重要原因——社会生产力的发展，尤其是科学技术对国际分工和国际贸易产生发展的决定性作用；三是这一理论只从静态的角度分析各国应出口什么商品，进口什么商品，没有考虑到各国经济发展的变化。

2.3.2 里昂惕夫之谜及其解释

1. 里昂惕夫之谜的提出

自 20 世纪初赫克歇尔与俄林提出 H-O 理论以来，在很长一段时间里，H-O 理论逐渐为西方经济学界所普遍接受，并成为解释国际贸易产生原因的主要理论。美国经济学家瓦西里·里昂惕夫（Wassily W.Leontief）深信要素禀赋论，他想通过美国的数据来检验该理论的正确性。根据 H-O 理论，一国出口的是密集使用本国丰富要素生产的产品，进口的是密集使用本国稀缺要素生产的产品。二战初期，人们普遍认为美国是资本比较丰富而劳动力比较稀缺的国家。因而里昂惕夫期望能够通过 H-O 理论得出美国应出口资本密集型产品、进口劳动密集型产品的结论。

1953 年，里昂惕夫运用自己首创的"投入-产出"分析法来进行验证。他对 1947 年美国 200 个行业进行分析，把生产要素分为资本和劳动两种，试图证明 H-O 理论的正确性。里昂惕夫的测算结果如表 2-3 所示。

表 2-3　美国每百万美元出口产品和进口替代品的资本和劳动需求

项目指标	出口产品	进口替代品
每百万美元所含资本（美元，1947 年价格）	2 550 780	3 091 339
每百万美元所含劳动量（人/年）	182	170
资本劳动比率（美元/人）	14 015	18 184

由表可知，美国出口产品的资本–劳动比例是 14 015 美元/人，进口替代品的资本–劳动比例是 18 184 美元/人。美国进口替代品的资本密集度比美国出口产品的资本密集度高出大约 30%。这意味着，美国进口的是资本密集型产品，出口的是劳动密集型产品。这一结果与 H-O 理论恰恰相反，这就是著名的里昂惕夫之谜。

里昂惕夫的检验结果令人震惊，也使 H-O 理论处于一种颇为尴尬的境地。问题究竟出在哪里？这吸引了许多经济学家，他们试图从各个方面来解释这一令人困惑的现象，这种探索推动了二战后国际贸易理论的巨大发展。

2. 对里昂惕夫之谜的解释

对里昂惕夫之谜产生的原因，有各种各样的解释。归结起来，主要有两类：一类是对里昂惕夫的统计方法及统计资料的处理提出不同的意见；另一类是对 H-O 理论本身进行重新的研究和探索。

（1）里昂惕夫本人的解释。由于劳动素质各不相同，在同样资本的配合下，美国工人的劳动生产率比他们的外国同行要高得多，因此若以他国作为衡量标准，则美国的有效劳动数量应是现存劳动量的数倍。从有效劳动数量看，美国应为（有效）劳动力相对丰富的国家，而资本在美国则成为相对稀缺的要素。这样一来，矛盾现象似乎就不存在了。但若此观点正确，美国就无所谓划分劳动密集型或资本密集型产品了。这一解释没有被广泛接受，里昂惕夫自己后来也否定了它。

（2）人力资本说。受里昂惕夫有效劳动数量解释的启发，后来一些学者在要素禀赋论的框架下引入人力资本这一因素。由于质量上的差异，一般劳动可区分为熟练劳动和非熟练劳动两类。其中熟练劳动是指具有一定技能的劳动，但这种技能不是先天具备的，而是通过后天的教育、培训等手段积累起来的。这种后天的努力类似于物质资本的投资行为，这使资本的含义更广泛了，它既包括有形的物质资本，又包括无形的人力资本。美国在人力资本上的投入远远超过其他国家，这就意味着美国劳动力含有更多的人力资本，这使美国出口商品的资本密集度要大于进口商品的资本密集度。

（3）自然资源说。自然资源要素与资本要素之间存在相互替代关系。如果生产某种商品的自然资源不足，就必然要投入较多的资本（先进设备等）。阿拉伯半岛石油资源丰富，开采方便，所需要的设备简单，因此投入的资本相对较少；而在石油稀缺的地方，即使投入大量的资本，也只能生产出成本较高的石油。研究表明，美国的多数进口商品正是美国资源稀缺的商品，若美国生产此类产品，必须投入较多的资本；而对于出口国来说，这些产品是资源密集型的，所需投入的资本相对较少，生产成本较低。所以，从自然资源的角度看，实际上美国进口的是其稀缺的自然资源，而不是资本。

（4）贸易保护说。H-O 理论是建立在完全自由竞争的假设之上的，而现实的国际贸易中存在着大量的关税和非关税壁垒。美国的贸易政策是：限制高技术产品的出口，阻碍劳动密集型产品的进口。一些研究表明，美国进口劳动密集型产品比进口资本密集型产品受到更严格的进口壁垒限制。特别受到保护的是技术落后的产业和非熟练、半熟练的劳工集团。

（5）要素密集度逆转。要素密集度逆转是指一种给定的商品在劳动力丰裕的国家生产就是劳动密集型产品，在资本丰裕的国家生产就是资本密集型产品。要素密集度逆转产生的原因是生产过程中劳动力与资本的替代弹性很大，如 A 国劳动力丰富、劳动力价格低，就会使用劳动密集型技术生产 X 商品，同理，B 国可能用资本密集型技术去生产 X 商品。

（6）需求偏好说。H-O 理论过分重视供给而对需求重视不够，特别是假定需求偏好相同且固定不变，这可能出问题。由于不同国家经济发展水平不同、人均收入水平不同、收入分配结构不同，消费需求结构和消费需求偏好就会不同。美国是一个大米出口国，其实是美国人食用大米少的缘故；美国资本丰富，但美国人特别偏好消费资本密集型商品，这就可能阻碍美国资本密集型商品出口，反而大量进口资本密集型商品。这种需求正好颠倒了美国在出口资本密集型商品方面的比较优势。

2.4 国际贸易新理论

国际贸易理论经历了以斯密、李嘉图等人为代表的古典主义阶段和以赫克歇尔、俄林等人为代表的新古典主义阶段后，于 20 世纪五六十年代进入了一个相对平缓的时期。20 世纪 70 年代后，随着科技进步和跨国公司的迅速发展，在赫克歇尔－俄林体系中徘徊了多年的国际贸易理论又活跃起来。H-O 理论本身的局限及其假设条件的不切实际，使得 H-O 理论在解释现实的国际贸易问题时遇到了许多困难。一些学者从怀疑和完善传统的国际贸易理论入手，提出了各种新的能够来解释当代国际贸易问题的理论。先后出现的国际贸易新理论有技术差距论、产品生命周期理论、（收入）偏好相似说、规模报酬递增说、产业内贸易理论、国家竞争优势说等十余种。这些理论从不同角度揭示了国际贸易产生的一种或数种原因，为国际贸易理论的发展增添了新的内容。

2.4.1 技术差距论

在影响经济发展的各种因素中，技术是最活跃的因素，科学技术的发展已经成为生产率提高的重要决定因素。技术进步通过对经济过程的促进从而对国际贸易产生复杂的影响。在李嘉图的比较优势理论中，技术差异是国际贸易的一个重要决定因素，许多经济学家认为比技术差异更重要的是技术变化,即技术差异的动态因素。20世纪60年代,美国经济学家波斯纳(Michael V.Posner)和弗农通过对产品技术变化及其对贸易格局的影响的分析,提出了技术差距论和产品生命周期理论,来解释这种贸易现象。

经济学家波斯纳在1961年提出了技术差距理论。波斯纳认为,产生技术差距的根本原因在于各国的市场特性(由生产、需求状况、相关产业及公司的战略、组织和竞争者等方面的相互作用过程决定)对技术创新和技术吸纳产生的推动力有所不同。技术差距的存在,最终使得一些国家在技术进化过程中在整体上领先而成为全球的创新中心。这一理论提出了科学技术在贸易商品的比较优势形成中起决定性作用,因此,它对解释国际贸易格局具有重要意义。

技术差距论认为,各个国家技术革新的进展情况很不一致,技术革新领先的国家在发明出一种国外尚未掌握的新产品或新的生产流程时,便产生了国际技术差距(technology gap),因而该国就可能享有出口技术密集型产品的比较优势。但是,随着新技术向国外的转移,其他国家迟早会掌握这种新技术,从而国际技术差距将逐步消失。技术创新国的新产品问世后到其他国家仿制生产该产品前的这段时间,称为"模仿时滞"(imitation lag)。在这个时滞期内,由于创新国垄断了这种新产品的生产,该产品自然具有出口优势,可发展国际贸易。

美国作为世界上技术最先进的国家之一,出口了大量的高新技术产品。可是,随着外国厂商获得这些新技术,最终也能出口该产品,甚至利用其廉价的劳动力成本将该产品出口到美国市场。与此同时,美国可能利用其雄厚的资本和强大的研发力量开发出更新的产品和生产过程,从而形成新的技术差距,并以此为基础出口该产品。

波斯纳分析了需求时滞(demand lag)与模仿时滞。需求时滞是指从外国新产品问世、本国消费者还没有认识到它是国内产品的完全替代品因而没有产生需求,到逐步认识到新产品的价值因而产生需求的这段时间。模仿时滞由反应时滞与掌握时滞构成,反应时滞是指从创新国生产,到其他国家感到进口产品的竞争性威胁因而决定自行生产的这段时间。掌握时滞是指仿制国从开始生产,到达到创新国同一级技术水平而停止进口的这段时间。假定创新国在技术转移方面有有利条件,仿制国的需求强烈、研究费用充足、技术基础较好、生产条件较优,则掌握时间就较短,创新国出口下降速度较快。反之,掌握时滞就较长,仿制国进口下降速度较慢。由此可见,各国之间的技术水平和技术创新方向在一定时期内存在着"技术差距"。技术差距论将国际贸易的成因、流向、规模和利益主要归于各国间技术进步方面的差距。这正是技术差距论的基本特征。

技术差距论证明了即使在要素禀赋和需求偏好相似的国家间,技术领先也会形成比较优势,从而产生国际贸易。这也比较好地解释了实践中常见的技术先进国与落后国之间技术密集型产品的贸易周期。但它只解释了技术差距会随时间推移而消失,并未解释其产生和消失的原因,而弗农的产品生命周期理论可以说是技术差距论的继承、总结和发展。

2.4.2 产品生命周期理论

产品生命周期理论从技术变化的角度探讨了比较优势的动态演变，并以此为基础研究了工业制成品贸易，揭示了制成品贸易流向的演变过程，提出了制成品贸易周期说。

产品生命周期理论（product life cycle theory）由美国经济学家、哈佛大学教授雷蒙德·弗农（Raymond Vernon）于 1966 年在《生命周期中的国际投资与国际贸易》一文中首先提出，经过威尔斯（Louis T.Wells）、赫希（Hirsch）、基辛（Keesing）、格鲁伯（Gruber）、梅达（Mehta）、梅基（S. P. Maggee）等人进行补充和验证后成为战后解释制成品贸易的著名理论。

产品生命周期理论认为，一种产品的生产需要很多不同的投入成本，如研究与开发投入、资本和劳动力投入、原材料投入等。随着技术的变化，在产品生命周期的不同阶段，各种投入在成本中的相对重要性也将发生变化。由于各国在各种投入上的相对优势不同，各国在该产品不同阶段是否拥有比较优势取决于各种投入在成本中的相对重要性。

该理论还认为，由于技术的创新和扩散，制成品和生物一样具有生命周期。在产品生命周期的不同阶段，各国在国际贸易中的地位是不同的；新型工业化消费品的产品特性、国际生产区位和贸易格局各有不同的特点。

（1）新生期。这是生命周期的第 1 阶段。由于新产品刚刚出现，产品设计没有定型，生产技术和加工方法需要不断调整，要素配合比例经常变化，生产者和消费者需要不断反馈信息，所以新产品仅仅在技术创新国（如美国）生产和消费，且只限于试生产、试销售阶段，一般不出口。

（2）成长期。这是生命周期的第 2 阶段。创新国对新产品进行了改进，为满足国内外市场不断增长的需求，产量迅速提高。在这一阶段，国外还不能生产这种产品，故创新国在国内和国际市场拥有完全的垄断地位。而这阶段的出口，主要面向与创新国经济发展水平相似的国家（如美国向西欧、日本等发达国家出口）。

（3）成熟期。这是生命周期的第 3 阶段。新产品在创新国已经标准化，国内市场基本饱和，国际市场需求迅速扩大。这时候，新技术和新产品的创造发明者发现授权本国和外国的其他生产厂家生产这种技术产品更加有利可图，于是国际技术转让就开始了。其他的新技术模仿国可以在其国内生产并满足该国国内市场的需要，技术创新国的出口竞争优势受到削弱，出口规模受到影响。但由于规模经济、工人技术熟练、生产效率、销售渠道和管理方面的优势，创新国仍然具有出口竞争优势和控制国内市场的能力。

（4）销售下降期。这是生命周期的第 4 阶段，也是其他发达国家参与新产品出口竞争的阶段。由于技术和产品的完全标准化，技术和品牌优势在国际竞争中的重要性已经不存在，国际竞争优势主要依赖于成本和价格竞争。这时候，新技术模仿国的生产规模迅速扩大（同时销路逐渐打开，市场不断扩大），而且凭借其劳动成本优势和其他成本优势开始向第三国市场出口新产品；新技术发明国的生产和出口竞争优势受到严重挑战，产量开始减少并部分进口该产品。

（5）让与期。这是生命周期的第 5 阶段，此时技术创新国成为该产品的进口国。由于其他发达国家的工资较低，以及大规模生产带来的成本降低的经济效益，超过了向技术创新国出口所需的运费和关税，其产品最终进入技术创新国市场，此时技术模仿国会取代技术创新国成为国际市场的主要出口供给者。这样新产品在技术创新国的生命周期就结束了，技术创新国又会致力于新技术革新以引入新产品。新产品的生命周期虽然在技术创新国结束，但其他生产这一产品的发达国家可能还处于周期的第 3、第 4 阶段。同时，发展中国家很可能才开始生产这种产品，并逐渐向发达国家增加出口。这种新产品的生命周期，在生产国之间呈波浪式推进。

现实生活中确实有许多工业产品经历了生命周期的 5 个阶段，如收音机、录音机、电视机、空调和电冰箱等。最近几十年来，新技术、新产品的更新换代和地理扩散速度大大加快，或者说周期缩短，使我们可以见证一个个完整的产品生命周期。但是这种趋势本身又引起了一个重要的理论问题，即技术创新国取得新技术、新产品的垄断优势越来越难。因为发达国家之间的科技开发能力差距不大，一种新技术、新产品发明之后很快就会被技术模仿国迅速采用，因此技术创新国要维持技术优势必须跑得更快。而由于产业结构的调整速度加快，落后的技术模仿国（发展中国家）与发达的技术创新国的技术差距将越来越大，其产业结构调整的代价也就越来越大。

2.4.3 （收入）偏好相似说

（收入）偏好相似说（theory of preference similarity）又称需求论，是瑞典著名经济学家林德（S.B.Linder）在 1961 年出版的《论贸易与变化》一书中提出的。林德认为，不同国家由于经济发展水平不同，需求偏好也不相同。他一反传统的由供给方面寻找国际贸易的根源转而从需求角度入手来分析国际贸易的流向，从需求方面探讨国际贸易产生的原因。

该学说认为，制成品贸易需从需求方面去研究，因为基于需求偏好相同的要素禀赋论只能解释初级产品的贸易，而不能解释制成品的贸易。国家间制成品贸易的发生，往往是先由国内市场建立起规模和竞争能力，然后再拓展国外市场。因为厂商总是出于利润动机，首先为它所熟悉的本国市场生产新产品，当发展到一定程度，国内市场有限时才开始开拓国外市场。由此，两国的经济发展水平越接近，人均国民收入越接近，需求偏好越相似，相互需求就越大，贸易量也越大。与之相反，国家间人均国民收入的差距大会成为阻挡国际贸易的障碍。例如，一国根据本国国内需求开发生产出的产品，由于别的国家收入水平较低而对该产品缺乏需求，或者由于别国收入水平过高而对此产品不屑一顾，彼此间的贸易自然无法开展。因此，工业制成品的贸易在具有相同或相似发展水平的国家间更易于开展。

偏好相似说图示如图 2-1 所示。图中 Oa、Ob 与原点所构成的锥形代表一国对其所需求商品的档次的变动范围。设国Ⅰ的人均收入为 I_1，国Ⅱ的人均收入为 I_2，与 I_1、I_2 相应的 AC、BD 分别表示国Ⅰ、国Ⅱ的需求商品档次范围。若 BC 部分重合，则表示两国会就 BC 范围内档次的商品进行贸易。

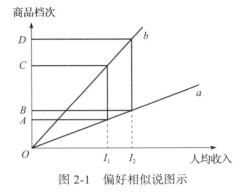

图 2-1 偏好相似说图示

结论：两国的商品需求档次变动范围重合部分愈大，表示需求结构愈相近，贸易可能性就愈大。根据 H-O 理论，两国资本劳动比率愈相近，比较成本的差异将愈小，两国贸易量也将愈小。但根据偏好相似说，两国的资本劳动比率愈相近，表明两国的经济发展程度愈接近，因而人均收入的差异将愈小，重叠的市场部分将愈大，两国的贸易量将愈大。因此，林德的偏好相似说似乎比 H-O 理论更适合于解释贸易发生在发达国家之间的现象。

2.4.4 规模报酬递增说

规模报酬递增说（economies of scale and trade theory）也称规模收益递增理论，是著名经济学家克鲁格曼（Paul Krugman）在与埃尔赫南（Helpman Elhanan）合著的《市场结构与对外贸易》一书中提出的。其论点为：规模报酬递增也是国际贸易的基础，当某一产品的生产发生规模报酬递增时，随着生产规模的扩大，单位产品成本递减而取得成本优势，因此导致专业化生产并出口这一产品。

规模报酬递增之所以可能发生，是因为大规模生产经营：其能充分发挥各种生产要素的效能，更好地组织企业内部的劳动分工和专业化，提高厂房、机器设备的利用率，取得内部规模经济效益；其还能更好地利用交通运输、通信设施、金融机构、自然资源等良好的企业环境，获得外部规模经济效益。规模报酬递增为国际贸易提供了直接基础。

2.4.5 产业内贸易理论

产业内贸易理论（intra-industry trade theory）是当前国际贸易理论最热门的研究课题之一。二战后，随着世界经济发展和工业化水平的提高，国际贸易出现了一种引人注目的新现象：工业化国家之间的工业制成品的贸易交换成为国际贸易的主流。20世纪 50 年代中期，发达国家的出口占世界总出口量的 3/4，但在 3/4 中仅有 1/4 出口到发展中国家。但这种贸易格局与传统的贸易理论不太符合，如何解释这种与传统理论背离的现象就成为理论界关注的热点难题。产业内贸易理论的代表人物是巴拉萨（Balassa）、格鲁贝尔（H.G Grubel）和劳埃德（Lioyd）等人。1975 年格鲁贝尔和劳埃德合作出版的《产业内贸易：差别产品的国际贸易理论和计量》对产业内贸易理论进行了系统化表述。

纵观西方经济学界对产业内贸易的种种理论说明可知，产品差异论、规模经济或规模报酬递增论及偏好相似论可以解释产业内贸易现象。

1. 产品差异性（异质性）是产业内贸易的动因或基础

产品的异质性特征就是产品的差别性特征，产品差别具体表现在同类产品的质量性差别、规格型号差别、使用材料差别、色彩及商标牌号差别、包装装潢差别、广告及售前售后服务差别、企业形象及企业信誉差别等方面。这些差别正是产业内国际分工和产业内国际贸易的基础，因其可满足不同消费心理、消费欲望和层次。

2. 规模经济或规模报酬递增与不完全竞争是产业内贸易利益来源

规模报酬递增与不完全竞争是最普遍被用来解释产业内贸易的理论。规模经济或规模报酬递增是指厂商进行大规模生产，使成本降低，报酬递增。因此，在存在规模经济的某一产业部门内，各国将各自专于该产业部门的某些差异产品的发展，再相互交换（即开展产业内贸易）以满足彼此的多样化需求。而且，国家间的要素禀赋愈相似，愈可能生产更多相同类型的产品，因而它们之间的产业内贸易量将愈大。

3. 需求偏好的相似性和多样性是产业内贸易的动因和保证

产品的差异性只是为产业内贸易的发生具备了可能性条件，而产业内贸易的内在动力来自于不同国家需求结构的多样性和相似性。人均收入水平是决定购买力水平和购买结构的重要因素。国家之间人均收入水平差别越大，社会需求结构差别就越大；国家之间的产业结构和产品结构差别越大，国家之间发生产业间贸易的可能性就越大，而发生产业内贸易的可能性就越小。国家间人均收入水平越接近，社会消费需求结构越相似；国家间的产业结构和产品结构越相似，发生产业内贸易的可能性就越大，而发生产业间贸易的可能性就越小。

2.4.6 国家竞争优势说

随着新技术的发展与应用，经济全球化导致世界产业与贸易多元化趋势越来越明显，以生产要素禀赋为基础的比较优势理论的局限性日益凸显，传统的贸易理论在解释世界贸易形态时表现出不适用性。20世纪80年代，波特（Michael E.Porter）在他的《国家竞争优势》一书中提出了国家竞争优势理论（national competitive advantage theory），该理论从企业参与国际竞争的微观角度来解释国际贸易现象。波特认为，在国际市场上竞争的是企业，而不是国家。国家竞争优势实质上是指一国产业的竞争优势。产业的竞争能力源于一国的竞争环境，而竞争环境则产生于四种相互独立又相互联系的特质因素及机遇和政府作用，这些因素即构成所谓的"钻石体系"。"钻石理论"认为，要素条件、需求因素、相关和支持产业与企业战略、组织结构与竞争状态所构成的组合是一国在国际贸易中成功的关键因素，如图2-2所示。

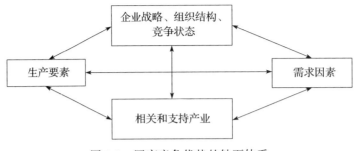

图 2-2 国家竞争优势的钻石体系

1. 生产要素

国家竞争优势的第一个关键因素是一国的要素条件，它是指影响竞争力的各种资源状况，包括自然的与后天的、物质的与精神的。波特把生产要素分为基本要素（basic factors）和高等要素（advanced factors）两类。基本要素包括自然资源、气候、地理位置、非熟练劳动力等一国先天拥有或不需太大代价便能得到的要素；高等要素包括现代化电信网络、高科技人才、高精尖技术等需要通过长期投资和后天开发才能创造出来的要素。对于国家竞争优势的形成而言，后者更为重要。

2. 需求因素

国内需求市场是国家竞争优势的第二个关键因素。内需市场是国内产业发展的动力，会刺激企业改进和创新。所谓有利于国际竞争的需求，取决于本国需求与别国需求的比较，一国超前性的需求会使为之服务的企业能相应处在同行企业领导者的地位；挑剔的购买者会迫使当地企业在产品质量和服务方面具有较高的竞争力；需求拉动方式方面，一国国民的普遍特殊消费偏好容易激发企业的创新动力。

3. 相关和支持产业

国家竞争优势形成并持续的第三个关键要素是相关支持产业的发展。在很多产业中，一个企业的潜在优势是因为它的相关产业具有竞争优势，相关产业的表现与能力会带动上下游的创新和国际化。首先，具备国际竞争优势的上游产业会带动下游产业发展。因为下游产业可以在原材料来源上具备及早反应、快速、有效，甚至降低成本等优点。其次，具备国际竞争优势的产业会提升其互补产品或劳务的需求。因此，如果想成功地培养一项产业的国家竞争优势，最好能先在国内培养相关产业的竞争力。

4. 企业战略、组织结构、竞争状态

在国家竞争优势的形成中，第四个关键要素就是企业，包括企业在一个国家的战略和组织管理形态，以及国内市场竞争对手的表现。良好的企业管理体制的选择，不仅与企业的内部条件和所处产业的性质有关，而且取决于企业所面临的外部环境。因此，各

种竞争优势能否被恰当匹配在企业中，很大程度上取决于国家环境的影响。国家环境对人才流向、企业战略和企业组织结构的影响决定了该行业是否具有竞争能力。波特强调，强大的本国竞争对手是企业竞争优势产生并得以长久保持的最强有力的刺激。

除了上述四个基本因素外，波特认为，一国面临的机遇和政府所起的作用对国家整体竞争优势的形成也具有辅助作用。他主张政府应当在经济发展中起催化和激发企业创造能力的作用。政府政策和行为的关键在于为企业创造一个宽松、公平的竞争环境。

本章小结

本章介绍了国际分工的概念、类型、发展阶段和影响因素，阐述了绝对优势理论、比较优势理论等传统的国际分工理论，分析了赫克歇尔－俄林要素禀赋论等新古典国际贸易理论及技术差距理论、（收入）偏好相似说、生命周期理论、产业内贸易理论、国家竞争优势理论等国际贸易新理论，目的是使学生加深对国际贸易产生和发展原因的理解和认识，也为后续理解一国制定贸易政策和措施提供理论基础。

思考练习

1. 什么是国际分工？国际分工的类型主要有哪些？影响国际分工的因素有哪些？
2. 什么是绝对优势理论？其主要观点是什么？
3. 什么是比较优势理论和竞争优势理论？其各自的主要观点是什么？
4. 简述要素禀赋论的主要观点。
5. 简述现代国际贸易新理论的主要观点。

Chapter 3
第 3 章

国际贸易政策

学习要点

1. 了解国际贸易政策的基本含义、构成及其影响因素。
2. 了解国际贸易政策的基本类型、重商主义贸易政策、保护贸易政策、超保护贸易政策、贸易自由化政策和新贸易保护主义政策的演变。
3. 了解中国的外贸政策演变、中国改革开放以来外贸体制的变化和新时期中国外贸政策的选择方向。

引言

国际贸易政策是世界各国开展国际贸易活动的指导原则和依据,不同的贸易政策,导致不同的贸易措施和贸易结果。自第二次世界大战以来,双边贸易政策的协调,区域性的政策协调及致力于国际贸易体制的多边贸易政策的协调,使各国贸易政策趋于一致,这体现了全球经济关系的秩序化。但全球金融危机使保护贸易政策抬头,使各国贸易政策出现分化。研究和分析这些变化,是学习国际贸易理论和实务的重要内容。

3.1 国际贸易政策的基本概念

3.1.1 国际贸易政策的概念

国际贸易政策是世界各国(或地区)在开展商品和劳务交换活动时所遵循的管理原则、方针和措施的总称。国际贸易政策的基本因素包括政策主体、政策客体、政策目标、政策内容、政策手段等。政策主体即政策的制定者和实施者,一般来说是各国政府。政策客体即政策对象,一般是从事国际贸易活动的企业、机构和个人。政策目标是制定政策所要达到的目的。政策内容即贸易政策所涵盖的具体条款。政策手段即实现既定政策目标所采取的管理措施等。

以一个国家（或地区）为主体制定的国际贸易政策就是该国的对外贸易政策。对外贸易政策是一国政府为有效开展国际贸易活动，实现贸易目标所制定的行动准则、工作方式、工作步骤和措施的总称，是一国经济政策等上层建筑的重要组成部分。对外它服务于一国的对外经济和政治的总政策；对内它为发展经济服务，并随着国内外经济基础和政治关系的变化而变化。

3.1.2 国际贸易政策的构成

1. 按政策内容范围划分

按政策内容范围划分有国际贸易总政策、进出口商品政策和国际贸易国别政策。国际贸易总政策是从一国的国民经济全局出发，在一个较长的时期内指导对外贸易发展的总原则，包括进口总政策和出口总政策。进出口商品政策是根据总政策和一国的经济状况，针对不同的进出口商品，而分别制定的政策，比如制定一些措施扶持某些出口部门或暂时限制某些种类商品的进口等。国际贸易国别政策是根据总政策和一国对外政治、经济关系而制定的国别和地区政策。这三种政策的内容有时是相互交织在一起的，由于国际和国内形势变化，一国的贸易政策在某个时期内可能重点突出某些方面。

2. 按政策主体划分

按政策主体划分有单边贸易政策、双边贸易政策和多边贸易政策。单边贸易政策是指一个国家从自身利益出发制定的贸易政策。一般来说，"单边主义"隐含着傲慢自大、漠视他人、支配或控制等行为。双边贸易政策是指两个国家或地区从平等互利角度出发制定的优惠贸易政策。多边贸易政策则是指两个以上的国家或地区从平等互利角度出发制定的优惠贸易政策。

3. 按类型划分

按类型划分有自由贸易政策、保护贸易政策和协调贸易政策。自由贸易政策是指对进口不限制，对出口不鼓励，使商品通过市场自由进出口的贸易政策。保护贸易政策是指对进口限制，对出口鼓励，使商品少进多出的贸易政策。协调贸易政策是指通过贸易条约和双边、多边贸易协定来管理政策与他国贸易关系的一系列贸易政策制度。

4. 按进出口方向划分

按进口方向划分有进口贸易政策和出口贸易政策。进口贸易政策是指对进口商品的国家所实行的贸易政策。出口贸易政策是指对出口商品的国家所实行的贸易政策。

5. 按政策措施划分

按政策措施划分有关税政策和非关税政策。关税政策是指通过关税措施来保护本国市场，提高产品竞争力的一系列政策。非关税政策是指通过非关税措施来保护本国市场，提高产品竞争力的一系列政策。

3.1.3 对外贸易政策的目的

各国都希望通过对外贸易政策维护本国的利益，促进国家经济的发展。具体而言，一国制定对外贸易政策的目的有以下几个方面。

1. 促进经济发展与稳定

（1）促进生产力的发展。
（2）实现经济增长。
（3）达到外部均衡。
（4）使经济平稳发展，增强适应能力。

2. 完善经济体制，提高市场竞争力

（1）保护本国市场，扩大本国产品的出口市场。
（2）提高本国产品的竞争力。
（3）促进经济一体化。
（4）加强和完善市场经济体制。

3. 获取良好的国际经济与政治环境

（1）解决贸易争端。
（2）调整、改善并巩固国与国之间的经济与政治关系。

3.1.4 影响一国对外贸易政策的因素

一国采用哪一种形式的对外贸易政策，要由该国国内和国际的经济、政治、外交等多种因素决定。具体讲，一国在制定对外贸易政策时，主要考虑以下因素。

（1）经济结构与竞争优势。
（2）产品在国际市场上的竞争力。
（3）本国国内市场的供求状况和物价状况。
（4）本国的就业状况。
（5）本国的国际收支和贸易差额状况。
（6）本国与他国在经济、投资方面的合作情况。
（7）本国与他国的政治、外交关系。
（8）本国在世界经济、贸易制度中拥有的权利与应尽的义务。
（9）各国政府领导人的经济思想与其倡导的贸易理论。

3.2 世界各国对外贸易政策的基本类型及演变

3.2.1 对外贸易政策的基本类型

自国际贸易产生以来,各国在不同的历史阶段,由于不同的国情状况,所制定的对外贸易政策也千差万别,呈现出不同的特点。但几百年来,各种不同的对外贸易政策,基本可归纳为3种基本类型:自由贸易政策、保护贸易政策和协调贸易政策。

1. 自由贸易政策

自由贸易政策是指国家取消对进出口贸易的限制和障碍,取消对本国进出口商品的各种特权和优惠,使商品自由地进出口,在国内外市场上自由竞争的贸易政策。

自由贸易政策产生于18世纪初的英国,是18世纪新兴资产阶级"自由放任"思想在对外经济关系上的延伸。19世纪到第一次世界大战前,其成为对外贸易的主流。两次世界大战期间,自由贸易政策首先被英国放弃。第二次世界大战后,贸易自由化政策成为发达国家起主导作用的贸易政策。1947年关税及贸易总协定(简称关贸总协定,GATT)生效、1995年世界贸易组织(简称世贸组织,WTO)建立,使经济全球化进程加快,贸易自由化成为世界各国贸易政策的主流。贸易自由化是指降低政府对外贸(货物、服务与投资进出口)的控制和直接干预,代之以价格机制(如关税等)的调节,扩大服务市场的准入,取消对投资的限制。

2. 保护贸易政策

保护贸易政策是指国家采取各种措施限制进口,以保护本国的产业免受外国商品的竞争,并对本国的出口商品给予优待和补贴以鼓励出口的贸易政策。历史上,保护贸易政策基本上是后进国家或竞争力弱的国家所崇尚的贸易政策。

保护贸易政策开始于西欧资本原始积累时期的重商主义;在资本主义进入自由竞争时期时,出现了美国和德国发展幼稚工业的保护贸易政策;在1929~1933年世界经济危机后,其演变为更为流行的超保护贸易政策。

需要说明的是,自由贸易政策与保护贸易政策是对外贸易政策的两种基本类型,其他类型的贸易政策都是在这两种类型的基础上演化而来的,是其变型。任何一国的对外贸易政策都包含这两种成分,只是在不同历史时期,不同的国家其自由程度与保护程度有所不同。也就是说,完全意义上的自由贸易政策是不存在的,一国实行自由贸易政策,并不意味着完全的自由。西方国家在标榜其实行自由贸易的同时,总是或明或暗地对某些产业提供保护。此外,实行保护贸易政策并不意味着一国紧闭大门,而是其对某些商品的保护程度高一些,对另一些商品则低些,在保护国内生产者的同时又维持同世界市场的联系。

3. 协调贸易政策

协调贸易政策又称管理贸易政策，是指国家对内制定一系列的贸易政策、法规，加强对外贸易的管理，实现一国对外贸易有秩序、健康的发展；对外通过谈判签订双边、区域及多边贸易条约或协定，协调与其他贸易伙伴在经济贸易方面的权利与义务。

协调贸易政策是 20 世纪 80 年代以来，在国际经济联系日益加强而新贸易保护主义重新抬头的双重背景下逐步形成的。在这种背景下，为了既保护本国市场，又不伤害国际贸易秩序、保证世界经济的正常发展，各国政府纷纷加强了对外贸易的管理和协调，从而逐步形成了管理贸易政策或协调贸易政策。协调贸易政策是介于自由贸易政策和保护贸易政策之间的一种对外贸易政策，是一种协调和管理兼顾的国际贸易政策，是世界各国对外贸易政策发展的方向。

3.2.2 对外贸易政策的演变

由于各个时期资本主义经济发展的特点不同，其经济状况及在世界市场上所处地位不同，他们的对外贸易政策也因时、因地而异，并随经济发展的不同阶段而不断变化。

1. 重商主义贸易政策

重商主义是 15 世纪到 17 世纪西欧资本主义生产方式准备时期，西欧各国普遍推行的贸易政策。重商主义的贸易政策与理论在历史上曾起过进步作用，它促进了资本的原始积累，推动了资本主义生产方式的建立与发展。

重商主义有早期和晚期之分，早期的重商主义被称为重金主义或货币差额论。其政策内容是：金银只许输入，不许输出；要求对外贸易要多卖少买，最好只卖不买；要求保持国家对外收支顺差。

晚期重商主义提倡奖出限入，也被称为贸易差额论。其政策内容是：课征保护关税，限制国外商品，尤其是奢侈品的进口；实行出口退税、津贴，禁止重要原料的出口，准许自由进口原料等措施，以促进出口；通过"谷物法"等法令限制谷物的进口；鼓励外国技工的移入；通过航海法案规定货物必须用本国船或原出口国船只装运；奖励人口生育；降低劳工成本等。

2. 自由贸易政策

进入 17 世纪以后，资本主义在西欧有了迅速的发展：资本的原始积累正在逐渐完成其历史使命而让位于资本主义的积累，产业资本在社会经济中不断扩大自己的阵地。英国的资产阶级革命和法国的资产阶级革命为其扫除了资本主义前进道路上的障碍。这些历史性的变革，必然要反映到经济思想上来，这就是重商主义的衰落和自由贸易理论兴起的原因。

英国是最早要求实行自由贸易的国家。英国于 18 世纪中叶进行工业革命，并最早完成，使其成为"世界工厂"。它的商品成本低，质量好，不怕外国商品的竞争。此外，英国的工业也迫切需要国外市场，需从国外进口大量廉价的原材料。在这种状况下，重商主义的保护贸易政策便成为英国经济发展和工业资产阶级向外扩张的一大障碍。这时英国工业资产阶级要求实行在世界市场上进行无限制的自由竞争和自由贸易的政策，他们要求其他国家向英国提供粮食、原料等，而由英国向它们提供工业制成品。因此，英国新兴的工业资产阶级迫切要求废除重商主义时代所制定的一些对外贸易政策与措施。

19世纪20年代，以伦敦和曼彻斯特为基地的英国工业资产阶级开展了一场大规模的自由贸易运动。运动的中心内容是废除谷物法。工业资产阶级经过不断的斗争，最后终于战胜了地主、贵族阶级，使自由贸易政策逐步取得胜利。这一时期英国采取的自由贸易政策措施主要有：废除谷物法；逐步降低关税税率，减少纳税的商品数目并简化税法；取消对外贸易公司的特权，对广大民营企业开放外贸经营领域；废除航海法；规定殖民地可以向任何国家出口商品，也可以从任何国家进口商品；与法国签订"科伯登"条约等。自由贸易政策的实行大大促进了英国对外贸易的发展，也促进了英国经济的快速发展，使英国成为当时世界第一大贸易强国。

3. 保护贸易政策

西方资本主义国家并非同步地实行自由贸易政策。当工业革命在英、法两国深入发展时，欧洲、北美的其他国家的经济还很不发达，资本主义工业还处于萌芽状态或成长时期。这些国家的资产阶级要求保护本国的幼稚工业，于是就实行了与英、法自由贸易政策相对立的保护贸易政策。

美国和德国是当时执行保护贸易政策的典型国家，这两个国家都是后起的"工业革命国家"。美国倡导保护贸易政策的代表人物是其独立后首任财政部长汉密尔顿；德国倡导保护贸易政策的代表人物是经济学家李斯特，他提出了著名的保护幼稚工业的理论。李斯特提出，各国的经济发展必须经历五个阶段：原始未开化时期、畜牧时期、农业时期、农工业时期和农工商业时期。在不同时期应实行不同的对外贸易政策。处于农业阶段的国家应实行自由贸易政策，由此会对进步产生一种强有力的外部刺激，以促进本国农业的发展，并培育工业化的基础。农工业阶段的国家，由于其已有工业发展，但又并未发展到能与外国产品相竞争的地步，所以要实行保护关税制度，免受外国产品的打击。而农工商业阶段的国家，由于其国内工业产品已具备国际竞争力，国外产品的竞争威胁已不存在，故应实行自由贸易政策，以享受自由贸易的最大利益，刺激国内产业进一步发展。根据李斯特的观察，当时英国正处于农工商业时期，所以其主张自由贸易是合情合理的，但它在发展历史上也曾实行过保护主义；而德国当时正处于农工业时期，因此要实行贸易保护主义政策，借助国家的力量促进生产力的发展。

4. 超保护贸易政策

从19世纪末到第二次世界大战期间，资本主义处于垄断时期。垄断代替了自由竞争，成为当时一切社会经济生活的基础。此时，欧美各国相继进行了工业革命，工业得到迅速发展，世界市场的竞争开始变得激烈；1929～1933年的世界性经济危机，使市场矛盾进一步尖锐化。于是，为了垄断国内市场和争夺国外市场，各国纷纷开始实行超保护贸易政策。

超保护贸易政策是一种侵略性的保护贸易政策，它同自由竞争时期的保护贸易政策相比，具有以下特点。

（1）保护的对象扩大。超保护贸易政策不但保护本国的幼稚工业，而且更多地保护其国内高度发展或出现衰退的垄断工业。

（2）保护的目的改变。超保护贸易政策不再培养自由竞争的能力，而是巩固和加强对国内外市场的垄断。

（3）从保护转入进攻。第一次世界大战前的贸易保护主义是防御性地限制进口，超保护贸易政策是要在垄断国内市场的基础上对国内外市场进行进攻性地扩张。

（4）保护的措施多样化。超保护贸易政策的保护措施不仅有关税措施，还有其他各种奖出限入的措施。

（5）组成货币集团，瓜分世界市场。1931年英国放弃金本位制度，引起统一的世界货币体系的瓦解，主要资本主义国家各自组成排他性的相互对立的货币集团。

5. 第二次世界大战后的贸易自由化政策

第二次世界大战后到20世纪70年代初，美国的政治经济力量空前提高，由于强大的经济实力和膨胀的经济，其需要突破当时发达国家所流行的高关税政策。日本和西欧为了战后经济的恢复，愿意为彼此放松贸易限制，以扩大出口。此外，国际分工进一步深化、资本国际化、跨国公司迅速兴起，也都迫切需要一个宽松的国际贸易环境。于是，这一时期发达国家的对外贸易政策先后出现了贸易自由化倾向。这时期的贸易自由化表现在以下几个方面。

（1）关税的大幅度削减。在关贸总协定成员范围内大幅度地降低关税。1947年以来的八轮多边贸易谈判，使发达国家的平均进口最惠国税率从50%左右下降到5%左右。战后经济贸易集团的建立和发展，如欧共体，对内取消关税，对外通过谈判达成关税减让协议，使关税大幅度下降。通过普遍优惠制的实施，发达国家对来自发展中国家和地区的制成品和半制成品的进口给予普遍的、非歧视和非互惠的关税优惠。所有这些都使得关税税率大幅度地下降。

（2）非关税壁垒的减少和撤销。战后初期，各发达资本主义国家对许多进口商品实行严格的进口限制，但随着经济的恢复和发展，这些国家都不同程度地放宽了进口商品数量的限制，增加了"自由进口"的商品。后又逐步放宽和取消外汇管制，实行货币的自由兑换，促进了贸易自由化的发展。

战后的贸易自由化与各发达资本主义国家（特别是美国、西欧和日本）的经济发展、跨国公司的迅猛增长及其对外扩张的加强有着密切联系。美国是战后贸易自由化的积极倡导者与推行者。战后贸易自由化呈现出以下特点。

1）从商品来看，工业制成品的贸易自由化超过农产品的贸易自由化。

2）从国家来看，发达国家之间的贸易自由化超过它们对广大发展中国家的贸易自由化。

3）区域性经济贸易集团内部的贸易自由化超过了集团对外部的贸易自由化。

6. 新贸易保护主义政策

新贸易保护主义是相对于传统保护贸易而言的。20 世纪 70 年代以来，资本主义国家经历了两次经济危机。20 世纪中后期，一些资本主义国家陷入经济低速发展、失业率居高不下的困境，市场问题日趋严重，于是各国纷纷采取保护贸易措施应对危机。进入 21 世纪不久，起源于美国的国际金融危机又使全球经济开始落入低谷，为了应对危机，美国率先扩大保护范围、创新保护手段，其采取贸易保护主义的措施被各国纷纷效仿，这致使新贸易保护主义得以蔓延和扩展。

新贸易保护主义的主要表现有以下几方面。

（1）利用 WTO 规则和国内法实行贸易保护。WTO 允许成员方利用其相关协议保护本国的利益，反击遭到的不公平待遇。这就为各成员以"公平贸易"为借口实行贸易保护留下了操作空间。目前，保留自身经济自主性的要求不仅来自发达国家，也来自发展中国家。因此，采取与 WTO 不直接冲突的各种保护措施，已成为经济全球化过程中新贸易保护主义的普遍形态。同时，现阶段由于各国对如何处理国际法与国内法的关系缺乏统一标准，如何对待已承诺的国际条约及其在国内的适用程度，各国仍存在一定差异。一些国家只执行符合自己国家利益的国际条约，很多时候将国内法律凌驾于国际条约之上。如根据美国贸易法案中的"301"条款，美国可以对来自国外的"不公平"和"不合理"的贸易活动采取单边贸易制裁。

（2）形成区域贸易组织，保护成员利益。通过"内外有别"的政策和集体谈判的方式，区域一体化组织在为成员创造更有利的贸易条件的同时，却往往构成了对非成员的歧视。区域一体化组织具有的这种排他性特征，实际上起到了对成员进行贸易保护的作用。

（3）贸易保护手段多样化。贸易保护手段多样化主要表现在：首先，反倾销、反补贴、保障措施等传统保护手段仍被频繁应用；其次，非关税壁垒进一步加强。技术壁垒、绿色壁垒、贸易管理、知识产权保护、劳动标准等贸易壁垒花样翻新，应用范围更加广泛。发达国家利用自身在环保和科技方面的优势，制定更高的环保、技术、商品和劳工标准，以削弱发展中国家凭借低廉劳动力成本而获得的出口竞争力。由于这些新型贸易保护手段具有良好的定向性、隐蔽性和灵活性，其中一些技术和环保方面的要求以提升技术水平、维护消费者利益为出发点，甚至可以被视为中性的贸易标准，加之 WTO 对这些贸易措施应用的限制并不统一，因而，其保护效果更为突出，进一步加剧了世界范围内的贸易摩擦。

（4）制定战略性贸易政策。战略性贸易政策体系强调国际贸易中的国家利益，政府通过确立战略性产业（高技术产业），并对这些产业实行适当的保护和促进，使其能在较短时间内形成国际竞争力。随着国际竞争的加剧，特别是发达国家在高技术领域的较量不断升级，战略性贸易政策被越来越多的发达国家和新兴工业化国家的政府所接受，成为新贸易保护主义的核心政策。

（5）被保护的商品不断增加。被保护的商品从传统产品、农产品转向高级工业品和劳务商品，从手套到针织内衣，从钢材到汽车、飞机等商品都列入保护。据估计，世界贸易中受非关税措施限制的部分从1974年的40%扩大到1980年的48%，1980年后这种限制进口的范围又进一步扩大了。

（6）贸易摩擦时有发生并进一步发展成贸易战。自1973年以来，世界贸易摩擦频频，并进一步激化为贸易战。当前，贸易战的形式和内容已今非昔比，如纺织品战、农产品战、钢铁战，到后来的汽车战、电视机战、电子计算机战等。

3.2.3　发展中国家的对外贸易政策

全世界众多发展中国家的经济发展水平相差悬殊，在不同时期内其对外贸易措施更是各不相同，因而并无整齐划一的贸易政策可言。发展中国家在传统的国际分工关系中，始终是以初级产品的生产参与国际市场，而相比于工业制成品，初级产品贸易往往不利于加速本国工业化、扭转本国的产品结构和贸易结构。这就使发展中国家必须在加速工业化的同时，面对国外产品竞争，科学合理地选择自己的贸易政策和贸易发展道路。纵观二战以后多数发展中国家所实施的对外贸易政策，大致有以下5种。

1. 初级产品出口政策

初级产品出口政策是指通过出口粮食、农产品、矿物原料、燃料等初级产品来换取外汇的政策，这是一国经济发展水平较低时常采取的一种对外贸易政策。采取这种政策的大多数是非洲国家，初级产品出口占其出口总额的比重达90%以上。通过初级产品赚取外汇，不仅可以带动技术引进，还可以促进经济发展。但是，由于发达国家总是设法压低初级产品价格，提高工业制成品价格，使初级产品出口国收入日益受到损害，因此，这种政策在经济发展中的作用越来越小。

2. 进口替代政策

进口替代政策就是一国采取关税、进口数量限制和外汇管制等严格措施，限制某些重要的工业品进口，扶持和保护本国相关工业品的政策。实施这项政策的目的在于用国内生产的工业品替代进口产品，促进民族工业的发展。这种政策的出台与第二次世界大战后发展中国家的贸易条件恶化有关。战后，由于出口产品比价下降，迫使发展中国家必须以更多的出口商品换取进口制成品，于是发展中国家发展民族工业的进口替代政策应运而生。

3. 出口替代政策

出口替代政策是指一国采取各种措施来发展出口工业，用制成品和半制成品的出口代替初级产品出口，增加外汇收入，带动工业体系的建立和经济的持续增长。20世纪60年代，东南亚一些国家和地区最先转向出口替代政策。出口替代政策对一些发展中国家和地区的工业化与工业制成品的出口起到了一定的积极作用。在它们的示范带动下，许多国家和地区也相继效仿。但这一政策也产生了不少问题，因为该政策的主要目标是立足于世界市场，所以会忽视国内市场，受国际经济形势的影响也较大。

4. 进口替代和出口替代相结合的政策

进口替代和出口替代相结合的政策，就是在积极扩大国内市场需求的基础上，根据国内各个工业部门发展的不同情况，采取不同的对外措施。对发展水平较低的工业部门实行进口替代政策，对发展水平较高的工业部门实行出口替代政策。在加强替代的广度和深度的同时，不断扩大对外开放程度，鼓励扩大出口。

5. 横向联合政策

20世纪六七十年代后，发展中国家采取了一系列重大联合行动，如成立"77国集团""东盟"等经济组织，提出建立国际经济新秩序的战略目标，在世界经济组织和国际经济机构里采取联合行动等。实行横向联合，可以运用共同的力量来同发达国家抗衡，以维护和扩大本国的利益，甚至可以通过集体力量来提高整个发展中国家在世界经济中的地位。

3.3 中国的对外贸易政策

3.3.1 中国的对外贸易政策回顾

根据经济发展阶段及所面临的形势，中国对外贸易政策可划分为以下4个阶段。

1. 新中国成立后至改革开放前的国家统制型保护贸易政策（1949～1978年）

新中国刚刚建立时，由于经济落后、生产力低下，为了进行社会主义建设，发展国内民族工业，需要实行贸易保护主义政策。此外，由于新中国成立后，帝国主义对新中国实行"封锁"和"禁运"，也迫使我国采取国内和国外市场割断的政策，并坚持与主要社会主义国家进行贸易。中国人民政治协商会议《共同纲领》第37条明确规定我国"实行对外贸易的管制，并采用保护贸易政策"。保护贸易政策，苏联称为"专营制"，我国称为"对外贸易管制"。

从新中国成立后到1978年改革开放这段时期，虽然在不同的历史阶段，我国对外贸易政策、体制也有些变化，但总的说来实行的是计划经济体制下的保护贸易政策。这一时期我国对外贸易政策的特点主要表现在以下几方面。

（1）实行对外贸易专营，对外贸易管理体制高度集中，以行政管理为主。

（2）政企合一。

（3）在调节进出口贸易上主要靠计划、数量限制等直接干预，关税不起主要作用。

（4）外汇管制严格，人民币汇率一直高估。

（5）不参与世界性经济贸易组织，只搞双边贸易等。

这种外贸政策与管理体制在当时的历史情况下对集中资源、扩大出口、统一对外、粉碎帝国主义的封锁禁运、促进社会主义经济建设的发展等方面起到了积极作用。但这种外贸体制也存在着独家经营、统得过死、责权利不明确、吃"大锅饭"、不利于调动积极性、产销脱节等弊端。到了20世纪70年代末，随着国内外形势的发展和对外开放政策的实行，我国对外贸易往来和经济合作迅速发展，原有外贸体制的弊端日益显现出来，越来越不适应我国对外贸易和国内经济发展的需要，中国对外贸易政策与体制的调整与改革势在必行。

2. 改革开放后国家统制型开放式保护贸易政策（1978～1992年）

1978年12月，党的十一届三中全会明确了对外贸易在中国经济发展中的战略地位和指导思想。由于经济体制从严格计划经济体制转向商品经济体制，我国对外贸易政策开始变化。与改革开放前相比，我国这一阶段的对外贸易政策更注重奖出与限入的结合，实行的是有条件的、动态的贸易保护手段，因此称此阶段的对外贸易政策为国家统制下的开放型保护贸易政策。这一时期的中国对外贸易政策是和外贸体制改革紧密联系在一起的，具体可分为两个阶段。

（1）外贸体制改革的探索阶段（1979～1987年）。这一阶段改革的措施主要有：下放外贸经营权，增设对外贸易口岸，广开外贸渠道，改革高度集中的经营体制；简化外贸计划内容，改革单一指令性计划管理，实行指令性、指导性和市场调节相结合；开展工贸、技贸结合的试点工作；建立和完善对外贸易管理。

（2）外贸体制改革的深化阶段（1988～1992年）。这一阶段国务院在总结试点的基础上，在外贸企业中推行承包责任制。对外贸易承包经营责任制要求各省、自治区、直辖市、计划单列市人民政府和对外贸易专业总公司、各工贸总公司分别向中央承包出口创汇、上缴外汇和经济效益指标，承包指标一定3年不变。各外贸专业总公司和部分工贸总公司的地方分支机构与总公司财务脱钩，同时与地方财政挂钩，把承包落实到外贸经营企业和出口生产企业，盈亏由各承包单位自负。完成承包指标以内的外汇收入，大部分上缴国家，小部分留给地方和企业；超过承包指标的外汇收入，大部分留给地方和企业，小部分上缴国家。为落实外贸承包经营责任制，国家采取了放宽外汇管制、完善出口退税制度及运用价格、税收、出口信贷等经济杠杆调控对外贸易等一系列措施。

1991～1992年的新一轮外贸承包经营责任制是在调整汇率的基础上，取消国家对外贸出口的财政补贴，各省、自治区、直辖市及计划单列市人民政府和各外贸总公司及其他外贸企业向国家承包出口总额、出口收汇和上缴中央外汇额度任务。同时，改变外汇留成办法，将按地区实行不同比例留成改成按大类商品实行统一比例留成。对外贸企业实行没有财政补贴的自负盈亏政策，这是向社会主义市场经济体制迈进的一个重要步骤。

3. 加入WTO前有贸易自由化倾向的保护贸易政策（1992～2001年）

1992年10月后中国进入社会主义市场经济阶段，对外贸易政策开始进行广泛的调整。涉及进口政策调整的有：调整关税税则，降低了225个税目的进口税率，1996年中国的关税总水平已经下降到23%；减少、规范非关税措施，实行单一的有管理的浮动汇率制度，大量取消配额许可证和进口控制措施；依据GATT/WTO的规则对中国的涉外法律体系进行完善等。涉及出口政策调整的有：采取有管理的浮动汇率制度；成立中国进出口银行；继续执行出口退税政策；成立各类商会和协会，并积极组织和参与国际性贸易博览会和展览会等；发展出口援助等。

1994年是中国建立社会主义市场经济体制的关键一年，进行了财政、金融、投资、外贸体制和国有资产管理等一系列的重大改革。中国外贸体制改革的目标是建立适应国际经济通行规则的运行机制，坚持统一政策、放开经营、平等竞争、自负盈亏、工贸结合、推行代理制的改革方向。外贸体制改革的主要内容有：汇率并轨，取消外贸承包经营责任制；完善外贸的宏观调控机制；改革外贸经营体制，加速外贸企业经营机制的转换，加快赋予符合条件的生产企业和科研单位进出口权等；加强外贸协调服务机制，使政府和商会等民间机构更好地为外贸服务。

4. 加入WTO后规范公平与保护并存的国际贸易政策（2001年以后）

2001年12月中国正式成为WTO成员。为履行加入WTO的承诺，以及适应新的国际经济环境，中国的对外贸易政策出现了大幅度的调整。促进对外贸易发展，构造有利于经济均衡发展的产业结构，实现产业的持续升级，推动中国经济在适度内外均衡基础之上高速发展成为我国对外贸易的政策目标。

自1996年开始，机电产品的出口就已经占据中国对外贸易商品结构的第一位，但主要的出口方式是加工贸易或补偿贸易，而且三资企业在进出口总额中所占的比重在逐年上升，再加上出口产品的附加值仍然不高，所以我国对外贸易政策的选择倾向于出口商品结构优化或者国内产业结构优化。

中国主要的贸易对象是美国、日本、欧盟、东盟和韩国，吸引的外商直接投资也主要来自这些国家或地区。因此，中国对外贸易政策必须根据这些国家或地区的政治、经济形势变动而有所调整。如与东盟国家签订自由贸易区意向协定，积极展开湄公河流域经济合作等。中国加入WTO，固然能够给中国经济的发展和中国企业的成长带来相当大的好处，但是获得好处的同时必须付出一定的代价。如中国议定书中特别产品保障措施条款、非市场经济国家地位、对贸易政策审议等会使中国的对外贸易政策出现较大幅度的调整。总的来说，中国对外贸易政策的趋向应该是依据WTO的基本原则及例外条款，以国内经济发展要求为基础，在兼顾区域经济发展的利益上进行完善，并扩大企业外贸经营权。这是一种倾向于开放型的公平与保护并存的贸易政策。

3.3.2 中国改革开放以来对外贸易体制的变化

1. 由高度集中到各类型的外贸企业多渠道经营

开放口岸由改革开放前沿海的广州、上海、青岛、天津、大连等少数十几个口岸，发展到1993年拥有海、陆、空一类口岸180多个。改革开放前，有对外贸易经营权的企业为国家外贸管理部门直属的十多个对外贸易总公司和口岸的部分分公司；1993年有外贸经营权的企业近4 000家，有外贸自营权的生产企业2 000多家，外商投资企业近16万家。

2. 计划管理范围大大缩小，市场调节作用增强

改革开放前，对外贸易全部实行指令性计划，计划所列品种约3 000种；1993年计划列名的出口商品减少为38种，进口商品减少为11种，其余商品大部分放开经营。计划所列的商品主要是关系到国计民生的大宗进出口商品。

3. 取消国家对出口的财政补贴

由企业按国际通行做法实行自主经营，自负盈亏。我国曾对出口商品予以少量的补贴，1991年外贸体制改革取消了国家对出口的财政补贴，由企业自负盈亏。

4. 经济手段逐步成为进出口的宏观调节手段

我国从1991年起主动降低265种进口商品关税税率，1992年4月1日取消进口商品的调节税，1992年12月31日再降低3 371种进口商品关税税率，关税总体水平下降7.3%；1993年12月31日降低2 998种进口商品关税税率，降幅为8.8%；1996年4月1日起降低了4 000种税目进口商品关税税率，降幅为30%，同时取消了173种进口商品配额许可证的管理。1994年汇率经数次调整后实现汇率并轨。与此同时，对进口贸易的直接行政干预也不断减少。商检、卫生检疫、动植物检疫都在向GATT/WTO的原则靠拢。

5. 增加了外贸政策与管理的透明度和全国统一性

中国的外贸管理已有相当的透明度，由国家制定的涉外经济法规超过500个，进出口关税的调整、许可证管理及申领程序等都在报刊上公布。我国外贸政策与管理随着我国社会主义市场经济体制的建立，在全国实行了统一政策，鼓励各地、各外贸企业平等竞争。

3.3.3 新时期中国对外贸易政策选择

根据中国加入 WTO 以后面临的新形势和外贸可持续发展理论，新时期中国对外贸易政策的主要内容有：推行出口导向政策；大力开发国内需求；推行进口替代政策；继续完善市场多元化、以质取胜、大经贸和科技兴贸等外贸战略。

1. 推行出口导向政策

以静态比较优势为基础，以动态比较优势为主导，推行出口导向政策。这主要适用于机电产品和纺织服装产品。应继续鼓励机电和纺织服装产品适当出口，并鼓励有条件的企业加强技术创新，提高产品档次，创立名牌，提高产品的附加值。

2. 大力开发国内需求

国际金融危机使得世界经济发展严重受挫，市场需求不足，外贸订单下降。这使得不少外向型企业面临困难。同时由于老百姓对未来预期的不乐观，社会保障制度的不健全等原因使得中国国内需求不足。在这种情况下，更要大力开发国内需求，采取措施促进和扩大就业，进一步放宽各类政策，鼓励自主创业并给予税费方面的优惠；同时，鼓励企业扩大投资，完善社会保障制度，建立健全多层次社会保障体系，改进筹资方式和营运机制，保证社会保障基金的平稳运行和有效积累。

3. 推行进口替代政策

在遵守 WTO 规则的基础上，推行进口替代政策，在一定期限内给予潜在的战略性产业适当帮助，充分利用我国优势，发展具有自主知识产权的高新技术、集成电路、软件和部分资本密集型产业（如化工、航空航天）、先进技术装备等替代型产业，打破国外封锁。

4. 继续完善中国对外贸易已有的五大战略

所谓五大战略是指 20 世纪 90 年代我国对外贸易的市场多元化、以质取胜、大经贸、科技兴贸和走出去五大战略，它们在很大程度上推进了当时中国外贸的发展。尽管目前中国外贸发展环境发生了剧变，但这五大战略仍有其合理性，我们应该适应形势发展的要求，对其加以发展和完善。

（1）市场多元化战略。市场多元化战略，包括三个层次的内容。首先，继续重视开拓发达国家（地区）市场，但要注意均衡。其次，鼓励开拓贸易环境较好、市场潜力巨大或战略前景较好的发展中国家市场。最后，关注暂不成熟的市场。我国对外贸易发展在今后一段时间应保留并扩大市场多元化战略的内涵，应从过去市场过于集中，转变为扩大总体市场，并改善市场结构。建立市场开拓奖励制度，鼓励企业开拓第二类和第三类市场。如给予首先开拓该市场的企业在一定时间里的出口专营权及相应的出口代理权。对于中国外贸企业不太了解的地区，可以在政府的推动下召开两国贸易协调委员会，探讨开展互利合作的新途径和新方式，调查和评估进口国当地的国情、政情、民情、社情和商情。鼓励企业在同等条件下向对中国有顺差的国家扩大出口。

（2）以质取胜战略。以质取胜战略，即鼓励企业在进行出口贸易时，在保证质量、提升产品附加值的基础上，争取以拥有自主知识产权的品牌出口产品，从而吸引国外进口商和消费者形成忠诚于本品牌的出口战略。品牌战略是以质取胜战略的子战略。要研究制定有利于企业出口品牌成长的五大政策，包括品牌评价机制、资金融通支持政策、品牌宣传促进政策、技术研发创新鼓励制度、品牌商品出口便利和保护制度。将高科技产品、主打出口产品（主要指机电产品）、具有竞争优势的传统出口产品（主要指轻工产品、纺织品和一部分农产品）等三类商品和北美、欧洲、东南亚和中东—北非市场等四大市场作为战略重点予以推动。

（3）大经贸战略。大经贸战略即国家在引导对外贸易发展过程中，扩大"大经贸"战略的内涵和外延，把对外贸易发展延伸到吸引外资、对外投资、国际经济技术交流与合作等各方面，使之向"大商务"方向发展；同时，在"科技兴贸"战略内涵中增加高新技术产品进口、发展服务贸易、培育新型贸易方式、支持企业开展研发活动等内容。

（4）科技兴贸战略。科技兴贸战略主要包括两方面内容：一是大力推动高新技术产品出口，在我国优势领域培育一批国际竞争力强、附加值高、出口规模较大的高新技术出口产品和企业；二是运用高新技术成果改造传统出口产业，提高传统出口产品的技术含量和附加值。选择出口额最大的机电产品和纺织品作为高新技术改造传统产业的重点，初步完成我国出口商品结构由以低附加值、低技术含量产品为主向以高新技术产品为主的转变。科技兴贸战略是为了顺应经济、科技全球化和知识经济蓬勃兴起的潮流，加快我国由贸易大国向贸易强国转变的步伐而提出的，对我国新时期对外贸易发展有着重要意义。

（5）走出去战略。走出去战略又称国际化经营战略，是指中国企业充分利用国内和国外"两个市场、两种资源"，通过对外直接投资、对外工程承包、对外劳务合作等形式积极参与国际竞争与合作，实现我国经济可持续发展的现代化强国战略。21世纪初期，"十五"计划开始，我国启动了"走出去战略"，鼓励和支持有比较优势的企业对外投资，带动商品和劳务出口，打造有实力的跨国企业和著名品牌。这一战略的提出和实施使中国企业对外投资在短短的几年中实现了跨越式发展。历经了政策导向不断向好的发展过程，中国"走出去"的企业已经走上快速发展之路，这已成为我国对外开放新阶段的重大战略举措。

本章小结

本章介绍了国际贸易政策的基本含义、构成及制定国际贸易政策需考虑的因素,分析了国际贸易政策的基本类型、保护贸易政策、超保护贸易政策、贸易自由化政策和新贸易保护主义政策的演变及中国的外贸政策演变和新时期中国外贸政策的选择方向。目的是使学生掌握国际贸易政策相关知识,为学习下一章打好基础。

思考练习

1. 简述国际贸易政策的基本含义及其类型。
2. 什么是保护贸易政策?什么是自由贸易政策?
3. 新贸易保护主义的主要表现有哪些?
4. 简述新时期中国对外贸易政策的选择方向。

Chapter 4
第 4 章

国际贸易措施

学习要点

1. 理解关税措施的含义、特征及其作用,掌握关税的种类及关税的征收方法。
2. 理解非关税措施的基本概念、非关税措施对国际贸易的影响,掌握主要非关税措施的种类与特点。
3. 了解出口促进措施和出口管制的种类,掌握出口促进措施的目的及形式。

引言

关税措施是一种历史悠久、普遍使用的国际贸易政策工具,早在欧洲古希腊雅典时代就出现了关税,到了资本主义社会时期关税制度普遍建立,并一直延续到今天。非关税措施早在资本主义发展初期就已出现,但它作为限制进口的重要手段是在 20 世纪 30 年代经济危机后。二战后,在 GATT 的努力下,全球关税水平整体下降,关税的贸易壁垒效应下降,因而关税作为政府干预贸易的政策工具,其作用已越来越弱。于是,发达国家广泛运用非关税措施来限制进口。进入 21 世纪,非关税措施花样百出,对国际贸易的影响越来越大。关税和非关税措施是评价一国对外贸易政策的重要标准和开展对外贸易活动的重要手段。

4.1 关税措施

4.1.1 关税概述

1. 关税的定义

关税(customs duty 或 tariff)是指进出口商品经过一国关境时,由政府设置的海关依据该国制定的海关法规和税则向进出口商征收的一种赋税。一般而言,一国的关境与国境是一致的。但是,当一国境内设有自由港、自由贸易区、保税区和出口加工区时,该国的关境小于国境。当几个国家组成关税同盟时,关境大于国境。

关税的征收是通过海关执行的。海关是一国政府设在关境上的行政管理机构。它的任务是根据本国政府制定的进出口政策、法令和有关规定,对进出口商品、货币、金银、行李、邮件、运输工具等进行监督和管理,征收关税,查禁走私,临时保管通关货物和统计进出口商品等。海关有权对不符合国家规定的进出口货物不予放行、罚款,甚至没收或销毁。

2. 关税的特征

(1)关税的税收主体和客体分别是进出口商和进出口货物。按纳税人与课税货物的标准,税收可以分为税收主体和税收客体。税收主体也称课税主体,即纳税人,是指法律上根据税法规定负担纳税的自然人或法人;税收客体也称课税客体,是指课税的对象。关税的税收主体是本国进出口商,税收客体是进出口货物。

(2)关税是一种间接税。关税属于间接税,因为关税主要是对进出口商品征税,其税负可以由进出口商垫付,然后把它作为成本的一部分加在货价上,在货物出售给买方时收回这笔垫款。这样,关税负担最后转嫁给买方或消费者承担。

(3)关税具有强制性、无偿性和预定性。强制性是指关税是凭借法律的规定强制征收的,非自愿缴纳。无偿性是指海关征收的关税都是国家向进出口商无偿取得的国库收入,国家不需要付出任何代价,也不必把税款直接归还给纳税人。预定性是指国家事先规定一个关税的征收比例或征税数额,征纳双方必须共同遵守执行,不得随意变化和减免。

(4)关税具有涉外性,是对外贸易政策的重要手段。关税的种类与税率高低直接影响国际贸易价格,继而影响一国经济和对外贸易发展,因此关税经常被一国运用为对外政治、经济斗争的手段。

3. 关税的作用

(1)关税的积极作用

1)增加财政收入。这是关税出现之初的基本职能。随着现代经济的发展,税源增加,而且二战之后各国关税水平受到GATT/WTO的约束而不断下降,关税增加财政收入的作用相对下降。

2)保护国内的产业和市场。这是当今各国运用关税政策的主要目的。各国普遍设置高关税阻止或减少进口以保护国内幼稚产业的发展,同时又利用关税减免鼓励某些短缺资源进口,促进本国某些产业特别是出口导向型产业的发展。

3)调节贸易差额,平衡国际收支。一国国际收支中商品贸易占很大比重,故各国往往通过调节关税来调节贸易差额,平衡国际收支:当贸易逆差过大时,提高关税以限制进口;当贸易顺差过大时,减免关税以鼓励进口。

4)调节进出口商品结构。一国通过调整关税结构来调整本国的进出口商品结构:

对于国内需求旺盛的商品，通过减免关税的方式鼓励进口，或通过征收高额关税的方式限制出口；对于出口导向型的产业，通过减免关税的方式鼓励出口，或通过征收高额关税的方式限制与国内产业具有竞争性的产品进口。

（2）关税的消极作用。对进口商品征税，提高了进口商品的价格并限制了进口国消费者的消费。长期采用过高的关税保护，会使一国产业养成"惰性"，不努力改进技术以提高生产效率与产品质量，从而阻碍生产力发展。另外，过高的关税也是走私的客观根源，造成财政收入减少的同时对国内市场也会造成冲击。过高的关税人为地干扰了通过国际分工进行的全球资源合理配置，形成了全球资源配置的不经济性。

4.1.2 关税的种类

关税种类繁多，可按不同标准进行分类。

1. 按征收的对象或商品流向分类

（1）进口税。进口税（import duty）是进口国海关在外国商品输入时对本国进口商所征收的关税。这种进口税在外国货物直接进入关境或国境时征收，或者外国货物在自由港、自由贸易区或海关保税仓库等提出运往进口国的国内市场销售时，于办理海关手续处征收。

进口税主要可分为最惠国税率和普通税率。最惠国税率适用于从与该国签订有最惠国待遇条款的贸易协定的国家或地区进口的商品，是 WTO 成员之间在正常贸易下必须给予的关税待遇；普通税率适用于从与该国没有签订这种贸易协定的国家或地区进口的商品。最惠国税率比普通税率低，二者税率差幅往往很大。目前，普通税率的平均水平在 35% 左右，最惠国税率的平均水平在 3% 左右。

（2）出口税。出口税（export duty）是出口国海关在本国产品输往国外时，对出口商所征收的关税。目前大多数国家对绝大部分出口商品都不征收出口税。因为，征收这种税势必提高本国商品在国际市场上的销售价格，降低商品的竞争能力，不利于扩大出口。目前，征收出口税的国家主要是发展中国家。它们征收出口税的目的，一是为了增加财政收入，二是为了保证本国的生产或本国市场的供给。

（3）过境税。过境税（transit duty）是对途经本国关境，最终目的地为他国的商品征收的关税。过境税盛行于资本主义发展的初期，交通运输还不是很发达的时候。后来，由于交通运输事业的发展，各国在货运方面发生了激烈的竞争，加之过境货物对该国生产和市场没有什么影响，因此，19 世纪后半期许多国家都相继废止了过境税。

第二次世界大战以后，大多数国家都不征收过境税。《关税及贸易总协定》第五条曾明文规定："缔约国对通过其领土的过境运输，不应受到不必要的耽延或限制，并应对它免征关税、过境税或有关过境的其他费用。但运输费用以及相当于因过境而支出的行政费用或提供服务成本的费用，不在此限。"目前大多数国家在外国商品通过其领土时都只征收少量的准许费、印花费、登记费和统计费等。

2. 按差别待遇和特定的实施情况分类

（1）差价税。差价税（variable duty）又称差额税，当某种本国生产的产品的国内价格高于同类产品的进口价格时，该国政府为了削弱进口商品的竞争能力，保护国内生产和国内市场，会按国内价格与进口价格间的差额征收关税，即差价税。由于差价税是随着国内外价格差额的变动而变动的，因此它是一种滑动关税（sliding duty）。征收差价税的方式，有的国家按价格差额征收，有的国家规定在征收正常关税以外另行征收。

（2）进口附加税。进口附加税（import surtaxes）是对进口商品，除征收一般进口税（正税）外，根据某种目的再加征的一种附加关税。其通常是一种限制进口的临时性措施，目的主要是应付国际收支危机，维持进出口平衡，防止外国商品低价倾销，对某个国家实行歧视或报复政策，故进口附加税又叫"特别关税"。这类关税主要有反补贴税、反倾销税、紧急关税、惩罚关税等。

1）反补贴税（countervailing duty）又称抵消税或补偿税，它是对直接的或间接的接受任何奖金或补贴的外国商品进口所征收的一种进口附加税。凡进口商品在生产、制造、加工、买卖、输出过程中接受了的直接的或间接的奖金、贴补，都构成被征收反贴补税的条件，不管这种奖金或贴补是来自它们的政府，还是来自垄断组织或同业公会。反贴补税的税额一般按奖金或贴补的数额征收，征收这种税的目的在于增加进口商品的价格，抵消其所享受的贴补金额，削弱其竞争能力，使它不能在进口国的市场上进行低价竞争。

WTO《补贴与反补贴措施协议》规定：征收反补贴税必须证明补贴的后果会对进口国国内某项已建的工业造成重大损害或产生重大威胁，或对其国内某一工业的新建造成严重阻碍，才能征收反补贴税；反补贴税的征收不得超过"补贴数额"；对于受到补贴的倾销商品，进口国不得同时对它既征收反倾销税又征收反补贴税；在某些例外情况下，如果延迟将会造成难以补救的损害，进口国可在未经缔约成员全体事前批准的情况下，征收反补贴税，但应立即向缔约成员全体报告，如未获批准，这种反补贴税应立即予以撤销；对产品在原产国输出所征的捐税，在出口时退还或因出口而免税，进口国对这种退税或免税不得征收反补贴税；对初级产品给予补贴以维持或稳定其价格而建立的制度，如符合该项条件，不应作为造成重大损害来处理。

2）反倾销税（anti-dumping duty）是对实行商品倾销的进口商品所征收的一种进口附加税。其目的在于抵制外国商品倾销，保护本国产业和国内市场；或借"反倾销"调查的名义，故意拖延时间，阻止进口贸易。反倾销税的税额一般依倾销差额征收。WTO对倾销与反倾销有如下规定：不得因抵消倾销或出口补贴，而同时对它既征收反倾销税又征收反补贴税；为了稳定初级产品价格而建立的制度，即使它有时会使出口商品的售价低于相同产品在进口国国内市场销售的可比价格，也不应认为其造成了重大损害。

反倾销税征收的关键是"正常价格"的确定。"正常价格"是指相同产品在出口国用于国内消费时在正常情况下的可比价格。如果没有这种国内价格，则是按相同产品在正常贸易下向第三国出口的最高可比价格计算；或按产品在原产国的生产成本加上合理的推销费用和利润计算。近年来，一些国家征收反倾销税的案件有增多的趋势，用征收反倾销税来阻止国外商品进口，成为当今国际贸易活动中一个特别值得重视的问题。

3）紧急关税（emergency tariff）是为消除外国商品在短期内大量进口对国内同类产品生产造成重大损害或产生重大威胁而征收的一种进口附加税。当短期内外国商品大量涌入时，一般正常关税已难以起到有效的保护作用，因此需借助税率较高的特别关税来限制进口，保护国内生产。例如，1972年5月，澳大利亚受到外国涤纶和锦纶进口的冲击，为保护国内生产，澳大利亚决定征收紧急关税，在每磅①20澳分的正税外另加征每磅48澳分的进口附加税。由于紧急关税是在紧急情况下征收的，是一种临时性关税，因此，当紧急情况缓解后，紧急关税必须撤除，否则会受到别国的关税报复。

4）惩罚关税（penalty tariff）是指出口国的某商品违反了其与进口国之间的协议，或者未按进口国海关规定办理进口手续时，由进口国海关向此进口商品征收的一种临时性的进口附加税。这种特别关税具有惩罚或罚款性质。例如，1988年日本半导体元件出口商因违反了日本与美国达成的自动出口限制协定，被美国征收了100%的惩罚关税。又如，若某进口商虚报成交价格，以低价假报进口手续，一经发现，进口国海关将对该进口商征收惩罚关税作为罚款。

（3）特惠税。特惠税（preferential duty）又称优惠税，是对从某个国家或地区进口的全部商品或部分商品，给予特别优惠的低关税或免税待遇，其他国家或地区不得根据最惠国待遇原则要求享受这种优惠待遇。特惠税率有的是互惠的，有的是非互惠的。特惠税主要有宗主国与其殖民地或附属国之间的特惠税、洛美协定特惠税及普惠制特惠税。

宗主国与其殖民地或附属国之间的特惠税是最早的特惠税，如英联邦特惠制，它是英国确保获取廉价原料、食品，销售其工业品，排挤其他国家侵入英国殖民地市场，垄断其殖民地、附属国市场的有力工具。洛美协定特惠税是目前仍在起作用的、最有影响的特惠税，它是欧盟向参加协定的非洲、加勒比海和太平洋地区的发展中国家单方面提供的特惠关税。目前，还有巨大影响的是普惠制特惠税。

普惠制是普遍优惠制（generalized system of preferences，GSP）的简称，又称"GSP待遇"，是发达国家给予发展中国家出口的制成品和半制成品（包括某些初级产品）普遍的、非歧视的、非互惠的一种关税优惠制度，税率一般比最惠国税率低约1/3。普遍性、非歧视性和非互惠性是普惠制的3项基本原则。普遍性是指发达国家对所有发展中国家出口的制成品和半制成品给予普遍的关税优惠待遇。非歧视性是指应使所有发展中国家都无歧视、无例外地享受普惠制待遇。非互惠性即非对等性，是指发达国家应单方面给予发展中国家特殊的关税减让而不要求发展中国家对发达国家给予对等待遇。

普惠制的目的是通过给惠国对受惠国的受惠商品给予减免关税优惠待遇，使发展中的受惠国增加出口收益，促进其工业化水平的提高，加速国民经济的增长。

---

① 1磅≈0.454千克

普惠制是发展中国家在联合国贸易和发展会议上进行长期斗争的胜利成果，是1968年通过建立普惠制决议之后取得的。在该决议中，发达国家承诺对从发展中国家或地区输入的商品，特别是制成品和半制成品，给予普遍的、非歧视的和非互惠的优惠关税待遇。截至2018年年底，世界上有41个给惠国，分别是欧盟28国、瑞士、挪威、日本、美国、加拿大、澳大利亚、新西兰、俄罗斯、乌克兰、白俄罗斯、哈萨克斯坦、土耳其和列支敦士登，受惠国和地区有190多个。

实行普惠制的国家，在提供普惠税待遇时，都做了种种规定。各发达国家（即给惠国）分别制定了各自的普惠制实施方案，而欧盟作为一个国家集团给出共同的普惠制方案。从具体内容看，各方案不尽一致，但大多包括了给惠商品范围、受惠国家和地区、关税削减幅度、保护措施、原产地规则、给惠方案有效期6个方面。

1）给惠商品范围。一般而言，农产品的给惠商品较少，工业制成品或半制成品只有列入普惠制方案的给惠商品清单，才能享受普惠制待遇。一些敏感性商品，如纺织品、服装、鞋类及某些皮制品、石油制品等常被排除在给惠商品之外或受到一定限额。

2）受惠国家和地区。发展中国家能否成为普惠制方案的受惠国是由给惠国单方面确定的。因此，各普惠制方案大都有违普惠制的3项基本原则。各给惠国从各自的政治、经济利益出发，制定了不同的标准要求，限制受惠国家和地区的范围。

3）关税削减幅度。给惠商品的减税幅度取决于最惠国税率与普惠制税率之间的差额，即普惠制减税幅度＝最惠国税率－普惠制税率，并且减税幅度与给惠商品的敏感度密切相关。一般说来，农产品减税幅度小；工业品减税幅度大，甚至免税。例如，日本对给惠的农产品实行优惠关税；而对给惠的工业品"除'选择性产品'"实行最惠国税率的50%优惠，其余全都免税。

4）保护措施。各给惠国为了保护国内生产和国内市场，从自身利益出发，均在各自的普惠制方案中制定了不同程度的保护措施。保护措施主要表现在例外条款、预定限额及毕业条款3个方面。

所谓例外条款（escape clause），是指当给惠国认为从受惠国优惠进口的某项产品的数量增加到对其国内同类产品或有竞争关系的商品的生产者造成或将造成严重损害时，给惠国保留对该产品完全取消或部分取消关税优惠待遇的权利。很明显，此条款表明，发达国家给予发展中国家普惠待遇的前提条件是其国内市场不会因给惠而受到干扰。如加拿大曾对橡胶鞋及彩电的进口引用例外条款，对来自受惠国的这两种商品停止使用普惠制税率，而按最惠国税率征收进口税。给惠国常常引用例外条款对其国内农产品进行保护。

所谓预定限额（prior limitation），是指给惠国根据本国和受惠国的经济发展水平及贸易状况，预先规定一定时期内（通常为一年）某项产品的关税优惠进口限额，达到这个额度后，就停止或取消给予的关税优惠待遇，而按最惠国税率征税。给惠国通常引用预定限额对工业产品的进口进行控制。

所谓毕业条款（graduation clause），是指给惠国以"某些发展中国家或地区由于经济发展，其产品已能适应国际竞争而不再需要给予优惠待遇和帮助"为由，单方面取消这些国家或产品的普惠制待遇。

5）原产地规则。为了确保普惠制待遇只给予发展中国家或地区生产和制造的产品，各给惠国制定了详细严格的原产地规则。原产地规则是衡量受惠国出口产品能否享受给惠国给予减免关税待遇的标准。原产地规则一般包括 3 个部分：原产地标准、直接运输规则和书面证明书。

所谓原产地标准（origin criteria），是指只有完全由受惠国生产或制造的产品，或者进口原料或部件在受惠国经过实质性改变而成为另一种不同性质的商品，才能作为受惠国的原产品享受普惠制待遇。

所谓直接运输规则（rule of direct consignment），是指受惠国原产品必须从出口受惠国直接运至进口给惠国。制定这项规则的主要目的是为了避免在运输途中可能进行的再加工或换包。但当地理或运输等原因确实不可能直接运输时，允许货物经过他国领土运转，条件是货物必须始终处于过境国海关的监管下，未投入当地市场销售或再加工。

所谓书面证明书（documentary evidence），是指受惠国必须向给惠国提供由其政府授权的签证机构签发的普惠制原产地证书，作为享受普惠制减免关税优惠待遇的有效凭证。

6）普惠方案有效期。普惠制的实施期限为 10 年，经联合国贸易和发展会议全面审议后可延长。

普惠制在实施 50 多年来，确实对发展中国家的出口起到了一定的积极作用，但各给惠国在提供关税优惠的同时，又制定了种种烦琐的规定和严厉的限制措施，使得建立普惠制的预期目标还没有真正达到。广大发展中国家仍须为此继续斗争。

3. 按照征税目的分类

（1）财政关税。财政关税（revenue tariff）是为了增加国家财政收入而征收的关税。这种关税与国内的销售税相似，但一般来说，它的税率比较低。因为，税率太高会阻止进出口商品的增加，而进出口商品减少，关税也减少，增加财政收入的目的也就达不到了。此外，以财政收入为目的的关税一般也是与较低的经济发展水平相联系的。当一个国家经济发展水平较低时，其国内的直接税收来源较少，关税就成了该国主要的财政收入来源之一。

（2）保护关税。保护关税（protective tariff）是为了保护国内某些商品市场，促进这些产业发展而设置的关税。保护关税率一般都很高，因为关税越高越能达到保护的目的。有时保护关税率高达百分之几百，等于是禁止进口，成为禁止关税（prohibited duty）。随着世界市场问题的日益严重，保护关税也成了国际贸易战中的一个重要手段。一些国家往往对那些对其国内工业威胁较大的进口产品，征收很高的关税来保护其国内工业。

4.1.3 关税的征收

1. 关税征收的方法

征收关税的方法主要有从量税、从价税、混合税和选择税。

（1）从量税。从量税（specific duty）是以商品的重量、数量、容量、长度和面积等计量单位为标准计征的关税。各国征收从量税，大部分以商品的重量为单位来征收，但各国对应纳税的商品重量计算的方法各有不同。从量税计算见式（4-1）。

$$从量税额 = 商品数量 \times 从量税率 \qquad (4-1)$$

由于从量税对每一单位商品所征的税是固定的，因此在实行中较易运用和掌握，尤其是对那些标准化的商品更是方便。从量税在税率确定的情况下，税额与商品数量的增减成正比关系，但与商品的价格没有直接关系。因此，按从量税征收进口税时，在商品价格下降的情况下，关税的保护作用实际上得到了加强。反之，在商品价格上涨的情况下，关税的保护作用就会削减。

（2）从价税。从价税（ad valorem duty）是以进口商品的价格为标准计征的关税，其税率表现为货物价格的百分率。第二次世界大战以前，资本主义国家普遍采用从量税的方法计征关税。战后，由于商品种类、规格日益繁杂和通货膨胀加剧，为保护本国工农业生产和国内市场免受外国商品干扰，大多数资本主义国家普遍采用从价税的方法计征关税。我国也采用从价税。

从价税额与商品价格的涨落成正比关系，其随着商品价格的变动而变动，所以它的保护作用也与商品价格直接相关，随着价格的变动而变化。如果税率不变，则保护作用随进口价格的下降而减弱，随进口价格的上涨而加强。从价税比从量税的优越之处在于它能适用于各种不同的商品，尤其是有多种规格的工业制成品。按价格的一定百分比征税，就能把不同质量、不同价格的差别都反映出来。从价税额的计算见式（4-2）。

$$从价税额 = 商品总值 \times 从价税率 \qquad (4-2)$$

从价税的优点是征收比较简单、税率明确，便于比较各国税率，税收负担较为公平；在税率不变时，税额随商品价格上涨而增加，这样既可增加财政收入，又可起到保护关税的作用。

从价税的缺点是确定进口商品的完税价格较为复杂。完税价格是经海关审定作为计征关税的货物价格，它直接决定了商品总值，因而是决定税额多少的重要因素。因此，"海关估价"就非常重要。各国所采用的完税价格标准大体上有三种：一是成本加保险和运费价格（CIF）；二是装运港船上交货价格（FOB）；三是法定价格。WTO规定："海关对进口商品的估价，应以进口商品或相同商品的实际价格，而不得以国内产品的价格或者以武断的或虚构的价格作为计征关税的依据"。

（3）混合税。混合税（mixed duty 或 compound duty）又称复合税，它是对某种进口商品，同时采用从量税和从价税征收的一种方法。混合税的计算见式（4-3）。

$$混合税额 = 从量税额 + 从价税额 \tag{4-3}$$

混合税分为两种。一种是以从量税为主，加征从价税。如美国曾对男式开司米羊绒衫（每磅价格在 18 美元以上者）征收最惠国税率，每磅征收从量税 37.5 美分，加征从价税 15.5%，另一种是以从价税为主，加征从量税。如日本对手表（每只价格在 6 000 日元以下）进口征收从价税 15%，加征每只 150 日元的从量税。

（4）选择税。选择税（alternative duty）是对于一种进口商品同时定有从价税和从量税两种税率，但征税时选择其税额较高的一种征税。有时为了鼓励某种商品进口，也会选择其中税额较低者征收。选择税具有灵活性的特点，可以根据不同时期经济条件的变化、政府征税目的及国别政策进行选择。选择税的缺点是征税标准经常变化，令他国难以预知，容易引起争议。

2. 关税的征收依据

各国征收关税的依据是海关税则（customs tariff），又称关税税则，是一国对进出口商品计征关税的规章和对进出口应税与免税商品加以系统分类的一览表，是各国征收关税的依据。海关税则是关税制度的重要内容，是国家关税政策的具体体现。海关税则一般包括两个部分：一部分是海关课征关税的规章条例，另一部分是关税税率表。其中，关税税率表的内容主要包括税则号列、商品分类目录及税率三个部分。

（1）海关税则的商品分类。海关税则的商品分类标准，可以是商品的加工程度和性质等标志。但由于分类方法不同、口径各异，各国海关统计资料缺乏可比性，并给多边贸易谈判带来不便。为此，一些国际经济组织开始制定国际通用的商品分类目录，以解决这一矛盾。其中较权威的有以下三个：《布鲁塞尔税则目录》（BTN）、《国际贸易标准分类》（SITC）、《商品名称及编码协调制度》（HS）。其中，《协调制度》是海关合作理事会协调制度委员会主持制定的，它综合了前两个制度的不同，是当前国际贸易中采用的主要商品分类目录。我国于 1992 年起正式实施了以《协调制度》为基础编制的《海关进出口税则》和《海关统计商品目录》。

（2）关税税则的种类。海关税则中的同一商品，可以一种税率征税，也可以两种或两种以上的税率征税。按税率表的栏数，海关税则可分为单式税则和复式税则。

1）单式税则又称一栏税则，即一个税目只有一个税率。在垄断资本主义时期前，各国都实行单式税则。到垄断资本主义时期，发达资本主义国家为了在关税上搞差别与歧视待遇，或争取关税上的互惠，都放弃了单式税则而改行复式税则。现在只有少数国家，如委内瑞拉、巴拿马、冈比亚等仍实行单式税则。

2）复式税则又称多栏税则，即一个税目有两个或两个以上的税率，对不同国家的产品采用不同的税率。目前，世界上绝大多数国家采用这种税则。如美国有优惠税率、特惠税率和普通税率，普通税率比优惠税率高一倍到十几倍。我国目前采用两栏税则。

3. 关税的征收程序

关税的征收程序即通关手续（procedure of apply to the customs），也称报关手续，是指出口商或进口商向海关申报出口或进口，接受海关的监督和检查，履行海关规定的手续。办完通关手续结清应付的税款和其他费用后，经海关同意，货物即可通关放行。进口通关手续通常包括申报、单证审核和验货、货物缴税与放行三个基本环节，如图4-1所示。

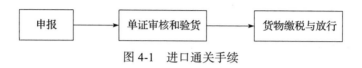

图 4-1　进口通关手续

（1）申报。货物的申报是指货物运抵进口国的港口、车站或机场时，进口商向海关提交有关单证和填写海关发出的表格，向海关申报进口。一般来说，除提交进口报关单、提单、商业发票或海关发票外，往往还需根据海关特殊规定，提交原产地证明书、进口许可证或进口配额证书、品质证书和卫生检验证书等材料。

（2）单证审核和验货。当进口商填写和提交有关单证后，海关按照海关法令与规定，审查核对有关单证。审核单证发现有不符合上述各项规定时，海关通知申报人及时补充或更正。

海关查验货物主要有两个目的：一是看单据是否相符，即报关单是否与合同批文、进口许可证、发票、装箱单等单证相符；二是看单货是否相符，即报关单所报内容是否与实际进口货物相符。

（3）货物缴税与放行。海关在审核单证、查验货物后，照章收缴税款等费用。进口税款用本国货币缴纳，如使用外币，则应按本国当时汇率折算缴纳。当一切海关手续办妥之后，海关即在提单上盖海关放行章以示放行，进口货物借此通关。

4.2　非关税措施

4.2.1　非关税措施概述

1. 非关税措施含义

非关税措施（non-tariff measures 或 non-tariff barriers，NTBs）又称非关税壁垒，是指除关税措施以外的一切限制进口的各种措施。非关税壁垒与GATT/WTO促进贸易自由化的宗旨是相违背的。GATT经过多轮贸易谈判，提出减少、消除非关税壁垒，并将此类壁垒置于更有效的国际控制之下的建议。但由于非关税壁垒花样繁多、层出不穷，GATT/WTO不可能对每一种非关税壁垒都做出具体的明确规定，因此，非关税壁垒越来越趋向采用处于协定法律原则和规定边缘或之外的歧视性措施，从而成为"灰色区域措施"。

2. 非关税壁垒的特点

（1）隐蔽性。一般来说，关税税率透明度高，而非关税壁垒则完全不同，其措施往往不公开，或者规定极为烦琐的标准和手续，使出口商难以对付和适应。它既能以正常的海关检验要求的名义出现，也可借用进口国的有关行政规定和法令条例，巧妙地隐藏在具体执行过程中，而无须做公开的规定。

（2）灵活性和时效性。关税税率制定必须通过立法程序，税率调整或更改也须经过较为烦琐的法律程序和手续。而实施非关税壁垒措施，通常采用行政程序，制定手续简单，其指定的程序也较迅速、简便，伸缩性大，能随时针对某种进口商品采取或更换相应的限制措施，表现出更大的灵活性和时效性。

（3）差别性和歧视性。一国在实施非关税壁垒时，往往针对某个国家采取相应的限制性非关税措施，其结果大大增强了非关税壁垒的差别性、歧视性。

（4）有效性。关税壁垒通过征收高额关税提高进口商品成本，间接限制进口。而非关税壁垒对进口的限制是绝对的，例如用进口配额等预先规定进口的数量和金额，超过限额就禁止进口。这种办法在限制进口方面更直接、更严厉，也更有效。

4.2.2 非关税措施的种类

非关税壁垒名目繁多、内容复杂，有多种分类方法，数量达上百种之多。下面介绍几种最常见的非关税壁垒。

1. 进口配额制

进口配额（import quotas）又称进口限额，是一国政府在一定时期内，对进口某些商品的数量或金额加以直接限制。在规定的期限内，配额以内的货物可以进口，超过配额的不准进口，或者征收较高关税后才能进口。因此，进口配额制是许多国家实行进口数量限制的重要手段之一。进口配额制主要有绝对配额和关税配额两种形式。

（1）绝对配额。绝对配额（absolute quotas）是指在一定时期内，对某些商品的进口数量或金额规定一个最高限额，在这个数额内允许进口，达到这个配额后，便不准进口。绝对配额按照其实施方式的不同，又有全球配额（global quotas）、国别配额（country quotas）两种形式。全球配额是对某种商品的进口规定一个总的限额，对来自任何国家或地区的商品一律适用。国别配额是不仅规定了一定时期内的进口总配额，而且将总配额在各出口国家和地区之间进行分配。与全球配额不同的是，实行国别配额可以很方便地贯彻国别政策，具有很强的选择性和歧视性。

（2）关税配额。关税配额（tariff quotas）是对商品进口的绝对数额不加限制，在一定时期内，对在规定配额以内的进口商品，给予低税、减税或免税待遇；对超过配额的进口商品则征收较高的关税、征收附加税或罚款。关税配额按商品的进口来源，可分为全球关税配额和国别关税配额。按征收关税的性质，可分为优惠性关税配额和非优惠性关税配额。前者是对关税配额内的进口商品给予较大幅度的关税减让，而对超过配额的进口商品征收原来的最惠国税率。后者是在关税配额内仍征收原来的进口税，但对超过配额的进口商品征收很重的附加税或罚款。

2. 自愿出口配额制

自愿出口配额（voluntary export quotas）又称自愿出口限制（voluntary export restraints），是出口国家或地区在进口国的要求或压力下，"自愿"规定某一时期内某些商品对该国的出口限制：在限定的额度内自行控制出口，超过限度则禁止出口。显然，自愿出口限制与进口配额不同，它不是由进口国直接控制进口配额来限制商品的进口，而是由出口国"自愿"限制商品对指定国家的出口。自愿出口限制主要有非协定的出口限制和协定的出口限制两种形式。

（1）非协定的自愿出口限制。这种自愿出口限制不受国际协定的约束，是由出口国在进口国的压力下自行单方面规定出口额度以限制出口的一种措施。这种限制有的是由政府有关机构规定配额并予以公布，出口商必须向相关机构申请配额，领取出口授权书或出口许可证后才能输出；有的是由本国规模较大的出口厂商或协会"自愿"控制出口。

（2）协定的自愿出口限制。这是进出口双方通过谈判签订"自限协定"或"有秩序销售协定"限制出口的方法。"自限协定"或"有秩序销售协定"，一般包括配额水平、总限额、磋商限额、自限商品分类、限额的融通、保护条款、出口管理规定、协定期限等内容。

3. 进口许可证制

进口许可证制度（import licensing system）是指国家规定某些商品进口，必须得到批准，领取许可证后方能进口的措施。没有此许可证的商品一律不准进口。进口许可证常与配额外汇管理等结合使用。

进口许可证按其与进口配额的关系可分为：有定额的进口许可证，即进口国预先规定有关商品的进口配额，然后在配额的限度内，根据进口商的申请对每笔进口货物发给一定数量或金额的进口许可证，配额用完后即停止发放；无定额的进口许可证，即进口国不预先公布进口配额，只是在个别考虑的基础上颁发有关商品的进口许可证。

进口许可证按照进口商品的许可程度可分为：公开一般许可证，又称为自动进口许可证，对进口国别没有限制，只要进口商填写一般许可证后便可以进口；特别许可证，又称为非自动进口许可证，进口商必须向政府机构提出申请，经严格审查批准后方可进口，这种许可证大多规定了进口国别和地区。

4. 外汇管制

外汇管制（foreign exchange control）是一国政府通过政府法令对国际结算和外汇买卖实行限制来平衡国际收支和维持本国货币汇价的一种制度。在实行外汇管制时，出口商必须把他们出口所得到的外汇收入按官方汇率卖给外汇管制机构；进口商也必须在外汇管制机构按官方汇率申请购买外汇；一般对本国货币携带出入国境也有严格的限制。这样，政府有关机构就可以通过确定官方汇率、集中外汇收入和控制外汇供应数量等办法来达到限制进口商品品种、数量和控制进口国别等目的。外汇管制一般可分为以下几种。

（1）数量性外汇管制。这是国家外汇管理机构对外汇买卖的数量直接进行限制和分配，通过集中外汇收入、控制外汇支出、实行外汇分配，达到限制进口商品品种、数量和国别的目的。一些国家在实行数量性外汇管制时，往往规定进口商必须获得进口许可证后，方可得到所需的外汇。

（2）成本性外汇管制。这是国家外汇管理机构对外汇买卖实行多重汇率制度（两种以上），利用外汇买卖成本的差异，间接影响不同商品的进出口。在进口方面，一般对国内需要而又供应不足或不能生产的重要原料、机器设备和生活必需品，适用较为优惠的汇率；对于国内能大量供应或者不很重要的原料和机器设备，适用一般的汇率；而对于奢侈品和非必需品只适用最不利的汇率。在出口方面，一般对缺乏国际竞争力但又要扩大出口的某些商品，给予较为优惠的汇率；对于其他一般商品的出口则适用一般汇率。

（3）混合性外汇管制。这是同时采用数量性和成本性外汇管制的办法，它对外汇实行更为严格的控制，以影响、控制商品的进出口。20 世纪 90 年代以来，由于金融危机的影响，加之某些国家的外汇不足，进口外汇管制又有逐渐加强之势。

5. 进出口国家垄断

进出口国家垄断（state monopoly）是在对外贸易中，对某些或全部商品的进出口规定由国家直接经营，或者把商品的进出口垄断权给予某些垄断组织。一般进出口国家垄断主要集中在三类商品上：第一类是烟和酒，可以取得巨大的财政收入；第二类是农产品，便于实现国家的农业政策；第三类是武器。有些发展中国家也实行进出口国家垄断，主要是为了维护经济独立，摆脱外贸被发达国家控制的局面。

6. 国内税

国内税（internal taxes）是指一国政府对本国国内（境内）生产、销售、使用或消费的商品所征收的各种捐税，如零售税、消费税、营业税等。许多西方国家利用征收国内税来抵制国外商品，并往往专门针对该国不能生产的产品。有些商品的税率，国内货物和进口货物间的差距很大，但在表面现象上并不违反国民待遇规则。因此，这是一种比关税更灵活、更易于伪装的政策手段。

7. 最低限价和禁止进口

最低限价（minimum price）是一国政府规定某种进口商品的最低价格，凡进口货价低于规定的最低价格时，就征收进口附加税或禁止进口。如 1980 年英国对我国闹钟的进口，就实行了最低限价措施，规定如果每个低于 60 便士就禁止进口。

8. 进口押金制度

进口押金制度（advanced deposit）又称为进口存款制，即进口商在进口商品时，必须按进口金额的一定比率并在规定的时间内，在指定的银行无息存储一笔现金。这样就增加了进口商的负担，从而起到限制进口的作用。此种措施在 20 世纪 90 年代初期被废除。

9. 海关估价制度

海关为了征收关税而确定进口商品的完税价格的制度称为海关估价制（customs valuation）。专断的海关估价是指某些国家为了达到增加进口货物的关税负担，阻碍商品进口的目的，根据某些特殊规定，人为地提高某些进口货物的海关完税价格。

10. 技术性贸易壁垒

技术性贸易壁垒（technical barriers to trade，TBT），是指进口国或地区以维护国家安全、保证产品质量、保障人类健康、保护生态环境等为由，通过颁布法律、法令、条例、规定，建立技术标准、认证制度、卫生检验检疫制度等方式，制定一些的严格标准或规定，使某些外国产品难以适应，从而限制商品进口。技术性贸易壁垒是一种无形的非关税壁垒，呈现出灵活多变、名目繁多的特点，是国际贸易中难以对付的壁垒之一。WTO《贸易技术壁垒协议》将技术性贸易壁垒分为技术法规、技术标准和合格评定程序。其中，技术标准是经公认机构批准的、规定非强制执行的、供通用或反复使用的产品或相关工艺和生产方法的规则、指南或特性的文件。一些国家对许多制成品规定了极为严格、烦琐的技术标准，进口商品必须符合这些标准才能进口。如德国禁止进口车门从前往后开的汽车，法国禁止进口含有红霉素的糖果等。

11. 绿色贸易壁垒

绿色贸易壁垒（green barriers to trade）是一种新兴的非关税壁垒措施，是指一国以保护有限资源、生态环境和人类健康为名，通过制定苛刻的环境保护标准，来限制国外产品的进口。绿色贸易壁垒以其外表的合理性及内在的隐蔽性，成为继关税之后被广泛采用的一种国际贸易壁垒。绿色贸易壁垒的内容较为广泛，主要包括以下方面。

（1）绿色技术标准。例如欧盟启动的 ISO14000 环境管理系统，要求欧盟国家的产品从生产前到制造、销售、使用及最后的处理阶段都要达到某些技术标准。这一系统提供了以预防为主，减少或消除环境污染的办法。

（2）绿色环境标志制度。由政府管理部门或民间团体按严格的程序和环境标准颁发"绿色通行证"，并要求付印于产品包装上，以向消费者表明：该产品从研制开发到生产使用，直至回收利用的整个过程均符合生态环境要求。例如，德国的"蓝色天使"、加拿大的"环境选择"、日本的"生态标志"、欧盟的"欧洲环保标志"等。要将产品出口到这些国家，必须经审查合格并拿到"绿色通行证"。

（3）绿色包装制度。其要求包装必须节约资源、减少废弃物，使用后便于回收再利用或易于自然分解。如德国的《德国包装物废弃物处理法令》、日本的《回收条例》和《废弃物清除条件修正案》等；又如，丹麦要求所有进口的啤酒、矿泉水、软饮料须一律使用可再灌装容器。

（4）绿色卫生检疫制度。国家有关部门对产品是否含有毒素、污染物及添加剂等进行全面的卫生检查，防止超标产品进入国内市场。例如，欧盟从2000年7月起，提高了进口茶叶的安全及卫生标准，对其中的农药残留检查极其严格，比原标准高出100～200倍。又如，日本对进口蔬菜中农药残留量规定不得超过0.030 5‰；日本、英国、加拿大等国要求进口花生中黄曲霉素含量不得超过0.02‰等。

（5）绿色补贴制度。国家对那些生产绿色产品，将资源、环境成本内在化的企业给予财政补贴，鼓励其出口。

绿色贸易壁垒一经出现便在全球范围迅速蔓延。发达国家依仗其较高的科技水平和先进设备，制定极其苛刻的环境标准，使发展中国家的产品难以"达标"而被拒于发达国家的国门之外。目前，绿色壁垒已成了我国出口贸易的"拦路虎"，其影响程度已超过了"反倾销"案件对我国外贸出口的影响。

12. 蓝色贸易壁垒

蓝色贸易壁垒（blue barriers）又称社会壁垒，是指以劳动者劳动环境和生存权利为由采取的贸易保护措施。蓝色贸易壁垒由社会条款而来，是对国际公约中有关社会保障、劳动者待遇、劳工权利和劳动标准等方面规定的总称。例如，为削弱发展中国家企业以低廉的劳动报酬、简陋的工作条件所带来的产品低成本的竞争优势，1993年在新德里召开的第13届世界职业安全卫生大会上，德国提出把人权、环境保护和劳动条件纳入国际贸易范畴，对违反者予以贸易制裁，以促使其改善工人的经济和社会权利。这就是当时颇为轰动的"社会条款"事件。此后北美自由贸易区协议中也规定，只有采用同一劳动安全卫生标准的国家与地区，才能参与贸易区的国际贸易活动。

在社会壁垒方面颇为引人注目的标准是由社会责任国际组织设计的社会责任国际标准体系（social accountability 8000，SA8000），该标准从ISO9000系统演绎而来，用以规范企业员工职业健康管理。欧洲在推行SA8000方面走在前列，美国紧随其后。欧美地区的采购商对该标准已相当熟悉。目前，全球较大的采购集团非常青睐有SA8000认证的企业的产品，这就要求企业必须投入巨大人力、物力和财力去申请与维护这一认证体系，无疑会大大增加企业出口成本。对发展中国家而言，劳动力成本是其最大的比较优势，社会壁垒将大大削弱其在劳动力成本方面的比较优势。我国企业同样受到实行SA8000所带来的巨大影响。

4.3 出口促进措施

出口促进措施是指出口国政府通过经济、行政和组织等方面的措施，促进本国商品的出口，开拓和扩大国外市场。其在形式上与进口限制有所不同，隐蔽性较强。在当今国际贸易中，各国鼓励出口的做法很多，涉及经济、政治和法律等许多方面，会运用财政、金融和汇率等经济手段与政策工具，既有微观方面，又有宏观方面。在这里，主要从国家宏观经济政策方面论述出口促进措施。

4.3.1 出口补贴

出口补贴（export subsidy），又称为出口津贴，是一国政府为降低出口商品的价格，加强其在国外市场上的竞争能力，在出口某种商品时给予出口厂商的现金补贴或财政上的优惠待遇。出口补贴的方式有直接补贴和间接补贴两种。

1. 直接补贴

直接补贴是指出口某种商品时，直接付给出口厂商的现金补贴。这种补贴主要来自财政拨款。其目的是为了弥补出口商品的国内价格高于国际市场价格而给出口商带来的亏损，或者补偿出口商所获利润率低于国内利润率造成的损失。

2. 间接补贴

间接补贴是指政府对某些出口商品给予财政上的优惠。如退还或减免出口商所缴纳的销售税、消费税、所得税等国内税；对进口原料或半制成品加工再出口给予暂时免税或退还已缴纳的进口税；免征出口税；对出口商实行延期付税、降低运费、提供低息贷款，以及对企业开拓国际市场提供补贴等。其目的仍然在于降低出口商品价格，以有效地进入国际市场。

4.3.2 出口信贷

出口信贷（export credit）是一个出口国为了支持本国产品的出口，增强国际竞争力，在政府的支持下，由本国专业银行或商业银行向本国出口商或外国进口商（或银行）提供较市场利率略低的贷款，以解决买方支付进口商品资金的需要。中长期出口信贷大多用于金额大、生产周期长的资本货物，主要包括机器、船舶、飞机、成套设备等。

1. 出口信贷的方式

（1）卖方信贷。卖方信贷（supplier's credit）是指出口方银行向本国出口商提供的贷款。这种贷款协议由出口商与银行签订。由于机器设备、船舶等商品出口所需资金的金额大、时间长，所以进口商一般都要求采用延期付款的方式。出口商为加速资金周转而向银行贷款，其向银行支付的利息、费用，有的通过货价外加价，有的包括在货价中并转嫁给进口商负担。所以,货价高于现汇支付的货价。

(2)买方信贷。买方信贷(buyer's credit)是指出口方银行直接向进口商提供的贷款,而出口商与进口商所签订的成交合同中则规定为即期付款方式。出口方银行根据合同规定,凭出口商提供的交货单据,将货款付给出口商;同时,将货款记入进口商偿还账户内,然后由进口方按照与银行订立的交款时间,陆续将所借款项偿还给出口方银行,并付利息。所以,买方信贷实际上是一种银行信用。

2. 出口信贷国家担保制

出口信贷国家担保制(export credit guarantee system)是国家为了扩大出口,对本国出口商或商业银行向国外进口商或银行提供的信贷,由国家设立的专门机构出面担保。国家担保制保险的范围不仅包括一般的商业性风险,还包括政治因素、外汇管制等引起的不能按时付款或拒绝付款的政治风险。这项措施实际上是国家替代出口商承担风险,是扩大出口和争夺国外市场的一个重要手段。

4.3.3 商品倾销

商品倾销(dumping)是指商品以明显低于正常价格的价格,在国外市场上大量抛售,以打击竞争对手,占领或巩固国外市场。商品倾销可分为偶然性倾销、间歇性或掠夺性倾销和长期性倾销三种。

4.3.4 外汇倾销

外汇倾销(exchange dumping)是指出口企业利用本国货币对外贬值的机会,来扩大出口、限制进口的措施。实行外汇倾销的国家往往也是外汇管制的国家。政府的金融管理当局,把本国货币值调到相当低的水平,使本币汇率下降、外币汇率上升,即用一定数额的外国货币能兑换更多的本国货币,这使得以外币表示的本国出口商品价格降低,提高了出口商品在国际市场上的竞争力,从而有利于扩大商品出口;同时,以本币表示的进口商品价格会上涨,从而削弱了进口商品的竞争力,起到限制进口的作用。

4.3.5 各种出口服务措施

1. 设立专门机构

成立扩大出口全国委员会、贸易委员会、贸易促进委员会等机构,负责领导一国的对外贸易工作。目前,世界各国都成立了类似的机构。

2. 建立商业情报网加强商业情报的服务工作

许多国家都设立了官方的商业情报机构。如在海外设立商业情报网,可将情报分为商品、地区、市场情况等资料，并负责向出口厂商提供其所需的情报，以促进商品出口。

3. 组织贸易中心和贸易展览会

贸易中心一般是永久性的设施。可在贸易中心内提供陈列展览场所、办公地点和咨询服务等。贸易展览会是流动性的贸易商品的展出，有时会在一年内组织多次展出，费用由政府补贴。此外，由政府组织贸易代表团出访或接待外国来访、组织出口商进行评奖活动等，都可促进对外贸易。

4.3.6 建立经济特区

经济特区（economic zone），是指一些国家或地区在其国境以内、关境以外划出的一定范围的区域，并在交通运输、通信、仓储与生产方面提供良好的基础设施并实行免除关税等优惠待遇，用以吸引外国企业从事贸易与出口加工工业活动。经济特区的建立，有助于吸引外国投资、引进先进的生产与科学技术，增加本国的财政收入和外汇收入，从而繁荣本国的经济。经济特区具体有以下几种形式。

1. 自由港或自由贸易区

自由港（free port）亦称为自由口岸，一般设在港口地区。自由贸易区（free trade zone）亦称为自由区或对外贸易区，一般设在邻近港口的地区。自由港和自由贸易区除名称不同，所处的地理位置略有不同外，在性质、特征、作用等方面基本一样：地处关境以外，对进出口商品的全部或大部分实行免征关税政策，并且允许外国或本国的厂商在港内或区内自由从事生产、加工、储存、展览和拆改装等业务活动，然后免税出口。2013年9月，中国（上海）自由贸易试验区［China（Shanghai）Pilot Free Trade Zone］成立，这是中国政府设立在上海的区域性自由贸易园区。2015年3月24日，中共中央政治局审议通过广东、天津、福建自由贸易试验区总体方案，进一步深化了上海自由贸易试验区改革开放方案。

2. 保税区

保税区（bonded area）又称保税仓库区（bonded warehouse），这是一国海关所设置的或经海关批准注册、受海关监督和管理的可以较长时间存储商品的区域。保税区能便利转口贸易，增加有关费用的收入。运入保税区的货物可以进行储存、改装、分类、混合、展览，及加工制造，但必须处于海关监管范围内。外国商品存入保税区，也不必缴纳进口关税，可自由出口，只需缴纳存储费和少量费用；但如要进入关境则需缴纳关税。

3. 出口加工区

出口加工区（export processing zone）是指一些国家或地区在其邻近港口或机场的地

区，划出一定的区域范围，配以良好的码头、车站、道路、仓库、厂房等基础设施和生活服务设施并提供免税等各种优惠待遇，以吸引外国企业和本国企业在区内投资办厂。该区域内生产的产品全部或大部分用于出口销售。出口加工区与自由港或自由贸易区的主要区别是：它不以发展贸易为主，而主要面向工业，以发展出口加工工业为主。

4. 自由边境区

自由边境区（free perimeter）是指一些国家的政府为了开发某些边境地区的经济，按照自由贸易区和出口加工区的模式，在本国的指定边境设立的吸收国内外厂商投资，开展贸易，并给予免税或减税的区域。外国货物可在区内生产、加工、储存、包装、展览，如转运到本国其他地区出售则要照章纳税，出口则全部或大部分免税。

5. 过境区

过境区（transit zone）也叫中转贸易区，这是一些沿海国家为方便内陆的邻国进出口货运，开辟某些海港、河港或国境城市作为过境货物的自由中转区。在区内，对过境货物简化通关手续，免征关税或只征少量过境费用。过境货物可短期存储或重新包装，但不得加工制造。过境区一般都提供保税仓库设施。

4.4 出口管制措施

出口管制（export control），是指国家通过法令和行政措施，对本国出口贸易实行管理和控制。一般来说，世界各国都会实行鼓励出口的政策，但是，由于某些政治、经济和军事的目的，各国也都可能对某些商品实行出口管制。

4.4.1 出口管制的对象

实行出口管制的商品种类主要有战略物资、尖端技术产品；国内短缺物资；某些古董、艺术品、黄金、白银等特殊商品；为对某国实行制裁而禁止向其出口的产品；"自动"控制出口的商品，以缓和贸易摩擦；实行出口许可证的商品；象牙等珍稀动物药材、珍奇动物及其制品；劳改犯人生产的产品等。

4.4.2 出口管制的措施

1. 出口许可证

出口许可证是国家管理货物出境的法律凭证。出口许可证制度是根据国家限制出口商品的宏观政策而制定的一种限制出口的制度。凡实行出口许可证管理的商品，各类进出口企业应在出口前按规定向指定的发证机关申领出口许可证，海关凭出口许可证接受申报。

2. 国家专营

国家专营又称国家垄断，指某些贸易商品的生产与交易由政府指定的机构和组织直接掌握。通过专营，政府可以控制一些重要或敏感产品的进出口，以寻求最佳的出口地理分布及商品生产结构。进出口商品的国家专营主要集中在三种商品上：第一类是烟和酒，因为烟和酒的税负较重，政府从烟和酒的贸易中可以获取更多的财政收入；第二类是农产品，有些国家把对农产品的对外垄断作为国内农业政策措施的一部分；第三类是武器，其贸易一般都由国家垄断。

3. 出口关税

与进口关税正好相反，出口关税是针对某些特殊商品出口征收的税赋。出口关税会影响商品的国内外价格和出口量。但若要这一政策取得成功，还要取决于国内外的供求状况。

4. 出口配额

实行出口配额是政府限制出口的又一种政策，即控制出口商品的数量。有些出口配额是本国政府主动设立的，有些则是适应进口国政府的要求而设立的。

5. 禁止出口与贸易禁运

禁止出口一般是一国对其战略物资或急需的国内短缺物资进行严格控制的主要手段。贸易禁运是一些国家为了制裁其敌对国家而实行的贸易控制措施。前者往往针对所有或多数贸易伙伴，禁止只涉及本国出口原材料或初级产品，并不限制进口。而后者往往只针对某个或某些目标国家，所禁止的不仅是出口，同时还禁止从这些国家进口。

本章小结

本章介绍了关税措施的含义、特征、作用和种类，分析了非关税措施的基本概念与特征、主要非关税措施及其对国际贸易的影响，阐述了鼓励出口和出口管制措施的目的和方式。目的是使学生认识到鼓励出口应该不违背WTO公平竞争的规则，出口管制只能用于最特殊的情况和最必要的范围，为学生今后实务学习和实践工作提供指导。

思考练习

1. 关税措施和非关税措施的基本种类有哪些？
2. 比较最惠国税率和普惠制税率之间的差别。
3. 当代各国鼓励出口的主要措施是什么？
4. 何谓倾销？在何种情况下才允许进行反倾销？
5. 什么是GSP待遇？我国应如何运用好GSP待遇规则？

Chapter5
第 5 章

WTO 与 TPP

学习要点

1. 了解贸易条约与协定的含义、内容、种类及贸易条约与协定中所适用的主要法律待遇条款。
2. 掌握关税及贸易总协定的概念、内容和基本原则及缔约以来的多边贸易谈判活动,世界贸易组织的成立、宗旨、职能、特点、组织机构与决策机制及加入世贸组织给我国对外贸易发展带来的新变化。
3. 了解 TPP 的产生及其对世界经济和中国经济发展的影响。

引言

WTO 作为一个重要的国际经济组织在世界经济发展中起着越来越重要的作用,它成立后,在制定国际多边贸易规则、组织多边贸易谈判、解决成员之间的贸易争端等方面发挥了巨大作用,其规则已经成为制定各项国际经济贸易法律和各国国内经济贸易政策的重要参照原则。2001 年 12 月 11 日,我国正式成为 WTO 成员,加入该组织使我国在更大范围和更深程度上参与经济全球化;WTO 所带来的新观念、新规则和新思维模式正在逐渐改变着我国居民的生活,对我国的经济和贸易发展产生了深远影响。2016 年 2 月,亚太地区 12 国在新西兰奥克兰正式签署了跨太平洋伙伴关系协议(简称 TPP),我们必须关注 TPP 的产生及其对中国经济发展的影响。

5.1 贸易条约与协定

5.1.1 贸易条约与协定的含义和内容

贸易条约与协定(commercial treaties and agreements)是两个或两个以上的主权国家为确定彼此之间的经济关系,特别是贸易关系所缔结的书面协议。

贸易条约与协定按照参加国的多少，可分为双边和多边的贸易条约与协定两种。由两个主权国家之间缔结的，称为双边贸易条约与协定。由两个以上主权国家共同缔结的，称为多边贸易条约与协定。这些贸易条约与协定一般都反映了缔约国对外政策与对外贸易政策的要求，并为缔约国实现其对外政策和对外贸易政策的目的服务。

作为对外贸易政策措施之一的贸易条约与协定，与关税、非关税等对外贸易措施相比较，有其不同之处。关税、非关税措施是国家以立法或行政措施来实现的，因而属于国内法范畴。而贸易条约与协定是由两个或两个以上主权国家进行协商达成的协议，因而受到国际法的约束。同时，贸易条约与协定及其他对外贸易措施之间又有着密切的联系并相互配合。

贸易条约与协定的内容结构一般由序言、正文和结尾三个部分组成。序言部分通常载有缔约国发展经济贸易关系的愿望及缔结条约与协定所遵守的原则。正文部分是贸易条约与协定的主要部分，具体规定有关缔约各国的权利和义务；不同种类的贸易条约与协定，其正文所包括的条约和内容有所不同。结尾部分包括条约与协定的生效条件、有效期、延长或废止的程序、份数、文字等内容，还有和签订条约与协定有关的双方代表的签名。贸易条约与协定一般以缔约各国的文字写成，并且规定两副文本具有同等的效力。

5.1.2 贸易条约与协定中所适用的主要法律待遇条款

贸易条约与协定是国际条约的一种，它受国际规范的约束。因此，贸易条约与协定往往写入某些国际法通用的法律条款。在实践中，贸易条约与协定依据的法律待遇条款主要有以下两种。

1. 最惠国待遇条款

最惠国待遇条款（most-favored-nation treatment）是贸易条约与协定的一项重要条款，它的基本含义是：缔约国一方现在和将来所给予任何第三国的一切特权、优惠和豁免，也同样给予缔约对方。最惠国待遇的基本要求，是使缔约一方在缔约另一方享有不低于任何第三国享有的待遇。也就是说，最惠国待遇条款要求一切外国人和外国企业处于同等地位，享有同等待遇，没有歧视和差别。

最惠国待遇适用的范围很广，涉及经济贸易的各个方面，概括起来主要有以下几个方面。

（1）有关进口、出口、过境商品的关税及其他各种捐税。
（2）有关商品进口、出口、过境、存仓和换船方面的海关规则、手续和费用。
（3）进口、出口许可证发放的行政手续。
（4）船舶的驶入、驶出和停泊时的各种税收、费用和手续。
（5）关于移民、投资、商标、专利及铁路运输方面的优惠。

其中最主要的适用对象是有关进出口商品的待遇。在具体签订贸易条约与协定时，双方或各方可根据国家关系和发展贸易的需要，在最惠国待遇条款中具体确定其适用范围。

在贸易条约与协定中，一般还规定不适用最惠国的例外情况。如缔约国一方给予邻国有关边境贸易上的特别优惠待遇、缔结关税同盟国家之间或在特定国家之间的特惠待遇及目前工业发达国家给予发展中国家普惠制的关税优惠等，这些都不适用最惠国待遇。

最惠国待遇条款有无条件最惠国待遇和有条件最惠国待遇两种。无条件最惠国待遇是指缔约国一方现在和将来给予第三国的一切优惠待遇，应立即无条件地、无补偿地、自动地适用于对方；有条件最惠国待遇指如果缔约国一方给予第三国的优惠是有条件的，则另一方必须提供同样的补偿，才可享受这种优惠待遇。无条件最惠国待遇条款是英国首先采用的，所以又叫"欧洲式"最惠国待遇；有条件最惠国待遇条款是美国最先采用的，所以又叫"美国式"最惠国待遇条款。目前，国际贸易条约与协定一般都采用无条件的最惠国待遇条款。

2. 国民待遇条款

国民待遇条款（national treatment）是贸易条约与协定的重要法律依据之一。它的基本含义是缔约国一方保证缔约对方的公民、企业、船舶在本国境内享受与本国公民、企业和船舶的同等待遇。

国民待遇条款适用的范围通常包括：外国公民的私人经济权利（私人财产、所得、房产、股票）、外国产品应缴纳的国内税、利用铁路运输和转口过境及船舶在港口的待遇、商标注册、版权、专利权取得等。尽管国民待遇条款所包含的范围很广，但一般说来，沿海航行权、领海捕鱼权、购买土地权等不包括在内，这些权利一般都不给予外国侨民或企业，而只准本国公民和企业享有。

5.1.3 贸易条约与协定的种类

1. 通商航海条约

通商航海条约（treaty of commerce and navigation）又称通商条约、友好通商条约等，它是全面规定缔约国间经济和贸易关系的条约。其内容比较广泛，常涉及缔约国经济和贸易等各方面的关系问题，如关税征收、海关手续、船舶航行、双方公民和企业在对方境内享受的待遇，还有特种所有权（专利、商标和版权等）、进口商品应缴纳的国内税、铁路运输和转口贸易等。这种条约一般由国家首脑或其特派的全权代表签订，并须经有关缔约国的立法机构讨论，批准后方能生效。此条约有效期较长，一般为5～10年，到期后双方可商讨延长。

2. 贸易协定

贸易协定（trade agreement）是缔约国调整相互间经济贸易关系的一种书面协议。其内容比较具体、简单，通常包括：贸易额、双方出口货单、作价方法、使用货币、支付方式、关税优惠等。贸易协定具有一定的灵活性，如对贸易额和双方出口货单，不做硬性规定，而在具体执行时，通过双方协商加以调整。贸易协定的签订和生效过程较简单，只要签字国的行政首脑或其代表签署即可生效。另外，其有效期也较短，一般为 3～5 年。

贸易议定书一般是对已签订的贸易协定的补充和解释，它的内容和签订程度更简单，只需签字国有关行政部门代表签订即可生效。在当前的国际贸易中，贸易议定书这种形式已被许多国家采用。它既可以用于修正、补充和解释贸易协定的某些条款，又可以在两国没有签订贸易协定的情况下，作为双方贸易的临时依据。如果两国签订了长期贸易协定，那么可以通过贸易议定书来确定年度贸易的具体安排。

3. 支付协定

支付协定（payment agreement）是两国之间关于贸易和其他方面债权债务结算办法的书面协定，是外汇管制的产物。在外汇管制的情况下，一种货币不能自由兑换成另一种货币，对一国所保有的债权不能用来抵偿对第三国的债务，这样结算只能在双边的基础上进行，故需通过缔结支付协定的办法来解决两国间的债权债务问题。支付协定的主要内容包括以下几个方面。

（1）规定清算机构，开立清算账户。

（2）两国间一切债权债务结算，统一在双方清算机构中进行。

（3）债权债务抵偿后的余额，用黄金、可兑换货币支付或用双方同意的其他不可兑换货币支付，或转入下年度，由逆差国用出口商品清偿。

（4）规定信用摆动额，只要抵偿后的金额不超过这一差额，债务国不需付给债权国利息，反之则需付利息。

支付协定以双边支付协定为主，但也有多边支付协定。从 1958 年后，主要资本主义国家相继实行货币自由兑换政策，双边支付清算逐渐为多边现汇支付结算所代替。一些仍然实行外汇管制的发展中国家，有时还需要用支付协定规定对外债权债务的清算方法。

4. 国际商品协定

国际商品协定（international commodity agreement）是指某项商品的主要出口国和进口国就该项商品购销、价格等问题，经过协商达成的政府间的多边贸易协定，以稳定该项商品的价格并保证供销。

国际商品协定的主要对象是发展中国家所生产的初级产品。发展中国家希望通过此协定，维持稳定这些商品的合理价格并保证这些产品的生产和销售。而作为主要消费国的工业发达国家，他们一方面希望通过协定保证初级产品价格不至于涨得太高，并能保证稳定供应，另一方面又不愿承担稳定价格和增加进口的义务。因此，在谈判和协定签订过程中，生产国（出口国）与消费国（进口国）充满了矛盾和斗争。经过多年的谈判，第二次世界大战后主要签订了糖、锡、咖啡、橄榄油、小麦、可可、天然橡胶七种国际商品协定。但到 1989 年，尚存的仅有糖、锡、天然橡胶三种。

从国际商品协定的执行情况来看，这些协定对于稳定商品价格和生产国的出口收益、适当满足消费国的要求，起到了一定的作用。但由于少数发达资本主义国家的干扰，多数协定并没有发挥其应有的作用。

5.2 WTO 概述

5.2.1 GATT

GATT，英文 General Agreement on Tariff and Trade 的缩写，意为关税及贸易总协定，简称关贸总协定。其是世界范围内关于降低关税、削减非关税壁垒等贸易限制，协商制定国际贸易共同准则、调整各国间贸易关系的多边国际协定。GATT 是 WTO 的前身，1995 年经过长达 7 年半之久的乌拉圭回合谈判，GATT 正式被 WTO 取代。GATT 于 1947 年 10 月 30 日由 23 个国家在日内瓦签订，并于 1948 年 1 月 1 日生效。其从形式上看是一个贸易协定，但实际上已成为第二次世界大战后国际贸易领域内的一个国际性组织。它同国际货币基金组织（IMF）、国际复兴开发银行（简称世界银行，IBRD）一起被称为调节世界经济贸易关系的三大支柱，为战后世界经济的繁荣做出了巨大的贡献。如今的 WTO 沿用了很多 GATT 的规则和做法。

1. GATT 的产生

1929～1933 年资本主义世界发生了空前严重的经济危机，使整个资本主义经济陷于瘫痪，工业生产倒退，国际贸易减少。为了摆脱困境、挽救经济，资本主义各国贸易保护主义盛行，"关税战"愈演愈烈。罗斯福在危机中接替胡佛就任美国总统，执行了史称"新政"的一系列挽救危机的措施。1934 年美国通过了《互惠贸易法案》，与包括苏联在内的 20 多个欧洲国家签订了贸易协定，将美国的进出口关税降低了 50%，促进了国际贸易的发展。但由于第二次世界大战的爆发，这一进程暂时中断了。

二战后，美国在世界经济中处于领导地位，其凭借在战后政治、经济、军事上的优势，企图从金融、投资、贸易三个方面重建世界经济秩序：在金融方面，建立了国际货币基金组织，以重建国际货币制度，维持各国间汇率的稳定和国际收支的平衡；在国际投资方面，建立了世界银行，处理长期投资问题；在贸易方面，拟议建立国际贸易组织（international trade organization），设法扭转贸易保护主义和歧视性贸易政策，促进世界贸易自由化。

在美国的积极倡导下，1946 年 2 月联合国经济及社会理事会开始筹建该组织，并于 1947 年 4 月在日内瓦举行的第二次筹备会议上通过了《国际贸易组织宪章》草案。在这次会议上，为了尽快进行关税减让谈判，参加会议的代表将这项草案的有关关税条文汇编成一个文件（即为关税及贸易总协定），并经过谈判达成一项《临时适用议定书》，作为总协定的组成部分，其于 1947 年 10 月 30 日前经有关国家签字，并于 1948 年 1 月

1日起生效。当时签字国有23个，这些国家后来被称为创始缔约国，中国是其中之一。1947年11月，在古巴首都哈瓦那通过了《国际贸易组织宪章》（即《哈瓦那宪章》），送交各国政府批准，因包括美国在内的一些国家的国会认为该宪章与国内立法内容有悖而未予批准，致使成立国际贸易组织的设想未能实现。至此，GATT就成为缔约国调整对外贸易政策和措施及国际经济关系方面的重要法律准则。

2. GATT的内容和基本原则

（1）GATT的内容。GATT的文本由序言和四部分（共38条）组成。

总协定在序言中阐明了它的宗旨是"以提高生活水平、保证充分就业、保证实际收入和有效需求的巨大持续增长，扩大世界资源的充分利用及发展商品生产与交换为目的。达成互惠互利协议，导致大幅度地削减关税和其他贸易障碍，取消国际贸易中的歧视待遇"。

总协定的第一部分包括第一条和第二条。主要规定了缔约国在关税和贸易方面相互提供无条件最惠国待遇及关税减让事项。

总协定的第二部分包括第三条～第二十三条。主要是调整和规范缔约国贸易政策和措施的规定，包括自由过境、反贴补税和反倾销税、海关估价、取消出口补贴、一般例外与安全例外等规定。

总协定的第三部分包括第二十四条～第三十五条。主要规定了总协定的适用范围、活动方式、参加及退出总协定的程序等问题。

总协定的第四部分包括第三十六条～第三十八条。这部分是1965年增加的，主要规定发展中国家在贸易与发展方面的特殊要求及有关问题。

总协定最初成立时，在很大程度上由美国控制。随着西欧、日本经济的迅速发展，逐步成为美国、欧共体、日本之间较量经济实力和争夺市场的场所，所以总协定有"富人俱乐部"之称。随着第三世界力量的壮大和发展中国家成员方逐渐增加，情况又有所改变。发展中国家在总协定中的发言权逐步增加，其利益也受到一定程度的重视。

（2）GATT的基本原则。

1）非歧视原则（rule of non-discrimination）。非歧视原则是总协定最重要的原则，其要求总协定的缔约国在实施某种限制或禁止措施时，不得对另一缔约国实行歧视待遇。这个原则是通过总协定的最惠国待遇条款和国民待遇条款体现的。这两项条款主要针对进出口商品与有关事项。

2）互惠贸易原则（rule of reciprocal trade）。互惠互利是总协定缔约国之间利益、优惠、特权或豁免的相互或相应的让与，是缔约国之间确立贸易关系的基础。互惠贸易原则要求缔约国在互惠互利的基础上大幅度、普遍地降低关税，以及在修改关税减让表的谈判中要实现互惠互利。另外，当新成员申请加入时，要求其保证通过关税及其他一些事项的谈判，做出一定的互惠承诺，即付出一定的"入门费"作为享受其他缔约国给予优惠的先决条件。

3）关税保护原则（customs duties as means of protection）。总协定规定缔约国只能通过关税来保护本国产品，而不应采取其他限制进口的措施。这是因为：首先，在市场经济的贸易管理中，关税占重要地位；其次，关税比其他贸易措施给进出口带来的损失小；再次，关税制度下，最惠国待遇和国民待遇易于执行；最后，通过关税，易于辨认一国是否采取歧视性政策，使保护程度一目了然，并且容易对各国关税保护水平进行比较。总协定要求缔约国之间应通过关税减让的谈判逐步降低关税。关税减让的原则是各缔约国彼此做出互惠与平等的让步，达成关税减让表协议，任何缔约国无权单方面予以改变，至少在一定时期内不得改变。

4）一般禁止数量限制原则（rule of general crimination of quantitative restrictions）。总协定规定原则上应取消进出口数量限制。总协定的第十一条规定："任何缔约国除征收税捐或其他费用外，不得设立或维持配额、实施进出口许可证或其他措施的限制，或禁止其他缔约国领土的产品输入，或向其他缔约国领土输出或销售出口产品"。但考虑到实际情况一时难以完全做到，因此又规定了一些例外，如为了稳定农产品市场、改善国际收支、促进发展中国家的经济发展，可在非歧视的基础上实施数量限制。

5）公平贸易原则（rule of fair trade）。总协定认为倾销和出口补贴是不公平的贸易手段，允许缔约国采取措施来抵消倾销和出口补贴对进口国造成的损害。总协定规定禁止缔约国在出口方面实行倾销，并授权缔约国在其某项工业因倾销造成重大损害或产生重大威胁时，可征收反倾销税。总协定规定缔约国应力求避免对初级产品及其以外的任何产品的输出实行补贴，如某缔约国国内工业因另一缔约国出口补贴造成重大损害或产生威胁时，该国可征收反贴补税。

6）磋商调解原则（rule of consultation and mediation）。为了维护缔约国在总协定中获得的正当权益，缓和并解决缔约国之间的贸易矛盾和争端，总协定规定了磋商调解和解决贸易争端的程序和办法。总协定解决贸易争端并不是对一国违反总协定规定的行为进行法律制裁，而是通过磋商调解来保持缔约国之间权利和义务的平衡。

7）豁免和紧急行动原则（rule of waivers and emergency action）。总协定对豁免义务做了规定，当一缔约国在总协定享受的利益正在丧失或受到损害时，全体缔约国可授权这一缔约国暂停实施它所承担的关税减让义务。但这种决定应以所投票数的 2／3 多数通过，且这一多数应包括全体缔约国的半数以上。总协定规定保障措施应是非歧视的，且在实施紧急行动前，应向总协定秘书处书面通知，并与重大利害关系缔约国进行磋商。

8）透明度原则（rule of transparency）。总协定规定，各缔约国有效实施的有关关税及其他税费和有关进出口贸易措施的所有法令、条例和普遍采用的司法判例，以及行业规定，应迅速公布，使各国政府及贸易商熟知。一缔约国和另一缔约国之间缔结的影响国际贸易的协定，也须公布。当然，涉及国家秘密、公司商业秘密的协议等属于例外情况。

3. GATT 的作用

多年来，关贸总协定的内容及其活动所涉及的范围不断扩大，总协定的成员方也不断增加，它在国际贸易领域中的作用日益加强，对第二次世界大战后国际贸易和世界经济的发展起了重要的促进作用。主要表现在以下几个方面。

（1）促进战后国际贸易的发展。在总协定的主持下，通过八轮多边贸易谈判，促进了战后国际贸易的自由化。首先，经过历次多边谈判，总协定缔约国进口关税税率大幅度降低，使各发达国家的平均进口关税率（最惠国税率）从总协定成立前的50%左右下降为4%。其次，总协定通过禁止数量限制以及"东京回合"中达成的非关税壁垒的协议和守则，大大削减了非关税壁垒对国际贸易的限制和阻碍。最后，1979年第七轮谈判通过的"授权条款"，使发达国家对发展中国家出口的制成品和半制成品给予了普遍的、非歧视的和非互惠的关税优惠。所有这些都使战后贸易自由化的范围扩大了，促进了国际贸易的发展。

（2）形成的一整套国际贸易政策、措施和规章，在一定程度上成为协定成员方制定和修改外贸政策和措施及从事对外贸易活动的依据。总协定是人类有史以来建立的第一个协调国际贸易的准世界性组织，其规定了有关国际贸易政策的各项基本原则，在多边贸易谈判中达成了一系列协议。这些原则和协议对总协定成员方具有一定的约束力。总协定要求有关成员方无论是在从事国际贸易活动或制定、修改他们的对外贸易政策和措施，还是在处理成员方之间的经济贸易关系时，都应遵守这些原则与协议。因此，在一定条件下，这些原则与协议就成为总协定各成员方制定、修改对外贸易政策和措施及从事对外贸易活动的依据。

（3）暂时缓和了成员方之间在国际贸易中的某些矛盾。总协定缓和了各缔约国的矛盾，总协定的各种组织机构为各缔约国解决矛盾和争端提供了场所，而且它还建立了一套争端调解的程序和方法。总协定使各方有机会就贸易争端等问题及时进行磋商和调解，并为各方调节贸易关系提供了法律依据，更好地保障了各方在总协定中的权利和义务。在历次的多边贸易谈判中，各成员方经过长期的谈判，通过磋商、调解的办法，最终达成协议解决了某些争端。这些协议对于暂时缓和或推迟他们在贸易上的某些矛盾起到了一定的作用，还在一定程度上减少和消除了因贸易矛盾而导致的激烈冲突，为经济发展和世界和平提供了一个较好的环境。

4. GATT 缔约以来的主要活动

关贸总协定的重要工作之一是通过多边谈判来干预、调节各缔约国之间的贸易关系。总协定自1947年签订以来，共进行了八轮多边谈判，对促进全球贸易的发展做出了应有的贡献，并对世界经济增长产生了巨大的影响。

（1）GATT 前七轮多边贸易谈判。

第1轮，1947年在瑞士日内瓦举行，参加者为出席世界贸易与就业会议第二次筹委会成员，共23国（包括中国在内）。在7个月的谈判中，达成双边减税协议123项，涉及45 000项商品，使占进口值54%的应税商品平均降低税率35%，影响世界贸易额近100亿美元。这一回合不仅达成了众多双边减税协议，更为重要的是，双边达成协议通过无条件最惠国待遇自动适用于全体缔约国，使关税减让水平达到空前规模。

第2轮，1949年在法国安纳西举行，有10个国家新加入到谈判的行列，共有33个国家参加谈判。谈判所涉及关税减让的商品项目有5 000项，达成的双边关税减让协议147项，使应税进口值5.6%的商品平均降低关税35%。

第3轮，1950～1951年在英国托基举行，有39个国家参加。这次谈判参加国的贸易额占全世界出口额的85%、进口额的80%。尽管此次谈判由于某些原因，如美国与英联邦许多成员接触有限，致使谈判成果不如以前，但也达成了双边关税减让协议150项，新减让关税商品项目8 700项，使应税进口额占总进口额11.7%的商品平均降低关税6%。

第4轮，1956年在日内瓦举行，此次谈判参加国仅28个。由于美国国会对政府授权有限，美国代表团尽管一再努力，也较难有所作为，使谈判结果受到很大影响。新的关税减让项目虽然达到3 000项，但仅涉及25亿美元的贸易额，使应税进口额16%的商品最终平均降低税率15%。

第5轮，1960～1962年在日内瓦举行，共45个国家参加谈判。由于这一轮谈判的提议者是时任美国负责经济事务的副国务卿道格拉斯·狄龙，故称"狄龙回合"（Dillon round）。这次谈判历时两年，使应征税进口值20%的商品平均降低关税20%，涉及49亿美元的贸易额。协议规定美国和欧共体的工业品关税各减少20%，然而对其双方都很重要的农产品和一些所谓政治敏感商品，双方都不让步而未能削减关税。

第6轮，1964～1967年在日内瓦举行，有54个国家参加。这轮谈判由于是由已故美国总统肯尼迪发起召开的，故称"肯尼迪回合"。这轮谈判耗时三载，于1967年5月达成协议。谈判的结果是：美国工业品进口关税减税37%，平均进口税率为11.2%；欧共体工业品进口关税税率下降35%，平均进口税率为7.6%；总的工业品进口关税税率下降35%，涉及400亿美元的商品贸易额，关税减让项目达60 000项。"肯尼迪回合"除了达成上述关税方面的减让外，还第一次制定了反倾销协议，确定了反倾销税、反补贴税的定义。

第7轮，1973～1979年，该轮谈判始于东京（故称"东京回合"），后改在日内瓦举行，有99个国家参加。又因它是美国总统尼克松与欧日谈判后发起的，也曾被称作"尼克松回合"。这一回合谈判是在西欧、日本经济实力迅速提高，美国经济地位已开始相对衰落，国际货币金融体系因美元危机而出现动荡，中东战乱，贸易保护主义抬头的情况下举行的。经过五年多艰苦谈判，获得如下结果。

1）关税减让涉及3 000亿美元的商品，从1980年起八年内全部关税削减幅度为25%～33%，发达国家平均进口关税率将最终降为4.7%。

2）禁止工业品出口补贴，但农产品在不损害其他国家贸易条件下可予以适当补贴。

3）在限制非关税措施方面取得了一定的成绩，如在海关估价、补贴与反补贴、政府采购、技术贸易壁垒、进口许可证程序等方面达成了相应的协议。

4）给予发展中国家以更加优惠的待遇，如发达国家给予发展中国家单方面贸易优惠，允许发展中国家为经济发展而采取相应的贸易措施。

（2）"乌拉圭回合"多边贸易谈判。20世纪80年代初的经济危机使世界范围内的贸易保护主义抬头，发展中国家陷入严重的债务危机之中，发达国家经历了深刻的产业结构调整，这些新情况使新一轮多边贸易谈判成为必须。1983年11月，日本在与美国协调立场后首先于总协定第39届缔约国大会上提出了相应的建议。经过多年的磋商，1986年9月在乌拉圭的埃斯特角城举行的关贸总协定部长级特别会议上，发起了新一轮多边贸易谈判，即"乌拉圭回合"。

1）谈判的目标和内容。《乌拉圭回合部长宣言》宣布，这次谈判包括货物贸易谈判（14个议题）和服务贸易谈判两大部分。货物贸易谈判的目标是："制止和扭转保护主义，建立一个更加开放、具有生命力和持久的多边贸易体制"。服务贸易谈判的目标是："制定处理服务的多边原则，以便在透明和逐步自由化的条件下扩大服务贸易"。此次谈判的目标之宏伟，议题之广泛，在总协定的历次谈判中是空前的。

2）"乌拉圭回合"谈判的特点。①谈判的经济背景更为复杂、严峻。20世纪80年代以来，世界贸易发展趋缓，国际市场上初级产品需求不振、价格剧降，世界贸易不平衡日益加重，发达国家在国际贸易中的比重上升而发展中国家所占比重却日益下降。同时，发达国家之间的贸易不平衡也十分突出，美国贸易逆差不断上升。②总协定受到挑战。自"东京回合"后，总协定受到挑战，其权威性在削弱。主要表现在：发达国家对发展中国家采取的歧视性贸易措施背弃了无条件最惠国待遇原则；关税作为对外贸易政策措施的意义在下降，各缔约国越来越多地使用各种灵活的非关税措施；贸易争端不断发生。谈判的重点内容有所变化：前几轮多边贸易谈判基本以工业制成品为中心，以消除关税壁垒为主要目的；而此回合谈判的焦点围绕农产品贸易、服务贸易与贸易有关的知识产权和投资问题等。

3）"乌拉圭回合"谈判的成果。"乌拉圭回合"谈判自1986年9月开始，经过7年零3个月漫长的谈判，至1994年最终达成了实质性协议。历时7年多的"乌拉圭回合"谈判取得了如下成果。①达成了内容广泛的协议。包括45个协议、协定和决定，涉及21个领域的内容。②扩大了贸易自由化的深度和广度。根据各谈判参加方市场准入报价的初步估计，"乌拉圭回合"谈判中，减税商品涉及的贸易额高达1.2万亿美元，减税幅度近40%，在近20个产品部门实行了零关税。发达国家平均关税率由6.4%降为4%，农产品非关税措施全部关税化，纺织品的歧视性配额限制在10年内取消。服务贸易总协定为每年近万亿美元的服务贸易，制定了自由化的基本原则和规则。③建立世界贸易组织取代关贸总协定。根据"乌拉圭回合"达成的"建立世界贸易组织的协议"，1995年1月1日世界贸易组织正式成立，正式替代关贸总协定。

5.2.2 WTO

WTO（World Trade Organization，世界贸易组织），简称世贸组织，于1995年1月

1 日成立，取代原先的关税及贸易总协定，并且按照"乌拉圭回合"多边谈判达成的最后文件所形成的一整套协定和协议的条款作为国际法规准则，对各成员方之间经济贸易关系的权利和义务进行监督、管理和履行的正式国际经济组织。WTO 是独立于联合国的永久性国际组织，截至 2018 年年底共有成员 164 个。

WTO 是具有法人地位的国际组织，在调解成员争端方面具有更高的权威性。与 GATT 相比，其涵盖了货物贸易、服务贸易及知识产权贸易，而前者只适用于商品货物贸易。

WTO 正式成立并取代 GATT，并非只是名义上的变化，而是具有更为深刻的内涵和深远的历史意义。

（1）体现共同愿望。它体现了国际社会对建立一个强大的、以规则为基础的多边经济贸易体制的诉求，期望其在国际经济领域发挥主导作用。

（2）标志着世界各国的经济合作、共同发展进入了一个新的时代。从 GATT 到 WTO，使世界从此拥有了一套范围更广、效力更大和更为完备的多边贸易规则，这必将大大增加世界贸易的稳定性和可预见性，并为建立和巩固国际经济新秩序奠定更为坚实的基础。

（3）推动世界贸易的增长。WTO 的成立推动了世界贸易的增长，并为各成员带来更多的就业机会、投资机会和更高的福利水平。

1. WTO 的宗旨

WTO 的宗旨是："提高生活水平，保证充分就业和大幅度、稳定地增加实际收入和有效需求，扩大货物和服务的生产和贸易；按照持续发展的目的，最优运用世界资源，寻求保护和维持环境，但要符合其需求，考虑到不同的经济发展水平"，"积极努力确保发展中国家，尤其是最不发达国家在国际贸易增长中的份额，与其经济发展需要相称"。其目的是产生一个更完整、适用和持久的"关贸总协定"。

2. WTO 的管辖范围、职能

WTO 所管辖的范围不仅包括已有的和经"乌拉圭回合"修订后的货物贸易方面的规则，而且还包括在"乌拉圭回合"谈判中新制定的一整套服务贸易方面的规则、与贸易有关的投资措施和知识产权规则。

世界贸易组织作为一种多边贸易体制的组织形式，其职能有以下五种。

（1）管理职能。"实施、管理、运作和实现进一步目标"是世界贸易组织对其所管辖的多边贸易协定履行管理职能的四项主要工作。这表明世界贸易组织具有的"行政组织"的特点。

（2）谈判职能。世界贸易组织以一个组织的身份，具有从法律意义上开展谈判的职能。相应地，其谈判范围也扩大到所有涉及世界贸易组织所管辖的协定和部长级会议决定的其他谈判。这就从事实上说明，世贸组织的谈判职能将主要为促进多边贸易协定的履行和扩大国际贸易自由化领域这两个核心内容而行使。

（3）解决争端职能。同关贸总协定体制中的"国际法院"职能一样，世界贸易组织也将履行其"国际法院"的职能。但是，新的争端解决机制比总协定体制下的主要以道义谴责为手段的机制，更具权威性和"法院"裁决的意义。

（4）政策评审职能。政策评审是贸易政策透明度原则的延伸与具体运作表现。

（5）协调职能。为达到全球经济政策的一致性，世界贸易组织将以适当的方式与国际货币基金组织、世界银行及其附属机构进行合作。

3. WTO的组织机构与决策机制

WTO的结构为三层，依次为：作为世贸组织最高权力机构的部长大会；行使部长大会职权和世贸组织协定规定的其他职权的总理事会；由各成员代表组成的货物贸易理事会、服务贸易理事会和与贸易有关的知识产权理事会。

世贸组织的决策机制将沿袭关贸总协定的做法，以各方的"一致意见"来做出决定，但其协议须交存联合国秘书长。遇有投票决策时，世贸组织在部长大会和总理事会对一般问题的表决须得到半数以上的多数通过。修改或解释多边贸易协议，须有3/4世贸组织成员多数通过。免除某成员多边贸易协议下的某项义务，也须经3/4成员通过。

4. WTO的成员资格及基本权利和义务

（1）WTO的成员资格。WTO成员资格有两种：一是创始成员，二是一般成员。在GATT过渡为WTO之前已经是缔约国并签署加入文件的为创始成员，WTO成立后加入的为一般成员。两种成员的权利和义务相同，但在加入程序上有差别：一般成员加入时必须和现成员方政府进行谈判。

任何国家或拥有完全自主权的独立关税区，按其与世界贸易组织达成的条件，均有资格加入世贸组织。但其进入的决定，应由部长会议2/3多数同意后方可加入。任何成员方均可退出世界贸易组织。退出从递交退出申请到被总干事接受6个月后生效。

（2）WTO成员的基本权利和义务。

1）WTO成员的基本权利有：①在164个[①]现有成员中享受多边的、无条件的和稳定的最惠国待遇；②享受其他成员开放或扩大货物、服务市场准入的利益；③发展中成员可享受一定范围的普惠制待遇及针对发展中成员的大多数优惠或过渡期安排；④利用WTO贸易争端解决机制和程序，公平、客观、合理地解决与其他国家的经贸摩擦，营造良好的经贸发展环境；⑤享有成员利用各项规则，采取例外、保证措施等促进本国经贸发展的权利。

2）WTO成员的基本义务有：①在货物、服务、知识产权等方面，根据规定，给予其他成员最惠国待遇；②根据WTO有关协议规定，扩大货物、服务的市场准入程度，即降低关税和规范非关税措施，逐步扩大服务贸易市场的开放；③按《知识产权协定》规定，进一步规范知识产权的保护措施；④根据WTO争端解决机制与程序，和其他成

---

① 截至2018年年底。

员公正地解决贸易摩擦,不能搞单边报复;⑤增加贸易政策和有关法规的透明度;⑥按过去 3 年本国(地区)贸易额在世界贸易总额的比重,缴纳一定数额的会费。

5. WTO 的特点

与 GATT 相比,WTO 有如下特点。

(1)内容的广泛性。关贸总协定从关税减让出发,逐步建立了一套调整关税与非关税措施的国际规则。世贸组织作为关贸总协定的继承和发展,不仅包括了关贸总协定已有的并经"乌拉圭回合"修订的货物贸易规则,而且还包括了在该轮回合中新制定的与货物贸易有关的投资规则、保护知识产权规则和服务贸易方面的规则。

(2)多边贸易体制的统一性。关贸总协定是以关贸总协定文本为主,以"东京回合"制定的非关税领域的 9 个守则(简称"东京回合"守则)和多边纤维协议为辅的两层结构协议。"东京回合"守则可由关贸缔约国和非缔约国选择签署参加,但世贸组织则要求各方"一揽子"签署参加"乌拉圭回合"达成的所有协议,从而建立起一个统一完整的多边贸易体制。但有政府采购、民用航空器、牛肉、奶制品 4 个协议例外。

(3)法律制度上的正式性。世贸组织不仅改关贸总协定的临时适用为正式适用,而且还将以世贸组织协定为基础,建立一整套组织机构,包括世贸组织本身、其下设的权力机构、各行政执行机构、"司法"机构和政策监督机构。世界贸易组织作为一个统辖国际贸易及其发展的国际经济组织,在法律制度、组织、规模、职能和作用等方面都远远超过了原来的关贸总协定,对推动世界经济贸易的发展必将起到举足轻重的作用。

经过关贸总协定体制 40 多年的经验积累与准备,世界贸易组织从诞生之初就已经是一个"庞然大物"。世贸组织正为推动国与国之间经济贸易关系的发展发挥着重要的作用,为建立公平合理的国际经济秩序做出其应有的贡献。

6. WTO 的改革

从 1995 年成立至 2018 年,WTO 已经走过 23 个年头,拥有 164 个成员,成员贸易总额达到全球的 98%,成为当代最重要的国际经济组织之一。近几十年来伴随着全球经济一体化的不断深化,全球分工从产业间向产业内及产品内演变,世界各国从传统的产业分工演变为价值链的合作。然而,金融危机以来贸易保护主义问题不断升级,特别是美国不断绕开 WTO 规则标准,采用其国内法律对其他国家搞贸易保护甚至发动贸易战,不仅构成了全球经济发展的巨大不确定性,而且对 WTO 的发展形成了严重挑战。特别是 2018 年 9 月 25 日,美欧日在纽约举行部长级会谈,并发布了对第三国强制技术转让、产业补贴、国有企业及 WTO 改革的声明,使 WTO 改革提到议事日程,WTO 何去何从的问题备受关注。当前 WTO 面临的挑战既有来自美国等贸易保护主义的冲击,也有自身亟待改革创新的内在因素。WTO 改革的必要性有以下几方面。

(1)WTO 规则体系已远落后于世界经济贸易发展现实。WTO 建立 20 余年来,全球科技革命蓬勃发展,数字经济迅速扩展,全球产业链布局深刻变化,新兴经济体群体崛起。但 WTO 规则供给不足，在制定新规则、完善现有规则时被削弱和边缘化，导致全球多边贸易治理严重滞后于世界经济现实。

（2）WTO 谈判功能和决策效率低下日渐凸显。进行多边规则谈判是 WTO 的一项重要职能，但 WTO 建立以来只在有限程度上取得了进展，而在一些关键领域并没有取得令人满意的结果，迄今也未能完成一轮完整的多边谈判。

从 2001 年开始，世贸组织成员之间开启了新一轮的多边贸易谈判——"多哈回合"，旨在促进世贸组织成员削减贸易壁垒，通过更公平的贸易环境来促进全球特别是较贫穷国家的经济发展。按照计划，"多哈回合"本应在 2005 年前结束，但因涉及各方利益，谈判进程一波三折，被无限期拖延迟滞。

（3）WTO 争端解决机制恐将陷入瘫痪。作为 WTO 中负责裁决贸易争端的"最高法院"，WTO 争端解决机制保障了 WTO 原则及规则的有效落实和执行。但在美国阻挠下，其面临因上诉机构成员不能及时纳新而"熄火"的风险。一旦出现这种情形，相当于全球贸易治理倒退 20 年。如何打破上诉机构成员遴选僵局，是 WTO 面临的最迫切挑战。美国对 WTO 最主要的抱怨便是争端解决机制，这也是世贸组织改革的焦点。

值得注意的是，因为涉及多方利益的博弈，WTO 改革将会是一个漫长的过程。

7. 中国与 WTO 的关系

（1）复关。中国于 1947 年 10 月 30 日签署了关贸总协定，1948 年 4 月 21 日提交了临时申请议定书，其于 1948 年 5 月 21 日起生效，中国成为总协定中 23 个创始国之一，还参加了第一次关税减让的谈判。1949 年 4 月至 8 月，中国派员参加了在法国安纳西举行的关贸协定第二届缔约国大会，并参加了第二轮多边关税与贸易谈判。

1949 年 10 月 1 日，中华人民共和国成立，但并未改变中国的国际法主体资格。1950 年 3 月，台湾当局提出退出关贸总协定，联合国秘书长通知台湾当局退出总协定从 1950 年 5 月 5 日起生效。但我国政府从未承认过此退出的合法性，因为联合国秘书长的通知是来自未经政府认可的个人。因此，台湾当局以中国名义退出关贸总协定是非法的和无效的。1965 年 1 月，台湾当局又要求成为总协定的观察员并获承认。1971 年 10 月联合国大会通过《恢复中华人民共和国在联合国合法权利》的第 2758 号决议，同年 11 月关贸总协定根据该决议取消台湾当局的观察员资格。

20 世纪 70 年代，我国逐步恢复了在联合国所属机构的合法地位。但由于各方复杂的原因，中国政府直到 1980 年才与关贸总协定直接接触。1982 年 11 月中国首次派团以观察员的身份，列席了关贸总协定第 38 届缔约国大会，在这次会议上，中国代表团与总协定秘书处就中国恢复在关贸总协定缔约国席位等问题交换了意见。1986 年 7 月 10 日中国政府正式向关贸总协定提出恢复我国缔约国地位的申请，并阐明中国政府对恢复缔约国地位的主要原则。1987 年 3 月关贸总协定理事会主席邀请中国及总协定主要缔约国参加非正式磋商会议，讨论有关成立审议中国要求恢复原始缔约国地位的工作组问题。1987 年 6 月 19 日，中国工作组宣告正式成立，工作组主席为瑞士经济部大使吉拉德。该工作组对所有愿意参加的缔约国开放。同月关贸总协定秘书处向我国提交了由缔约各国提出的有关我国对外贸易制度的书面问题329项,从此开始了长达5年多的对中国对外贸易制度的审议。历经5年多的艰苦谈判完成了对我国对外贸易体制的审议,后又进入恢复议定书的谈判工作。在中国为重返关贸总协定而进行8年谈判的过程中,中国政府做了大量艰苦、细致的工作:改革外贸体制,下调进口关税,取消出口补贴,减少进口指令性计划,增强外贸政策、法规的透明度等。但是,由于一些人为因素,某些国家出于政治原因阻挠中国"复关",致使我国未能如愿在"乌拉圭回合"谈判结束前恢复在关贸总协定中的地位。

根据中国与关贸总协定的历史渊源和中国经济的现状,1982年中国确立了重返关贸总协定的基本立场:其一,中国重返总协定是恢复初始缔约国地位,绝非重新加入;其二,中国恢复缔约国地位应以关税减让为基础承担义务,而非具体承担进口义务;其三,坚持发展中国家的地位。

1987年中国工作组成立之后,中国又增加了要求取得无条件最惠国待遇和取消对中国实行的歧视性数量限制两条原则。在此原则下,我国希望通过谈判能够以关税减让为"入门费"恢复初始缔约国地位,同时达成恢复议定书,规定我国在总协定中的权利及应承担的义务。应当说,我国上述原则立场与希望是合乎法律且合情合理的。当然,我们也应当看到,由于我国与关贸总协定中断活动达40多年,各方情况发生了很大的变化,当时的世界经贸活动亦远非40年前可比,总协定也只具有协议性质,故在恢复缔约国地位时,只能通过与其他缔约国进行权利和义务方面实质性的谈判来达到该目的。从另外的角度看,我国对外贸易的85%是与关贸总协定成员进行的,我国具有相当广大的市场及人们都承认的巨大经济发展潜力,作为国际货币基金组织和世界银行的重要成员,如不恢复中国在总协定中的地位,对中国发展不利,对总协定进一步发挥作用也是不利的。

(2)入世。世界贸易组织成立后,中国的"复关"谈判转为"入世"谈判。1995年7月11日,中国正式提出加入世贸组织的申请。同年11月,应中国政府的要求,"中国复关谈判工作组"更名为"中国入世工作组"。中国政府根据实际情况,重申了入世的基本立场,概括起来为以下三个基本原则:其一,根据权利与义务对等的原则承担与本国经济发展水平相适应的义务;其二,以"乌拉圭回合"多边协议为基础,与有关世贸组织成员方进行双边和多边谈判,公正合理地确定入世条件;其三,坚持以发展中国家身份入世,享受发展中国家的待遇。

1996年3月,世贸组织中国工作组第一次正式会议在日内瓦召开,中国代表团出席了会议。同时,为加快经济建设及国内经济与世界经济接轨的速度,1996年4月1日和1997年10月1日,我国政府两次大幅度降低关税税率,逐步取消了各种名目繁多的非关税壁垒。在1998年4月中国工作组第七次会议上,中国代表团向世贸组织秘书处提交了一份含近6 000个税号的关税减让表。

1999年后,中国入世进程明显加快。1999年4月,朱镕基总理访美,与美国在市场准入谈判方面取得实质性进展,双方签署了中美双边协议中最重要的《中美农业合作协议》,并就中国加入世贸组织问题发表联合声明。然而1999年5月8日,以美国为首的北约轰炸了中国驻南联盟大使馆,中国入世谈判被迫终止。1999年9月11日,江泽民主席和克林顿总统在新西兰亚太地区经济合作组织(APEC)领导人非正式会议上举行会晤,同意两国恢复谈判。1999年11月10日,美国贸易代表团访华,与中国就中国入世问题进行双边谈判,最终在11月15日双方签署了《中美关于中国加入世界贸易组织的双边协议》,这标志着中国与美国就此正式结束双边谈判,也为中国与其他主要贸易伙伴的谈判奠定了基础。2000年5月19日,中国与欧盟达成双边协议。2001年9月13日,中国与墨西哥签署双边协议,至此中国与要求与中国进行双边谈判的37个世贸组织成员方全部结束了谈判。2001年9月17日,世贸组织中国工作组第18次会议举行正式会议,通过了中国入世的所有法律文件,其中包括中国工作组报告书、入世议定书及货物贸易减让表和服务贸易减让表等附件,同时也结束了世贸组织中国工作组的全部工作。2001年11月10日,在多哈举行的世贸组织第四次部长级会议审议并批准了中国加入世贸组织,我国随即递交了全国人大常委会批准中国加入世贸组织议定书的通知书。按照世贸组织的规则,1个月后,中国于2001年12月11日正式成为世贸组织成员。

自加入世贸组织后,通过不断提高对外开放水平,积极参与经济全球化进程,抓住国际产业转移的历史性机遇,成功应对入世所带来的各种挑战,中国对外贸易赢得了历史上最好最快的发展时期。主要表现在入世后,中国获得了更加稳定、透明和可预见的贸易环境,发展空间得到进一步拓展;全面清理了涉外经济法律法规,放开了进出口经营权,把注意力转向国际市场,中国的比较优势将得到进一步发挥;出口保持稳定增长,对外贸易规模屡屡实现重大突破,目前,中国已成为日本、韩国、东盟和南非等国家和地区的第一大贸易伙伴,也是美国、欧盟的第二大贸易伙伴;平均关税水平从15.3%下降到7.5%,市场开放程度不断提高。但同时,由于管理体制还不完善,目前我国对外贸易发展中还存在很多问题亟待解决,如国际贸易保护主义盛行对我国对外贸易发展已形成重大的障碍,我国出口企业的国际竞争力普遍较低,出口市场上劳动密集型产品低价竞销的现象严重,出口的增长方式仍然是粗放型,外贸发展的质量有待提高等。我们应加快外贸企业的重组和改革,与国际规范接轨,按国际惯例行事,进一步完善促进外贸发展政策措施;努力实现出口市场多元化,大力发展我国的竞争优势行业产品的出口,把我国的比较优势产品转化为竞争优势产品;努力提高出口产品的质量和档次,增加花色品种,满足不同市场,不同层次的需求,不断开发新产品,满足消费需求的变化;实现产业结构的升级,提高我国国际竞争力。

(3)支持WTO改革。入世后,中国支持对WTO进行必要的改革。以WTO为核心的多边贸易体制是当代国际贸易的基石,是全球贸易健康有序发展的支柱。加入WTO以来,中国始终坚定维护以规则为基础的多边贸易体制,广泛参与WTO各项事务,全面参与多边框架下的各项谈判和对话磋商,推动WTO更加重视发展中成员的关切,全力支持发展中国家融入多边贸易体制，是多边贸易体制的积极参与者、坚定维护者和重要贡献者。

2018年11月18日，习近平主席在亚太经合组织第26次领导人非正式会议上发言时指出："我们应坚定维护以规则为基础的多边贸易体制，旗帜鲜明抵制保护主义。世界贸易组织正在探讨新一轮改革，改革的目的应该是让其更好发挥作用，坚持多边贸易体制的核心价值和基本原则，而不是推倒重来。我们应该引导经济全球化朝着更加开放、包容、普惠、平衡、共赢的方向发展。"

同年11月23日，商务部发布了中国关于世贸组织改革的立场文件，提出中国对WTO改革的三个基本原则和五点主张，支持对WTO进行必要的改革，以增强其有效性和权威性。三个基本原则是：WTO改革应维护多边贸易体制的核心价值，应保障发展中成员的发展利益，应遵循协商一致的决策机制。五点主张包括：WTO改革应维护多边贸易体制的主渠道地位，应优先处理危及世贸组织生存的关键问题，应解决贸易规则的公平问题并回应时代需要，应保证发展中成员的特殊与差别待遇，应尊重成员各自的发展模式。

WTO改革既给中国带来新压力，也提供了新机遇。中国要主动把握国际贸易环境新变化，与各方携手推动WTO改革，寻求建立和完善多边贸易规则，推进多边贸易体制更好地造福全人类。

5.3　TPP 简介

5.3.1　TPP 的含义

TPP（trans-pacific partnership agreement，跨太平洋伙伴关系协定），也被称作"经济北约"，是目前重要的国际多边经济谈判组织。其前身是跨太平洋战略经济伙伴关系协定（trans-pacific strategic economic partnership agreement），由亚太经济合作会议成员中的新西兰、新加坡、智利和文莱四国发起，由于该协议的初始成员国为四个，故又称为"P4协议"。这是从2002年开始酝酿的一组多边关系的自由贸易协定，原名亚太自由贸易区。

5.3.2　TPP 的产生背景与发展历程

1. 产生背景

2009年11月14日，美国总统奥巴马在其亚洲之行中正式宣布美国将参与TPP谈判，强调将以此促进美国的就业和经济繁荣，为设定21世纪贸易协定标准做出重要贡献，要建立一个高标准、体现创新思想、涵盖多领域和范围的亚太地区一体化合作协定。与此同时，秘鲁、越南和澳大利亚也宣布加入TPP谈判，TPP谈判由此实现了由

"P4"向"P8"的转变，并呈现出亚太地区参与国家进一步扩大的趋势。

根据TPP的协议，其有五大突出特点：一是要求全面市场准入，即消除或削减涉及所有商品和服务贸易及投资的关税和非关税壁垒；二是促进区域生产和供应链网络的发展；三是解决数字经济、国有企业等新的贸易挑战；四是促进中小企业发展和帮助成员加强贸易能力建设，实现贸易的包容性；五是作为区域经济一体化平台，吸纳亚太地区其他经济体加入。

2. 发展历程

TPP前身是跨太平洋战略经济伙伴关系协定。2005年5月28日，文莱、智利、新西兰、新加坡四国协议发起跨太平洋伙伴关系，签订并生效经贸协议，成员之间彼此承诺在货物贸易、服务贸易、知识产权及投资等领域相互给予优惠并加强合作。协议采取开放的态度，欢迎任何APEC成员参与，非APEC成员也可以参与。该协议的重要目标之一就是建立自由贸易区。

2006年5月1日，跨太平洋战略经济伙伴关系协定对新西兰和新加坡生效，对智利和文莱生效的时间分别为2006年11月8日和2009年7月1日。2008年2月，美国宣布加入，并于当年3月、6月和9月就金融服务和投资议题举行了3轮谈判。2008年9月，美国总统奥巴马决定参与TPP谈判，并邀请澳大利亚、秘鲁等一同加入谈判。2009年11月，美国正式提出扩大跨太平洋伙伴关系计划，澳大利亚和秘鲁同意加入。美国借助TPP的已有协议，开始推行自己的贸易议题，全方位主导TPP谈判。自此，跨太平洋战略经济伙伴关系协议更名为跨太平洋伙伴关系协议，并开始进入发展壮大阶段。2010年，马来西亚和越南也成为TPP谈判成员，使TPP成员数量扩大到9个。

2010年3月15日，跨太平洋伙伴关系协议首轮谈判在澳大利亚墨尔本举行。参与谈判的共有8个成员：美国、智利、秘鲁、越南、新加坡、新西兰、文莱和澳大利亚。此次谈判涉及关税、非关税贸易壁垒、电子商务、服务和知识产权等议题。美国较为强调的内容包括推动清洁能源等新兴行业的发展，促进其制造业、农业及服务业的商品与服务出口，并强化对美国知识产权的保护。

2010年11月14日，APEC高峰会闭幕当天，与会九国表示同意美国总统奥巴马的提案，并表示将于2011年11月的APEC高峰会完成并宣布跨太平洋伙伴关系协议纲要。

2011年11月10日，日本正式决定加入TPP谈判。

2012年10月8日，墨西哥经济部宣布，墨西哥已完成相关手续，正式成为跨太平洋伙伴关系协定第十个成员国。

2012年10月9日，加拿大遗产部部长莫尔代表国际贸易部部长法斯特在温哥华宣布，加拿大将正式加入TPP。

2013年9月10日，韩国宣布加入TPP谈判。

2015年10月5日，美国、日本、澳大利亚等12个国家已成功结束TPP谈判，达成TPP贸易协定。

2016年2月4日，在新西兰奥克兰，在TPP12个成员代表参加的签字仪式上，《跨太平洋伙伴关系协定》正式签署。

3. TPP 协议的特点

（1）全覆盖。TPP涵盖关税（相互取消关税，涉及万种商品）、投资、竞争政策、技术贸易壁垒、食品安全、知识产权、政府采购及绿色增长和劳工保护等多领域。

（2）宽领域。TPP协议条款超过以往的任何自由贸易协定（free trade agreement，FTA），既包括货物贸易、服务贸易、投资、原产地规则等传统的FTA条款，也包含知识产权、劳工、环境、临时入境、国有企业、政府采购、金融、发展、能力建设、监管一致性、透明度和反腐败等亚太地区绝大多数FTA尚未涉及或较少涉及的条款。TPP倡导包容性贸易，加强成员的合作和能力建设，帮助中小企业了解并利用好相关条款，以确保规模不同的经济体和企业均能够从中获益；同时，注重解决数字经济和国有企业带来的新的贸易挑战，促进创新能力、生产力和竞争力的提升。

（3）高标准。TPP的高标准主要表现在以下几方面。第一，在货物贸易领域，要求最终实现全部贸易品零关税；在服务贸易领域，采用了"准入前国民待遇＋最惠国待遇＋例外条款"这一自由化程度较高的方式，即对所有服务部门均给予准入前国民待遇和最惠国待遇，仅对国防、金融、航空等少数特殊服务业设置例外条款。而且，TPP在服务贸易、金融服务、投资等领域均采用"负面清单"的模式。第二，在知识产权领域，TPP在地理指标、版权保护、反规避责任、专利保护、药品定价等方面提出的标准也明显高于WTO《与贸易有关的知识产权协定》（TRIPs）的水平。以药品专利保护为例，美国在TPP谈判中最初希望给予生物制剂12年的专利保护期，但遭到了其他缔约国的反对，最后只好妥协将保护期缩短至8年。新西兰等缔约国认为，对专利过度保护可能会阻碍创新和仿制药生产并有损TPP内发展中国家的利益。第三，TPP协议中专门增设了劳工和环境条款，并与贸易挂钩。通过强加于别国较高的劳工和环境标准等，美国可对其他成员特别是发展中国家出口产品实施贸易制裁，以达到维护其自身利益的目的。第四，TPP协议还针对国有企业单列一章，主张取消对国有企业的政策支持、财政补贴和其他福利待遇的贸易条款，包括对国有企业海外投资所给予的特惠融资措施、保护外国私营企业经济活动、撤销政府采购的优惠偏好等内容。

（4）影响大。TPP谈判采取闭门磋商的方式进行，谈判结束前不对外公布技术文本。据媒体报道，谈判共涉及以下议题：农业、劳工、环境、政府采购、投资、知识产权保护、服务贸易、原产地标准、保障措施、技术性贸易壁垒、卫生和植物卫生措施、透明度、文本整合等。

TPP将突破传统的FTA模式，达成包括所有商品和服务在内的综合性自由贸易协议。TPP将对亚太经济一体化进程产生重要影响，可能将整合亚太地区两大经济区域合作组织，即亚洲太平洋经济合作组织和东南亚国家联盟，将发展成为涵盖亚洲太平洋经济合作组织大多数成员在内的亚太自由贸易区，成为亚太区域内的小型世界贸易组织。

TPP 与 WTO 不尽相同。它从传统、单一、狭义的贸易协定拓展成为现代、广义、综合的贸易协定。除了经济元素以外，TPP 包含了许多非经济元素。TPP 成员不仅要受到贸易机制的制约，而且还要受到法律法规、社会团体、生态环境、商业模式和公众评判等制约。这可以说是西方国家对于"自由贸易"的全新注解，是整体、多层次发展的自由贸易新模式。

目前，中国尚未加入该协定，但未来不排除在适宜的时候提出加入。从短期看，该协定或对中国的对外贸易形成某种程度的冲击；但从长期看，在经济全球化的大背景下，任何一个多边贸易安排都无法将非协定国家和地区排除于国际贸易体系之外，否则其自身发展将大为受限。

本章小结

本章从一般意义上介绍了贸易条约与协定的含义、内容、种类及贸易条约与协定所适用的主要法律待遇条款，分析了 GATT 的概念、内容和基本原则与缔约以来的多边贸易谈判活动及 WTO 的成立、宗旨、职能、特点和组织机构与决策机制，研究了中国与 WTO 的关系、我国入世的过程及 TPP 的产生和影响。目的是使学生了解掌握世界贸易组织的相关知识，为今后参与国际贸易活动打下良好基础。

思考练习

1. 简述贸易条约与协定的含义及其主要法律待遇条款。
2. 什么是 GATT？什么是 WTO？与 GATT 相比，WTO 有什么特点？
3. 简述 WTO 的宗旨和基本原则。
4. 分析加入 WTO 后中国国际贸易形势发生的新变化。

Chapter6
第 6 章

国际服务贸易

学习要点

1. 理解国际服务贸易的含义。
2. 了解二战后国际服务贸易发展的特点及原因。
3. 掌握国际服务贸易总协定的内容。
4. 理解技术贸易的含义及方式。

引言

从国际收支平衡表的统计口径来看,二战后,国际服务贸易的增长速度开始超过货物贸易,服务贸易占国际贸易的比重逐渐提高,大有与货物贸易"平分秋色"之势。服务业的对外开放与服务贸易的发展日益引起各国和地区的高度重视。随着全球经济一体化的发展,国际服务贸易发展突飞猛进,日益成为推动世界经济增长的引擎,也成为一国竞争力的一项重要指标。随着我国改革开放的逐步深入和中国加入WTO,服务贸易也已成为我国国际贸易发展中的一个热点问题。

6.1 国际服务贸易的基本概念

6.1.1 国际服务贸易的含义

《服务贸易总协定》(GATS)对服务贸易的含义描述为:国际服务贸易是指服务提供者从一国境内向他国境内、通过商业现场或自然人的商业现场向服务消费者提供服务并获得外汇收入的过程。

对于服务贸易的含义,"乌拉圭回合"中期评审报告中指出:多边服务贸易法律框架中的定义,应包括服务的过境移动、消费者的过境移动和生产要素的过境移动(主要指服务供应者的过境移动),它们一般要符合服务的过境移动性、目的具体性、交易连续性和时间有限性四个标准。

国际服务贸易有狭义和广义两种不同概念。狭义的国际服务贸易项目的确定主要根据两点：一是看该项目是否确实属于服务业产品的交易，即交易对象是否具备生产和消费的同时性，不可贮藏，并且是非实体形态的；二是看该项目是否严格符合国际经济交往的贸易概念。属于服务业产品，但并不进入国际经济往来的项目，就不属于国际服务贸易的范围。狭义的国际服务贸易包括：国际运输（海运、空运和陆运），国际旅游，国际金融服务（包括保险），国际信息处理和传递软件与资料服务，国际咨询服务（包括会计、律师等），建筑和工程承包等劳务输出，国际电信服务，广告、设计、会计管理等项目服务，国际租赁服务，商品的维修、保养、技术指导等售后服务，国际视听服务，教育、卫生、文化艺术的国际交流服务，商业批发与零售服务，知识产权服务，其他官方国际服务等。

广义的国际服务贸易以一国国际收支流量的统计程序为依据划分，除包含了狭义国际服务贸易概念的所有内容之外，还包含了国际投资收益流量，即广义的国际服务贸易包括资本报酬项下的收入、支出利息、股息和利润。

6.1.2 国际服务贸易的分类

根据国际服务贸易含义，可将其分为以下 4 类。①从一缔约国境内向任何其他缔约国境内提供服务，简称"跨境交付"。②在一缔约国境内向任何其他缔约国的服务消费者提供服务，简称"境外消费"。③一缔约国在其他任何缔约国境内通过商业存在而提供服务，简称"商业存在"。④一缔约国的服务提供者通过在其他任何缔约国境内的自然人存在提供服务，简称"自然人流动"。

关于服务贸易的分类，GATS 还有如下的规定：①服务贸易涉及的"服务"包括任何部门的任何职务，但"行使政府职权时提供的服务"除外。②"行使政府职权时提供的服务"指既不依据商业基础提供，也不与一个或多个服务提供者竞争的任何服务。③"服务的提供"包括服务的生产、分销、营销、销售和交付。④"商业存在"指任何类型的商业或专业机构，包括为提供服务而在缔约国境内组建、收购或维持一法人，创建或维持一分支机构或代表处。

需要指出的是，无论是跨境交付、境外消费还是商业存在及自然人流动，上述分类都是宽泛的，有时各类别是相互交叉的，这是因为当时的服务贸易谈判委员会在一些发达国家的要求下，把尽可能多的服务贸易纳入了谈判内容。事实上，服务的提供往往不是一种方式能完成的，而是需要几种方式互相联合，但这并不与它作为一个整体的服务贸易定义相冲突。

6.2 国际服务贸易的产生及发展

6.2.1 国际服务贸易的产生

国际服务贸易是在一个国家的服务经济基础上，通过服务业的国际化，利用国际分工而发展起来的。它首先是为一国国内的人（法人或自然人）提供各种服务以获得报酬。随着经济生活的国际化和国际分工的发展，各国经济活动日益相互依赖，加强了彼此利益的渗透，使得各国的服务业随同其他生产要素呈现了国际化的趋势。国际分工与合作是导致国际服务贸易生产和发展的基本动因。分工导致生产的专业化，生产的专业化促进科学的发展与技术的进步，科技进步又提高了生产率，最终促进了经济的发展。经济进一步发展导致产业结构发生变化，使得国家经济的重心，逐步从第一产业过渡到第二产业，再从第二产业过渡到第三产业，而第三产业就是以服务业为主。

在国际贸易中，早期以货物贸易为主，并主要是物与物的交换。这时，伴随着会产生一些服务贸易，主要是追加服务，如运输、仓储、运输器械维修、商业、饮食业等。这些服务贸易在当时的国际贸易中占比较小，还不能称其为国际服务贸易。到15世纪，随着"新大陆"的发现，资本主义殖民性质的大规模移民得到发展，此时服务输出主要以移民形式呈现，可称之为"早期国际服务贸易"。它具有两个基本特征：一是发达国家向"新大陆"及落后的殖民国家输出；二是服务人员的主动性和自发性移动。

从18世纪工业革命开始到第二次世界大战之前，是国际服务贸易发展的重要转折时期。工业革命的发生、发展过程是与交通运输业和邮电业的发展变化相联系的，这一时期也是服务贸易的突出膨胀时期，最明显的现象是劳动者在各产业部门间的转移。特别是两次世界大战间，战争服务使得人员离开本国国土到异国从事公路、桥梁及工事的修筑，进行军需生产和运输等服务。以往那种分散的、从事农业种植业和矿业为主的移民服务，此时过渡到有组织的、从事以建筑业为主的多行业的临时流动服务。可以说，战争服务是早期服务贸易向现代服务贸易转折的重要标志。

6.2.2 第二次世界大战后国际服务贸易的发展

第二次世界大战后国际服务贸易进入了迅速发展时期。伴随着战后世界经济发展的3个阶段，国际服务贸易也呈现出不同的发展水平。具体描述如下。

第1阶段是第二次世界大战后世界经济恢复和发展的阶段。由于第三次科技革命，生产率得到了极大提高。从1948年到1973年，世界工业生产平均增长率为6.1%，劳动生产率年增长为3%。生产力的提高促进了国际分工，带动了国际贸易的发展，国际服务贸易也随之发展。尤其是20世纪60年代后期，随着经济的发展，人民的物质生活水平不断提高，同时也刺激了对高消费服务的需求。这些因素使第二次世界大战后的服务贸易有了惊人的增长。到1970年，国际服务贸易额已达662亿美元，占整个世界贸易总额的17.6%。

第2阶段是20世纪70年代初到80年代末，此时世界经济进入一个调整期。自20世纪70年代起，主要资本主义国家进入了长达十多年的"滞胀"时期，但国际贸易增长很快，特别是国际服务贸易。这期间，特别是劳务输出、技术贸易、国际旅游、银行保险等服务部门发展得特别快。如在劳务输出方面，1985年全世界劳务输出达2 000万人次，其中菲律宾、韩国、印度、巴基斯坦、埃及等国的劳务输出均在140万人次以上；埃及的劳务输出高达350万人次以上，几乎占其全国人口的9%；巴基斯坦的劳务输出人数约占其总人口的10.7%。而发达国家的劳务输出主要是技术人员和管理人员，虽然输出人数并不多，但劳务创收额比发展中国家高得多，如在20世纪80年代，美国的劳务输出创收额达375亿美元，占世界服务贸易总额的10%左右。

第3阶段是从20世纪80年代末至今，国际服务贸易继续保持增长，其增长速度高于世界货物贸易增长的速度。WTO秘书处的统计资料显示，全球服务贸易进出口总额2017年为103 539亿美元，该年国际服务贸易占世界贸易比重达22.5%，已经到达一个较高的水平。

进入20世纪90年代，信息高速公路（information highway）及多媒体技术出现在信息服务领域，使得信息处理和长距离的电信服务成本大大降低，从而带来了服务业的革命，促进了国际服务贸易发展。此外，还有许多的国际服务行业在迅速发展。这说明国际服务贸易在未来将适应知识经济的需要，继续迅速发展。

6.2.3 第二次世界大战后国际服务贸易迅速发展的原因

随着社会生产力的发展和科学技术的进步，服务贸易向多元化、集约化方向迅速发展。国际服务贸易在第二次世界大战后尤其是20世纪60年代后得到较大发展，其具体原因如下。

1. 第二次世界大战后科技革命的发展和社会生产力的提高是服务贸易快速发展的基本动因

第二次世界大战后，特别是20世纪60年代以来，由于科技革命的推动，世界经济进入了高速发展的时期。生产的发展决定了物质生产部分的比例下降，服务业部分的比例提高；生产的发展同时使人们收入提高，从而使人们对服务消费的需求提高。这就为服务供给和需求的迅速发展提供了物质基础，使服务的交换进一步越出了国界，即国际服务贸易得以迅速发展。科技发展加剧了劳动力的国际流动，每一次科技革命必然进一步推动生产的自动化与机械化，可使发展中国家的工人在此过程中不断提高人力资本水平。但自动化和机械化并不能完全替代手工劳动和体力劳动，发达国家的低层次劳动力恰恰很缺乏，而发展中国家的工人和科技人员的劳动报酬低下，在劳动力市场逐步开放的过程中，必然发生国际科技人员和其他服务人员的流动，使国际服务贸易量扩大。

2. 世界经济发展的不平衡性是促进服务贸易发展的重要原因

世界经济发展的这种不平衡性导致世界经济的分工与协作。由于发达国家的物质生活水平比较高，对社会服务的要求也比较高，因而发达国家的服务业也比较发达。为了在世界范围获取经济利益，发达国家便在广大的发展中国家开拓服务市场。如发达国家的商业银行、工程承包、技术转让、保险业等向发展中国家渗透。与此同时，发展中国家具有优势的廉价劳动力进入发达国家。这种发达国家与发展中国家在经济上的互补性，导致两者之间服务市场的扩散和对流，因而是促进国际服务贸易在世界范围内迅速发展的重要原因。另外，由于全球范围内，区域间、国家间经济发展的不平衡和资本报酬的差异性，促进了国际资本的流动。国际资本的间接投资成为国际金融这一服务贸易发展的重要内容，而国际资本的直接投资更推动了"商业存在"服务贸易的发展。

3. 跨国公司的迅速发展，加强了服务的国际化

跨国公司的发展，大大加快了服务贸易国际化进程。第二次世界大战后，随着世界经济一体化和区域贸易集团化，跨国公司有了很大的发展，特别是大型跨国公司通过其全球战略和世界生产销售网，将世界经济联成一体，在国际服务贸易中起着重要的作用。跨国公司通常集商品贸易、服务贸易与对外投资于一身，其全球性的经营活动，不仅促进了资金、技术、人员的国际流动，而且带动了交通运输、技术服务、计算机信息、金融保险、工程咨询等服务业的发展。随着跨国公司经营的综合化，不仅实业型跨国公司对外提供出口，而且服务型跨国公司也对外提供出口且比重在不断增长。如在 20 世纪 80 年代中期，美国、日本和欧洲的服务型跨国公司已经有 231 家，其分支机构逾万家，这些服务型跨国公司有能力向几个市场提供多种服务，或者把商品与服务结合起来进行交易，并在进入金融市场、扩大信息系统方面具有更大的潜力。跨国公司的直接投资还促进了服务贸易的发展。随着跨国公司的直接投资、设备技术的转移，其技术人员和管理人员也随之发生转移，因而带动了服务的出口和转移。这种企业移民属于服务跨国流动的一种形式，促进了国际服务贸易的发展。

4. 国际服务合作的扩大促使服务贸易扩大

国际服务合作是指拥有工程技术人员和劳动力的国家及地区，通过签订合同，向缺乏工程技术人员和劳动力的国家及地区提供所需要的服务，并向接受服务的一方索取报酬的一种国际经济合作。这种合作方式扩大了国际服务市场，促进了国际服务贸易的迅速发展。

5. 生产和社会活动的日益国家化也使国际服务贸易规模不断扩大

经济全球化使得国与国之间的经济交往日益密切。GATT 与 WTO 的先后运作促进了生产分工的日益国家化和国际投资与贸易的日益自由化，从而促进了对生产性服务的国际需求日益增长。同时，生产的国际化必然伴随着生活的国际化，人员的国际流动使其消费越来越多地依赖于国际服务贸易的发展。

6.2.4 第二次世界大战后国际服务贸易发展的特点

1. 发达国家在世界服务贸易中仍占有主导地位

世界服务贸易一直是以发达国家为中心而发展的。1996年在全球近200个国家和地区中，在世界服务贸易中位居前25名的国家和地区服务贸易额占世界服务贸易额的80%，而这前25名的国家和地区主要是发达国家和地区。发达国家和地区在世界服务贸易中的主导地位主要体现在民间服务，尤其是知识产权方面。美国在世界服务贸易中占有绝对领先地位。服务业是当代美国经济中最为庞大、发展最快的行业。美国十大服务输出行业分别是旅游、运输、金融、教育培训、商业服务、通信、设备安装与维修、娱乐业、信息和医疗保健，均居世界领先地位。

2. 发展中国家和地区在世界服务贸易中的地位趋于上升

进入20世纪90年代，发展中国家和地区服务出口增长明显加快。服务贸易第二大进出口地区为亚洲地区，该地区多是发展中国家，虽然其总体经济发展水平低于西欧，但经济发展速度快，服务贸易的发展速度居世界首位。据不完全统计，进入21世纪后，亚洲服务贸易在世界服务贸易出口中所占比重已经超过所有发展中国家和地区服务出口的一半。在亚洲服务出口中，海上运输业发展强劲，体现出发展中国家和地区服务贸易的发展水平越来越高。2016年WTO发布的《世界贸易统计数据》报告显示，中国是第二大服务贸易出口国，占全球服务贸易出口总额6%的份额。

3. 国际服务贸易结构进一步优化，服务贸易领域进一步扩大

第二次世界大战之前，服务贸易主要集中在劳务的输出与输入方面。第二次世界大战之后，受第三次工业革命的影响，电信、金融及各种信息产业、高新技术产业得以迅速崛起并快速进入服务贸易领域。在世界服务贸易的构成中，传统的服务贸易，包括国际运输服务贸易和国际旅游服务贸易所占比重较大，二者在整个服务贸易构成中占比达一半以上。其他服务贸易，包括电信服务、建筑服务、金融服务、保险服务、信息服务、专利或许可服务、其他商业服务和文化娱乐服务等可统计项目，在新科技浪潮推动下，增长速度很快，特别是金融服务、电信服务及专利或许可服务实现了高速增长，在世界服务贸易中占有越来越重要的地位。

4. 技术、知识密集化趋势明显

世界服务贸易以高新技术为载体，而服务产业与高新技术产业在当今世界经济中的作用越来越重要。在过去十年中，许多新兴服务行业从制造业分离出来，形成独立的服务经济行业。其中，技术、信息、知识密集型服务行业发展最快；其他如金融、运输、贸易、管理咨询等服务行业，也很快在全世界范围内扩展。

6.3 服务贸易总协定

6.3.1 《服务贸易总协定》的产生

继 1982 年关税及贸易总协定部长级会议上,美国首次提出进行服务贸易的多边谈判后,1986 年开始的"乌拉圭回合"则首次将服务贸易列为三大议题之一并展开谈判,目标是为实现服务贸易自由化。"乌拉圭回合"谈判的成果之一就是达成了《服务贸易总协定》(general agreement on trade in services,GATS)。具体谈判阶段如下所述。

1. 第 1 阶段(1986 年 10 月~1988 年 11 月)

服务贸易谈判从 1986 年 10 月 27 日正式开始,到 1988 年 11 月止为第 1 阶段。该阶段的谈判重点是服务贸易的定义、范围、与服务贸易有关的国际规则和协议等相关问题。谈判过程中,各缔约国存在很大的分歧。首先,在 1986 年发布的《埃斯特角宣言》中,发展中国家同意将服务贸易作为谈判内容的前提是将服务贸易谈判与货物贸易谈判分开,并且必须明确以发展为导向;此外,发展中国家坚持对国际服务贸易做比较狭窄的定义,即"居民与非居民所进行的跨国境的服务购销活动"。这一定义将跨国公司的内部交易和发达国家的一些优势项目如金融、保险、信息、咨询、法律事务等方面的不必跨国境的贸易排除在外,同时又强调了发展中国家的某些优势项目,如劳动密集型的建筑工程承包服务等。美国等一些发达国家则坚持比较广泛的定义,认为所有涉及不同国民或国土的服务销售活动都可纳入国际服务贸易范畴。当时的欧共体提出折中意见,不主张预先确定谈判范围,而是根据谈判需要对国际服务贸易采取不同定义。多边谈判基本上采纳了欧共体的意见。

2. 第 2 阶段(1988 年 12 月~1990 年 6 月)

第 2 阶段标志着谈判已进入实质性阶段。1988 年 12 月,GATT 缔约国在加拿大蒙特利尔举行了中期部长级会谈。中期审评在一定程度上摆脱了在服务贸易定义上的纠缠,决定加速服务贸易谈判,将谈判中的重点集中在透明度、逐步自由化、国民待遇、最惠国待遇、市场准入、发展中国家的更多参与、例外和保障条款及国家规章等原则在服务部门的运用等方面。在之后的谈判过程中,参加服务贸易谈判的各国分别提供了自己的方案并不断地进行修改,阐述了自己的立场与观点,为"服务贸易多边框架协议草案"的拟定奠定了基础。

1990 年 5 月,中国、印度、喀麦隆、埃及、肯尼亚、尼日利亚和坦桑尼亚七个亚非国家向服务贸易谈判组联合提交了"服务贸易多边框架原则与规则"提案(简称"亚非提案"),其对最惠国待遇、透明度、发展中国家的更多参与等一般义务与市场准入、国民待遇等特定义务进行了区分。后来,GATS 文本结构采纳了"亚非提案"的主张,并承认成员国发展水平的差异,对发展中国家做出了很多保留和例外,这在很大程度上反映了发展中国家的利益和要求。

3. 第3阶段（1990年7月～1990年12月）

1990年7月服务贸易谈判组举行高级官员会议。在这次会议上，各方代表对于国民待遇、最惠国待遇等原则在国际服务贸易领域的适用已逐步形成共识，但在各国开放和不开放服务部门的列举方式上，出现了"肯定式列表"（即减让表对所包含的部门列出各成员愿意接受的实际市场准入和国民待遇承诺）和"否定式列表"（即减让表包括的措施是各成员想保持的与共同规则不一致的例外）之争。发展中国家提出"肯定式列表"方案，即各国将能够实行开放的部门清单列于目录之中，之后开放的部门数量可以随时增加。这种方式对于服务业相对落后的发展中国家较为灵活，得到发展中国家的普遍拥护。而美国和加拿大等发达国家提出"否定式列表"方案，要求各国将目前无法实施自由化原则的部门清单列在框架协议的附录中作为保留，部门清单一经提出，部门数量不能再增加，并须承诺在一定期限内逐步减少不予开放的部门。这一提案被认为是"经合组织模式"和GATT多边体制的结合，以促进国际服务贸易的自由化，得到发达国家的支持。欧共体提出在"肯定式列表"和"否定式列表"之间找一个妥协的办法。后来GATS文本采用了发展中国家的主张，从而使发展中国家的利益有了一定程度的保障。

在谈判的过程中，由于发达国家和发展中国家在利益上的矛盾和冲突，谈判较为艰难，但经过各方的妥协和让步，在1990年12月3日至7日的布鲁塞尔部长级会议上，服务贸易谈判组修订了"服务贸易总协定多边框架协议草案"文本，这是有史以来第一个有关服务贸易的多边协议，也是之后国际服务贸易体制多边协议、原则、规则的蓝本。

4. 第4阶段（1991年1月～1994年4月）

从布鲁塞尔部长级会议到1991年4月，"乌拉圭回合"谈判基本陷于停顿状态。尽管GATT总干事邓克尔从1991年2月开始主持各议题的非正式磋商，但由于在农产品问题上，欧共体的立场不见松动，因此这些磋商没有取得实质性的进展。服务贸易谈判也处于同样的状态。

1991年4月，"乌拉圭回合"多边贸易谈判委员会决定重新启动谈判，重点对协定的框架、初步承诺表和部门附件进行讨论。1991年5月27日举行首次正式会议，讨论了制定统一格式的初步承诺单、服务的分类、各谈判参加方已经提出的初步承诺开价单及其他一些问题。同年12月下旬，邓克尔提交了一份《实施乌拉圭回合多边贸易谈判成果的最终方案（草案）》，即著名的《邓克尔方案》，从而形成了GATS草案。该草案包括6个部分、35个条款和5个附录，基本确定了该协定的结构。尽管各国对GATS草案或多或少存有不同意见，但都不愿承担导致"乌拉圭回合"谈判失败的责任，因此都表示可以进一步考虑，于是各国进入了关于服务市场开放具体承诺的双边谈判阶段。

经过各国继续磋商、谈判，1994年4月1日，各谈判方在摩洛哥马拉喀什正式签署了《服务贸易总协定》。该协定作为"乌拉圭回合"一揽子协议的组成部分和 WTO 对国际服务贸易秩序的管辖依据之一，于 1995 年 1 月 1 日与 WTO 同时生效。

6.3.2 《服务贸易总协定》的主要内容

GATS 文本由三部分组成：一是 GATS 条款；二是 GATS 附件；三是各成员方的具体承诺（市场准入减让表）。这些内容除序言部分外，由正文 6 个部分（共 29 个条款）、8 个附件、9 个部长会议决定及各成员方的承诺表组成。

GATS 序言说明了缔结该协定的宗旨、目的和总原则。序言强调了发展中国家的积极参与和其自身的特殊情况，发展中国家成员应努力在今后服务贸易的部门开放谈判中，充分利用《服务贸易总协定》的基本原则和目的以争取对自身有利的谈判结果。

正文第一部分主要是对服务贸易做出定义和规定适用范围。服务贸易总协定的适用范围非常广泛，它包括所有四种形式提供的服务：①从一参加方境内向任何其他参加方境内提供服务；②在一参加方境内向任何其他参加方的服务消费者提供服务；③一参加方在其他任何参加方境内通过提供服务的实体介入而提供服务；④一参加方自然人在其他任何参加方境内提供服务。

正文第二部分规定了协定缔约国的一般责任和纪律，共有十三条，这是谈判的焦点所在。其中，包括最惠国待遇、透明度、国民待遇、有关经济共同体的规则、加强发展中国家的参与、紧急保障措施、保障国际收支平衡、例外条款和有关补贴的规则。协定把最惠国待遇作为通用的一般责任与纪律原则，协定第二条规定：有关本协定的任何措施，每一个参加方给予任何其他参加方的服务或服务提供者的待遇，应立即无条件地以不低于前述的待遇给予其他任何参加方相同的服务或服务提供者。GATS 沿袭了 GATT 关于透明度的基本原则，即除非在紧急情况下，每一个参加方必须将影响本协定实施的有关法律、法规、行政命令，所有的其他决定、规则和习惯做法（包括中央和地方政府做出的，也包括非政府但有权制定规章的机构做出的），以及其签字参加的所有有关影响服务贸易的其他国际规定，最迟在它们生效之前予以公布。当然，服务贸易条例的公布也有例外，如果是那些参加方一旦公布就会妨碍其他法律实施或对公共利益不利，或会损害具体企业正当合法商业利益（包括国营或私营）的机密资料，参加方可以免除其透明度义务。GATS 第四条明确规定：本协定的一项基本义务是促进发展中国家在服务贸易的更多参与。发达国家应承诺将采取具体措施帮助发展中国家扩大服务出口，特别要对发展中国家的服务出口给予有效的市场准入，而发展中国家可以通过对外国提供者附加条件，或以实现有利于发达国家服务部门的自由化换取发达国家在对发展中国家出口有利部门对等让步的方式来达到目标。

正文第三部分是具体承诺。主要包括两项内容：一是市场准入，二是国民待遇问题。市场准入是一种经过谈判而承担的义务，实施对象既包括服务也包括服务提供者。该条款列出了六项市场准入的限制措施，其中包括四项数量限制，一项对法律具体形式的限制，一项对外资份额的限制。各国应将与上述限制有关的各项措施列入承诺单，否则不能予以实施。条款中所列限制以外的任何限制，只要不是歧视性的，均不在协定所辖范围之内。GATS 中的国民待遇条款规定，各缔约国在其承诺单所列服务部门或分部门中，以所列条件和限制为准，其所采取的与提供服务有关的措施和所给予外国服务和服务提供者的待遇，不论这些措施和待遇在形式上是否相同，只要不对外国服务和服务提供者造成歧视，就都是符合国民待遇原则的。如果形式上相同或不相同的措施和待遇，改变了竞争条件，使其有利于该国国内服务和服务提供者，就认为其违背了国民待遇原则。

正文第四部分是逐步自由化。这是服务贸易多边谈判的主旨所在。其关键在于各成员方所承担的自由化义务和适应性，以及服务贸易自由化进程的安排。

正文第五部分是机构条款。服务贸易的机构条款主要涉及磋商和争议的处理，采取联合行动的方式及成员方之间的经济技术合作。在此项谈判中，以美国为首的发达国家在磋商和处理自由化进程中各国之间的矛盾及应采取何种行动时表现得十分积极，而发展中国家则希望能从发达国家那里取得更多的经济技术援助。

正文第六部分是最后条款。它主要规定成员方对有关责任与义务承诺和接受的程序，并声明非成员方若加入本协定须得到全体成员方 2/3 的投票通过。文中规定非本协定成员方或根据第二十七条款不适用本协定，不能享受本协定对服务提供者利益的维护，并需逐步通过谈判来确定服务来源的标准。因此，非成员方的服务贸易发展将会受到很大限制。

《服务贸易总协定》的附件共有八个。除了第二条最惠国待遇例外申请的附件之外，其余七个都是关于具体服务部门的附件，其中包括关于自然人员流动、航空运输、金融（含保险）服务、海运、电讯和基础电信服务等部门的附件。这些附件是《服务贸易总协定》的一个组成部分，目的在于对上述部门如何实施总协定的原则或规则做出更为具体的规定。

各成员方的承诺计划表附于 GATS 正文之后，是其重要组成部分。目前，各成员方大多已向 WTO 秘书处提交了服务贸易的开放承诺表，根据其服务业的发展现状列出了其开放的具体服务部门。WTO 秘书处已按成员方组别，即发达国家、欠发达国家和经济转型国家分类，将成员方对各服务业的开放情况整理汇总，并予以公布。

6.4 国际技术贸易

6.4.1 国际技术贸易的基本概念

国际技术贸易（international technology transfer transactions）是指不同国家的当事人之间按一般商业条件进行的跨越国境的技术转让或许可行为。

在这一概念中，当事人是否为同国籍的法人或自然人，并不影响国际技术贸易的国际性，关键要看交易的当事人是否分别处于不同国家，交易的标的是否跨越国境。在同一个国境内的不同当事人之间按一般商业条件进行的技术转让为"国内技术贸易"。例如，我国的一家外商独资企业，将技术许可给我国境内的一家国有企业，就属于国内技术贸易；若将其技术许可给设在另一个国家的子公司，则属于国际技术贸易。区分国内技术贸易与国际技术贸易的实际意义在于，两种技术贸易所适用的法律不同。如在我国，国内技术贸易适用于《中华人民共和国技术合同法》；涉外的技术贸易，则适用于《中华人民共和国对外贸易法》《中华人民共和国技术引进合同管理条例》《联合国国际技术进出口管理条例》等。《联合国国际技术转让行动守则（草案）》也只适用于国际技术贸易，而不适用于国内技术贸易。

6.4.2 第二次世界大战后国际技术贸易的发展特点

1. 国际技术贸易日趋活跃，规模不断扩大

在第三次科技革命的推动下，国际技术贸易迅速发展，这成为第二次世界大战后国际贸易发展的一个显著特征。早在 20 世纪 70 年代，发达国家的对外贸易就开始向技术贸易方向发展。据统计，1965 年国际技术贸易总额仅为约 30 亿美元；1975 年达到 110 亿美元；1985 年增加到约 500 亿美元；1995 年又上升到 2 600 亿美元；1999 年打破 5 000 亿美元大关，达到了 5 400 亿美元；而进入 21 世纪以来，国际技术贸易额已经突破了 1 万亿美元。目前，国际技术贸易的增长速度不仅高于货物贸易，而且也高于一般服务贸易，其已成为国际贸易的重要组成部分。

2. 发达国家在国际技术市场上占有统治地位

20 世纪 80 年代中期以后，亚洲和拉丁美洲一些技术发展水平较高的发展中国家，纷纷从事技术出口贸易，从而使得技术贸易格局呈现多元化。但由于长期以来技术水平差异的原因，国际技术贸易仍然主要集中在发达国家，而且主要集中在美、英、法、日、德等少数几个国家，其技术贸易额占发达国家技术贸易总额的 90% 以上。经济实力雄厚及技术开发能力强，使得发达国家在技术出口方面一直处于垄断地位。

3. 跨国公司在国际技术贸易中占有重要的地位

长期以来，跨国公司控制了相当份额的国际技术贸易，据统计，发达国家的 500 家大型跨国公司垄断了工业发达国家 90% 的生产技术和 75% 的国际技术贸易。跨国公司的经营战略是市场的全球化，其垄断优势就是技术、资本和组织管理。跨国公司往往将技术与资本结合起来、技术与商品结合起来，从而通过资本输出和技术密集型商品贸易大量输出技术，不断增强其在国际市场的竞争力。

在跨国公司内部，其母公司为了垄断子公司的技术、形成自己的技术，或为了使子公司掌握某种技术以制造高技术产品或新产品，会通过技术转让的方式将自己的技术流向其子公

司。这样,在世界范围内,就扩大了技术贸易的规模和贸易额,从而使跨国公司内部的技术转让在国际技术贸易中占主导地位。跨国公司在国际经济活动中举足轻重的地位,以及它们所拥有的庞大的资本、先进的技术,决定了它们成为当代国际技术贸易的重要实体。

4. 软件技术在国际技术贸易中的比重日益提高

20 世纪 80 年代以前,国际技术贸易主要是通过引进和出口先进设备等硬件来进行的,人们是为了购买硬件设备才兼买软件技术的,此时软件跟随硬件的转移而转移。进入 20 世纪 80 年代后,以许可贸易形式进行的软件交易占据了主导地位,技术的进口国往往为了购买某些专利或专有技术而附带进口一些设备;据统计,在工业发达国家之间的技术贸易中,软件技术的转让占 80% 以上。近几年来,发展中国家开始注重技术引进的效益,并减少硬件设备的引进,软件技术正在逐步成为其技术引进的主要标的。

6.4.3 国际技术贸易的主要方式

在国际技术贸易中,一般转让的只是技术的使用权,而非所有权。由于项目复杂,涉及技术、法律、商务等诸多问题,从谈判到达成交易要经过很长一段时间;此外,在合同的执行过程中需要双方进一步合作,且合同期限较长。目前,国际技术贸易的形式主要有许可贸易、技术咨询与服务、国际合作生产与合作开发、国际工程承包、BOT 和特许经营等。

1. 许可贸易

许可贸易(licensing trade)是技术贸易最基本、最重要的方式。它是指在一定的条件下,通过与被许可方(licensee)签订许可合同,许可方(licensor)将其所拥有的专利权、商标权、专有技术和计算机软件著作权等授予被许可方,允许被许可方拥有其使用权及制造、销售该技术项下产品的权利,并由被许可方支付一定数额的报酬。

许可贸易按其标的内容可分为专利许可、商标许可、计算机软件许可和专有技术许可等。在国际技术贸易实践中,一项许可贸易可能包括上述一项内容,如单纯的专利许可,也可能包括上述两项或两项以上内容,称为一揽子许可。

2. 技术咨询与服务

技术咨询与服务(technical consulting and service)是一方利用自己掌握的技术、经验和技术条件(包括雇用的工程技术人员和技术资料等),协助另一方完成某项特定的技术经济任务,达到双方商定的目标,为此双方要签订技术咨询与服务协议。一般情况下是由一些具有较高知识水平的专家组成的咨询公司就委托人所提出的技术课题提供建议或解决方案。

由于技术咨询与服务涉及范围非常广,因而其业务因课题和项目的不同而有所差异,但是一般来说,其主要遵循一定的业务程序:选择合适的技术咨询与服务机构、拟定服务咨询任务书、磋商技术咨询与服务条件、签订技术咨询与服务合同。

3. 国际合作生产与合作开发

国际合作生产(co-operation)是指不同国家的企业之间根据所签订的协议,在某项或某几项产品的生产、销售上采取联合行动,即双方共同研究、共同生产,互相提供生产中所需要的零部件,共同进行产品的销售并由双方共负盈亏的方式。

合作生产涉及的当事人是多方的,各方当事人的权利与义务关系主要表现在交换技术、提供劳务和生产上,通过合作,实现技术的转让。合作生产的环节很多,包括技术转让和机器设备、零配件、零部件的提供等。提供者可以是互相的,也可以是单方的,但不管哪一种,对于提供技术和其他零部件要分别进行计价,并按双方议定的价格,分别或单方支付价款。

国际合作开发(co-development)是指不同国家的两个或两个以上的自然人、法人或其他组织,为完成一定的研究开发工作,如对新技术、新产品、新工艺或新材料及其系统的研究与开发,由当事人各方共同投资、共同参与研究开发活动、共同承担研究开发风险并共同分享研究开发成果。

4. 国际工程承包

工程承包(project contracting),在此主要是指"交钥匙"项目(turn-key project),即某一工程项目承包人(contractor)与项目所有人(也叫业主,project owner)签订协议,并按协议规定的条件完成某项工程任务。承包商从工程的方案选择、土建施工、设备供应与安装、人员培训直至试生产承担全部责任,也就是说,承包商须自始至终对业主负责。

国际工程承包的方式有单独承包、总承包和联合承包三种,主要适用于大型的新建项目,如大型发电站的建设、现代化机场的修建,以及机械制造或化工厂等成套生产线的新建或扩建。

5. BOT

BOT 是英文 build operate transfer 的缩写,有时也被称为"公共工程特许权"。它的含义是:建设方承担一个既定的工业项目或基础设施的建设,包括建设、经营、维修和转让,在一个固定的期限内运营设施并且被允许在该期限内收回对该项目的投资、运营与维修费用及一些合理的服务费、租金等其他费用,在规定的期限届满后,将该项目转让给项目方的政府。BOT 方式一般适用于一个国家的公共部门和基础设施方面的一些大型项目,如电站、高速公路、铁路、桥梁、隧道、港口、机场、钢铁企业、化工企业、灌渠、水库、大坝、教育医疗卫生基础设施、仓库、环保设施、通信设施及工业园区等建设项目。BOT 的期限一般为 15～20 年。

6. 特许经营

特许经营（franchising）是指由一家已经取得商业成功的企业（特许方），将其商标、商号名称、专利、专有技术、服务标志和经营模式等授予给另一家企业（被特许方）使用。被特许方用特许方的商业名称经营业务，遵循特许方指定的方针和程序。同时，特许方有义务不断地向被特许方的经营提供资金、技术、商业秘密、人员培训或管理等方面的援助和支持。特许方从被特许方处得到的连续提成费或其他形式的补偿，一般称为特许费。特许经营是一种新发展起来的贸易方式，可以适用于商业、服务行业和工业，目前在欧美许多发达国家非常流行。

本章小结

本章主要介绍了国际服务贸易的基本概念，分析了二战后国际服务贸易迅速发展的原因及特点，详述了 GATS 的产生阶段及主要内容，简要说明了国际技术贸易的概念、特点及主要方式。

思考练习

1. GATS 对国际服务贸易是如何定义的？
2. 阐述第二次世界大战后国际服务贸易发展的原因及特点。
3. 阐述 GATS 的主要内容。
4. 阐述技术贸易的含义及主要方式。

Chapter 7
第 7 章

区域经济一体化与中国"一带一路"倡议

学习要点

1. 掌握区域经济一体化组织的主要种类及其内容。
2. 了解区域经济一体化的产生与发展历程及第二次世界大战后区域经济一体化发展的主要原因。
3. 了解中国参与全球区域经济合作的形式和内容,理解中国"一带一路"倡议的意义和思路。
4. 理解区域经济一体化的主要理论。

引言

20 世纪 80 年代末期,伴随着经济全球化的发展,区域经济一体化呈现出新的高潮,尤其是 90 年代以来,区域经济一体化无论就其规模还是性质、内涵来说,在第二次世界大战后世界经济发展史上都是空前的。目前,各种类型的经贸集团组织遍布全球各地,对世界政治经济格局产生了多方面、多层次的影响,因而认识和研究区域经济一体化的成因和实践,成为国际贸易政策和理论研究的一项重要内容。

7.1 区域经济一体化概述

7.1.1 区域经济一体化的含义

一体化(integration)一词源于拉丁语,含义是企业间通过卡特尔、康采恩、托拉斯等形式结合形成的经济联合体。20 世纪 50 年代,人们开始使用经济一体化(economic integration)一词来表述各国之间在经济上结合起来逐步形成一个经济联合体的过程,即区域经济一体化。对此,国际和国内学术界都有很多研究,但"经济一体化"这个术语却没有明确的含义。荷兰经济学家丁伯根（Tinbergen）被认为是最早给经济一体化下定义的人，他认为经济一体化是有关各国贸易的自由化。彼得·林德特（Peter Lindert）和金德尔伯格（Kindleberger）认为，"经济一体化可以是指宏观经济政策的一体化和生产要素的自由流动及成员方之间的自由贸易，使生产要素国际流动的障碍消除，并导致要素价格的均等化。"巴拉萨（Balassa）认为，"经济一体化既被定义为一个过程，又被定义为事物的一个状态。作为一个过程，它包含着旨在消除不同国家经济单位之间的歧视；作为事物的一个状态，它表示各国民经济之间不存在各种形式的歧视。"根据这一定义，经济一体化有两个重要特征：一是，一体化的最终目标是要在成员方之间建立单一的经济空间，实现经济的完全联合；二是，经济一体化要通过一定的方式，有步骤、分阶段地实现其最终目标，是一个由低级向高级不断发展的过程，在不同的阶段将采取不同的形式，发挥不同的作用。

上述关于区域经济一体化的定义尽管存在一定的差异，但其实质内容是基本一致的，即区域经济一体化是指两个或两个以上国家或地区之间通过签订协议或条约，逐步减少直至取消阻碍经济贸易发展的障碍，使商品和生产要素在成员方之间自由流动，并进行程度不同的政策和制度合作，以促进彼此之间贸易和经济的发展。

7.1.2 区域经济一体化的主要形式

1. 优惠贸易安排

优惠贸易安排（preferential trade arrangements，PTA），是指在成员方之间通过签订协定，对相互之间全部或部分商品的进口规定特别的关税优惠。这是一种比较低级的松散组织，因此有的学者并不把它看作是经济一体化组织的一种形式。如1932年英国与英联邦成员建立的"帝国特惠制"。

2. 自由贸易区

自由贸易区（free trade area，FTA），通常是指成员方通过签订自由贸易协定组成的经济贸易集团，它的基本特征是成员方之间彼此取消了关税与数量限制，使得商品在区内实现了自由流动，但同时保留成员方各自对非成员方的贸易壁垒和贸易政策。如欧洲自由贸易联盟、拉丁美洲自由贸易协会等。

3. 关税同盟

关税同盟（customs union，CU），是指成员方之间通过缔结协定或条约结成的同盟，成员方之间完全取消关税和其他贸易壁垒，并对区外非成员方实行统一的关税税率，以使同盟方的商品在统一关境以内的市场处于有利的竞争地位。它是比自由贸易区更高层次的经济一体化组织。

4. 共同市场

共同市场（common market，CM），是指成员方之间完全取消关税与数量限制，建立对非成员方的统一关税，在实现商品自由流动的同时，实现生产要素自由流动的一体化组织。欧洲共同体已经经历过这一阶段。

共同市场一体化整合的内容已经超出商品自由流动的范围，还允许资本、劳动力等生产要素在成员方之间自由流动。共同市场是比关税同盟更高层次的经济一体化组织。

5. 经济同盟

经济同盟（economic union，EU），是指成员方之间不仅实现商品、生产要素的自由流动，建立共同的对外关税，并且还制定和执行某些共同经济政策和社会政策，逐步废除政策方面的差异，使一体化从商品交换扩展到生产、分配以至整个国民经济领域而形成一个有机的经济实体。如目前的欧洲联盟，它是达到这一标准的区域性经济集团。

6. 完全经济一体化

完全经济一体化（complete economic integration）是经济一体化发展的最高阶段。在这一阶段，各成员方内部不仅实现了商品和资本、劳动力等生产要素的自由流动，而且成员方在经济、金融和财政政策等方面均实现了完全统一。欧洲联盟制定的发展战略就是要实现完全经济一体化，然而这一目标要真正实现还有很多困难。

以上区域经济一体化形式是按照贸易壁垒的程度来划分的，如果按照成员方的经济发展水平划分，区域经济一体化可以分为水平一体化和垂直一体化。水平一体化是指经济发展水平相近的国家之间结成的经济一体化组织，即成员方都是发达国家或都是发展中国家的一体化组织，如欧洲联盟和东南亚国家联盟等。垂直一体化则是指经济发展水平差距较大的国家之间结成的经济一体化组织，即发达国家与发展中国家之间结成的一体化组织，如北美自由贸易区、亚太经合组织等。

按照经济一体化的范围，区域经济一体化组织还可以分为部门一体化和全盘一体化。部门一体化是指成员方就一种或几种产业或商品达成自由贸易协议的一体化组织，如欧洲煤钢共同体。全盘一体化是指区域内成员方的所有经济部门加以一体化的做法，如欧洲联盟。

7.1.3 区域经济一体化的产生与发展

1. 第二次世界大战后区域经济一体化发展的历程

（1）区域经济一体化发展时期（20世纪50～60年代）。第二次世界大战后，世界经济领域发生了一系列重大变化，世界经济政治发展不平衡，大批发展中国家纷纷独立，区域经济一体化组织开始形成。20世纪50～60年代区域经济一体化组织开始出现：1949年1月苏联和东欧社会主义国家成立了经济互助委员会；1952年7月，欧洲煤钢共同体正式成立；1958年1月，欧洲经济共同体、欧洲原子能共同体成立；1960年5月，欧洲自由贸易联盟正式成立。自20世纪60年代后，发展中国家也相继建立了20多个区域经济一体化组织，如东南亚国家联盟、拉丁美洲一体化协会、中美洲共同市场和西非国家经济共同体等。

（2）区域经济一体化停滞时期（20世纪70～80年代）。20世纪70年代初西方国家开始出现的经济衰退使区域经济一体化发展的步伐缓慢下来，经济一体化进程进入低潮时期。区域经济一体化发展缓慢，对地区经济的发展未能起到预期的促进作用：欧洲经济共同体原定的一体化进程并未完全实现；欧洲自由贸易联盟、经济互助委员会等一体化组织进程缓慢；而发展中国家经济一体化大多遭受挫折，一些一体化组织名存实亡甚至解体。

（3）区域经济一体化加速发展时期（20世纪80年代中期以来）。20世纪80年代中期以来，特别是进入90年代后，世界政治经济形势发生了深刻变化，经济一体化进程重新高涨起来。新科技革命、信息化的不断发展，既加剧了各国之间的激烈竞争，又密切了彼此之间的联系。各国都清醒地意识到，本国经济的发展离不开国际的资金、技术、市场和信息，离不开国际合作。因此，各国都积极支持和参与经济一体化和地区合作，使得地区经济一体化得到迅猛的发展。主要表现在以下方面。

1）一体化进程加快，逐步向高级阶段发展。1993年11月1日,《欧洲联盟条约》即《马斯特里赫特条约》正式生效，欧洲联盟正式成立。2002年3月1日，欧元正式取代欧元区12个国家的原有货币成为流通货币，这标志着欧盟的发展进入了一个新的时期。北美自由贸易区、亚太经合组织及一些发展中国家组成的地区经济一体化组织的一体化进程也都明显加快。

2）一体化组织机制日趋完善。WTO于1995年正式成立并取代了GATT，成为世界上最大的一个调节各成员间经济贸易关系的正式国际组织，其组织机制逐步走向有效和完善。此外，亚欧会议、亚太经合组织等地区性合作机制也日趋完善。

3）世界上三大经济区初步形成。随着世界经济一体化进程的不断加快，世界上逐步形成了三大经济区：一个是以欧盟为核心，包括它的一些联系国和欧洲自由贸易联盟成员国在内的欧洲经济区；一个是以北美自由贸易区为核心的美洲经济区；一个是以亚太经合组织为核心的环太平洋经济区。这三个经济区，目前已经初具规模。

2. 二战后区域经济一体化形成与发展的主要原因

（1）历史原因。经济的重建、恢复与发展是经济一体化在全球形成与发展的历史原因。二战后，西方国家的政治家和经济学家对两次世界大战爆发的原因进行反思，很多有识之士认为经济民族主义是导致世界大战爆发的主要原因之一。第一次世界大战期间被放弃的金本位制度曾一度恢复，但在20世纪30年代大危机的冲击下又被迫放弃。各国为了自身的利益，纷纷实行外汇管制，本国货币不断贬值。同时，实行以高关税、奖出限入、数量限制等措施的超保护贸易主义，其结果是严重阻碍了国际贸易的发展，使各国经济和世界经济受到严重伤害。因而，二战结束前，联合国及其他国际组织、世界各国都极力倡导自由贸易、重建多边支付体系，主张国际合作重建世界经济。为此建立了一系列的国际经济组织，如世界银行、国际货币基金组织与关税及贸易总协定等，同时也开始出现了地区性的经济合作组织。

二战期间，欧洲国家的经济受到毁灭性的打击。第二次世界大战后围绕重建经济，各国都感到单纯依靠自己的力量是很困难的。人们主张通过地区合作、成立区域性经济合作组织的方式加快欧洲的重建，由此出现了两派意见：一派以法国为代表，主张以少数欧洲国家成立小集团式的欧洲经济共同体；一派以英国为代表，主张以多数欧洲国家成立大集团式的欧洲工业品自由贸易区。这既体现了英、法两国的不同主张，更反映出两国都希望建立以自己为中心的贸易集团。1957年，法国、联邦德国、意大利、比利时、荷兰和卢森堡六国签订了《罗马条约》，组成欧洲经济共同体。为了对抗欧洲经济共同体，在英国的倡导下，欧洲大陆外围的国家奥地利、丹麦、英国、挪威、葡萄牙、瑞典和瑞士七国，于1960年签订了《斯德哥尔摩公约》，成立了欧洲自由贸易联盟。

同样，为了尽快恢复经济，第二次世界大战后在苏联的倡导下，苏联和东欧社会主义国家成立了经济互助委员会。一些发展中国家为了发展民族经济、加强合作，自愿形成了一些区域性经济组织。

（2）社会生产力的发展。社会生产力的高速发展及各国生产力的非均衡发展是区域经济一体化的基础。二战后，以原子能工业、高分子合成工业和信息产业为标志的第三次科技革命的出现，大大促进了社会生产力的发展，进一步促进了世界范围的生产社会化。同时，贸易和金融领域的相互渗透、相互依存加强，经济生活日益国际化。但是这种经济生活的国际化，却受到各国贸易壁垒的限制。社会生产力的发展要求打破国家界限，加强彼此之间的经济协调与合作。因此，社会生产力的发展不仅为发达国家，也为发展中国家的经济一体化奠定了客观的物质基础。

由于世界各国社会生产力发展水平表现出不同步、不均衡的现象，在现实条件下出现了不同发展水平和发展阶段的国家。在不平衡发展和利害冲突的情况下，经济生活的国际化只能促成某些地区的部分国家结成联盟，实行经济局部自由化。

（3）维护民族经济权益、政治权益及加快发展。维护民族经济权益、政治权益及加快发展是区域经济一体化形成与发展的内在动因。二战后，殖民体系瓦解，原先的殖民地附属国纷纷独立，并开始致力于民族经济的发展。但广大的发展中国家在经济发展过程中面临着重重困难，物资匮乏、技术落后、资金短缺、人才不足、市场狭小等，制约着其经济的发展。这迫使这些国家在保持和发展与原宗主国经济关系的同时，努力加强彼此之间的经济合作，走经济一体化的道路。

第二次世界大战后，世界政治经济形势呈现多极化特征，经济是政治的基础，政治又是经济的集中表现。因此，一些在国际经济、政治斗争中有着共同利益的国家，会在共同利益的基础上结成一体化集团，来维护他们的经济和政治利益。

（4）解决国际收支的困难。第二次世界大战后美国建立了"金元帝国"的霸主地位，欧洲许多国家出现了"美元荒"和国际收支逆差问题。为此一些经济学家提出通过建立关税同盟，以共同统一的关税对付竞争力极强的美国，进而解决各国普遍存在的国际收支平衡的困难。这是促成欧洲经济共同体形成的原因之一。发展中国家在面对发达国家工业品的强大竞争力和初级产品出口困难等问题时，经常陷入国际收支严重逆差的困境，这种压力也迫使发展中国家通过一体化进程解决共同存在的难题。

7.2 主要区域经济一体化组织简介

7.2.1 欧洲联盟

1. 欧洲经济共同体的建立

1951年4月，法国、联邦德国、意大利、比利时、荷兰和卢森堡六国在巴黎签订了为期50年的《欧洲煤钢共同体条约》，决定于1952年7月建立煤钢共同体。1957年3月25日，上述六国又在罗马签订了《欧洲经济共同体条约》和《欧洲原子能共同体条约》，总称《罗马条约》。这两个条约于1958年1月1日生效，标志着欧洲经济共同体的正式建立。到1967年，欧洲经济共同体与欧洲原子能共同体、欧洲煤钢共同体的主要机构合并，统称为欧洲共同体（European Communities，EC），简称欧共体，总部设在比利时首都布鲁塞尔。

2. 欧洲经济共同体的扩大和欧洲联盟的建立

欧洲经济共同体最初只有6个成员国，1973年1月1日，英国、爱尔兰和丹麦经过长时间的谈判正式加入欧共体。此后，1981年1月1日，希腊成为欧共体的正式成员；1986年1月1日，葡萄牙和西班牙正式加入。1992年2月7日，欧共体12国政府代表签署了《欧洲经济与货币联盟条约》和《政治联盟条约》，合称《欧洲联盟条约》。该条约于1993年11月1日正式生效。其主要内容是为建立欧洲经济与货币联盟确定了时间表和步骤。《欧洲联盟条约》的生效标志着欧洲经济共同体一体化进入了一个新的发展阶段，欧共体也更名为欧洲联盟（European Union，EU），简称欧盟。1995年1月1日，芬兰、奥地利和瑞典3国正式加入欧盟。

1999年1月1日，划时代的欧洲货币单位（European currency unit，ECU）——欧元诞生了，并于2002年正式流通。欧盟中有12个国家（法国、德国、意大利、比利时、荷兰、卢森堡、葡萄牙、西班牙、芬兰、奥地利、希腊和爱尔兰）成为欧元国，形成了使用单一货币的欧元区。

2004年5月1日，波兰、捷克、斯洛伐克、匈牙利等10个国家加入欧盟。2007年1月1日，罗马尼亚和保加利亚正式成为欧盟成员国。2013年7月1日，克罗地亚正式成为欧盟第28个成员国。

7.2.2 北美自由贸易区

1. 美加自由贸易协定

美国和加拿大于 1965 年签订了双边汽车协定，对两国间的小汽车、卡车、公共汽车和汽车零部件贸易完全实行免税。后于 1986 年 5 月双方就签订《美加自由贸易协定》开始进行正式谈判，1988 年双方签署了该协议并宣布从次年开始正式生效。该协定不仅涉及关税减让问题，也对非关税壁垒的撤除、服务贸易自由化、投资、能源、知识产权和争端解决机制等做了规定。自协议生效后，两国经济贸易的相互依存关系不断加深，双边贸易额从 1987～1988 年的 1 420 亿美元增加到 1989～1990 年的 1 710 亿美元。

2. 北美自由贸易区的成立

《美加自由贸易协定》的签订与顺利实施，使得美国与墨西哥产生了开展双边自由贸易的愿望，并于 1990 年正式开始就签订自由贸易协议问题进行接触。之后加拿大提出要求参加美墨谈判，三边谈判于 1991 年 6 月正式开始，并于 1992 年 8 月达成《北美自由贸易协定》。该协定于 1994 年 1 月 1 日生效，标志着北美自由贸易区（NAFTA）正式成立。可以说，该协定在一定程度上是《美加自由贸易协定》的继承和发展。其主要内容有以下几个方面。

（1）降低与取消关税。北美自由贸易区计划在 15 年内取消所有的关税和进口限制，实现资本和货物的自由流动。鉴于某些商品的敏感性，关税减让表采取分阶段实施的原则：在三国 9 000 种商品中，约 50% 的商品关税立即取消，15% 的商品的关税在 5 年内取消，其余大部分商品的关税在 10 年内取消，少数商品的关税在 15 年内取消。另外，由于墨西哥的经济相对落后，因而三国的自由化时间表也有长有短。

（2）开放金融市场。为了与美、加保持同步，墨西哥取消对美、加银行及保险公司的限制，在 10 年内取消对其证券公司的限制。成员国还一致同意给予所有的北美金融公司以国民待遇。

（3）放宽对外资的限制。墨西哥将改变其对外国投资的许可限制，在大多数领域平等对待美、加公司，从 1996 年起允许外国设立独资企业，并拥有 100% 的所有权。同时，美、加也将进一步放宽对墨西哥资本的限制，允许它在大多数领域进行投资，并给予适当的优惠待遇。

此协定还在其他方面做了规定：对电信业做了专门规定；对美加协定中未曾涉及的陆地运输和特种航空服务做了规定；规定了非常严格的知识产权保护原则，并首次在贸易协定中增加了环保条款；为防止第三国商品经由墨西哥进入美加市场，协定制定了严格限制性的原产地规则，规定小汽车、轻型面包车的发动机和传动设备的区内比重不得低于 62.5%，大部分纺织和服装只有用区内生产的纱为原料制作才能享受区内优惠等具体实施细则。

北美自由贸易区区内人口数量超过 3.62 亿，其是世界第一个由发达国家与发展中国家组成的贸易联盟。北美自由贸易区的建立是发达国家与发展中国家在区域经济一体化组织内实行垂直型国际分工的一种新尝试，也是"南北合作"的一种新尝试。

7.2.3 亚洲太平洋经济合作组织

1. 亚洲太平洋经济合作组织的成立

亚洲太平洋经济合作组织（简称亚太经合组织，APEC）是亚太地区影响力最大的区域性经济组织。1989 年 1 月，当时的澳大利亚总理霍克访问韩国时提出"汉城倡议"，建议召开部长级会议以讨论加强亚太经济合作问题。经与有关国家磋商，首届部长会议于 1989 年 11 月 6 日在澳大利亚首都堪培拉举行，这标志着亚太经合组织的正式成立。中国于 1991 年 3 月正式成为该组织成员。

2. 亚洲太平洋经济合作组织的宗旨与目标

1991 年 11 月在韩国汉城（现首尔）举行的亚太经合组织第三届部长级会议通过了《汉城宣言》，正式确定亚太经合组织的宗旨和目标为"相互依存，共同利益，坚持开放的多边贸易体制和减少区域贸易壁垒"，以增强亚太地区经济的活力和一体化。

3. 亚洲太平洋经济合作组织的成员

截至 2018 年，亚太经合组织有 21 个成员，它们是：澳大利亚、文莱、加拿大、智利、中国、中国香港、印度尼西亚、日本、韩国、墨西哥、马来西亚、新西兰、巴布亚新几内亚、秘鲁、菲律宾、俄罗斯、新加坡、中国台北、泰国、美国和越南。这些成员位于环太平洋地区，分布在美洲、亚洲和大洋洲。各成员历史、文化、宗教不同，政治制度和价值观各异，经济发展水平差异较大。

4. 亚洲太平洋经济合作组织取得的成就

APEC 成立以来取得的成就主要体现在贸易和投资自由化、贸易和投资便利化及经济技术合作三个方面。

（1）贸易和投资自由化方面。1994 年 11 月在印尼茂物年会上，通过了标志着地区贸易和投资自由化重要成果的《茂物宣言》，其提出了实现 APEC 贸易和投资自由化的时间表，即发达成员不晚于 2010 年，发展中成员不晚于 2020 年完全实现统一目标。茂物会议还通过了《亚太经合组织非约束性投资原则》。1995 年 11 月在日本大阪通过了《执行茂物宣言的大阪行动议程》，使 APEC 实现贸易与投资自由化的目标有了保障。《大阪行动议程》提出了实施贸易与投资自由化与便利化目标的 9 项原则、15 个具体领域及其集体行动计划和总的执行框架。1996 年在菲律宾宿务召开的 APEC 高官会议上，各成员分别提交了实施自由化的单边行动计划，并列出了 2000 年、2010 年和 2020 年以前将采取的措施和大致计划。同年 11 月的马尼拉会议上，这些计划得以正式公布，并于次年起施行。

（2）贸易和投资便利化方面。1994 年 11 月在印尼茂物年会上，批准了授权在贸易和投资委员会下设立标准与合格认证分委会及海关手续分委会，以求在建立 APEC 海关数据信息联网系统，规范和简化成员间的通关程序，促进商品技术标准和规定的统一化等方面提高效率，降低交易成本。目前，改善海关程序方面的进展很快。APEC 的各个成员就商务便利化在改善海关程序、促进商品技术标准化、简化投资手续、协调商业法规和竞争政策、方便国际旅行等方面做出了不少单边努力。

（3）经济技术合作方面。1995 年 11 月的大阪会议通过了落实《茂物宣言》的《大阪行动议程》，该议程分为两个部分：第一部分为自由化和便利化；第二部分为经济和技术合作，并列出了实施合作的 13 个具体领域，把经济技术合作放在与自由化并行和同等重要的位置。1996 年 11 月的马尼拉会议发表了《APEC 加强经济合作与发展框架宣言》，确立了 APEC 经济技术合作的目标、指导原则、特点、主题及优先领域，为 21 世纪亚太经济技术合作奠定了基石。

特别值得关注的是在亚太经合组织框架内脱颖而出的《跨太平洋伙伴关系协定》（TPP）。TPP 的前身是 2005 年由文莱、智利、新西兰和新加坡四国协议发起的《跨太平洋战略经济伙伴关系协定》。该协议成员之间在货物贸易、服务贸易、知识产权及投资领域，即 WTO 管辖的全部领域加强合作并互相给予优惠。自 2009 年 11 月美国宣布加入 TPP 谈判后，TPP 的谈判议题和进程就受到了全世界的关注，关于 TPP 的讨论已经成为亚太区域合作的热点问题。TPP 成立之初就宣称将达成一个全面的、高水平的 FTA。特别是在美国加入并主导谈判进程后，其在市场准入、知识产权、服务贸易、清除各种贸易壁垒、农业补贴、国有企业、环境与劳工标准等方面的主张很可能成为亚太地区通行的贸易规则。

7.2.4 东南亚国家联盟

东南亚国家联盟（ASEAN），简称东盟，秘书处设在印度尼西亚雅加达。其成立于 1967 年 8 月 8 日，前身是马来西亚、菲律宾和泰国于 1961 年 7 月 31 日在曼谷成立的东南亚联盟。截至 2018 年，其成员国有 10 个，即文莱、柬埔寨、印度尼西亚、老挝、马来西亚、缅甸、菲律宾、新加坡、泰国和越南。

东盟的成立主要是出于政治与安全的目的，因而直到 20 世纪 90 年代以前，在推动区域贸易合作方面都没有太大进展。1992 年东南亚国家联盟决定推动成立东盟自由贸易区，然而由于各成员国降低关税的步伐不一致，导致这一计划一再延期。近年来，东盟内部关税数次削减，从 1993 年的 12.76% 降至 2001 年的 3.85%。2010 年 1 月 1 日，东盟 6 个老成员国，即马来西亚、菲律宾、泰国、文莱、印度尼西亚和新加坡，将 7 881 种进出口商品税目关税税目降为零。经过关税削减，这些国家的平均关税由 2009 年的

0.79%降低至2010年的0.05%，落实了东盟内部取消关税和建立开放市场的承诺。

除了加强经济合作，东盟还在努力推进地区一体化。2007年11月20日，东盟10国领导人在新加坡举行的第13届首脑会议上签署了《东盟宪章》和《东盟经济共同体蓝图》等重要文件。会议重申在2015年之前建成东盟经济共同体。《东盟宪章》是东盟经济一体化建设的总体规划，也是一份指导性文件，其于2008年12月15日正式生效。2015年11月举行的第27届东盟峰会上，东盟领导人宣布在2015年12月31日建成以政治安全共同体、经济共同体和社会文化共同体三大支柱为基础的东盟共同体，同时通过了愿景文件《东盟2025：携手前行》，为东盟未来10年的发展指明了方向。

7.2.5 欧洲自由贸易联盟

为了对抗欧洲经济共同体，在英国的倡导下，1959年6月，欧洲所谓的"外部七国"，即奥地利、丹麦、英国、挪威、葡萄牙、瑞典和瑞士七国在瑞典首都斯德哥尔摩举行部长级会议，通过了《欧洲自由贸易联盟计划草案》，并于1960年1月签订了《建立欧洲自由贸易联盟公约》（也称《斯德哥尔摩公约》）。1960年5月该公约生效，标志欧洲自由贸易联盟（EFTA）正式成立。后冰岛与列支敦士登加入该联盟；英国和丹麦在1973年1月1日退出该联盟并加入欧洲经济共同体；芬兰于1985年成为此联盟的正式成员；1995年芬兰、奥地利和瑞典退出该联盟并加入欧洲经济共同体。截至2018年，欧洲自由贸易联盟共有冰岛、挪威、瑞士和列支敦士登4个成员国，总部设在瑞士日内瓦。该联盟的宗旨是通过消除成员国之间非农业品贸易中的壁垒，促进经济发展、就业和人民生活水平的提高。

7.3 中国的区域经济合作与"一带一路"倡议

自20世纪90年代以来，中国对区域经济一体化的认识有了显著发展，并积极参与区域经济一体化合作，做出了重要贡献。

7.3.1 中国与区域经济一体化

1. 中国与亚太经合组织（APEC）

1991年，中国加入亚太经合组织，参与了亚太经合组织基本原则的制定，并积极参与了亚太经合组织的贸易投资自由化行动。1995年，在大阪会议上，中国领导人宣布了中国对亚太经合组织贸易投资自由化的"首次投入"，包括从1996年起大幅度降低进口关税（平均关税水平从35.9%降至23%）等内容。1996年11月，中国与其他亚太经合组织成员一道提交了贸易投资自由化单边行动计划。该计划载明了中国在关税、非关税措施、服务、投资、标准一致化、海关程序、知识产权、竞争政策、政府采购、放松管制、原产地规则、争端调解、商业人员流动、"乌拉圭回合"结果执行和信息收集分析 15 个领域的近期（1997～2000 年）、中期（2001～2010 年）和远期的自由化计划。此外，中国积极推动亚太经合组织的经济技术合作。中国作为组织中的最大的发展中成员，尤其重视经济技术合作。在 1995 年的大阪会议上，中国领导人提出要加强亚太经合组织内的产业合作，并把经济技术合作作为 1996 年苏比克会议的主题之一。在 1996 年的苏比克会议上，中国积极推动亚太经合组织经济技术合作计划的制定。为落实《走向 21 世纪的亚太经合组织科技产业合作议程》和另一个经济技术合作领域的重要文件——《吉隆坡技能开发行动计划》，中国政府专门援款 1 000 万美元，设立"中国亚太经合组织合作基金"。

2001 年亚太经合组织在中国上海举行了第 13 届部长级会议及第 9 届领导人非正式会议，会议就进一步推动亚太地区的贸易投资自由化和便利化进程，加强 APEC 在经济技术方面的合作达成了共识，并决定通过宏观经济对话与合作，努力为亚太地区经济的可持续增长创造条件。2014 年在北京举办了 APEC 会议，这也是自 2001 年上海 APEC 会议之后时隔 13 年 APEC 会议再次来到中国。此次会议发表了《北京纲领：构建融合、创新、互联的亚太——亚太经合组织领导人宣言》和《共建面向未来的亚太伙伴关系——亚太经合组织成立 25 周年声明》。

2. 中国—东盟自由贸易区（CAFTA）

中国与东盟关系非常紧密，是东盟 10 国加中、日、韩 3 国框架的主要国家之一。近年来，中国加强了与东盟之间的合作，双方的经贸关系发展势头强劲，中国与东盟对话框架内各个机制运转良好。2001 年 11 月，中国与东盟达成协议，提出在 10 年内成立自由贸易区，2002 年又与东盟签署了《中国—东盟全面经济合作框架协议》。2004 年和 2007 年，中国与东盟分别签署了《货物贸易协议》和《服务贸易协议》，2010 年起中国—东盟自由贸易区进入全面实施阶段。中国—东盟自贸区是中国对外商谈的第一个也是最大的自贸区，其建立和发展大大促进了东亚经济一体化。在自贸区各项优惠政策的促进下，中国与东盟双边贸易额从 2002 年的 548 亿美元增长至 2014 年的 4 804 亿美元，增长近 9 倍；双向投资额从 2003 年的 33.7 亿美元增长至 2014 年的 122 亿美元，增长近 4 倍。目前，中国是东盟最大的贸易伙伴，东盟是中国第三大贸易伙伴，双方累计相互投资已超过 1 500 亿美元。

2015 年 11 月在马来西亚吉隆坡，中国与东盟正式签署了中国—东盟自贸区升级谈判成果文件：《关于修订〈中国—东盟全面经济合作框架协议〉及项下部分协议的议定书》（简称《议定书》）。《议定书》是我国在现有自贸区基础上完成的第一个升级协议，涵盖货物贸易、服务贸易、投资、经济技术合作等领域，是对原有协定的丰富、完善、补充和提升，体现了双方深化和拓展经贸合作关系的共同愿望和现实需求。

3. 内地与香港、澳门建立更紧密经贸关系的安排（CEPA）

CEPA 包括中央政府与香港特区政府签署的《内地与香港关于建立更紧密经贸关系

的安排》、中央政府与澳门特区政府签署的《内地与澳门关于建立更紧密经贸关系的安排》，类似WTO框架安排下的自由贸易区，于2004年1月1日正式实施。CEPA的总目标是货物贸易、服务贸易和贸易投资便利化。协议提出对原产香港、澳门的进口货物实行零关税，向香港、澳门开放17项服务行业。此外，协议还提出内地与港澳要在7大领域实现贸易投资便利化。其中，货物贸易部分规定，内地自2004年1月1日起对273种香港产品实行零关税，不迟于2006年1月1日对全部香港产品实行零关税。CEPA的正式实施，标志着内地与香港和澳门的经贸关系进入了一个崭新的阶段，是内地与香港和澳门经贸合作的新起点和里程碑。

2015年11月CEPA框架下的《服务贸易协议》签订，基本实现内地与香港服务贸易自由化。《协议》于2016年6月1日开始正式实施。在《协议》下，内地对香港服务业做全面或部分开放的部门有153个，占世界贸易组织全部服务贸易部门的95.6%，当中就"商业存在"的服务模式有62个部门对香港实行国民待遇。

4. 海峡两岸经济合作框架协议（ECFA）

海协会与海基会于2010年签署《海峡两岸经济合作框架协议》（ECFA）。ECFA共有5章、16条、5个附件，主要内容涵盖两岸间主要的经济活动，包括货物贸易及服务贸易的市场开放、原产地规则、早期收获计划、贸易救济、争端解决、投资和经济合作等，充分体现了两岸经贸关系的现状和特点，为两岸经济关系正常化、制度化和自由化提供了重要的保障机制。早期收获清单于2011年1月1日起生效，货品贸易部分，台湾对大陆开放包括轮胎、纺织品在内的267项早期收获清单，大陆对台湾开放包括工具机、乌龙茶等农产品在内的539项早期收获清单。

在海峡两岸经济合作框架协议中，双方确立了开展合作的基本精神、合作范围和推进步骤。同意逐步减少或消除彼此间的贸易和投资障碍，创造公平的贸易与投资环境；进一步增进双方的投资贸易关系，建立有利于两岸经济繁荣与发展的合作机制。

7.3.2 中国"一带一路"倡议

1. 提出背景

当今世界经济复苏缓慢，国际金融危机深层次影响继续显现，国际投资贸易格局和多边投资贸易规则面临深刻调整，各国面临的发展问题依然严峻。中国坚持对外开放的基本国策，必须构建全方位开放新格局，融入全球经济体系。2013年9月和10月，中国国家主席习近平在出访中亚和东南亚国家期间，先后提出共建"丝绸之路经济带"和"21世纪海上丝绸之路"（简称"一带一路"）的重大倡议，得到国际社会高度关注。

推进"一带一路"倡议既是中国扩大和深化对外开放的需要，也是加强中国和亚欧非及世界各国互利合作的需要。共建"一带一路"顺应世界多极化、经济全球化、文化多样化、社会信息化的潮流，秉持开放的区域合作精神，致力于维护全球自由贸易体系和开放型世界经济。

2015年3月28日中国政府发布了《推动共建丝绸之路经济带和21世纪海上丝绸之路的愿景与行动》，积极推进实施"一带一路"倡议。

2. "一带一路"倡议的思路

"一带一路"是促进共同发展、实现共同繁荣的合作共赢之路，是增进理解信任、加强全方位交流的和平友谊之路，秉持和平合作、开放包容、互学互鉴、互利共赢的理念，全方位推进务实合作，打造政治互信、经济融合、文化包容的利益共同体、命运共同体和责任共同体。

"一带一路"贯穿亚欧非大陆，一头是活跃的东亚经济圈，一头是发达的欧洲经济圈，中间广大腹地国家经济发展潜力巨大。丝绸之路经济带重点畅通中国经中亚、俄罗斯至欧洲（波罗的海）；中国经中亚、西亚至波斯湾、地中海；中国至东南亚、南亚、印度洋。21世纪海上丝绸之路重点方向是从中国沿海港口过南海到印度洋，延伸至欧洲；从中国沿海港口过南海到南太平洋。

根据"一带一路"走向，陆上依托国际大通道，以沿线中心城市为支撑，以重点经贸产业园区为合作平台，共同打造新亚欧大陆桥、中蒙俄、中国—中亚—西亚、中国—中南半岛等国际经济合作走廊；海上以重点港口为节点，共同建设通畅安全高效的运输大通道。中巴、孟中印缅两个经济走廊与推进"一带一路"建设关联紧密，要进一步推动合作，取得更大进展。

"一带一路"建设是沿线各国开放合作的宏大经济愿景，需各国携手努力，朝着互利互惠、共同安全的目标相向而行。努力实现区域基础设施更加完善，安全高效的陆海空通道网络基本形成，互联互通达到新水平；投资贸易便利化水平进一步提升，高标准自由贸易区网络基本形成，经济联系更加紧密，政治互信更加深入；人文交流更加广泛深入，不同文明互鉴共荣，各国人民相知相交、和平友好。

3. "一带一路"倡议的重要意义

（1）"一带一路"的倡议构想顺应了我国对外开放区域结构转型的需要。我国对外开放以来，前期的对外开放重点在东南沿海，广东、福建、江苏、浙江、上海等省市成为"领头羊"和最先的受益者，而广大的中西部地区始终扮演着"追随者"的角色，这在一定程度上造成了东、中、西部的区域失衡。"一带一路"尤其是"一带"起始于西部，也主要经过西部通向西亚和欧洲，这必将使得我国对外开放的地理格局发生重大调整，由中西部地区作为新的牵动者承担着开发与振兴占国土面积三分之二广大区域的重任，与东部地区一起承担着中国走出去的重任。同时，东部地区正在通过连片式的"自由贸易区"建设进一步提升对外开放的水平，依然是我国全面对外开放的重要引擎。

（2）"一带一路"倡议构想顺应了中国要素流动转型和产业转型升级的需要。中国早期的对外开放可以说主要针对的是发达国家和地区。而今，中国的经济面临着全面转型升级的重任,"一带一路"建设恰好顺应了中国要素流动的新趋势。"一带一路"倡议通过政策沟通、道路联通、贸易畅通、货币流通、民心相通这"五通",将中国的生产要素,尤其是优质的过剩产能输送出去,让沿"带"沿"路"的发展中国家和地区共享中国发展的成果。通过"一带一路"建设,帮助这些国家和地区进行比如道路、桥梁、港口等基础设施建设,帮助它们发展一些产业比如纺织服装、家电、甚至汽车制造、钢铁、电力等,提高它们经济发展的水平和生产能力;与此同时,通过"一带一路"建设可以化解中国的过剩产能,推进产业供给侧改革,顺应中国产业技术转型升级的需要。

(3)"一带一路"倡议构想顺应了国际经贸合作与经贸机制转型的需要。近年来国际经贸机制又在发生深刻变化并有新的动向。"一带一路"倡议与中国自由贸易区战略是紧密联系的。截至2015年,我国在建自贸区涉及32个国家和地区。在建的自由贸易区中,大部分是处于"一带一路"沿线上。因此,中国的自由贸易区战略必将随着"一带一路"倡议的实施而得到落实和发展。

7.4 区域经济一体化理论

二战后,区域经济一体化迅速发展,对世界经济贸易产生了深远的影响,同时它也引起了很多经济学家浓厚的兴趣,他们纷纷对这一现象进行研究和探索,提出了很多理论和学说。

7.4.1 关税同盟理论

关税同盟理论是由美国经济学家维纳(Viner)和李普西(Lipsey)提出来的。按照维纳的观点,完全形态的关税同盟应具备三个条件:第一,完全取消各成员之间的关税;第二,对来自非成员的产品设置统一的进口关税;第三,通过协商方式在各成员之间分配关税收入。因此,关税同盟存在两种不同的功能,即对内实行自由贸易,对外实行保护贸易。关税同盟的建立对成员及非成员的影响可以归纳为两个方面,一是关税同盟的静态效应,二是关税同盟的动态效应。

1. 关税同盟的静态效应

关税同盟的静态效应包括贸易创造效应、贸易转移效应和贸易扩大效应3种形式。

(1)贸易创造效应。贸易创造效应(trade creation effect)是指在关税同盟成立后,由于内部关税的取消,商品在成员方之间实现了自由流动,成员方能够根据比较优势进行专业分工,原先某成员方销售的一些国内产品会被同盟内其他生产成本更低的商品所取代,即原先不必进口的商品被进口商品所取代,贸易量得以增加。下面我们举例说明。

假定在给定汇率下,A、B、C三国生产同一商品甲,价格分别是A国35美元、B

国 26 美元、C 国 20 美元。在缔结关税同盟前，A 国凭借保护关税，对该商品的进口征收 100% 的关税，此时，在 A 国市场上本国商品具有价格优势，消费者会购买本国商品，如表 7-1 左侧所示。在 A、B 两国结成关税同盟后，A、B 两国之间关税取消，A、B 两国针对非成员国的商品进口征收 100% 的关税。在 A 国市场上，A、B、C 三国商品价格如表 7-1 右侧所示，此时从 B 国进口的商品更具有价格竞争优势，A 国消费者会转而购买 B 国商品。这样，在缔结关税同盟后，创造出了从 B 国向 A 国出口的新的贸易和国际分工，即贸易创造效应。

表 7-1　贸易创造效应示例　　　　　　　　　　　（单位：美元）

建立关税同盟前甲商品在 A 国的价格	建立关税同盟后甲商品在 A 国的价格
A：35	A：35
B：26×（1+100%）=52	B：26
C：20×（1+100%）=40	C：20×（1+100%）=40

（2）贸易转移效应。贸易转移效应（trade diversion effect）是指在缔结关税同盟之前，某国不生产某种商品，而是从世界上生产效率最高、成本最低的国家进口该产品；在结成关税同盟后，由于同盟内部取消关税，对外征收统一的关税，导致该商品的贸易方向由区域外的国家转向区域内的国家。但如果同盟内生产效率最高的国家不是世界上生产效率最高的国家，那么原来从外部进口的较低廉的产品将变为来自成员方的较为昂贵的产品，则该国进口成本较以前增加，该国的社会福利水平下降。从全球资源配置角度讲，由于一部分产品进口从高效率的国家转向低效率的国家，降低了资源的配置效率。

仍然运用上述例子说明。假定在缔结关税同盟前，A 国不生产甲产品，而采取从国外进口的方法，假定进口关税为 40%，那么 A 国消费者当然选择从价格最低的供应者 C 国进口，如表 7-2 左侧所示。在结成关税同盟后，A、B 两国之间关税取消，假定对 C 国仍征收 40% 的关税，那么在不考虑其他因素的情况下，在 A 国市场上，B 国进口商品价格为 26 美元，C 国进口商品价格为 28 美元。此时，对 A 国消费者而言，从 B 国进口的商品更具有价格竞争优势，其会转而消费 B 国商品。这样，在缔结关税同盟后，A 国的该商品进口方向从 C 国转向区域内的 B 国，如表 7-2 所示，这就是所谓的贸易转移效应。

表 7-2　贸易转移效应示例　　　　　　　　　　　（单位：美元）

建立关税同盟前甲商品在 A 国的价格	建立关税同盟后甲商品在 A 国的价格
B：26×（1+40%）=36.4	B：26
C：20×（1+40%）=28	C：20×（1+40%）=28

（3）贸易扩大效应。贸易扩大效应（trade expansion effect）是指关税同盟建立后，给区域内及世界贸易带来的贸易量增加的效果。在上述例子中，无论是贸易创造效果还

是贸易转移效果，其结果都使得 A 国市场上该商品的价格有所下降。根据价格与供求的关系，价格下降必然带来需求量的增加，而此时 A 国市场上的这种商品均为进口商品，因而需求量的增加实际上就是进口量的增加，即贸易量的增加，这就是贸易扩大效应。

2. 关税同盟的动态效应

（1）提高专业化分工程度，强化竞争，提高资源利用效率。关税同盟成立后，成员方之间商品实现自由流通，由此可以提高成员方的专业化分工程度，并且通过刺激竞争，提高资源利用效率，提高成员方的社会福利。

（2）实现规模经济。关税同盟成立后，成员方市场成为一体，市场的扩大可以使各成员获得专业化和规模经济的利益。

（3）刺激投资与技术创新。关税同盟成立后，市场扩大了，企业的生产风险和不稳定性降低，从而会吸引成员方厂商增加投资。关税同盟成立后，商品的自由流通会提高竞争的激烈程度，为提高产品的竞争力，企业将会增加各类投资，特别是研发的投入，不断推出新产品，改进产品质量，降低生产成本。因此，关税同盟的成立推进了企业的技术创新活动。关税同盟成立后，成员方之间关税完全免除，对外统一关税。其结果是会吸引关税同盟以外的非成员方到同盟内设立避税工厂，以获得关税豁免的利益，从而增加外来投资。

3. 关税同盟的其他影响

建立关税同盟对成员国还可以产生其他方面的积极影响，主要有以下几个方面。

（1）关税同盟成立后，成员国之间废除关税，减少了征收关税的行政支出。

（2）关税同盟成立后，可以减少走私。走私会带来巨额利润。在建立关税同盟后，同盟内商品实现了自由流动，这就在同盟内部消除了走私；同时，同盟内部的商品价格会有所下降，走私的利润将会减少，这又会减少同盟外部的走私活动。

（3）关税同盟成立后，可以增强集团谈判力量。关税同盟建立后，集团整体的经济实力大大增强，统一对外，进行关税减让谈判时，有利于同盟成员地位的提高和贸易条件的改善。例如，在欧共体成立后，其成员在对美谈判中的地位得到了明显的改善，这也是在农产品贸易自由化谈判中出现欧美对抗的一个主要原因。

7.4.2 大市场理论

共同市场的建立，实现了商品及生产要素的自由流动，把被保护主义分割的单个国家的国内市场统一成一个大市场。由于市场的扩大会给区域经济带来效应，西方经济学家们对此做了大量的研究，提出了许多理论，其中最具影响力和说服力的是大市场理论，其代表人物是西托夫斯基（Scitovsky）和德纽（Deniau）。

西托夫斯基提出了一个西欧的"高利润率恶性循环"（"小市场与保守的企业家态度

的恶性循环")命题来论述其大市场理论。他认为,西欧(与美国相比)陷入了高利润率、低资本周转率、高价格的矛盾之中。对这一情况的产生,西托夫斯基认为是由于西欧处于狭窄市场,竞争消失,市场停滞和阻碍新竞争企业建立等原因使高利润率长期处于停滞状态。因为价格高,耐用消费品等产品普及率低,又不能转入大批量生产,因而陷入高利润率、高价格、低资本周转率这样的一种恶性循环。能够打破这一恶性循环的就是共同市场或贸易自由化条件下的激烈竞争:激烈竞争会使价格下降,就会迫使企业转向大量生产,促使其积极扩张,从而实现良性循环。

德纽认为,机器的充分利用、大量生产、专业化、最新技术的应用、竞争的恢复等因素都会使生产成本和销售价格下降,再加上取消关税也可能使价格下降,这一切必将导致购买力的增加和实际生活水平的提高。购买某种商品的人数增加之后,又可能使这种消费增加和投资进一步增加。这样一来经济就会开始其滚雪球式的扩张:消费的扩大引起投资的增加,增加的投资又导致价格下降、工资提高、购买力全面增加。只有市场规模迅速增大,才能促进和刺激经济扩张。

大市场理论的主要内容有以下几点。

(1)通过建立共同市场,使国内市场向统一的大市场延伸。市场的扩大使得市场上的竞争更加激烈,而市场的优胜劣汰必将促进企业之间的分化,一些经营不善的小企业会被淘汰,一些具有技术优势的企业将最终在竞争中获胜并且扩大经营的规模,实现规模经济和专业化生产。

(2)企业生产规模的扩大及激烈的市场竞争必将降低商品生产的成本和销售价格,而价格的下降会导致市场购买力的扩大和居民实际生活水平的提高。

(3)市场购买力的扩大和居民实际生活水平的提高反过来又会进一步促进投资的增加和规模的扩大,最终会使经济开始滚雪球式的扩张。

7.4.3 协议性国际分工理论

协议性国际分工理论是由日本经济学家小岛清提出的,他认为根据竞争结果按比较优势理论进行分工,可能会导致各国企业的垄断和集中,影响共同体内部分工的协调与贸易的发展。因而,他认为有必要提出一种与比较优势理论不同的国际分工理论,即协议性国际分工理论。

小岛清认为,以前的国际经济学没有论及成本递减或成本不变的情况,而事实证明成本递减是一种普遍现象,经济一体化的目的就是要通过大市场化来实现规模经济,这实际上也是成本长期递减的问题。在成本递减的现实经济条件下,成员方可以通过协议性国际分工,各自分工生产一部分产品,这样各成员的生产规模会成倍地扩大,商品的成本与价格会大幅下降,市场需求量也会增加。这种分工会使成员获得较好的规模经济利益。

他还提出达成协议性分工应具备以下条件:①达成协议的国家或地区的资本劳动禀

赋比例差异不大，工业化水平和经济发展阶段大致相等；②协议性分工的产品在每个国家或地区都能生产，且必须是能获得规模经济效益的产品；③协议性分工的产品在每个国家或地区生产的利益差别不大，即任何一方的让与都不会产生太大的经济损失。

上述理论说明经济一体化在同等发展阶段的国家之间更容易建立，协议性分工也更容易在经济发展水平相近、地理位置毗邻的国家之间产生，而且越是这样的地区其实现区域经济一体化后经济发展越均衡，利益协调也越容易。

本章小结

本章主要介绍了区域经济一体化的含义、主要形式，第二次世界大战后区域经济一体化形成与发展的主要原因，区域经济一体化的理论及我国的"一带一路"倡议。目的是使学生掌握有关区域经济一体化的基本概念和基本理论，理解我国参与区域经济一体化，拓展对外经济与贸易发展空间的战略思路。

思考练习

1. 区域经济一体化的主要形式及其各自的含义是什么？
2. 第二次世界大战后区域经济一体化形成与发展的主要原因有哪些？
3. 简述关税同盟理论。
4. 何谓关税同盟的贸易创造效应和贸易转移效应？
5. 简述我国"一带一路"倡议的思路及意义。

下篇

国际贸易实务

第 8 章　国际贸易货物描述

第 9 章　国际贸易术语与商品的价格

第 10 章　国际贸易货物的运输与保险

第 11 章　国际贸易货款收付

第 12 章　进出口货物的检验与报关

第 13 章　贸易合同争议的预防与处理

第 14 章　国际贸易合同的订立

第 15 章　国际贸易合同的履行

第 16 章　国际贸易方式

Chapter 8
第 8 章

国际贸易货物描述

学习要点

1. 了解并掌握合同标的物的描述,国际贸易中商品品质、数量、包装条款的基本内容。
2. 掌握合同中规定商品品名、品质、数量、包装条款时的注意事项。
3. 掌握合同中有关商品品名、品质、数量、包装条款的写作技巧,了解运输标志、定牌生产和中性包装等问题。

引言

国际商品贸易双方达成交易后,须订立书面协议,而订立高质量合同的前提条件就是要熟练掌握合同中各项条款的内容和订立方法。商品的品名、品质、数量和价格,就是交易合同中不可缺少的主要条件,也是外贸人员在进出口业务中要注意的重要问题。

8.1 商品的品名与品质

8.1.1 商品的品名

商品的品名是对成交商品的描述,是构成商品说明(description)的一个主要组成部分,是买卖双方交接货物的一项基本依据,关系到买卖双方的权利和义务。

1. 列明品名的意义

国际货物买卖,从签订合同到交付货物往往需要相隔一段较长的时间。此外,交易双方在洽商交易和签订买卖合同时,通常很少见到具体商品,一般只是凭借对拟进行买卖的商品做必要的描述来确定交易的标的。可见,在国际货物买卖合同中,列明商品的名称是必不可少的。

按照有关的法律和惯例，对交易标的物的描述，是构成商品说明的一个主要组成部分，是买卖双方交接货物的一项基本依据，它关系到买卖双方的权利和义务。若卖方交付的货物不符合约定的品名或说明，买方有权提出损害赔偿要求，甚至拒收货物或撤销合同。因此，列明合同标的物的具体名称，具有重要的意义。

2. 品名条款的内容

品名的规定，取决于成交商品的品种和特点，有时只需列明商品的名称；但有时因商品具有不同的品种、等级和型号，也可把有关具体品种、等级或型号的概括性描述添加进去，作为进一步的限定。

我国及国际上的通常做法一般是在"品名"（name of commodity）或"商品名称"的标题下予合同的标的物以限定，但有时也可以不冠以标题，而直接写明交易双方约定买卖的商品的具体名称。

买卖合同中的标的物条款一般比较简单，通常是在"商品名称"或"品名"的标题下，列明双方同意买卖的商品的名称，故又称之为"品名条款"。

3. 规定品名条款的注意事项

国际货物买卖合同中的品名条款，是合同中的主要条件。因此，在规定此项条款时，应注意下列事项：①必须做到内容明确、具体，并能反映标的物的特点，切忌空泛、笼统。②尽可能使用国际上通行的名称，以避免误解。③选择有利于减低关税或方便进口的名称，作为合同的品名。④在交易中，做不到或不必要的描述性词句，都不应列入品名条款。

8.1.2 商品的品质

1. 商品品质的重要性

商品品质（quality of goods）是指商品内在质量和外观形态的综合。合同中的品质条件是构成商品说明的重要组成部分，是买卖双方交接货物的依据。如英国货物买卖法把品质条件作为合同的要件（condition）。《联合国国际货物销售合同公约》规定：卖方交付货物，必须符合约定的质量；如卖方交货不符约定的品质条件，买方有权要求损害赔偿，也可以要求修理或交付替代货物，甚至拒收货物和撤销合同。这就进一步说明了品质的重要性。

2. 商品品质的表示方法

在国际货物买卖中，商品种类繁多，特点各异，故表示品质的方法也多种多样。归纳起来，包括凭实物表示和凭说明表示两大类。

（1）凭实物表示品质。凭实物表示品质又可分为看货买卖和凭样品买卖。

1）看货买卖。当买卖双方采用看货买卖时，买方或其代理人通常先在卖方存放货物的场所验看货物，一旦达成交易，卖方就应按对方验看过的商品交货。只要卖方交付的是买方验看过的货物，买方就不得对品质提出异议。这种做法，多用于寄售、拍卖和展卖的业务。

2）凭样品买卖（sale by sample）。样品通常是从一批商品中抽出来的或由生产、使用部门设计、加工出来的，足以反映和代表整批商品品质的少量实物。

在国际贸易中，通常由卖方提供样品，凡以卖方样品作为交货品质依据者的，皆称为"凭卖方样品买卖"。此种交易中卖方所交货物的品质，必须与提供的样品相同。有时买方为了使其订购的商品符合自身要求，会提供样品，并交由卖方依样承制，如卖方同意按买方提供的样品成交，称为"凭买方样品买卖"。有时卖方可根据买方提供的样品，加工复制出一个类似的样品交买方确认，这种经确认后的样品，称为"对等样品"（counter sample）或"回样"，也可称之为"确认样品"（confirming sample）。当对等样品被买方确认后，日后卖方所交货物的品质，必须以其为准。此外，买卖双方为了发展贸易关系和增进彼此对对方商品的了解，往往采用互相寄送样品的做法。这种以介绍商品为目的而寄出的样品，最好标明"仅供参考"（for reference only）的字样，以免与标准样品混淆。

（2）凭说明表示品质。凭说明表示品质，是指用文字、图表、图片等方式来说明成交商品的品质。这类表示品质的方法可细分为如下几种。

1）凭规格买卖（sale by specification）。商品规格是指一些足以反映商品品质的主要指标，如化学成分、含量、纯度、性能、容量、长短、粗细等。国际贸易中的商品由于品质特点不同，其规格也各异，买卖双方凡用商品的规格确定品质时，称为"凭规格买卖"。

2）凭等级买卖（sale by grade）。商品的等级是指同一类商品按规格上的差异，分为品质优劣各不相同的若干等级。凭等级买卖时，由于不同等级的商品具有不同的规格，为了便于履行合同和避免争议，在品质条款列明等级的同时，最好一并规定每一等级的具体规格。这对简化手续、促进成交和体现按质论价等方面，都有一定的作用。

3）凭标准买卖（sale by standard）。商品的标准是指将商品的规格和等级予以标准化。商品的标准，有的由国家或有关政府主管部门规定，有的由同业公会、交易所或国际性的工商组织规定。有些商品人们习惯凭标准买卖，往往使用某种标准作为说明和评定商品品质的依据。

在国际贸易中，对于某些品质变化较大而难以规定统一标准的农副产品，往往采用"良好平均品质"（fair average quality，FAQ）这一术语表示其品质。良好平均品质是指一定时期内某地出口货物的平均品质水平，一般是指中等货，也称大路货。在标明大路货的同时，通常还约定具体规格作为品质依据。

此外还有"上好可销品质"（good merchantable quality，GMQ），指品质上好、可以销售的货物。在国际上，有些商品没有公认的规格和等级，如冷冻鱼虾等，有时卖方在交付这类货物时，只要保证所交的商品在品质上具有"商销性"即可。

为了促进各国产品质量提高，完善企业管理制度，保护消费者利益，国际标准化组织推出了ISO9000质量管理和质量保证系列标准及ISO14000环境管理系列标准。

我国是国际标准化组织理事国。1992年10月，我国技术监督局将ISO系列标准等效转化为 GB/T19000 系列国家标准，以双编号形式出现，并于 1993 年 1 月 1 日起实施。实施这两个 ISO 一体化管理体系，有助于改善和提高我国企业和产品在国内外消费者、客户中的形象，降低经营及管理成本，使我国产品适应国际市场对产品在质量上的新需求，提高我国产品的国际竞争力。

4）凭说明书和图样买卖（sale by descriptions and illustrations）。在国际贸易中，有些机电仪器等技术密集型产品，因其结构复杂，对材料和设计的要求严格，用以说明其性能的数据较多，所以很难用几个简单的指标来表明其品质的全貌，且有些产品即使名称相同，但由于所使用的材料、设计和制造技术的某些差别，也可能导致功能上的差异。因此，对这类商品的品质，通常以说明书并附以图样、照片、设计图纸、分析表及各种数据来说明其具体性能和结构特点。按此方式进行交易，称为凭说明书和图样买卖。

5）凭商标或品牌买卖。商标（trade mark）是指生产者或商号用来识别其所生产或出售的商品的标志。品牌（brand name）是指工商企业给制造或销售的商品所冠的名称。商标或品牌实际上是一种品质象征。人们在交易中可以只凭商标或品牌进行买卖，无需对品质提出详细要求。

6）凭产地名称买卖。在国际货物买卖中，有些产品因产区的自然条件、传统加工工艺等因素的影响，在品质方面具有其他产区的产品所不具有的独特风格和特色，对于这类产品，一般也可用产地名称来表示品质。

上述各种表示品质的方法，一般是单独使用，但有时也可酌情将其混合使用。

3. 签订国际货物买卖合同中的品质条款应注意的问题

（1）简单、具体、明确。品名和品质条款的内容和文字，要做到简单、具体、明确，既能分清责任又能方便检验，应避免使用"大约""左右""合理误差"等笼统字眼。

（2）标明机动幅度或品质公差。凡能采用品质机动幅度或品质公差的商品，应订明幅度的上下限或公差的允许值。如所交货物的品质超出了合同规定的幅度或公差，买方有权拒收货物或提出索赔。

品质机动幅度是指允许卖方所交货物的品质指标可有一定幅度范围内的差异，只要卖方所交货物的品质没有超出机动幅度的范围，买方就无权拒收货物。这一方法主要适用于初级产品。

品质公差是指工业制成品在加工过程中所产生的误差。在品质公差范围内，买方无权拒收货物，也不得要求调整价格。这一方法主要适用于工业制成品。

（3）科学性和合理性。应注意各品质指标之间的内在联系和相互关系，要有科学性和合理性。

8.2 商品的数量

商品不仅表现为一定的质，同时也表现为一定的量。数量的多少既关系到一笔交易规模的大小，又会影响到消费者的使用和市场的变化。商品的数量是指以一定的度量衡单位表示的商品的重量、数量、长度、面积、体积、容积等。国际上常用的度量衡制度有公制、英制、美制和国际单位制。

8.2.1 计量单位和计量方法

1. 计量单位

国际贸易中使用的计量单位很多，究竟采用何种计量单位，除主要取决于商品的种类和特点外，还取决于交易双方的意愿。通常使用的有：重量（weight）、数量（number）、长度（length）、面积（area）、体积（volume）、容积（capacity）。

2. 计量方法

在国际贸易中，按重量计量的商品很多，计算重量的方法主要有以下几种。

（1）毛重。毛重（gross weight）是指商品本身的重量加包装物的重量，这种计重办法一般适用于低值商品。

（2）净重。净重（net weight）是指商品本身的重量，即除去包装物后的商品实际重量。《联合国国际货物销售合同公约》规定："如果价格是按货物的重量规定的，如有疑问，应按净重确定。"不过有些价值较低的农产品或其他商品，有时也采用"以毛作净"（gross for net）的办法计重，即以毛重当作净重计价。例如：蚕豆100公吨^①，单层麻袋包装，以毛作净。

（3）公量。公量（conditioned weight）是指在计算货物重量时，用科学仪器抽去商品中所含的水分，再加上标准含水量所求得的重量。有些商品，如棉花、羊毛、生丝等有比较强的吸湿性，所含的水分受客观环境的影响较大，其重量也就很不稳定，为了准确计算这类商品的重量，国际上通常采用按公量计算。

（4）理论重量。对于一些按固定规格生产和买卖的商品，只要每件商品的重量大体是相同的，一般就可以从件数推算出总量。但是，这种计量方法是建立在每件货物重量相同的基础上的，重量如有变化，其实际重量也会发生变化，因此只能作为计量时的参考。

8.2.2 国际货物买卖合同中的数量条款

合同中的数量条件是不可缺少的主要条件之一。按照某些国家的法律规定，卖方交货数量必须与合同规定相符，否则，买方有权提出索赔，甚至拒收货物。《联合国国际货物销售合同公约》也规定："按约定的数量交付货物是卖方的一项基本义务。如卖方交货数量大于约定的数量，买方可以拒收多交的部分，也可以收取多交部分中的一部分或全部，但应按合同价格付款。如卖方交货数量少于约定的数量，卖方应在规定的交货

---

  ① 1公吨=1 000千克。

期届满前补交，但不得使买方遭受不合理的不便或承担不合理的开支，即使如此，买方也可保留要求损害赔偿的权利。"

1. 数量条款的基本内容

买卖合同中的数量条款，主要包括成交商品的数量和计量单位，按重量成交的商品还需订明计算重量的方法。数量条款的内容及繁简应视商品的特性而定。

2. 国际货物买卖合同中数量条款应注意的问题

（1）正确掌握成交数量，明确计量单位。按重量成交的商品应规定计算重量的方法，合同中如未规定重量的计算方法，一般按净重计算。按件数成交的商品，其数量应与包装件数相匹配。

（2）数量条款应当明确具体。为了便于履行合同和避免引起争议，进出口合同中的数量条款应当明确具体，不宜采用"大约""近似""左右"（about, circa, approximate）等带伸缩性质的字眼来表示数量。按照国际商会《跟单信用证统一惯例》的解释，凡"约"或"大约"或类似的词语用于信用证金额或信用证所列的数量或单价时，应解释为信用证金额或数量或单价有不超过10%的增减幅度。此外，《跟单信用证统一惯例》还规定："除非信用证规定所列的货物数量不得增减，在支取金额不超过信用证金额的条件下，货物数量允许有5%的增减幅度，但数量以包装单位或个数计数时，此增减幅度不适用。"

（3）合理规定数量机动幅度。在粮食、矿砂、化肥和食糖等大宗商品的交易中，为了使交货数量具有一定范围内的灵活性以便于履行合同，买卖双方可在合同中合理规定数量机动幅度，即使用溢短装条款（more or less clause）。溢短装条款的主要内容有：溢短装的百分比；溢短装的选择权；溢短装部分的作价。一般来说，机动幅度的选择权通常由卖方决定，但在买方安排运输的条件下，也可由买方或船方决定。对于溢短装部分的作价办法，可采用按装船时或货到时的市价计算，如无相反规定，也可按合同价格计算。

（4）卖方违反数量条款时的处理。根据《联合国国际货物销售合同公约》规定："如果卖方交付的货物数量大于合同规定的数量，买方可以收取也可以拒绝多交部分的货物。如果买方收取多交部分货物的全部或一部分，他必须按合同价格付款。"

卖方所交货物数量少于合同规定时，买方可以规定一段合理的时间为额外时间，让卖方补交货物；买方可以减低价格；如果少交部分构成根本违约时，则可以宣告整个合同无效。买方不管采取了上述哪一种补救方法，他都仍然享有要求损害赔偿的权利。

8.3 商品的包装

8.3.1 包装的作用

在国际货物买卖中，包装是说明货物的重要组成部分，包装条件是买卖合同中的一项主要条件。按照某些国家的法律规定，如卖方交付的货物未按约定的条件包装，或者货物的包装与行业习惯不符，买方有权拒收货物。如果货物虽按约定的方式包装，但与其他货物混杂在一起，买方可以拒收违反规定包装的那部分货物，甚至可以拒收整批货物。

8.3.2 包装的种类

包装是指按一定的技术方法，采用一定的包装容器、材料及辅料包裹或捆扎货物。商品包装可根据包装程度的不同，分为全部包装（full packed）和局部包装（part packed）两种。目前，绝大多数商品采用前者。商品包装按其在流通领域中所起作用的不同，可分为运输包装和销售包装。此外，还有中性包装与定牌生产等包装方式。

1. 运输包装

人们习惯称运输包装为大包装或外包装，其主要作用在于保护商品，防止在储运过程中发生货损、货差。

（1）对运输包装的要求。

1）必须适应商品的特性。

2）必须适应不同运输方式的要求。

3）必须考虑不同国家的法律规定和客户要求。

4）在保证包装牢固的前提下节省费用。

（2）运输包装分类。

1）单件运输包装。单件运输包装是指根据商品的形态或特性将一件或数件商品装入一个较小容器内的包装方式。按包装造型不同可分为箱、桶、袋、包、捆等；按包装用料不同可分为纸箱、木箱、铁桶、木桶、塑料桶等。

2）集合运输包装。集合运输包装是指将一定数量的单件商品组合成一件大的包装或装入一个大的包装容器内。有些国家为了提高货物的装卸速度和港口码头的使用效率，常常在信用证上规定进口货物必须使用集合运输包装，否则不准卸货。集合运输包装主要有集装箱、集装包和托盘等。

集装箱（container）。目前国际上通用的集装箱规格很多，但最通用的是 $8 \times 8 \times 20$ 英尺[⊖]和 $8 \times 8 \times 40$ 英尺两种。20 英尺集装箱的载货重量，最多可达 18 公吨，其容量为 $31 \sim 35$ 立方米。一般计算集装箱的流量时，通常以 20 英尺集装箱为一个标准单位，通称"TEU"。

集装包（flexible container），又称集装袋。这是一种用合成纤维或复合材料编织成的圆形大包，一般可容纳 $1 \sim 4$ 公吨货物，最多的可达 13 公吨。其主要用于装载粉粒状货物，如化肥、矿砂、面粉、食糖、水泥等。

托盘（pallet）。托盘是按一定规格制成的单层或双层平板载货工具，将若干单件包装的商品码放在托盘上，然后用绳索、收缩薄膜或拉伸薄膜等物料，将商品与托盘组合

⊖ 1 英尺 =0.304 8 米。

加固起来，组成一个运输单位，便于在运输过程中使用机械进行装卸、搬运和堆放。托盘货物一般重 1～1.5 公吨。托盘通常以木制为主，但也有用塑料、金属等制成的。常见的托盘有平板托盘和箱型托盘等。

（3）运输包装标志。运输包装有时要涉及包装标志的问题。包装标志是指在商品的包装上书写、压印、刷制各种有关的标志，以便识别货物，有利于装卸、运输、仓储、检验和交接工作的顺利进行。包装标志按其用途可分为运输标志、指示性标志和警告性标志。

1）运输标志。运输标志又称唛头，由一个简单的几何图形和一些字母、数字及简单的文字组成。其主要内容包括：目的地的名称或代号；收、发货人的代号；件号和批号。此外，有的运输标志还包括原产地、合同号、许可证号和体积与重量等内容。运输标志的内容繁简不一，由买卖双方根据商品特点和具体要求商定。

鉴于运输标志的内容差异较大，有的过于繁杂，不适应货运量增加、运输方式变革和电子计算机在运输与单据流转方面应用的需要。因此，联合国欧洲经济委员会简化国际贸易程序工作组在国际标准化组织和国际货物装卸协调协会的支持下，制定了一套标准化运输标志并向各国推荐使用。该标准化运输标志包括：收货人或买方名称的英文缩写字母或简称；参考号，如运单号、订单号或发票号；目的地；件号。

至于根据某种需要而需在运输包装上刷写的其他内容，如许可证号等，则不作为运输标志必要的组成部分。现列举标准化运输标志实例如下：

  ABCD ················ 收货人的代号

  543210 ··············· 参考号

  LONDON ············· 目的地

  1/30 ················· 件数代号

2）指示性标志。指示性标志是指提示人们在装卸、运输和保管过程中需要注意的事项，一般是以简单、醒目的图形和文字在包装上标出，故有人称其为注意标志（见图 8-1）。

图 8-1

3）警告性标志。警告性标志又称危险货物包装标志，是指凡在运输包装内装有爆炸品、易燃物品、有毒物品、腐蚀物品、氧化剂和放射性物资等危险货物时，都必须在运输包装上标明用于各种危险品的标志，以示警告，使装卸、运输和保管人员按货物特性采取相应的防护措施，以保护物资和人身的安全（见图 8-2）。

图 8-2

在我国出口危险货物的运输包装上，要标明我国和国际上所规定的两套危险品标志。

2. 销售包装

销售包装（sale package）又称内包装或小包装，是指直接接触商品、随商品进入零售市场直接和消费者见面的包装。这类包装除必须具备保护商品的作用外，更加强调具备美化商品，宣传商品，并便于消费者识别、选购、携带和使用，以促进销售的功能。

在销售包装上，一般都会有装潢画面和文字说明，因此，在设计和制作销售包装时，应做好包装的装潢画面、文字说明及条形码等工作。

商品包装上的条形码由一组带有数字的粗细间隔不等的黑白平行条纹组成，是利用光电扫描阅读设备为计算机输入数据的特殊代码语言。目前，世界上许多国家都在商品包装上使用条形码。只要将条形码对准光电扫描器，计算机就能自动地识别条形码的信息，确定商品的品名、品种、数量、生产日期、制造厂商、产地等，并据此在数据库中查询其单价，进行货款结算，打印购货清单，这就有效地提高了结算的效率和准确性，也方便了顾客。采用条形码技术，还有利于提高国际贸易传讯的准确性，并使交易双方能及时了解对方商品的有关资料和本国商品在对方的销售情况。国际上通用的包装条形码有以下两种：

（1）UPC 码（universal product code），由美国、加拿大组织的统一编码委员会（Universal Code Council）编制。

（2）EAN 码（European article number），由国际物品编码协会（International Article Number Association）编制。

3. 中性包装与定牌生产

（1）中性包装（neutral packing）。中性包装是指既不标明生产国别、地名和厂商名称，也不标明商标或牌号的包装，即在出口商品包装的内外都没有原产地和出口厂商的标记。中性包装包括无牌中性包装和定牌中性包装两种。前者是指包装上既无生产地名和厂商名称，又无商标和牌号；后者是指包装上仅有买方指定的商标或牌号，但无生产地名和出口厂商的名称。

采用中性包装，是为了打破某些进口国家与地区的关税和非关税壁垒及适用交易的特殊需要（如转口销售等），它也是出口国家厂商加强对外竞销和扩大出口的一种手段。

为了扩大出口，我国也可酌情采用国际贸易中的这种习惯做法。

（2）定牌生产（brand-name good）。定牌生产是卖方按买方要求在其出售的商品或包装上标明买方指定的商标或牌号。在我国出口贸易中，如外商订货量较大，且需求比较稳定，为了适应买方销售的需要和扩大出口，我们也可接受定牌生产，具体做法有下列三种：在定牌生产的商品或包装上，只用外商所指定的商标或牌号，而不标明生产国别和出口厂商名称；在定牌生产的商品或包装上，标明我国的商标或牌号，同时也加注国外商号名称或表示其商号的标记；在定牌生产的商品或包装上，在采用买方所指定的商标或牌号的同时，在其商标或牌号下标示"中国制造"字样。

8.3.3 国际货物买卖合同中的包装条款

包装是货物说明的重要组成部分，包装条件是买卖合同中的一项主要条件。按照某些国家的法律规定，如卖方交付的货物未按约定的条件包装，或者货物的包装与行业习惯不符，买方有权拒收货物。如果货物虽按约定的方式包装，却与其他货物混杂在一起，买方可以拒收违反约定包装的那部分货物，甚至可以拒收整批货物。

1. 国际货物买卖合同中包装条款的基本内容

包装条款一般包括包装材料、包装方式、包装规格、包装标志和包装费用的负担等内容。

2. 订立国际货物买卖合同中的包装条款应注意的问题

为了合同的顺利履行，在商订包装条款时，需要注意下列事项。

（1）要考虑商品特点和不同运输方式的要求。进出口商品由于特点不同，因而会对运输方式产生某些特殊要求，如防潮、防火、防歪斜、防震动、防暴晒等，应考虑这些特殊需要来订立相应的运输合同条款。

（2）包装的规定要明确具体。对包装的规定要明确具体，一般不宜采用"海运包装"和"习惯包装"之类的术语。

（3）明确包装、包装费的负担问题。要明确包装由谁负责和包装费由谁负担。关于包装费用，一般包括在货价之中，不另计收。但也有不计在货价之内而规定由买方另行支付的。究竟由何方负担包装和包装费，应在包装条款中做出明确的规定。

本章小结

本章介绍了表示商品品质的方法，品质条款的内容与订立技巧，货物数量与合同成交的重要关系，如何准确运用计量单位，包装的选用技巧，包装标志的构成，包装条款的制定方法等内容。目的是使学生通过学习掌握合同货物描述的构成要素，为后面的国际贸易实务学习打好基础。

本章实训

1. 实训目的
了解合同标的物的描述,掌握合同品质条款、数量条款和包装条款的表达方式,熟悉国际货物买卖合同中品质、数量和包装条款的基本内容和填制方法。

2. 实训内容
(1)熟悉国际贸易合同品名、品质、数量及包装条款的主要内容。

(2)熟悉合同品名品质、数量及包装条款的注意事项;掌握合同中有关商品品质、数量、包装条款的写作技巧,运输标志,定牌生产和中性包装等问题。

(3)讨论案例。

【案例8-1】
某公司向德国出口一批农产品,合同规定其所含水分最高为15%,杂质不超过3%。在成交前卖方曾向买方寄送过样品,订约后卖方又电告对方成交货物与样品基本相同。货到德国后,买方验货后提出货物的质量明显比样品差的检验证明,并据此提出索赔6 000英镑。卖方公司应如何处理?

【案例8-2】
某公司出口彩电4 000台,装运时发现仅存3 900台。请问该公司能否引用溢短装条款中的5%增减幅度条款以3 900台彩电交货,为什么?

【案例8-3】
菲律宾客户与上海某自行车厂洽谈进口"永久牌"自行车10 000辆,但要求我方改用"剑"牌商标,并在包装上不得注明"Made In China"字样。买方为何提出这种要求?我方能否接受,为什么?

【案例8-4】
我国某出口公司与匈牙利商人订立了一份出口水果合同,支付方式为货到验收后付款。货到验收时买方发现水果总重量缺少10%,而且每个水果的重量也低于合同规定,匈牙利商人因此拒绝付款,也拒绝提货。后来水果全部腐烂,匈牙利海关向中方收取仓储费和处理水果费用共5万美元。出口公司陷于被动。从此案例中,我们该吸取哪些教训?

(4)根据下列条件填制合同的品质、数量和包装条款,并根据所给资料自制标准唛头一份:①品名:皮鞋;货号:JB602;交货品质与确认样本大致相同。②数量:6 000双,计500纸箱装。③我国北方公司与美国客商Cute Co.签订一份皮鞋合同,共计3 000件,合同号为:09BF08USA06,价格条款为CIF纽约。

3. 实训组织形式和要求
(1)组织形式。将学生分成3~5人一组,以团队形式完成本节实训。

(2)实训要求。①品质条款、数量条款部分的实训内容要求学生独立完成。②案例讨论及唛头的制作部分以小组为单位进行。③在案例分析的基础上,引导学生自由选取其熟悉的产品,尝试进行合同货物描述条款的填制。

Chapter 9 第 9 章

国际贸易术语与商品的价格

学习要点

1. 通过本章的学习，了解并掌握常用国际贸易术语及相关国际惯例。
2. 熟悉出口货物价格构成、作价原则与方法，掌握出口报价和成本核算的基本要求。
3. 准确、合理地选用贸易术语，进行商品定价和制定合同价格条款。

引言

国际贸易术语表明了货物价格的构成，确定了交接货物时买卖双方的责任、费用和风险的划分，明确了买卖双方在交接货物过程中的责任和义务。国际贸易术语是国际贸易实务中的核心内容之一，是开展对外贸易的语言。贸易术语的使用，对简化交易磋商过程、缩短交易时间、节约交易费用，有重要意义。掌握国际贸易术语是学习国际贸易实务的基本前提。

9.1 贸易术语与国际贸易惯例

9.1.1 贸易术语的含义

国际贸易术语（trade term），又叫"价格术语""交货条件"，是在国际贸易实践中逐渐形成的用以确定买卖标的物的价格及买卖双方各自承担的费用、风险和责任范围的以英文缩写表示的专门术语。

贸易术语是国际惯例的一种，没有强制性，即只有当事人选择使用，才对当事人具有约束力。贸易术语的主要作用在于简化当事人的贸易谈判缔约过程，确定买卖双方当事人的权利与义务。

一般来说，国际贸易术语包括三方面内容：①交货地及交货方式；②买卖双方承担的责任、费用和风险；③价格构成。因此，贸易术语不仅可以用来表示买卖双方各自承担的责任、费用和风险，而且还可以用来表示商品的价格构成。一般来说，卖方承担的责任多、支付的费用多、负担的风险大，则商品出售的价格就高；反之，其出售的价格就低。

9.1.2 国际贸易惯例的性质

国际贸易业务中反复实践的习惯做法与行为规范，只有经国际组织加以编纂与解释后，才能成为国际贸易惯例。国际贸易惯例的适用是以当事人的意思自治为基础的，因为惯例本身不是法律，它对贸易双方不具有强制性，故买卖双方有权在合同中做出与某项惯例不符的规定。尽管如此，国际贸易惯例对贸易实践仍具有重要的指导作用。

9.1.3 有关贸易术语的国际贸易惯例

目前，国际上有较大影响的与贸易术语有关的国际贸易惯例主要有以下三种。

1.《1932 年华沙—牛津规则》

《华沙—牛津规则》是国际法协会专门为解释 CIF 合同而制定的。19 世纪中叶，CIF 贸易术语开始在国际贸易中得到广泛采用，然而对使用这一术语时买卖双方各自承担的具体义务，却没有统一的规定和解释。对此，国际法协会于 1928 年在波兰首都华沙举办会议，制定了关于 CIF 合同的统一规则，即《1928 年华沙规则》，共包括 22 条。其后，此规则被修订为 21 条，并被更名为《1932 年华沙—牛津规则》（Warsaw-Oxford Rules 1932），且沿用至今。这一规则对于 CIF 的性质，买卖双方所承担的风险、责任和费用的划分及所有权转移的方式等问题都做了比较详细的解释。

2.《1941 年美国对外贸易定义修订本》

《美国对外贸易定义》是由美国九大商业团体制定的。它最早于 1919 年在纽约制定，原称为《美国出口报价及其缩写条例》，后来于 1941 年召开的美国第 27 届全国对外贸易会议对该条例做了修订，并改其名为《1941 年美国对外贸易定义修订本》（Revised American Foreign Trade Definitions 1941）。

《美国对外贸易定义》中所解释的贸易术语共有六种。

（1）Ex（point of origin，产地交货）。

（2）FOB（free on board，在运输工具上交货）。

（3）FAS（free along side，在运输工具旁边交货）。

（4）C & F（cost and freight，成本加运费）。

（5）CIF（cost, insurance and freight，成本加保险费、运费）。

（6）Ex Dock（named port of importation，目的港码头交货）。

《美国对外贸易定义》主要在北美国家采用，由于它对贸易术语的解释与《国际贸易术语解释通则》有明显的差异，所以，在同北美国家进行交易时应加以注意。同时《美国对外贸易定义》于 1990 年进行了进一步修订，被命名为《1990 年美国对外贸易定义修订本》(Revised American Foreign Trade Definitions 1990)，使用过程中应注意版本。

3.《国际贸易术语解释通则》

《国际贸易术语解释通则》（International Rules for the Interpretation of Trade Terms, INCOTERMS），是由国际商会制定并进行过多次修订而成的。1999 年，国际商会广泛征求世界各国从事国际贸易的各方面人士和有关专家的意见，对实行 60 多年的《国际贸易术语解释通则》进行了全面的回顾与总结。为使贸易术语更进一步适应世界上无关税区的发展、交易中使用电子信息的增多及运输方式的变化，国际商会对《国际贸易术语解释通则》进行了修订，并于 1999 年 7 月公布《2000 年国际贸易术语解释通则》（以下简称《2000 年通则》）。而随着贸易方式、贸易手段、运输方式等新情况的出现，2010 年国际商会再次对《国际贸易术语解释通则》进行了修订。截至 2018 年，使用的版本为 2010 年公布的《2010 年国际贸易术语解释通则》（以下简称《2010 年通则》）。

（1）《2000 年国际贸易术语解释通则》的适用范围。《2000 年通则》明确了适用范围只限于销售合同当事人的权利和义务中与交货有关的事项。其货物是指"有形"货物，不包括"无形"货物，如电脑软件等。《2000 年通则》只涉及与交货有关的事项，如货物的进出口清关、货物的包装、买方受领货物的义务及提供履行各项义务的凭证等；不涉及货物所有权和其他产权的转移、违约、违约行为的后果及某些情况的免责等。有关违约的后果或免责事项，可通过买卖合同中其他条款和适用的法律来解决。

（2）《2000 年国际贸易术语解释通则》中的贸易术语。表 9-1 归纳了《2000 年通则》中的 13 种贸易术语。

表 9-1 《2000 年国际贸易术语解释通则》中的 13 种贸易术语

分组	术语代号	英文名称	中文名称
E 组（启运）	EXW	Ex Works	工厂交货
F 组（主运费未付）	FCA	Free Carrier	货交承运人
	FAS	Free Alongside Ship	装运港船边交货
	FOB	Free on Board	装运港船上交货
C 组（主运费已付）	CFR	Cost and Freight	成本加运费
	CIF	Cost insurance and Freight	成本加运费、保险费
	CPT	Carriage Paid to	运费付至
	CIP	Carriage insurance Paid to	运费、保险费付至
D 组（到达）	DAF	Delivered At frontier	边境交货
	DES	Delivered Ex Ship	目的港船上交货
	DEQ	Delivered Ex Quay	目的港码头交货
	DDU	Delivered Duty Unpaid	未完税交货
	DDP	Delivered Duty Paid	完税后交货

（3）《2010年国际贸易术语解释通则》。《2010年通则》是在对2000年版本做出补充和修订的基础上形成的，以便使这些规则适应当前国际贸易实践的发展。其修订原因是：其一，贸易方式、贸易手段、运输方式等新情况的出现；其二，《2000年通则》在长期的使用过程中突显了一系列的问题，如货物越过船舷这一风险分界点的划分一直模糊不清，从而导致争端持续不断。

与《2000年通则》相比，《2010年通则》的变化体现在：对风险划分方式进行了重新界定，增加了DAP和DAT两个术语，重新定义了术语的分类方法和各术语买卖双方义务的分配，完善了术语介绍和使用指南。

《2010年通则》删去了《2000年通则》中的4个术语，即DAF（delivered at frontier，边境交货）、DES（delivered ex ship，目的港船上交货）、DEQ（delivered ex quay，目的港码头交货）和DDU（delivered duty unpaid，未完税交货）；新增了两个术语，即DAT（delivered at terminal，在指定目的地或目的港的集散站交货）、DAP（delivered at place，在指定目的地交货）。DAP取代了DAF、DES和DDU 3个术语，DAT取代了DEQ，且扩展至适用于一切运输方式。

DAP类似于其取代的DAF、DES和DDU 3个术语，指卖方在指定的目的地交货，只需做好卸货准备而无需卸货即完成交货。本术语所指的到达车辆包括船舶，目的地包括港口。卖方应承担将货物运至指定的目的地的一切风险和费用（除进口费用外）。本术语适用于任何运输方式，包括多式联运方式及海运。

DAT类似于其取代的DEQ术语，指卖方在指定的目的地或目的港的集散站卸货后将货物交给买方处置即完成交货。本术语所指目的地包括港口。卖方应承担将货物运至指定的目的地或目的港的集散站的一切风险和费用（除进口费用外）。本术语适用于任何运输方式，包括多式联运。

《2010年通则》取消了"船舷"的概念；卖方承担货物装上船为止的一切风险，买方承担货物自装运港装上船后的一切风险；在FAS、FOB、CFR和CIF等术语中加入了货物在运输期间被多次买卖（连环贸易）的责任与义务的划分。考虑到一些较大的区域贸易集团内部贸易的特点，《2010年通则》不仅适用于国际销售合同，也适用于国内销售合同。

《2010年通则》经修改后共有11个贸易术语，按照所适用的运输方式划分为两大类。

（1）适用于任何运输方式的术语（7个）：EXW、FCA、CPT、CIP、DAT、DAP、DDP。EXW（ex works），工厂交货；FCA（free carrier），货交承运人；CPT（carriage paid to），运费付至；CIP（carriage and insurance paid to），运费、保险费付至；DAT（delivered at terminal），目的地或目的港的集散站交货；DAP（delivered at place），目的地交货；DDP（delivered duty paid），完税后交货。

（2）适用于水上运输方式的术语（4个）：FAS、FOB、CFR、CIF。FAS（free alongside ship），装运港船边交货；FOB（free on board），装运港船上交货；CFR（cost and freight），成本加运费；CIF（cost，insurance and freight），成本、保险费加运费。

9.2 常用的六种贸易术语

在我国对外贸易中，经常使用的主要贸易术语为 FOB、CFR 和 CIF 三种。近年来，随着集装箱运输和国际多式联运的发展，采用 FCA、CPT 和 CIP 贸易术语的也日渐增多。因此，我们首先应对这几种主要贸易术语的解释和运用有所了解。

9.2.1 装运港交货的三种常用术语

《2010 年通则》中有 11 个贸易术语，其中使用最多的是装运港交货的三种术语：FOB、CFR 和 CIF。这三种贸易术语，都只适用于水上运输，买卖双方在货物交接和责任、费用、风险划分中所承担的义务基本一致，只是在运输和保险的责任方面有所区别。

1. FOB

FREE ON BOARD（…named port of shipment），即装运港船上交货（……指定装运港）。此术语是指卖方在约定的装运港将货物交到买方指定的船上。按照《2010 年通则》规定，此术语只能适用于海运和内河航运。如合同当事人不采用装运港船上交货的方式，则采用 FCA 术语更为适宜。

按照国际商会对 FOB 的解释，卖方必须在合同规定的装运期内，在指定的装运港将货物装上买方指定的船上，并及时通知买方。当货物放置于该船舶上时，货物灭失或损毁的风险即转移，买方自该点起负担一切费用。也就是说，一旦装船，买方将承担货物灭失或损坏造成的所有风险。买卖双方各自承担的基本义务，概括起来，可划分如下几种。

（1）卖方义务。

1）卖方的责任：提供符合合同规定的货物；办理出口手续；按照合同规定的时间和地点，将货物装到买方派来的船上；迅速发出已装船通知；移交有关的货运单据或电子数据。

2）卖方的费用：承担货物装船前的一切费用。

3）卖方的风险：货物在装运港装船前的一切风险（实际业务中以取得清洁提单为界）。

（2）买方义务。

1）买方的责任：租船订舱，并及时通知卖方；办理保险；接受货运单据，支付货款；办理进口手续，收取货物。

2）买方的费用：买方承担货物装船以后的一切费用。

3）买方的风险：装运港货物装上船以后的一切风险。

（3）采用 FOB 术语时应注意的问题。

1)"装上船"的要求和风险转移。卖方及时将货物装上船，是贸易术语的要素。按《2010 年通则》规定，FOB 合同的卖方必须及时在装运港将货物"交至船上"（deliver on boat）或"装上船"（load on boat），其交货点（point on delivery）为船上。当货物在装运港装上船后，货物灭失或损坏的风险从卖方转移至买方。

《2010 年通则》作为惯例的规定并不是强制性的，它允许买卖双方按实际业务的需要，对规则的规定做必要的改变。因此，在实际业务中，如 FOB 合同的买方要求卖方提交"清洁已装船提单"，而卖方也同意提供此种运输单据，并凭其向买方收款的话，则该 FOB 合同的交货点已从"船上"延伸到了"船舱"。此时，卖方必须负责在装运港将货物安全地装入船舱，并负担货物装入船舱为止的一切灭失或损坏的风险。

2)装船费用的问题。注意在合同中订明"Loading Charges to be Covered by the Seller（Buyer）"，同时，注意 FOB 的变形问题。在按 FOB 条件成交时，卖方要负责支付货物装上船之前的一切费用。但各国对于"装船"的概念没有统一的解释，有关装船的各项费用由谁负担，各国的惯例或习惯做法也不完全一致。如果采用班轮运输，船方负责装卸，装卸费计入班轮运费之中，相关费用自然由负责租船的买方承担；若采用程租船运输，船方一般不负担装卸费用，这就必须明确装船的各项费用应由谁负担。为了说明装船费用的负担问题，双方往往在 FOB 术语后加列附加条件，这就形成了 FOB 的变形，主要包括以下几种。

① FOB Liner Terms（FOB 班轮条件）。这一变形是指装船费用按照班轮的做法处理，即由船方或买方承担。所以，采用这一变形，卖方不负担装船的有关费用。

② FOB Under Tackle（FOB 吊钩下交货）。这一变形是指卖方负担将货物交到买方指定船只的吊钩所及之处的费用，而吊装入舱及其他各项费用概由买方负担。

③ FOB Stowed（FOB 理舱费在内）。这一变形是指卖方负责将货物装入船舱并承担包括理舱费在内的装船费用。理舱费是指货物入舱后进行安置和整理的费用。

④ FOB Trimmed（FOB 平舱费在内）。这一变形是指卖方负责将货物装入船舱并承担包括平舱费在内的装船费用。平舱费是指对装入船舱的散装货物进行平整所需的费用。在许多标准合同中，为表明由卖方承担包括理舱费和平舱费在内的各项装船费用，常采用 FOBST（FOB Stowed and Trimmed）方式。

FOB 的上述变形，只是为了表明装船费用由谁负担而产生的，并不改变 FOB 的交货地点及风险划分的界限。《2010 年通则》指出，对这些术语后的添加词句不提供任何指导规定，建议买卖双方应在合同中加以明确。

3) 以 FOB 成交要注意船货衔接。买方应给予卖方关于船名、装船地点和所要求的交货时间的充分通知，以保证卖方备货与买方派船接货互相衔接。"船等货"或"货等船"造成的空舱费、滞期费、额外增加的仓储费、保险费及利息损失分别由有关责任方承担。船先到会造成空舱；船后到会增加货物仓储费；船及时到，但货迟到，会造成空舱。可在合同中具体规定买方应在船到港前的多少时间内通知卖方。

4）个别国家对 FOB 的解释。《1941 年美国对外贸易定义修订本》对 FOB 的解释分为 6 种，其中只有"指定装运港船上交货（FOB Vessel，...named port of shipment）与《2010 年通则》对 FOB 术语的解释相近。所以，《1941 年美国对外贸易定义修订本》对 FOB 的解释与运用，同国际上的一般解释与运用有明显的差异，这主要表现在以下几方面。①美国惯例把 FOB 笼统地解释为在某处的某种运输工具上交货，其适用范围很广，因此在同美国、加拿大等国的商人按 FOB 订立合同时，除必须标明装运港名称外，还必须在 FOB 后加上"船舶"（Vessel）字样。例如，如果只写为"FOB San Francisco"而漏写"Vessel"字样，则卖方只负责把货物运到旧金山城内的任何处所，而不负责把货物运到旧金山港口并交到船上。②在风险划分上，美国惯例是以船舱为界，即卖方负担货物装到船舱为止所发生的一切丢失与损坏。③在费用负担上，美国惯例规定买方要支付卖方协助提供出口单证的费用及出口税和因出口而产生的其他费用。

2. CFR

COST AND FREIGHT（...named port of destination），即成本加运费（……指定目的港）。此术语是指卖方必须负担货物运至约定目的港所需的成本和运费。这里所指的成本相当于 FOB 价，故 CFR 术语是在 FOB 价的基础上加上装运港至目的港的正常运费。在《2010 年通则》中，CFR 术语只能适用于海运和内河航运。如果合同中约定通常在终点站（即抵达港、卸货点，区别于 port of destination）交付集装箱货物，宜使用 CPT 术语。

（1）卖方义务。

1）卖方的责任：提供符合合同规定的货物；办理出口手续；租船订舱；按照合同规定的时间和地点，将货物装船；迅速发出装船通知；移交有关的货运单据或电子数据。

2）卖方的费用：承担货物装船前的一切费用，如装船费用、货物从装运港至目的港的正常运费。

3）卖方的风险：承担货物在装运港装上船之前的一切风险（实际业务中以取得清洁提单为界）。

（2）买方义务。

1）买方的责任：办理保险；接受货运单据，支付货款；办理进口手续，收取货物。

2）买方的费用：货物装船以后的一切费用。

3）买方的风险：货物在装运港装上船以后的一切风险。

（3）使用 CFR 的注意事项。

1）卖方应及时发出装船通知。按 CFR 术语成交时，由卖方安排运输，由买方办理货运保险。如卖方不及时发出装船通知，则买方就无法及时办理货运保险，甚至有可能出现漏保货运险的情况。因此，卖方装船后务必及时向买方发出装船通知，否则，卖方应承担货物在运输途中的风险和损失。

2）按 CFR 进口应慎重行事。在进口业务中，按 CFR 术语成交时，鉴于由外商安排装运，由我方负责保险，故应选择资信好的国外客户成交，并对船舶提出适当要求，以防外商与船方勾结，出具假提单，租用不适航的船舶，或伪造品质证书与产地证明。若出现这类情况，会使我方蒙受不应有的损失。

3）CFR 的变形。按 CFR 术语成交时，如货物使用班轮运输，则运费由 CFR 合同的卖方支付，在目的港的卸货费用实际上由卖方负担。大宗商品通常采用租船运输，如船方按不负担装卸费条件出租船舶，那么卸货费究竟由何方负担，买卖双方应在合同中订明。为了明确责任，可在 CFR 术语后加列表明卸货费由谁负担的具体条件：

① CFR Liner Terms（CFR 班轮条件），这是指卸货费按班轮办法处理，即买方不负担卸货费。

② CFR Landed（CFR 卸到岸上），这是指由卖方负担卸货费，包括驳运费在内。

③ CFR Ex Tackle（CFR 吊钩下交货），这是指卖方负责将货物从船舱吊起到卸至船舶吊钩所及之处（码头上或驳船上）的费用。在船舶不能靠岸的情况下，租用驳船的费用和货物从驳船卸到岸上的费用，概由买方负担。

④ CFR Ex Ship's Hold（CFR 舱底交货），这是指货物运到目的港后，由买方自行启舱，并负担货物从舱底卸到码头的费用。

应当指出，CFR 术语的附加条件，只是为了明确卸货费由何方负担，其交货地点和风险划分的界线，并无任何改变。《2010 年通则》对贸易术语后加列的附加条件不提供公认的解释，建议买卖双方通过合同条款加以规定。

3. CIF

COST, INSURANCE AND FREIGHT（...named port of destination），即成本、保险费加运费（……指定目的港）。按《2010 年通则》的规定，CIF 术语只能适用于海运和内河航运。CIF 术语不适用于货物在装上船以前就转交给承运人的情况，如通常需运到终点站交货的集装箱货物。在这样的情况下，使用 CIP 术语更为适宜。

（1）保险问题。如合同中未明确规定保险险别，卖方可只投保《协会货物条款》（ICC）或类似条款中最低的保险险别。如合同中未明确规定保险金额，保险金额最少应按货价另加 10%。

（2）风险划分的问题。与 FOB、CFR 完全相同。

（3）卸货费用的问题。与 CFR 相同。

（4）使用 CIF 术语应注意的事项。

1）CIF 合同属于"装运合同"。在 CIF 术语下，卖方在装运港将货物装上船，即完成了交货义务。因此，采用 CIF 术语订立的合同属于"装运合同"。但是，由于在 CIF 术语后所注明的是目的港（例如"CIF 伦敦"），在我国曾将 CIF 术语译作"到岸价"，所以 CIF 合同的法律性质常被误解为"到货合同"。为此必须明确指出，CIF 及其他 C 组术语（CFR、CPT、CIP）与 F 组术语（FCA、FAS、FOB）一样，指卖方在装运地完成交货义务，采用这些术语订立的买卖合同均属"装运合同"性质。按此类术语成交的合同，卖方在装运地将货物交付装运后，对货物可能发生的任何风险不再承担责任。

2) 卖方办理保险的责任。在 CIF 合同中，卖方是为了买方的利益办理货运保险的，因为此项保险主要是为了规避货物装船后在运输途中的风险。《2010 年通则》对卖方的保险责任有如下规定：如无相反的明示协议，卖方只需按《协会货物条款》或其他类似的保险条款中最低责任的保险险别投保；如买方有要求，并由其负担相关费用，卖方应在可能的情况下投保战争、罢工、暴动和民变险；最低保险金额应为合同规定的价款加 10%，并以合同货币投保。

在实际业务中，为了明确责任，我国外贸企业在与国外客户洽谈交易采用 CIF 术语时，一般都应在合同中具体规定保险金额、保险险别和适用的保险条款。

3) 象征性交货问题。从交货方式来看，CIF 是一种典型的象征性交货（symbolic delivery）。所谓象征性交货，是针对实际交货（physical delivery）而言的。前者指卖方只要按期在约定地点完成装运，并向买方提交合同规定的包括物权凭证在内的有关单证，就算完成了交货义务，而无须保证到货。后者则是指卖方要在规定的时间和地点，将符合合同规定的货物提交给买方或其指定人，而不能以交单代替交货。在象征性交货方式下，卖方凭单交货，买方凭单付款，只要卖方按时向买方提交了符合合同规定的全套单据，即使货物在运输途中损坏或灭失，买方也必须履行付款义务。反之，如果卖方提交的单据不符合要求，即使货物完好无损地运达目的地，买方仍有权拒付货款。由此可见，CIF 交易实际上是一种单据的买卖。

4) CIF 的变形。在国际贸易中，大宗商品的交易通常采用程租船运输，在多数情况下，船公司一般是不负担装卸费的。因此，在 CIF 术语下，买卖双方容易在卸货费由何方负担的问题上产生争议。为了明确责任，买卖双方应在合同中对卸货费由谁负担的问题做出明确具体的规定。如买方不愿负担卸货费，在商订合同时，可要求在 CIF 术语后加列 "Liner Terms"（班轮条件）或 "Landed"（卸到岸上）或 "Ex Tackle"（吊钩下交货）字样。如卖方不愿负担卸货费，在商订合同时，可要求在 CIF 术语后加列 "Ex Ship's Hold"（舱底交货）字样。

上述 CIF 术语后加列各种附加条件，同 CFR 术语后加列各种附加条件一样，只是为了明确卸货费由谁负担，并不影响交货地点和风险转移的界线。

9.2.2 向承运人交货的三种术语

1. FCA

FREE CARRER (…named place)，即货交承运人（……指定地点）。此术语是指卖方在指定地点将货物交给买方指定的承运人。当卖方将货物交给承运人照管，并办理了出口结关手续，就算履行了其交货义务。FCA 术语适用于各种运输方式，包括多式联运。

2. CIP

CARRIAGE AND INSURANCE PAID TO (…named place of destination)，即运费、

保险费付至（……指定目的地）。按此术语成交时，卖方应向其指定的承运人交货，支付将货物运至目的地的运费，还需对货物在运输途中灭失或损坏的买方风险投保货物保险，订立保险合同、支付保险费，并办理出口清关手续。该术语可适用于各种运输方式，包括多式联运，尤其适合以集装箱为媒介的运输方式。CIP 是在 CIF 的基础上发展而来的，两者之间除风险划分点不同外，其他内容几乎完全相同。

3. CPT

CARRIAGE PAID TO（...named place of destination），即运费付至（……指定目的地）。按此术语成交卖方应向其指定的承运人交货，还必须支付将货物运至目的地的运费，并办理出口清关手续，而买方承担交货之后的一切风险和其他费用。

这三种贸易术语不仅适用于海运和内河运输，而且适用于航空运输、铁路运输和公路运输，它们均属于"装运合同"的报价方式。

向承运人交货的三种术语是在装运港交货的三种术语的基础上发展而来的，买卖双方基本义务的划分是相同的。

两类术语的共同点主要表现在以下方面。

（1）都是象征性交货。

（2）均由出口方负责可能发生的出口报关，进口方负责可能发生的进口报关。

（3）买卖双方所承担的运输、保险责任互相对应。FCA 和 FOB 一样，由买方办理运输；CPT 和 CFR 一样，由卖方办理运输；CIP 与 CIF 一样，由卖方承担办理运输和保险的责任并支付费用。

两类术语的不同点主要表现在以下方面。

（1）适用的运输方式不同。FOB、CFR、CIF 三种术语仅适用于海运和内河运输，其承运人一般只限于船公司。而 FCA、CPT、CIP 三种术语适用于各种运输方式，包括多式联运，其承运人可以是船公司、铁路局、航空公司，也可以是安排多式联运的联合运输经营人。

（2）交货和风险转移的地点不同。FOB、CFR、CIF 的交货地点均为装运港，风险均于货物在装运港装上船时从卖方转移至买方。而 FCA、CPT、CIP 的交货地点，需视不同的运输方式和不同的约定而定，它可以是在卖方处所由承运人提供的运输工具上，也可以是铁路、公路、航空、内河、海洋运输承运人或多式联运承运人的运输站或其他收货点。至于货物灭失或损坏的风险，则于卖方将货物交由承运人保管时，自卖方转移至买方。

（3）装卸费用负担不同。按 FOB、CFR、CIF 术语，卖方承担货物在装运港装上船为止的一切费用。但由于货物装船是一个连续作业，各港口的习惯做法又不尽一致，所以，在使用程租船运输的 FOB 合同中应明确装船费由何方负担，在 CFR 和 CIF 合同中则应明确卸货费由何方负担。而在 FCA、CPT、CIP 术语下，如涉及海洋运输并使用程租船装运，卖方将货物交给承运人时所支付的运费（CPT、CIP 术语），或由买方支付的运费（FCA 术语），已包含了承运人接管货物后在装运港的装船费和目的港的卸货费。这样，在 FCA 合同中的装货费的负担问题和在 CPT、CIP 合同中的卸货费的负担问题均已明确。

（4）运输单据不同。在 FOB、CFR、CIF 术语下，卖方一般应向买方提交已装船清洁提单。而在 FCA、CFR、CIP 术语下，卖方提交的运输单则需视不同的运输方式而定。例如，在海运和内河运输方式下，卖方应提供可转让的提单，有时也可提供不可转让的海运单和内河运单；在铁路、公路、航空运输或多式联运方式下，则应分别提供铁路运单、公路运单、航空运单或多式联运单据。值得注意的是，根据《2010 年通则》，不论采用哪种贸易术语，商业发票、运输单据和报关单据等所有单据，均可被具有同等效力的电子数据交换信息所替代。

9.2.3 其他贸易术语的解释

除上面所述的六种常用贸易术语外，现简要介绍《2010 年通则》中的其他五种贸易术语。

1. EXW

EX WORKS（…named place），即工厂交货（……指定地点），是指卖方在其所在地（如工场、工厂或仓库等）将备妥的货物交付买方，以履行其交货义务。按此贸易术语成交，卖方既不承担将货物装上买方备妥的运输工具，也不负责办理货物出口清关手续。除另有约定外，买方应承担自卖方的所在地受领货物的全部费用和风险。因此，EXW 术语是卖方承担责任、费用和风险最小的一种贸易术语。EXW 术语适用于各种运输方式。

使用 EXW 术语时，如双方同意在起运时卖方负责装载货物并承担装载货物的全部费用和风险，则应在合同中订明。如买方不能直接或间接地办理出口手续，不应使用此术语，而应使用 FCA 术语。

2. FAS

FREE ALONGSIDE SHIP（…named port of shipment），即装运港船边交货（……指定装运港），是指卖方把货物运到指定的装运港船边，即履行了其交货义务，买卖双方负担的风险和费用均以船边为界。该术语仅适用于海运或内河运输。

关于办理出口清关手续，《2010 年通则》明确规定由卖方自负费用和风险，取得出口许可或其他官方证件，在需要办理海关手续时，办理货物出口的一切海关手续，并缴纳出口关税及其他费用。如果双方当事人希望由买方办理出口清关手续，应在合同中订明。

3. DAT

DELIVERED AT TERMINAL（…named of destination），即运输终端交货（……指定

港口或目的地的运输终端），指卖方在指定的目的港或目的地的指定终点站卸货后将货物交给买方处置即完成交货。"运输终端"包括任何地方，无论是否约定，都包括码头、仓库、集装箱堆场、公路、铁路和空运货站。卖方应承担将货物运至指定的目的地和卸货所产生的一切风险和费用。

使用这种贸易术语时，双方当事人尽量明确地指定终点站，如果可能，要指定在约定的目的港或目的地的终点站内的一个特定地点。因为货物到达这一地点的风险是由卖方承担，建议卖方签订一份与此选择准确契合的运输合同。

此外，若当事人希望由卖方承担从终点站到另一地点的运输及管理货物所产生的风险和费用，那么此时可采用 DAP（目的地交货）或 DDP（完税后交货）规则。在必要的情况下，DAT 规则要求卖方办理货物出口清关手续，但是，卖方没有义务办理货物进口清关手续并支付任何进口税或办理任何进口报关手续。

4. DAP

DELIVERED AT PLACE（...named place of destination），即在目的地交货（……指定目的地），是指卖方要在合同中约定的日期或期限内，将货物运到合同规定的目的地的约定地点，并将货物置于买方的控制之下，在卸货之前即完成交货。卖方负责订立运输合同，将货物运至合同约定的目的地的特定交货地点，如对特定交货地点未做具体规定，卖方可在指定目的地内选择最合适的交货地点。卖方对买方无订立保险合同的义务，但若买方要求，并提出由其承担风险和费用时，卖方必须向买方提供其办理保险所需的信息。卖方承担将货物交给买方控制之前的风险，买方承担货物交给其控制之后的风险。此外，卖方要向买方提交商业发票及合同要求的其他单证。

5. DDP

DELIVERED DUTY PAID（...named place of destination），即完税后交货（……指定目的地），是指卖方在指定的目的地，办理进口清关手续，将在运输工具上尚未卸下的货物交给买方，即完成交货。卖方须承担将货物运至目的地的一切风险和费用，办理进口清关手续，并缴纳进口税费。所以，DDP 术语是卖方承担责任、费用和风险最大的一种术语。DDP 术语适用于所有运输方式。

《2010 年通则》还规定，办理进口清关手续时，卖方也可要求买方予以协助，买方应给予卖方一切取得进口证件所需的协助，但费用和风险仍由卖方负担。

9.2.4　贸易术语的应用

在国际货物买卖合同中，贸易术语一般在价格条款中表示出来。不同的贸易术语，买卖双方承担的责任、费用和风险各不相同。在实际业务中，买卖合同的双方当事人选用何种贸易术语，不仅决定了合同价格的高低，而且会关系到合同的性质，甚至还会影响到贸易纠纷的处理和解决。因此，贸易术语的选择和运用是直接关系到买卖双方经济效益的重要问题。

1. 贸易术语与合同的性质

在国际货物买卖合同中，一般都要明确所采用的贸易术语，以明确买卖双方交接货物的方式和条件，即明确买卖双方在交接货物过程中各自应承担的责任、费用和风险，从而划分了双方的权利和义务，并说明了合同的基本特征。所以，贸易术语是确定买卖合同性质的一个重要因素。

在实际业务中，通常都以贸易术语的名称来给买卖合同命名，如按 FOB 术语成交的合同称作 FOB 合同，按 CIF 术语成交的合同称作 CIF 合同等。在一般情况下，贸易术语的性质应与买卖合同的性质相一致；合同中的有关条款应与合同性质相一致，与所使用的贸易术语在内容上保持一致，不应有所矛盾。否则，将会给买卖双方带来不必要的纠纷，甚至会造成经济损失。

2. 选择贸易术语时应考虑的因素

国际贸易中可供选用的贸易术语有多种。据统计，各国使用的贸易术语频率较高的主要有 FOB、CIF 和 CFR 等术语。近年来，随着国际贸易的发展和运输方式的变化，FCA、CPT 和 CIP 术语的使用也日益增多。在选择贸易术语时，应考虑以下因素。

（1）使用的运输方式。《2010 年通则》对每种贸易术语所适用的运输方式都做出了规定，例如 FOB、CFR 和 CIF 术语只适用于水上运输，而不适用于空运、铁路和公路运输。若买卖双方拟使用空运、铁路和公路运输，则应选用 FCA、CPT 和 CIP 术语。在我国，随着使用集装箱运输和多式联运方式的情况增多，为适应这种发展趋势，可以适当扩大使用 FCA、CPT 和 CIP 术语。

（2）运费和保险费。各种贸易术语的价格构成各不相同，运费和保险费是构成价格的一部分，因此，在选用贸易术语时，应考虑运费和保险费的因素。一般来说，在出口贸易中，我方应争取选用 CIF 和 CFR 术语；在进口贸易中，应争取选用 FOB 术语。对 FCA、CPT 和 CIP 术语的选用也应按上述原则。这样有利于节省运费和保险费的外汇支出，并有利于促进我国对外运输事业和保险事业的发展。

另外，在选用贸易术语时，还应注意运费变动的趋势。当运费看涨时，为了避免承担运费上涨的风险，出口时应选用 FOB 术语，进口时应选用 CIF 或 CFR 术语。如因某种原因，采用由我方安排运输的贸易术语时，则应对货价进行调整，将运费上涨的风险考虑到货价中去。

（3）货物的特点。在国际贸易中，进出口货物的品种繁多，不同类别的货物因具有不同的特点，对运输方面的要求各不相同，运费开支的大小也有差异。有些货物价值较低，但运费占货价的比重较大，对这类货物，出口应选用 FOB 术语，进口应选用 CIF 或 CFR 术语。此外，成交量的大小，也涉及运输安排的难易和经济核算的问题，因此，也要考虑贸易术语的选用。

（4）国外港口装卸条件和港口习惯。各国港口的装卸条件不同，收费标准各异，港口的装卸作业习惯也有差别。对于装卸条件较差、装卸费用较高和习惯上须由买方承担装船费、卖方承担卸货费的港口，我方进口时应采用 FOB Stowed 或 FOB Trimmed 或 FOBST 贸易术语，出口时则宜采用 CIF Ex Ship's Hold 或 CFR Ex Ship's Hold 贸易术语。

（5）资金的融通和周转。若以远期信用证或远期付款交单的方式支付款项，采用 CIF 或 CFR 术语对买方有利。因为这两种贸易术语的运费和保险费由卖方负担，而买方的付款却是远期的，从而买方得到了一定的资金融通。如果以即期信用证或即期付款交单的方式支付款项，在运费和保险费占成本比重较大时，选择 FOB 条件对买方有利。因为 FOB 术语下，一般是运费到付，买方便可减少开证金额和费用。此外，出口时，卖方采用 CFR 或 CIF 术语，可以及时装运货物、加速收汇，而若采用 FOB 术语，买方船舶延迟到达将严重影响卖方资金的周转。

随着集装箱运输和多式联运的广泛运用和发展，在我国外贸运输机构能有效承担"联合运输经营人"角色的前提下，我国外贸企业应按具体的情况，适当选用 FCA、CPT 和 CIP 术语，以替代传统的仅适合于海运和内河运输的 FOB、CFR 和 CIF 术语。尤其在出口业务中，如果货物是以滚装式集装箱船、滚装船或多式联运方式运输的，运用 FCA、CPT 和 CIP 术语一方面可以明确买卖双方的责任界限，另一方面可以提早运输单据的出具时间，以提早结汇、加速资金周转。

（6）实际需要。选用贸易术语时，也要根据实际需要，做到灵活掌握。例如，有些国家为了支持本国保险事业的发展，规定在进口时须由该国办理保险，我方为表示与其合作的诚意，出口也可采用 FOB 或 CFR 术语。又如，我方在出口大宗商品时，国外买方为了争取到运费和保险费的优惠，要求自行办理租船订舱和保险，为了发展双方贸易，此时可采用 FOB 术语。在进口贸易中，如进口货物的数量不大，也可采用 CIF 贸易术语。

总之，随着我国对外开放的扩大和对外贸易的发展，可以采用更加灵活的贸易做法。除上述提到的经常使用的贸易术语外，也可视不同的交易情况，适当选择其他贸易术语。

9.3 商品的价格

商品的价格是国际贸易货物买卖的主要交易条件，价格条款是买卖合同中必不可缺的合同条款。在国际贸易中，成交商品价格的确定是买卖双方最关心的一个重要问题。因此，买卖双方在洽商交易和订立合同时，都非常重视商品的作价问题。因此，正确掌握进出口商品的价格，合理选择作价办法，选用有利的计价货币，订好合同中的价格条款，并适当运用好与价格有关的佣金和折扣，对顺利完成合同，提高经济效益都是至关重要的。

9.3.1 价格的掌握

1. 进出口商品价格的掌握

在确定商品价格时，要考虑的因素有很多，如企业的经营意图、市场战略、交易商品的特点、市场供求规律、汇率变化趋势、交易商品的质量和档次、交易数量、包装要求、运输条件、交货方式和地点、交易双方的谈判实力等，这些因素都会对商品价格的最后确定产生一定的影响。对于进出口业务人员而言，掌握商品的价格是一项复杂而又十分艰巨的工作。为了做好这项工作，外经贸从业人员必须熟悉交易商品成本核算方法、主要贸易术语的价格构成和换算方法；了解作价方法和国际市场商品价格变动趋势，充分考虑影响价格的各种因素，合理地制定国际货物买卖合同中的价格条款。

2. 计价货币的选择

在进出口业务中选择使用何种计价货币时，首先要考虑的是货币是否可自由兑换。使用可自由兑换的货币，有利于调拨和运用，也有助于在必要时转移货币汇价风险。

对可自由兑换的货币，需考虑其稳定性。在出口业务中，一般应尽可能争取多使用从成交至收汇这段时期内汇价比较稳定且趋势强劲的货币，即所谓的"硬币"或称"强币"。相反，在进口业务中，则应争取多使用从成交至付汇这段时期内汇价比较疲软且趋势下浮的货币，即所谓的"软币"或称"弱币"。除此以外，为减少外汇风险还可采用其他的方式，主要有以下几种。

（1）压低进口价格或提高出口价格。如在商订进口合同时使用当时被视为"硬币"的货币为计价货币和支付货币，但在确定价格时，应将该货币在我方付汇时可能上浮的幅度考虑进去，应将进口价格相应压低。如在商订出口合同时使用当时被视为"软币"的货币为计价和支付货币，则在确定价格时，应将该货币在我收汇时可能下浮的幅度考虑进去，将价格相应提高。鉴于汇价变动十分频繁，原因复杂多样，特别是较长时期（如一年以后）的趋势更难预测，所以，这一办法通常较多适用于成交后进口付汇或出口收汇间隔时期较短的交易。

（2）"软硬币"结合使用。在国际金融市场上，往往是两种货币互为"软硬"的：甲币之"软"即乙币之"硬"。而也有今日被视为"软币"而日后成为"硬币"的情形，反之亦然。因此，在不同的合同中，适当地结合使用多种"软币"和"硬币"，可起到减少外汇风险的作用。

（3）订立外汇保值条款。在出口合同中规定外汇保值条款（exchange clause）的办法主要有以下几种。

1）计价货币和支付货币为同一"软币"。

2）"软币"计价，"硬币"支付。即将商品单价或总金额按照计价货币与支付货币当时的汇率，折合成另一种"硬币"，并按此"硬币"支付。

3)"软币"计价，"软币"支付。即确定这一货币与另几种货币的算术平均汇率，或用其他计算方式的汇率，按支付当日与另几种货币算术平均汇率或其他汇率的变化做相应的调整，折算成原货币支付。这种保值可称为"一揽子汇率保值"。几种货币的综合汇率可有不同的计算办法，如采用简单的平均法、采用加权的平均法等，但这需由双方协商同意。

3. 定价方法

在国际货物买卖中，进出口商品价格的确定直接影响企业的经济效益和产品的市场竞争力，是企业对外开展业务时必须面临的问题。企业确定进出口商品价格的方法主要有以下几种。

（1）成本加成定价方法。这是成本导向定价法中最主要的一种定价形式，为外贸企业广泛使用。采用成本加成定价法时，只需要了解有关进出口商品的成本和相对于成本的利润率（或利润），并以相应的外币表示，即能获得基本价格。以出口商品为例，出口商品的基本成本要素包括：①出口商品生产成本或采购成本；②装运前融资利息成本；③出口成本及费用（包括出口包装、国内运输、保险费用、码头费用、仓储费用、各种国内税、海关关税及费用、出口企业管理费用等）；④装运后的融资利息成本和银行手续费用；⑤可能的汇率变动成本；⑥国外运费（自装运港至目的港的海上运输费用）；⑦国外保险费（海上货物运输保险）；⑧如果有中间商，那么还应包括将支付给中间商的佣金；⑨出口商预期利润率等。

出口商在采用成本加成定价方法时，应根据买卖双方所确定的贸易术语，首先确定出口商品的总成本，并在此基础上计算出口商品利润，即可得到出口商品的价格。

（2）竞争对手定价法。此种定价方法以对付竞争对手为目标，在定价前，出口企业必须广泛搜集竞争对手的各种信息，并与本企业生产的同类商品加以比较，再根据对比的情况确定自己的价格。

（3）市场定价法。此种定价方法以市场为导向，根据目标市场的特点确定本企业的价格。此方法主要有推定价值定价法和区别定价法等。推定价值定价法指企业根据产品和市场营销因素的组合，以及消费者对产品价值的认可程度确定自己产品的价格。采用该种定价方法的关键是预测价格的准确性。区别定价法则是指按照不同的市场情况，服务于企业战略目标而采取的定价方法，具体又可分为客户差价、式样差价、地点差价、时间差价、数量差价、产品差价等。

9.3.2 出口商品成本核算

外贸企业在掌握出口商品价格时，要注意加强成本核算，以便采取措施不断降低成本，提高经济效益。考核企业的经济指标主要有以下几项。

1. 出口商品盈亏率

出口商品盈亏率是出口商品盈亏额与出口总成本（人民币）的比率。出口商品盈亏额是指出口销售人民币净收入与出口总成本（人民币）的差额，其中，出口销售人民币净收入由该出口商品的 FOB 价格按当时外汇牌价折成人民币，出口总成本（人民币）指该商品的进货成本加上出口前的一切费用和税金。其计算见式（9-1）和式（9-2）。

$$出口商品盈亏额 = 出口销售人民币净收入 - 出口总成本（人民币） \quad (9\text{-}1)$$

$$出口商品盈亏率 = \frac{出口商品盈亏额}{出口总成本（人民币）} \times 100\% \quad (9\text{-}2)$$

2. 出口商品换汇成本

出口商品换汇成本是指某商品的出口总成本（人民币）与出口销售该商品的外汇净收入（美元）之比。通过计算可得出该商品出口收入一美元需要多少元人民币的总成本，也就是说，多少元人民币换回一美元。其计算见式（9-3）。

$$出口商品换汇成本 = \frac{出口总成本（人民币）}{出口销售外汇净收入（美元）} \quad (9\text{-}3)$$

3. 出口创汇率

出口创汇率亦称外汇增值率，原本是用以考核进料加工的经济效益的，其具体做法是：以成品出口所得的外汇净收入减去进口原料所支出的外汇，算出成品出口外汇增值的数额，即创汇额，再将其与原料外汇成本相比，计算出百分率。在采用国产原料的正常出口业务中，也可计算创汇率，这就要以该原料的 FOB 出口价格作为原料外汇成本。其计算见式（9-4）。

$$出口创汇率 = \frac{成品出口外汇净收入 - 进口原料外汇成本}{进口原料外汇成本} \times 100\% \quad (9\text{-}4)$$

9.3.3 佣金与折扣

国际贸易货物的价格中有时也包含佣金或折扣减让，因此，佣金和折扣也成为货物价格的一个组成部分。

1. 佣金

（1）佣金的含义。佣金是代理人或经纪人为委托人介绍买卖或提供其他服务而取得的报酬。在货物买卖中，佣金常常表现为交易一方支付给中间商的报酬。例如，出口商支付佣金给销售代理人，或进口商支付佣金给采购代理人。

包含佣金的价格称为含佣价（commission price），不含佣金者则称为净价（net price）。佣金如在价格条款中被明确规定，则称作明佣；不在价格条款中表示出来，由当事人按约定另付的，称为暗佣。

（2）佣金的表示方法。含佣价可用文字表示，例如，每公吨335美元CIF纽约包含佣金2%（US$335 per metric ton CIF New York including 2% commission）。

含佣价也可在贸易术语后面加注"佣金"的英文缩写字母"C"并注明佣金的百分比来表示，例如，每公吨335美元CIFC2%纽约（USD335 per metric ton CIFC2% New York）。

明佣也可以在价格之后加列一定百分比的佣金率来表示。例如，USD27.50 per piece CIFC5 New York。这里的C5指5% commission，即佣金率。明佣除用百分比表示外，也可以用绝对数来表示，如"每公吨付佣金25美元"。

（3）佣金的计算与支付方式。佣金额是在含佣价的基础上计算的，其计算见式（9-5）～式（9-7）。

$$佣金额 = 含佣价 \times 佣金率 \qquad (9\text{-}5)$$

$$净价 = 含佣价 - 佣金额 \qquad (9\text{-}6)$$

含佣价与净价的关系：

$$含佣价 = \frac{净价}{1 - 佣金率} \qquad (9\text{-}7)$$

佣金的支付方法有两种：一种是在交易达成时就向中间商支付佣金；另一种是卖方在收到全部货款后，再另行支付佣金。在前一种情况下，交易虽已达成，但万一合同无法履行，委托人仍要向中间商支付佣金。而后一种情况对委托人比较有利。为了避免和防止误解，除要明确规定委托人与中间商之间的权利与义务之外，委托人最好事先与佣金商达成书面协议，明确规定支付佣金的方法。通常佣金可以在合同履行后逐笔支付，也可按月、按季、按半年甚至一年汇总支付。

2. 折扣

折扣（discount）是卖方给予买方的一种价格减让。国际贸易中使用的折扣名目较多，除一般折扣外还有为扩大销售而使用的数量折扣（quantity discount）、为某种特殊目的而给予的特殊折扣（special discount）及年终回扣（turnover bonus）等。折扣与佣金一样，有"明扣"和"暗扣"之分。明扣在价格条款中明确表示出来，如CIF纽约每公吨280美元，减3%折扣（USD280.00 per M/T CIF New York less 3% Discount）。此外，折扣也可以用绝对数来表示，如"每公吨折扣5美元"。

在实际业务中，有时也有用"CIFD"或"CIFR"来表示CIF价格中包含折扣，这里的"D"和"R"是"discount"和"rebate"的首字母。鉴于在贸易术语中加注的"D"或"R"含义不清，可能会引起误解，故最好不使用此缩写语。

折扣通常是以成交额或发票全额为基础计算出来的，折扣额一般在买方支付货款时预先予以扣除。其计算见式（9-8）。

$$折扣额 = 原价 \times 折扣率 \qquad (9\text{-}8)$$

9.3.4 国际货物买卖合同中的价格条款

国际货物买卖合同中的价格条款应真实反映买卖双方价格磋商的结果，条款内容应完整、明确、具体、准确。

1. 价格条款的基本内容

进出口合同中的价格条款，一般包括商品的单价和总值两项基本内容。

单价通常由四个部分组成，即计量单位、单位价格金额、计价货币和贸易术语。例如，每公吨 CIF 洛杉矶 2 000 美元（USD2 000 per M / T CIF Los Angeles）。

总值（或称总价）是单价同数量的乘积，也就是一笔交易的货款总金额。

2. 作价方法

国际货物买卖合同中价格的作价方法，主要有固定价格、非固定价格和部分固定、部分不固定价格等。

（1）固定价格。这种做法在国际货物买卖中被普遍采用，具体做法是：交易双方通过协商就计量单位、计价货币、单位价格金额和使用的贸易术语达成一致，在合同中以单价条款的形式规定下来。例如，每箱 58.50 美元 CIF 伦敦。（USD 58.50 per Dozen CIF London）。其中 USD（美元）为计价货币，58.50 为单位价格金额，"Per Dozen"为计量单位，"CIF London"为贸易术语。

采用这种方法时，合同价格一经确定就要严格执行，除非合同中另有约定或经双方当事人一致同意，否则任何一方不得擅自更改。固定价格的做法具有明确具体、便于核算的优点。但是，在这种方式下，当事人要承担从签约到交货付款乃至转卖时价格波动的风险。

（2）非固定价格。人们习惯上称非固定价格为"活价"。其具体做法如下所述。

1）合同中只规定作价方式，具体作价留待以后确定。如规定"在装船月份前×××天，参照当地及国际市场价格水平，协商议定正式价格"或"按照提单日期的国际市场价格计算"。

2）在合同中暂定一个初步价格作为买方开立信用证和初步付款的依据，待以后双方确定最终价格后再进行清算，多退少补。

3）规定滑动价格的做法。这主要是在一些机械设备的交易中采用，由于此类货物加工周期较长，为了避免原料、工资等变动带来的风险，可由交易双方在合同中规定基础价格的同时，规定若交货时原料、工资等发生变化并超过一定比例，卖方可对价格进行调整。

（3）部分固定、部分不固定价格。在一些长期分批交货的交易中，双方可以协商确定价格，对于近期内交货的部分采用固定价格，其余采用不固定作价办法。

本章小结

本章介绍了有关国际贸易术语的惯例，有《1932年华沙—牛津规则》《1941年美国对外贸易定义修订本》《2010年国际贸易术语解释通则》；重点介绍了《2010年通则》11种贸易术语中的FOB、CFR和CIF这3种在实际业务中经常使用的术语；介绍了货物的作价原则、作价方法、计价货币的选择、汇率的折算、佣金和折扣的使用等外销人员必须熟练掌握的业务技能；介绍了正确制定合同的价格条款等内容。本章的目的是使学生较好地掌握国际货物买卖合同的核心内容，即价格条款。

本章实训

1. 实训目的

了解出口报价的构成；熟练使用各种贸易术语；加强成本核算，对外准确报价。

2. 实训内容

（1）出口报价核算实训。

FOB、CFR和CIF这3种贸易术语的价格构成计算方法见式（9-9）～式（9-11）。

$$FOB 价 = 进货成本 + 国内费用 + 净利润 \tag{9-9}$$

$$CFR 价 = 进货成本 + 国内费用 + 净利润 + 国外运费 \tag{9-10}$$

$$CIF 价 = 进货成本 + 国内费用 + 净利润 + 国外运费 + 保险费 \tag{9-11}$$

（2）成本核算计算见式（9-12）和式（9-13）。

$$出口商品换汇成本 = \frac{出口总成本（人民币）}{出口销售外汇净收入（外汇）} \tag{9-12}$$

$$出口商品盈亏率 = \frac{出口销售人民币净收入 - 出口总成本}{出口总成本} \times 100\% \tag{9-13}$$

（3）练习。

1）某商品的卖方报价为每打60美元CIF香港，若该批商品的运费是CIF价的2%，保险费率是1%，现外商要求将价格改报为FOBC3，请问FOBC3应报多少？设卖方国内进货价为每打380元人民币，出口前的费用和税金共15元人民币/打，求该批商品的出口换汇成本和盈亏率。

2）某公司向加拿大出口某商品，外销价为每公吨500美元CIF温哥华，支付运费为70美元，保险费6.5美元。如果该公司收购该商品的收购价为每公吨1 800元人民币，国内直接和间接费用为该商品收购价的17%。试计算该商品的出口总成本、出口销售外汇净收入和出口换汇成本。如当期银行外汇牌价为1美元兑换6.6元人民币，试计算该商品的出口盈亏率。

（4）讨论案例。

【案例9-1】

买卖双方按照FOB条件签订了一笔化工原料的买卖合同，装船前检验时，货物的品质良好，符合合同的规定。货到目的港，买方提货后检验发现部分货物结块，品质发生变化。经调查确认原因是货物包装不良，使货物在运输途中吸收空气中的水分导致原颗粒状的原料结成硬块。于是，买方向卖方提起索赔，但卖方指出，货物装船前是合格的，品质变化是在运输途中发生的，也就是货物装船之后才发生的，按照国际贸易惯例，其后果应由买方承担，因此卖方拒绝赔偿。你认为此争议应如何处理？请说明理由。

【案例9-2】

买卖双方按CIF条件签订了一笔初级产品的交易合同。在合同规定的装运期内，卖方备妥了货物，安排好了从装运港到目的港的运输事项。在装船时，卖方考虑到从装运港到目的港距离较近，且风平浪静，不会发生什么意外，因此，没有办理海运货物保险。实际上，货物安全及时地抵达了目的港，但卖方所提交的单据中缺少了保险单，买方因市场行情发生了对自己不利的变化，就以卖方所交的单据不全为由，要求拒收货物并拒付货款。请问，买方的要求是否合理？此案应如何处理？

【案例9-3】

中国清远公司出口一批货物，DAP术语成交，不可撤销信用证付款，2月20日交货。1月下旬，中国清远公司的货物装船驶向目的港。此时，买方要求货装船后卖方将全套提单空邮买方，以便买方及时凭其办理进口通关手续，中国清远公司照办。由于海上风浪过大，船舶迟了几天才到达目的港，卖方遭到买方降价要挟，经过争取对方才未予以追究。货物到达目的港后，双方对卸货费用由谁负担的问题产生了争议。最后，中国清远公司负担了卸货费用，且蒙受了不小的损失。从此案例中我们应该吸取哪些教训？

3.实训组织形式和要求

（1）组织形式。将全班学生分成小组，通过小组讨论的形式完成本节实训。

（2）实训要求。分小组讨论以下内容：贸易术语的含义及性质，《2010年通则》中三种常用的贸易术语——FOB、CFR和CIF，货物的作价原则与作价方法，计价货币的选择，汇率的折算，佣金和折扣的使用，价格条款的拟定。在此基础上讨论相关的案例，并请各小组将讨论结果由各组的推荐代表在全班讨论时分享，每位学生需要提交自己的分析报告。

Chapter 10
第 10 章

国际贸易货物的运输与保险

学习要点

1. 了解各种国际贸易货物运输方式、运输单据及合同装运条款；通晓具体货运方式的操作程序；熟练运用和填制装运条款内容。
2. 熟悉我国海、陆、空、邮运输货物保险的险别；了解伦敦保险协会海运货物条款；能正确计算保险费；学会操作货运保险基本业务及订立合同的保险条款。
3. 熟悉国际贸易货物运输及保险的基本流程。

引言

国际贸易货物运输与保险是能否完成国际贸易的关键，在国际贸易中占有重要地位。从事国际贸易的人员必须熟悉和掌握有关国际货物运输的基本知识，才能在磋商交易和签订合同时充分考虑运输方面的问题，使合同中的装运条款订立得完整、明确、合理和切实可行，从而保证进出口商品交接任务的顺利完成。

10.1 国际贸易货物运输方式

在国际货物运输中，涉及的运输方式很多，包括海洋运输、铁路运输、航空运输、邮政运输、河流运输、公路运输、大陆桥运输及由各种运输方式组合的国际多式联运等。

10.1.1 海洋运输

在国际贸易货物运输中，运用最广泛的是海洋运输。目前，其运量在国际贸易货物运输总量中占 80% 以上。海洋运输之所以被广泛采用，是因为它与其他国际货物运输方式相比，具有运量大、运费低、点多线长等优点。但其不足在于受气候和自然条件的影响较大,风险较大等。海洋运输按经营方式不同,可分为班轮运输和租船运输两种。

1. 班轮运输

班轮运输又称定期船运输,是指船舶在固定航线上和固定港口之间按事先公布的船期表和运费率往返航行,从事客货运输业务的一种运输方式。班轮运输比较适合于运输小批量的货物。

(1)班轮运输的特点。

1)"四固定"。即船公司按固定的船期表、沿固定航线、停靠固定港口来航行,并按照相对固定的运费率收取运费。

2)"一负责"。即货物由班轮公司负责配载和装卸,运费内已包括装卸费用,班轮公司和托运人双方不计滞期费和速遣费。

3)船货双方的权利、义务和责任豁免均以班轮公司签发的提单条款为依据。

4)班轮承运货物的品种、数量比较灵活,货运质量较有保证。一般会在码头仓库交接货物,故为货主提供了更便利的条件。

(2)班轮运费。班轮运费包括基本运费和附加费两部分。前者是指货物从装运港运到目的港所应收取的基本运费,它是构成全程运费的主要部分;后者是指对一些需要特殊处理的货物,或者由于突发事件或客观情况变化等原因而需另外加收的费用。

1)基本运费。基本运费是指货物从装运港到目的港所应收取的费用,其中包括货物在港口的装卸费用,它是构成全程运费的主要部分。其计算标准主要有6种。

①按货物实际重量计收运费,故称重量吨(1 000千克),运价表内用"W"表示。

②按货物的体积或容积计收运费,故称尺码吨(1立方米),运价表中用"M"表示。

③按重量或体积计收运费,由船公司选择其中收费较高的作计费吨,运价表中以"W/M"表示。

④按商品价格计收运费,即从价运费,运价表内用"AV"或"AD VAL"表示。从价运费一般按货物的FOB价格的百分之几收取。此外,在班轮运价表中还有"W/M OR AV"及"W/M PLUS AV"的标志。

⑤按货物的件数计收运费。一般只对包装固定且包装内的数量、重量、体积也是固定不变的货物,才按每箱、每捆或每件等特定的运费额计收。

⑥由货主和船公司临时议定。这种方法通常是在承运粮食、豆类、矿石、煤炭等运量大、货价较低、装卸容易、装卸速度快的大宗低值农副产品和矿产品时采用。在运价表中,以"OPEN"表示。

2)附加费。班轮运费中的附加费是指针对某些特定情况或需做特殊处理的货物在基本运费之外加收的费用。附加费名目繁多,通常有超重附加费、超长附加费、选卸附加费、直航附加费、转船附加费、港口附加费等。此外,船公司有时还会根据各种不同情况临时决定增收某种费用,例如燃油附加费、货币附加费、绕航附加费等。

3）班轮运费的计算。一般情况下班轮运费的计算见式（10-1）和式（10-2）。
①当附加费为绝对值时：

$$班轮运费 = 运费吨 \times 等级运费率 + 附加费 \quad (10\text{-}1)$$

②当附加费是百分比时：

$$班轮运费 = 运费吨 \times 等级运费率 \times (1+ 附加费百分比) \quad (10\text{-}2)$$

【例 10-1】

出口 1 000 箱货物至法国马赛，每箱 50 欧元 CFR 法国马赛。该货物每箱尺码为 42 厘米 ×28 厘米 ×25 厘米，总毛重为 25 000 千克。海运运费为 W/M 10 级。查出口地至法国马赛 10 级货物基本运费为 60 欧元，港口附加费为运费的 20%。求该批货物的海运运费。

解：$\qquad$ 尺码吨 =1 000×0.42×0.28×0.25=29.4（立方米）

$$重量吨 =25（吨）$$

尺码吨 > 重量吨，所以按尺码吨计算运费

$$\begin{aligned}运费 &= 尺码吨 \times 等级运费率 \times (1+ 附加费百分比) \\ &=29.4\times60\times(1+20\%)=2\ 116.8（欧元）\end{aligned}$$

答：海运运费为 2 116.8 欧元。

2. 租船运输

租船运输又称不定期船运输，是指包租整船或部分舱位进行运输。租船方式主要有定期租船、定程租船、包运租船和光船租船四种。

（1）定期租船。定期租船又称期租船，是指按一定期限租赁船舶的方式，即由船东（船舶出租人）将船舶出租给租船人在规定期限内使用，在此期限内由租船人自行调度和经营管理。租期可长可短，短则数月，长则数年。定期租船的特点是：在租赁期内，船舶由租船人负责经营和管理；一般只规定船舶航行区域而不规定航线和装卸港；除另有规定外，可以装运各种合法货物；船东负责船舶的维修和机械的正常运转；不规定装卸率和滞期速遣条款；租金按租期每月（或 30 天）每载重吨计算；船东和租船人双方的权利和义务以期租船合同为依据。

（2）定程租船。定程租船又称程租船或航次租船，是指按航程租赁的方式。定程租船的特点是：无固定航线、固定装卸港口和固定航行船期，而是根据租船人（货主）的需要和船东的可能，经双方协商，在程租船合同中规定；程租船合同需规定装卸率和滞期、速遣费条款；运价受租船市场供需情况的影响较大；租船人和船东双方的其他权利和义务一并在程租船合同中规定。定程租船以运输货值较低的粮食、煤炭、木材、矿石等大宗货物为主。

（3）包运租船。包运租船（contract of affreightment，COA）是指船舶所有人提供给租船人一定运力，在确定的港口之间，以事先约定的期限、航次周期和每航次较为均等的货运量，完成运输合同规定的总运量的一种租船方式。包运租船方式的主要特点如

下：船舶出租期限的长短，完全取决于货物的总运量及船舶航次周期的所需时间；合同中不确定船名和船籍，一般仅规定船级、船龄和技术规范；船舶所运输的货物，主要是货运量比较大的干散货或液体散装货；租船人往往是业务量大和实力强的综合性工业企业、贸易公司、生产加工集团或大石油公司；以每吨货物的运费率为基础，运费按船舶实际装运的货物数量计收。

（4）光船租船。光船租船（demise or bareboat charter）是一种比较特殊的租船方式，是期租方式的一种派生租船方式，但它与期租不同的是船东不提供船员，仅仅是将一条船交给租船人使用，由租船人自行配备船员，负责船舶的经营管理和航行等各项事宜。在租赁期间，租船人实际上对船舶拥有支配权和公有权。光船租船有如下特点：船长和全部船员由租船人指派并听从其指挥；船舶所有人不负责船舶的运输，租船人以承运人的身份经营船舶；以整船出租并按船舶的载重吨和租期计算租金；船舶的一切时间损失风险完全由租船人承担，即使在船舶修理期间，租金仍连续计算；从船舶实际交给租船人使用时起，船舶的占有权从船舶所有人转移给租船人。

10.1.2 铁路运输、航空运输和邮政运输

我国的进出口货物，除通过海洋运输外，还有通过铁路运输、航空运输、邮政运输和公路运输等方式。

1. 铁路运输

铁路运输具有运行速度快、载运量较大、受气候影响小、准确性和连续性强等优点。在国际贸易中，铁路运输在国际货运中的地位仅次于海洋运输。在我国对外贸易运输中，铁路运输占有一定比重。

我国对外贸易货物使用铁路运输可分为国内铁路运输和国际铁路联运两种。供应港澳地区的货物由内地利用铁路运往香港九龙，或运至广州南部转船至澳门，这就属国内铁路运输。国际铁路联运是指在两个或两个以上国家铁路运送中，使用一份运送票据，并以连带责任办理货物的全程运送，在由一国铁路向另一国铁路移交货物时，无须发货人、收货人参加的运输方式。我国对周边国家，如朝鲜、越南、蒙古、俄罗斯等国家的进出口货物，大部分采用铁路运输。通过国际铁路联运，可使欧亚大陆连成一片，为发展我国与欧洲、亚洲国家的国际贸易提供了有利的条件。

2. 航空运输

国际货物的航空运输具有许多优点：运送迅速；节省包装、保险和储存费用；可以运往世界各地而不受河海和道路限制；安全准时。因此，其对易腐、鲜活、季节性强、紧急需要的商品运送尤为适宜，因此被称为"桌到桌快递服务"（desk to desk express service）。航空货物运输的方式很多，有班机、包机、集中托运和航空急件传送等。

3. 邮政运输

邮政运输又称邮包运输（parcel post transport），是一种最简便的运输方式。各国邮政部门之间订有协定和公约，从而保证了邮件包裹传递的畅通无阻、四通八达，形成了全球性的邮政运输网，遂使国际邮政运输得以在国际贸易中被广泛使用。近年来，邮政运输的特快专递业务迅速发展，目前主要有国际特快专递（EMS）和信使专递（DHL）。

10.1.3 集装箱运输、国际多式联运与大陆桥运输

集装箱运输、国际多式联运与大陆桥运输是目前国际货物运输使用较多的三种新型运输方式。

1. 集装箱运输

集装箱运输（container transport）是以集装箱为运输单位进行运输的一种现代化的运输方式，适用于各种运输方式的单独运输和不同运输方式的联合运输。集装箱运输的优点是加速货物装卸，提高港口吞吐能力，加速船舶周转，减少货损、货差，节省包装材料，减少运杂费用，降低营运成本，简化货运手续和便利货物运输等。集装箱运输是运输方式上的一大革命，它的出现和广泛运用，对国际贸易产生了很大的影响。

（1）集装箱运输的优越性。集装箱运输之所以成为运输领域最重要的运输方式，是因为与传统运输方式相比，其具有不可比拟的优越性。其优越性主要表现在：①扩大成组单元，提高装卸效率，降低劳动强度。②减少货损、货差，提高货物运输的安全与质量水平。③缩短货物在途时间，降低物流成本。④节省货物运输包装费用，简化理货工作。⑤减少货物运输费用。

（2）集装箱运输的特点。集装箱运输是一种现代化的运输方式，它与传统的货物运输方式相比，有许多不同之处，主要表现在以下几点：①集装箱运输是一种"门—门"运输（door to door）。②集装箱运输是一种多式联运。③集装箱运输方式是一种高效率的运输方式。④集装箱是一种消除了所运货物外形差异的运输方式。

（3）集装箱运输交接方式。根据整箱货、拼箱货的不同，集装箱运输的交接地点可以是转运地发货人的工厂和仓库、交货地收货人的工厂和仓库、装运地和交货地的集装箱堆场、装运地和卸货地的集装箱货运站及转运港和卸货港的船边。根据整箱货和拼箱货交接地点的不同，交接方式有以下几种。

1）门到门（door to door）：由托运人负责装载的集装箱，在其货仓或工厂仓库交承运人验收后，由承运人负责全程运输，直到收货人的货仓或工厂仓库交箱为止。这种全程连线运输，称为"门到门"运输。

2）门到场（door to CY）：由发货人货仓或工厂仓库至目的地或卸箱港的集装箱装卸区堆场。

3）门到站（door to CFS）：由发货人货仓或工厂仓库至目的地或卸箱港的集装箱货

运站。

4）场到门（CY to door）：由起运地或装箱港的集装箱装卸区堆场至收货人的货仓或工厂仓库。

5）场到场（CY to CY）：由起运地或装箱港的集装箱装卸区堆场至目的地或卸箱港的集装箱装卸区堆场。

6）场到站（CY to CFS）：由起运地或装箱港的集装箱装卸区堆场至目的地或卸箱港的集装箱货运站。

7）站到门（CFS to door）：由起运地或装箱港的集装箱货运站至收货人的货仓或工厂仓库。

8）站到场（CFS to CY）：由起运地或装箱港的集装箱货运站至目的地或卸箱港的集装箱装卸区堆场。

9）站到站（CFS to CFS）：由起运地或装箱港的集装箱货运站至目的地或卸箱港的集装箱货运站。

2. 国际多式联运

根据《联合国国际货物多式联运公约》的解释，国际多式联运（international multimodal transport）是指按照多式联运合同，以至少两种不同的运输方式，由多式联运经营人将货物从一国境内接受货物的地点运往另一国境内指定交付货物的地点。国际多式联运大多以集装箱为媒介，把海洋运输、铁路运输、公路运输、航空运输等单一运输方式有机地结合起来，构成一种连贯的运输，是实现门到门运输的有效方式。

3. 大陆桥运输

大陆桥运输（land bridge transport）是指以横贯大陆的铁路或公路运输系统为中间桥梁，把大陆两端的海洋运输连接起来的连贯运输方式。大陆桥运输属于多式联运范围。目前运用较广的是西伯利亚大陆桥及亚欧大陆桥。

此外，还有一种"OCP"运输方式。"OCP"是英文"over-land common point"的缩写，意为"内陆公共点"。它以美国落基山脉为界，界东的广大地区被划为内陆地区，凡海运到美国西海岸港口再以陆路运往内陆地区的货物，如提单上表明按OCP条款运输，便可享受比直达西海岸港口费率较低的优惠，陆运的运费率也可降低5%左右，相反方向的运送也相同。这种优惠只适用于货物的最终目的地在OCP地区，而且必须经美国西海岸港口中转的情况。

10.2　装运条款

国际货物买卖合同中的装运条款通常包括装运时间、装运港（地）和目的港（地）、分批装运和转运、装运通知、滞期和速遣条款等内容。

10.2.1 装运时间

装运时间,又称装运期,是买卖合同的主要条件,如卖方违反这一条件,买方有权撤销合同,并要求卖方赔偿其损失。

1. 装运时间的规定方法

(1)明确规定具体装运时间。一般不确定在某一个日期上,而是确定在一段时间内。这种规定方法,期限具体,含义明确,在国际货物买卖合同中采用较为普遍。

(2)规定在收到信用证后若干天或若干月装运。这类规定方法的装运时间取决于信用证开证时间。为了防止买方拖延或拒绝开证,还应规定信用证开抵卖方的最迟期限。例如:"收到信用证后 45 天内装运","买方必须最迟于××(日期)将有关信用证开抵卖方","买方如不按合同规定开证,则卖方有权以买方违约提出索赔"。

(3)收到货款后若干天装运。这种方法表明买方需要预付货款,因此这种方式对卖方最有利。

2. 确定装运时间应注意的事项

(1)应考虑货源和船源的实际情况,避免有船无货或有货无船的情况发生。
(2)对装运期的规定要明确,避免使用"立即装运"和"尽速装运"等词语。
(3)装运期限应当适度。期限长短应视不同商品和租船订舱的实际情况而定。
(4)在规定装运期的同时,应考虑开证日期的规定是否明确合理。

10.2.2 装运港和目的港

装运港是指货物起始装运的港口,目的港是指最终卸货的港口。

1. 装运港和目的港的规定方法

在买卖合同中,装运港和目的港的规定方法有以下几种。
(1)在一般情况下,装运港和目的港分别规定各为一个。
(2)有时按实际业务的需要,也可分别规定两个或两个以上。
(3)在磋商交易时,如明确规定装运港或目的港有困难,可以采用选择港办法。规定选择港有两种方式:一种是在两个或两个以上港口中选择一个,如"CIF 伦敦选择港汉堡或鹿特丹",或者"CIF 伦敦/汉堡/鹿特丹";另一种是笼统规定某一航区为装运港或目的港,如"地中海主要港口""西欧主要港口"等。

买卖双方在确定装运港或目的港时,通常都是从自身利益和需要出发,结合产销和运输等因素考虑。特别是确定国外装运港和目的港时,应当格外谨慎。

2. 规定装运港和目的港的注意事项

在规定装运港和目的港时应注意:应力求明确具体;不接受内陆城市为装运港或目

的港；应注意装卸港的具体条件；应注意国外港口有无重名；选择港口不宜过多，并在一条航线上等。

10.2.3 分批装运和转船

分批装运又称分期装运（shipment by installment），是指一个合同项下的货物分若干期或若干次装运。凡货物数量较大，或受运输、市场销售、资金等条件的限制，都可在买卖合同中规定分批装运条款。根据国际商会《跟单信用证统一惯例》规定："运输单据表面上已注明是使用同一运输工具装运并经同一路线运输，即使运输单据上注明的装运日期不同及/或装货港、接受监管地、发运地点不同，只要运输单据注明是同一目的地，也不视为分批装运。"该惯例还规定："如信用证规定在指定的时期内分期支款及/或分期装运，如其中任何一期未按信用证所规定期限支款/或装运时，则信用证对该期及以后各期均告失效。"对这类条款受益人应严格遵守，必须按信用证规定的时间装运货物。

转运（transshipment）是指货物从装运港（地）到目的港（地）的运输过程中，从一运输工具卸下，再装上同一运输方式的另一运输工具；或在不同运输方式情况下，从一种方式的运输工具卸下，再装上另一种方式的运输工具的行为。

分批装运和转运条款直接关系到买卖双方的利益，故双方在商定合同时应认真考虑并合理规定。如货物没有直达船或一时无合适的船舶运输，而需通过中途港转运的称为"转船"，买卖双方可以在合同中商订"允许转船"条款。分批装运和转船条款直接关系到买卖双方的权益，因此，能否分批装运和转船，应在买卖合同中订明。一般来说，允许分批装运和转船，对卖方来说比较主动。根据国际商会《跟单信用证统一惯例》规定：除非信用证有相反规定，否则可准许分批装运和转船；但买卖合同如对分批装运、转船不做规定，按国外合同法，则不等于可以分批装运和转船。因此，为了避免不必要的争议，争取早出口、早收汇，防止交货时发生困难，除非买方坚持不允许分批装运和转船，否则原则上应明确在出口合同中写入"允许分批装运和转船"。

10.2.4 装运通知

装运通知是在采用租船运输大宗进出口货物的情况下，在合同中加以约定的条款。规定这个条款的目的在于明确买卖双方的责任，促使买卖双方互相配合，共同做好船货衔接工作。

按照国际贸易的一般做法，在按 FOB 条件成交时，卖方应在约定的装运期开始以前（一般是 30 天或 45 天），向买方发出货物备妥通知，以便买方及时派船接货。买方接到卖方发出的备货通知后，应按约定的时间，将船名、船舶到港受载日期等信息通知卖方，以便卖方及时安排货物出运和准备装船。

此外，在货物装船后，卖方应在约定时间，将合同号、货物的品名、件数、重量、发票金额、船名及装船日期等项内容，电告买方，以便买方办理保险并做好接卸货物的准备，及时办理进口报关手续。

10.2.5　装卸时间、装卸率、滞期费和速遣费

装卸时间的长短和装卸效率的高低，直接关系到船方的利害得失，故船方出租船舶时，都要求在定程租船合同中规定装卸时间、装卸率，并规定延误装卸时间和提前完成装卸任务的罚款与奖励办法，以约束租船人。

1. 装卸时间

装卸时间是指允许完成装卸任务所约定的时间，它一般以天数或小时数来表示。装卸时间的规定方法很多，其中主要有下列几种。

（1）日或连续日。日是指午夜至午夜连续24小时的时间，也就是日历日数。以"日"表示装卸时间时，从装货或卸货开始，到装货或卸货结束，整个经过的日数，就是总的装货或卸货时间。在此期间内，不论是实际不可能进行装卸作业的时间（如雨天、施工或其他不可抗力），还是星期日或节假日，都应计为装卸时间。这种规定对租船人很不利。

（2）累计24小时好天气工作日。这是指在好天气情况下，不论港口习惯作业为几小时，均以累计24小时作为一个工作日。这种规定对租船人有利，而对船方不利。

（3）连续24小时好天气工作日。这是指在好天气情况下，连续作业24小时算一个工作日，如中间因坏天气影响而不能作业的时间应予扣除。这种方法一般适用于昼夜作业的港口。当前，国际上较为普遍采用这种规定，我国也一般都采用此种规定办法。由于各国港口习惯和规定不同，在采用此种规定办法时，对周末和节假日是否计算也应具体订明。

为了计算装卸时间，合同中还必须对装卸时间的起算和止算时间加以约定。关于装卸时间的起算时间，各国法律规定或习惯并不完全一致，一般规定在船长向承租人或他的代理人递交了"装卸准备就绪通知书"后或经过一定的规定时间开始起算。关于止算时间，现在世界各国习惯上都以货物装完或卸完的时间作为装卸止算时间。

2. 装卸率

所谓装卸率，即指每日装卸货物的数量。装卸率的高低，关系到完成装卸任务的时间和运费水平。装卸率规定过高或过低都不合适：规定过高，完不成装卸任务，要承担滞期费的损失；反之，规定过低，虽能提前完成装卸任务，可得到船方的速遣费，但船方会因装卸率低、船舶在港时间长而增加运费，致使租船人得不偿失。因此，装卸率的规定应当适当。

3. 滞期费和速遣费

如果租船人在约定的允许装卸时间内未能将货物装卸完，致使船舶在港内停泊时间

延长，给船方造成经济损失，则延迟期间的损失应按约定的每天若干金额补偿给船方，即滞期费。反之，租船人如按约定的装卸时间和装卸率，提前完成装卸任务，使船方节省了船舶在港的费用开支，则船方将其获取的利益的一部分给租船人作为奖励，即速遣费。按惯例，速遣费一般为滞期费的一半。滞期费和速遣费通常约定为每天若干金额，不足一天者，按比例计算。

10.3 国际贸易货物运输单据

运输单据是承运人收到承运货物后签发给出口商的证明文件，它是交接货物、处理索赔与理赔及向银行结算货款或进行议付的重要单据。在国际货物运输中，运输单据的种类很多，其中包括海运提单、海运单、铁路运单、航空运单、多式联运单据和邮包收据等。

10.3.1 海运提单

1. 海运提单的性质和作用

海运提单（bill of lading，B/L）简称提单，是指由船长或船公司或其代理人签发的，证明已收到特定货物，允诺将货物运至特定的目的地，并交付给收货人的凭证。海运提单也是收货人在目的港据以向船公司或其代理人提取货物的凭证。

海运提单的性质和作用可以概括为以下 3 个方面。

（1）海运提单是一种货物所有权的凭证。

（2）海运提单是承运人与托运人间订立的运输契约的证明。

（3）海运提单是承运人或其代理人签发的接收货物的收据。

2. 海运提单的种类

海运提单可从不同角度进行分类。以下是主要的几种。

（1）根据货物是否已装船，可分为"已装船提单"和"备运提单"。

1）已装船提单（on board B/L；shipped B/L）是指承运人已将货物装上指定轮船后所签发的提单。

2）备运提单（received for shipment B/L）是指承运人已收到托运货物，等待装运期间所签发的提单。

（2）根据提单有无批注条款，可分为"清洁提单"和"不清洁提单"。

1）清洁提单（clean B/L）是指货物在装船时"表面状况良好"，承运人在提单上未加任何有关货物受损或包装不良等批注的提单。

2）不清洁提单（unclean B/L 或 full B/L）是指承运人在提单上对货物表面状况或包装加有不良或存在缺陷等批注的提单。

（3）根据提单是否可以流通转让，可分为"记名提单""不记名提单"和"指示提单"。

1）记名提单（straight B/L）是指提单上的收货人栏内填写特定的收货人名称。这种提单只能由该特定收货人提货，因此记名提单不能流通转让。

2）不记名提单（bear B/L）是指提单上的收货人栏不指明收货人，只注明提单持有人（Bearer）字样。这种提单无须背书转让，流通性强，但风险大，实际业务中很少使用。

3）指示提单（order B/L）是指提单上的收货人栏内仅填写"凭指示"（To order）或"凭某某人指示"（To order of）字样。这种提单经背书后可转让给他人提货。目前，在实际业务中，使用最多的是"凭指示"并经空白背书的提单，人们习惯上称其为"空白抬头""空白背书"提单。

（4）根据运输方式，可分为"直达提单""转船提单"和"联运提单"。

1）直达提单（direct B/L）是指轮船从装运港装货后，中途不经过换船而直接驶往目的港卸货所签发的提单。

2）转船提单（transshipment B/L）是指轮船从装运港装货后，不直接驶往目的港，需要在中途港换装另外船舶运往目的港所签发的提单。

3）联运提单（through B/L）是指需经两种或两种以上的运输方式联运的货物，由第一程海运承运人所签发的，包括运输全程并能在目的港或目的地凭以提货的提单。

除此之外，还有班轮提单、租船提单、全式提单、略式提单等。

（5）按签发时间，可分为"倒签提单""顺签提单"和"预借提单"。

1）倒签提单（antedated B/L），通常是指承运人或其代理人应托运人的要求，在货物装船完毕后，以早于该票货物实际装船完毕的日期作为提单签发日期的提单。这是托运人为了使提单上记载的签发日期符合合同或信用证关于装运期的规定，以便顺利结汇，承运人应托运人要求而倒填日期签发的提单，所以称为倒签提单。

承运人签发倒签提单的做法，掩盖了提单签发时的真实情况，将面临承担由此而引起的风险责任。特别是当市场上货价下跌时，收货人可以"伪造提单"为由拒绝收货。

2）顺签提单（postdated B/L），是指货物装船完毕后，承运人或其代理人应托运人的要求，以晚于该票货物实际装船完毕的日期作为提单签发日期的提单。这是为了符合合同或信用证关于装运期的规定，应托运人要求而顺填日期签发的提单，所以称为顺签提单。

承运人签发顺签提单的做法同样掩盖了提单签发时的真实情况，也将面临承担由此而引起的风险责任。

3）预借提单（advanced B/L），一般是指在信用证所规定的结汇期，即信用证的有效期即将届满或交货期限已过，而货物尚未装船或尚未装船完毕的情况下，托运人为了能及时结汇而要求承运人提前签发的已装船清洁提单，即托运人为了能及时结汇而从承运人那里借用的已装船清洁提单。

当承运人签发这种提单时，不仅同样掩盖了提单签发时的真实情况，而且还将面临承担比签发倒签提单更大的风险责任。

（6）按提单使用的有效性，可分为正本提单与副本提单。

1）正本提单（original B/L），是指提单上有承运人正式签字并注明船名和签发日期的提单。这种提单在法律上和商业上是公认的有效的单据。正本提单的份数若干，若无明文规定，一般是一套两至三份并且必须在提单上注明签发的份数。此外，提单上必须要标明"正本"字样，以区别于副本提单。

2）副本提单（copy B/L），是指与正本提单相对的提单，即提单上没有承运人签字盖章，只供工作上参考使用。副本提单上一般都标有"Copy"或"Non-negotiable"字样，以区别于正本提单。

10.3.2　其他运输单据

1. 海运单

海运单（seaway bill）是承运人收到承运货物的收据，是承运人与托运人之间的运输契约的证明。但它不是物权凭证，不能提货，不能向银行押款，也不可转让，因此也称"不可转让海运单"。这是海运单与海运提单的重大区别。两者的区别还表现为以下几点。

（1）两者性质不同。海运单仅具有货物收据和运输合同或其证明的性质，是非物权凭证；而提单除具有货物收据、运输合同证明的性质之外，它通常是物权凭证，可以提货。

（2）两者流通性不同。海运单是一种非流通性单据，且记载了特定收货人，因而不能流通转让；而提单多为流通性单据，可以采用背书或背书加交付的方式流通转让。

（3）两者记载收货人方式不同。海运单"收货人"栏内只能记载特定的收货人，不能记载"凭指示"(To order)；而提单"收货人"栏内通常记载"凭指示"(To order)等。

（4）两者交货方式不同。海运单载明的收货人在提货时可以无须出示海运单，承运人仅凭其出示的身份证明即可交付货物；而提单的合法持有人和承运人只能凭正本提单提货与交货。

（5）海运单与记名提单不同。尽管海运单与记名提单两者均记载特定的收货人，且不能背书转让，但其本质是不同的。记名提单是提单的一种，是物权凭证，持有记名提单，其收货人可凭以提货；而海运单因其为非物权凭证，其收货人无法仅凭海运单提货。

近年来由于海运单既能使收货人及时提货、减少费用、简化手续，其不可转让的性质又有利于EDI技术在国际贸易中的应用推广，所以在部分地区被越来越多地使用。

2. 铁路运单

（1）国际铁路联运运单。国际铁路货物联运所使用的运单是铁路与货主间缔结的运输契约。该运单从始发站随同货物附送至终点站并交给收货人，它不仅是铁路承运货物出具的凭证，也是铁路同货主交接货物、核收运杂费用和处理索赔与理赔的依据。国际铁路联运运单副本，在铁路加盖承运日期戳记后发还给发货人，它是卖方凭以向银行结算货款的主要证件之一。

（2）承运货物收据。承运货物收据是承运人出具的货物收据，也是承运人与托运人签订的运输契约。我国内地通过铁路运往港澳地区的出口货物，一般多委托中国对外贸易运输公司承办。当出口货物装车发运后，对外贸易运输公司即签发一份承运货物收据给托运人，以作为对外办理结汇的凭证。

3. 航空运单

航空运单是承运人与托运人之间签订的运输契约，也是承运人或其代理人签发的货物收据。航空运单还可作为承运人核收运费的依据和海关查验放行的基本单据。但航空运单不是代表货物所有权的凭证，也不能通过背书转让。收货人提货不是凭航空运单，而是凭航空公司的提货通知单。在航空运单的收货人栏内，必须详细填写收货人的全称和地址，而不能做成指示性抬头。

4. 多式联运单据

多式联运单据（multimodal transport documents，MTD）是多式联运合同的证明，也是多式联运经营人收到货物的收据和凭以交付货物的凭证。根据发货人的要求，它可以做成可转让的，也可做成不可转让的。多式联运单据如签发一份以上的正本单据，应注明份数，其中一份完成交货后，其余各份即失效。

5. 邮包收据

邮包收据是邮包运输的主要单据，它既是邮局收到寄件人的邮包后所签发的凭证，也是收件人凭以提取邮件的凭证。当邮包发生损坏或灭失时，它还可以作为索赔和理赔的依据。但邮包收据不是物权凭证。

10.4 国际贸易货物运输保险

在国际贸易中，每笔成交的货物，从卖方交至买方手中一般都要经过长途运输。在此过程中，货物可能遇到自然灾害或意外事故，从而使货物遭受损失。为了转嫁货物在运输途中的风险，通常都要投保货物运输险。

国际贸易货物运输保险属于财产保险的范畴，它是以运输过程中的各种货物作为保险标的，被保险人（买方或卖方）向保险人（保险公司）按一定金额投保一定的险别，并交纳保险费。保险人承保以后，如果保险标的在运输过程中发生约定范围内的损失，其应按照规定给予被保险人经济上的补偿。

10.4.1 海上货物运输保险承保范围

海上货物运输保险承保的范围，包括海上风险、海上损失与费用及海上风险以外的其他外来原因所造成的风险与损失。正确理解海上货物运输保险的范围，对于我们了解保险条款，选择投保险别，以及一旦货物发生损坏和灭失，如何正确处理索赔等方面，都具有十分重要的意义。

1. 风险

风险包括海上风险和外来风险。海上风险（perils of the sea）包括自然灾害和意外事故，但并不包括海上的一切危险。外来风险（extraneous risks）可分为一般外来风险和特殊外来风险。

（1）海上风险。

1）自然灾害（natural calamities）。自然灾害是指不以人的意志为转移的自然界力量所引起的灾害，如恶劣气候、雷电、地震、海啸、火山爆发、洪水等。

2）意外事故（fortuitous accident）。意外事故是指人或物体遭受到外来的突然的、非意料中的事故，如船舶搁浅、触礁、沉没、碰撞，以及火灾、爆炸等。

（2）外来风险。

1）一般外来风险是指由于一般外来原因所造成的风险，主要包括：偷窃、渗漏、短量、碰损、钩损、生锈、雨淋、受热受潮等。

2）特殊外来风险是指战争、种族冲突或一国的军事、政治、国家政策法令和行政措施等的变化，如战争、罢工、交货不到、被拒绝进口或没收等。

2. 损失

（1）全部损失。全部损失（total loss）简称全损，是指运输途中的整批货物或不可分割的一批货物的全部损失。全损有实际全损（actual total loss）和推定全损（constructive total loss）之分。

1）实际全损，是指被保险货物完全灭失或完全变质，或者货物实际上已不可能归还被保险人而言。构成被保险货物"实际全损"的情况有下列几种：①保险标的的完全灭失。例如，船只遭遇海难后沉没，货物同时沉入海底。②保险标的物丧失已无法挽回。例如，船只被海盗劫去，货物被敌方扣押等。虽然船和货物本身并未遭受损失，但被保险人已失去了这些财产。③保险标的物已丧失商业价值或失去原有用途。例如，茶叶经水泡后，虽没有灭失，仍旧是茶叶，但已不能饮用，失去了商业价值。④船舶失踪且达到一定时期。例如，船只半年仍无音讯，则可视为全部灭失。

2）推定全损，是指货物在海上运输途中遭遇承保风险后，虽未达到完全灭失的状态，但是进行施救、整理和恢复原状所需的费用，或者再加上续运至目的地的费用总和估计要超过货物在目的地的完好状态的价值。在这种情况下，被保险人可以要求保险人按部分损失赔偿,也可要求按全损赔偿。如果要求按全损赔付,被保险人必须向保险人发出委付通知。所谓委付(abandonment)是指被保险人表示愿意将保险标的物的全部权利和义务转移给保险人,并要求保险人按全损赔偿的行为。委付必须经保险人同意接受后才能生效。

(2)部分损失。部分损失(partial loss)是指被保险货物的损失没有达到全部损失的程度。部分损失又可分为共同海损(general average)与单独海损(particular average)。

1)共同海损,是指载货船舶在海运途中遇到危及船和货的共同危险、船方为了维护船舶和货物的共同安全或使航程得以继续完成,有意并且合理地做出的某些特殊牺牲或支出的特殊费用。共同海损的成立应具备以下条件。①船方在采取措施时,必须确有危及船和货共同安全的危险存在,不能主观臆测可能有危险发生而采取措施。②船方所采取的措施必须是有意的、合理的。"有意的"是指共同海损的发生必须是人为的、有意识行为的结果,而不是一种意外的损失。③所做出的牺牲或支出的费用必须是非常性质的。"非常性质"是指这种牺牲或费用不是通常业务中所必然会遇到或支出的。④构成共同海损的牺牲和费用支出必须是有效的,即采取某种措施后,船舶和货物的全部或一部分最后安全抵达航程的终点港或目的港,避免了船和货同归于尽。

共同海损牺牲和费用应该由船舶、货物和运费三方共同按最后获救的价值的比例分摊,这种分摊称为共同海损分摊。

2)单独海损,是指货物受损后未达到全损程度,而且是单独一方的利益受损并只能由该利益所有者单独负担的一种部分损失。例如,某公司出口核桃仁100公吨,在海运途中遭受暴风雨,海水浸入舱内,核桃仁因水泡变质而失去商业价值,这种损失只是使该公司一家的利益遭受影响,与同船所装的其他货物的货主和船东利益并没有什么关系,因而属于单独海损。

以上表明,共同海损和单独海损是有区别的,主要表现在两个方面。

1)造成海损的原因有别。单独海损是承保风险所直接导致的船货损失;共同海损则不是承保风险所直接导致的损失,而是为了解除船和货的共同危险有意采取合理措施而造成的损失。

2)损失的承担责任有别。单独海损由受损方自行承担;共同海损则应由各受益方按照受益大小的比例共同分摊。

3. 费用

保险人承担的费用是指保险标的发生保险事故后,为减少货物的实际损失而支出的合理费用。包括以下两种。

(1)施救费用,是指在遭遇保险责任范围内的灾害事故时,被保险人或其代理人、雇佣人员和保险单证受让人等为抢救保险标的物,为防止其损失扩大所采取的措施而支出的费用。

(2)救助费用,是指保险标的物遇到上述灾害事故时,由保险人和被保险人以外的第三者采取救助行为而向其支付的报酬。

10.4.2 我国海洋货物运输保险条款及险别

保险险别是保险人对风险和损失的承保责任范围，是保险人与被保险人履行权利与义务的基础，也是保险人承保责任大小和被保险人缴付保险费多少的依据。中国人民保险公司制定的"中国保险条款"（China Insurance Clauses，CIC），将海运货物保险险别分为基本险和附加险两类。

1. 基本险

海运货物保险的基本险别分为平安险、水渍险和一切险三种。

（1）平安险。平安险（free from particular average，FPA）的承保责任范围包括：由于自然灾害和意外事故所导致的货物的全部损失；由于运输工具遭受意外事故造成货物的全部或部分损失；在运输工具已经发生意外事故的情况下，货物在此前后又在海上遭受自然灾害所造成的部分损失；在装卸或转运时由于一件或数件整件货物落海造成的全部或部分损失；共同海损的牺牲、分摊及救助费用、施救费用等。

（2）水渍险。水渍险（with average 或 with particular average，WA 或 WPA）的承保责任范围除包括上述平安险的各项责任外，还包括被保险货物由于恶劣气候、雷电、海啸、地震、洪水等自然灾害所造成的部分损失。

（3）一切险。一切险（all risks）的承保责任范围除包括水渍险的各项承保责任外，还包括被保险货物在运输途中由于一般外来风险所致的全部或部分损失。

对于上述三种基本险，保险条款还规定了除外责任。所谓除外责任（exclusion）是指保险公司明确规定不予承保的损失和费用。我国《海运货物保险条款》对除外责任的规定主要包括：被保险人的故意行为或过失造成的损失；属于发货人责任引起的损失；保险责任开始前，被保险货物已存在的品质不良或数量短差所造成的损失；被保险货物的自然损耗、本质缺陷、特性及市价跌落、运输延迟所造成的损失或费用；战争险和罢工险的责任范围和除外责任。

中国人民保险公司的《海洋运输货物保险条款》规定，基本险承保责任起讫期限（保险期限）采用国际保险业务中惯用的"仓至仓条款"（warehouse to warehouse，W/W Clause），即保险责任自被保险货物运离保险单所载明的起运地仓库或储存处所开始运输时生效，包括正常运输过程中的海上、陆上、内河和驳船运输在内，直至该项货物到达保险单所载明目的地收货人的最后仓库或储存处所或被保险人用作分配、分派或非正常运输的其他储存处所为止。如未抵达上述仓库或储存处所，则以被保险货物在最后卸载港全部卸离海轮后满 60 天为止。如在上述 60 天被保险货物需转运至非保险单所载明的目的地时，则于货物开始转运时终止。

2. 附加险

附加险是对基本险的补充和扩大。附加险承保的是除自然灾害和意外事故以外的各种外来原因所造成的损失。附加险只能在投保某一种基本险的基础上才可加保。《中国保险条款》中的附加险有一般附加险和特殊附加险之分。

（1）一般附加险。一般附加险（general additional risk）有下列 11 种险别。

1）偷窃、提货不着险（theft，pilferage and non—delivery risk，T.P.N.D.）。

2）淡水雨淋险（fresh water and rain damage risk，F.W.R.D.）。

3）渗漏险（leakage risk）。

4）短量险（shortage risk）。

5）混杂、沾污险（intermixture and contamination risks）。

6）碰损、破碎险（clash and breakage risk）。

7）串味险（taint of odor risk）。

8）受潮受热险（sweat and heating risk）。

9）钩损险（hook damage risk）。

10）包装破裂险（breakage of packing risk）。

11）锈损险（rust risk）。

（2）特殊附加险。特殊附加险（special additional risk）主要有下列 8 种。

1）战争险（war risk）。

2）罢工险（strikes risk）。

3）进口关税险（import duty risk）。

4）黄曲霉素险（aflatoxin risk）。

5）舱面险（on deck risk）。

6）拒收险（rejection risk）。

7）交货不到险（failure to deliver risk）。

8）出口货物到香港（包括九龙在内）或澳门存仓火险责任扩展条款（fire risk extension clause for storage of cargo at destination Hong Kong，including Kowloon，or Macao，F.R.E.C）等。

战争险保险责任的起讫采用的是保险人只负责水面风险的原则，即从货物装上海轮或驳船时开始至货物运抵目的港卸离海轮为止。如果不卸离海轮，则以货物到达目的港当日午夜起 15 天为限。

10.4.3　其他运输方式下的货运保险

1. 陆上运输货物保险

根据中国人民保险公司制定的《陆上运输货物保险条款》的规定，陆运货物保险的基本险别有陆运险（overland transportation risks）和陆运一切险（overland transportation all risks）两种。此外，还有陆上运输冷藏货物险，它也具有基本险性质。

陆运险的承保责任范围同海运水渍险相似；陆运一切险的承保责任范围同海运一切

险相似。上述责任范围均适用于铁路和公路运输，并以此为限。陆运险与陆运一切险的责任起讫，也采用"仓至仓"责任条款。

陆运货物在投保上述基本险之一的基础上可以加保附加险。如投保陆运险，可酌情加保一般附加险和战争险等特殊附加险；如投保陆运一切险，就只能加保战争险，而不能再加保一般附加险。陆运货物在加保战争险的前提下，再加保罢工险，不另收保险费。陆运货物战争险的责任起讫，是以货物置于运输工具时为限。

2. 航空运输货物保险

空运货物保险的基本险别有航空运输险（air transportation risks）和航空运输一切险（air transportation all risks）。这两种基本险都可单独投保，在投保其中之一的基础上，经投保人与保险公司协商可以加保战争险等附加险，加保时须另付保险费。在加保战争险前提下，再加保罢工险，则不另行收费。

航空运输险和航空运输一切险的责任起讫采用"仓至仓"条款。航空运输货物战争险的责任期限，是自货物装上飞机时开始至卸离保险单所载明的目的地的飞机时为止。

3. 邮运包裹保险

根据邮包运输保险条款的规定，有邮包险和邮包一切险两种基本险，其责任起讫是自被保险邮包离开保险单所载起运地点寄件人的处所运往邮局时开始生效，直至被保险邮包运达保险单所载明的目的地邮局发出通知书给收件人当日午夜起算满15天为止，但在此期限内，邮包一经递交至收件人处所时，保险责任即告终止。

在投保邮包运输基本险之一的基础上，经协商可加保邮包战争险等附加险。在加保战争险的基础上，如加保罢工险，则不另行收费。邮包战争险承保责任的起讫，是自被保险邮包经邮政机构收讫后自储存处所开始运送时生效，直至该项邮包运达保险单所载明的目的地邮政机构送交收件人为止。

10.4.4 伦敦保险协会海运货物保险条款

英国伦敦保险协会制定的《协会货物条款》（Institute Cargo Clauses，ICC）是对世界各国保险业影响最大，应用最为广泛的保险条款。此条款最早制定于1912年。为了适应不同时期国际贸易、航运、法律等方面的变化和发展，该条款已先后经过多次补充和修改。该条款在S.G.保险单的基础上，随着国际贸易和运输的发展，不断增添有关附加或限制某些保险责任的条文，后来经过对这些加贴条文加以整理，从而形成一套伦敦保险协会货物条款。但因该条款条理不清、措辞难懂，又缺乏系统的文字组织，被保险人难以正确理解，因而不能适应日益发展的国际贸易对保险的需要。为此，伦敦保险业协会对其进行了修订。修订工作于1982年1月1日完成，并于1983年4月1日起正式实行新版本。同时，新的保险单格式代替原来的S.G.保险单格式，也自同日起使用。

1. 伦敦保险协会海运货物保险条款的主要内容

（1）协会货物（A）险条款，即 ICC（A）。
（2）协会货物（B）险条款，即 ICC（B）。
（3）协会货物（C）险条款，即 ICC（C）。
（4）协会货物战争险条款（Institute War Clauses-Cargo）。
（5）协会货物罢工险条款（Institute Strike clauses-Cargo）。
（6）恶意损害险条款（Malicious Damage Clause）。

上述六种险别中（A）险、（B）险、（C）险属于基本险，其他属于附加险。除恶意损害险外，前五种险别可以单独投保。在 ICC 条款中，上述前五种险别均按条款的性质统一划分为八项主要内容，即承保范围、险外责任、保险期限、索赔、保险利益、减少损失、防止延迟和法律与惯例。

2. ICC 条款的特点

ICC 条款的特点主要表现在以下几个方面。

（1）ICC 条款的战争险和罢工险在需要时能单独投保。
（2）ICC 条款的各种险别取消了按全部损失与部分损失区分险别的规定。
（3）ICC 条款的各种险别赔偿时不计免赔率。
（4）ICC 条款规定的保单是一种空白格式的保险单，其内容简洁、明确，不包括保险条件，也取消了附注。
（5）ICC 条款增加了可保利益条款、续运费条款、增值条款、放弃条款和法律与惯例条款等五个条款。

ICC（A）险、ICC（B）险和 ICC（C）险的承保范围类似于我国海洋货物运输中的"一切险""水渍险"和"平安险"，但不同之处在于：海盗行为所造成的损失在 ICC（A）险的承保责任范围内，而在一切险中是除外责任；ICC（A）险包括恶意损害险，而一切险中不包括此种险；ICC（B）险和 ICC（C）险改变了水渍险与平安险对承保范围中某些风险不明确的弊病，采取"列明风险"的办法，即把承保风险和损失一一列明；ICC（A）险、ICC（B）险和 ICC（C）险条款的责任起讫也采用"仓至仓"条款，但比我国条款规定更为详细。

3. 伦敦保险协会海运货物保险条款中主要险别的承保范围

ICC（A）险、ICC（B）险和 ICC（C）险的承保责任范围见表 10-1。

表 10-1　ICC（A）险、ICC（B）险和 ICC（C）险的承保责任范围

承保范围	A 险	B 险	C 险
火灾或爆炸	√	√	√
船舶或驳船搁浅、触礁、沉没或倾覆	√	√	√
陆上运输工具的倾覆或出轨	√	√	√

（续）

承保范围	A险	B险	C险
在避难港卸货	√	√	√
抛货	√	√	√
共同海损牺牲	√	√	√
船舶、驳船或运输工具同水以外的任何物体碰撞	√	√	√
地震、火山爆发或雷电	√	√	
浪击落海	√	√	
海水、湖水或河水进入船舶、驳船、运输工具、集装箱、大型海运箱或贮存处所	√	√	
货物在装卸时落海或跌落造成任何整件的全损	√	√	
被保险人以外的其他人的故意行为所致被保险货物的灭失和损失	√		
海盗行为	√		
一般外来原因所造成的损失	√		

注："√"表示承保责任；空格表示免责或除外责任。

4. ICC2009（A）、（B）和（C）的承保风险

2009年，英国又对ICC1982予以修订。ICC2009扩展了保险责任起讫，对保险人援引免责条款做出了一定的限制，对条款中易于产生争议的用词做出了更加明确的规范。新条款中的文字、结构等也更加简洁、严密，便于阅读和理解。

（1）ICC2009（A）的除外责任。ICC2009（A）对其承保风险的规定采取"一切风险减除外责任"的方式，并未列举具体承保风险的名称。因此，只需弄清楚它的"除外责任"，便不难理解其所承保的风险及其含义。其除外责任主要有以下几种。

1）一般除外责任是指：被保险人故意的不法行为所造成的损失或费用；保险标的自然渗漏、重量或容量的自然损耗或自然磨损；由于包装或准备的不足或不当所造成的损失或费用；因保险标的内在缺陷或特征所造成的损失或费用；直接由于延迟所引起的损失或费用；因船舶所有人、经理人、租船人经营破产或不履行债务所造成的损失或费用；因使用任何原子或热核制造的武器所造成的损失或费用。

2）不适航、不适货除外责任主要是指被保险人在保险标的装船时已知船舶不适航，以及船舶、运输工具、集装箱等不适货而造成的损失或费用。

3）战争除外责任是指：由于战争、内战、敌对行为等所造成的损失和费用；由于捕获、拘留、扣留等（海盗除外）所造成的损失；由于漂流水雷、鱼雷等所造成的损失或费用。

4）罢工除外责任是指：由于罢工、被迫停工所造成的损失或费用；由于罢工者、被迫停工工人等造成的损失或费用；任何恐怖主义者或出于政治动机而行动的人所造成的损失或费用。

（2）ICC2009（B）的除外责任。ICC（B）对承保风险的规定是采用"列明风险"的方式，即把所承保的风险一一列举，凡属承保责任范围内的损失，无论是全部损失还是部分损失，保险人按损失程度均负责赔偿。（B）险的除外责任方面，除对"海盗行为"

和恶意损害险的责任不负责外,其余均与(A)险的除外责任相同。(B)险承保的风险是灭失或损害要合理归因于以下几种原因。①火灾、爆炸。②船舶或驳船触礁、搁浅、沉没或者倾覆。③陆上运输工具倾覆或出轨。④船舶、驳船或运输工具同水以外的任何外界物体碰撞。⑤在避难港卸货。⑥地震、火山爆发、雷电。⑦共同海损牺牲。⑧抛货。⑨浪击落海。⑩海水、湖水或河水进入船舶、驳船、运输工具、集装箱、大型海运箱或贮存处所。⑪货物在装卸时落海或跌落造成整件的全损。

(3)ICC2009(C)的除外责任。ICC(C)的风险责任规定也和(B)险一样,采用"列明风险"的方式,可是仅对"重大意外事故"(major casualties)所致损失负责,对非重大意外事故和自然灾害所致损失均不负责。其除外责任主要有以下几种。①火灾、爆炸。②船舶或驳船触礁、搁浅、沉没或者倾覆。③陆上运输工具倾覆或出轨。④船舶、驳船或运输工具同水以外的任何外界物体碰撞。⑤在避难港卸货。⑥共同海损牺牲。⑦抛货。

(C)险的除外责任与(B)险完全相同。恶意损害险是新增加的附加险别,承保被保险人以外的其他人(如船长、船员等)的故意破坏行动所致被保险货物的灭失或损坏。但是,恶意损害如果是出于政治动机的人的行动,不属于恶意损害险承保范围,而应属罢工险的承保风险。由于恶意损害险的承保责任范围已被列入(A)险的承保风险,所以,只有在投保(B)险和(C)险的情况下,才在需要时可以加保。

10.4.5 国际货物买卖合同中的保险条款

1. 国际货物买卖合同中的保险条款内容

保险条款是国际货物买卖合同的重要组成部分之一,涉及买卖双方的利益。一般来说,保险条款所涉及的内容有保险金额、投保险别、保险费、保险单证和保险适用条款等。

保险金额(amount insured)是指保险公司可能赔偿的最高金额,习惯上按发票金额加一成(10%)作为预期利润和业务费用。保险金额的计算见式(10-3)。

$$保险金额 = CIF 价格 \times (1 + 加成率) \tag{10-3}$$

投保人交付保险费是保险合同生效的前提条件。保险费是保险公司经营保险业务的基本收入,也是保险公司所掌握的保险基金,即损失赔偿基金的主要来源。保险费的计算见式(10-4)。

$$保险费 = 保险金额 \times 保险费率 \tag{10-4}$$

如按 CIF 或 CIP 价加成投保,则上述计算应改为式(10-5)。

$$保险费 = CIF(或 CIP)价 \times (1 + 投保加成率) \times 保险费率 \tag{10-5}$$

2. 我国国际货物运输保险实务

(1)出口货物运输保险。按 CIF 或 CIP 条件订立的出口合同,由出口方负责投保。

按我国保险公司的有关规定，出口货物的投保一般需逐笔填写投保单，再向保险公司提出书面申请。投保单经保险公司接受后由保险公司签发保险单。

（2）进口货物运输保险。凡按 FCA、FOB、CPT、CFR 条件订立的进口货物，由进口方负责投保。我国外贸企业为了防止漏保和延误投保，也为了简化手续，大都采用预约保险的做法，即由我外贸企业与保险公司事先签订各种不同运输方式的进口预约保险合同（open cover），又称预约保单（open policy）。按照预约保险合同规定，外贸企业无需逐笔填送投保单。在进口货物时，只需将国外客户的装运通知送交保险公司，即为办理了投保手续，保险公司对该批货物自动承担承保责任。对于不经常有货物进口的单位，也可逐笔办理投保。

（3）保险单据。保险单据是保险人与被保险人之间权利与义务的契约，是被保险人或受让人索赔和保险人理赔的依据，是进出口贸易结算的主要单据之一。在国际货物贸易中，保险单据可以背书转让。我国常用的保险单证主要有保险单、保险凭证和预约保险单等。

1）保险单（insurance policy），俗称大保单，是投保人与保险人之间订立的一种正规保险合同。目前，我国国内的保险公司大都出具这种保险单。

2）保险凭证（insurance certificate），俗称小保单，是一种简化的保险合同。其在法律上与保险单具有同等法律效力。

3）预约保险单（open policy），是一种没有总保险金额限制的预约保险总合同，是保险公司对被保险人将要装运的属于约定范围内的一切货物自动承保的总合同。在承保范围内的被保险货物一经启运，保险公司即自动承保。

本章小结

本章主要介绍了国际贸易常见的几种运输方式，运输单据及合同装运条款的主要内容，海上货物运输保险的种类及承保的范围，我国海、陆、空、邮运输货物保险的险别和伦敦保险协会海运货物条款等。目的是使学生能够合理选用货物运输方式，通晓具体货运方式的操作程序、订立合同的保险条款，掌握填写和审核货运单据及保险单据等外贸业务。

本章实训

1. 实训目的
在熟悉出口托运业务流程的基础上，使学生掌握填写和审核出口货物运输单据的能力。

2. 实训内容
（1）根据表 10-2 所示的"出口货物明细表"内容及提供的资料缮制出口托运单。

表 10-2 出口货物明细表

出口货物明细单		银行编号		外运编号	DS2008 INV205
2019 年 05 月 09 日		核销单号		许可证号	
经营单位（装船人）	XXXXXX CO., LTD. Room 2901, HuaRong Mansion, GuanJiaQiao 85#, Shanghai 200005, P.R.China TEL:021-4711363 FAX:021-4691619	合同号			DS2008SC205
		信用证号			LC010986
		开证日期	2019-04-03	收到日期	2019-04-04
提单或承运收据	抬头人	TO ORDER	金额	USD29920.00	收汇方式	L/C AT SIGHT
			货物性质		贸易国别	SAUDI ARABIA
	通知人	SAMAN AL-ABDUL KARIM AND PARTNERS CO. POB 13552, RIYADH 44166, KSA TEL:4577301/4577312 / 4577313 FAX:4577461	出口口岸	TIANJIN PORT	目的港	DAMMA PORT
			可否转运	Yes	可否分批	Yes
	运费	Freight Prepaid	装运期限	2019-06-05	有效期限	2019-06-15

标记唛头	货名规格及货号	件数	数量或尺码	毛重 KG	净重 KG	价格（成交条件） 单价	价格（成交条件） 总价
	CFR DAMMAM PORT, SAUDI ARABIA						
N/M	CANNED APPLE JAM 24 TINS X 340 GMS	2200 CARTONS	2200 CARTONS	19747.00	17952.00	USD 6.80	USD 14960.00
	CANNED STRAWBERRY JAM 24 TINS X 340 GMS	2200 CARTONS	2200 CARTONS	19747.00	17952.00	USD 6.80	USD 14960.00
	TOTAL:	4400 CARTONS	4400 CARTONS	39494.00 KGS	35904.00 KGS		USD 29920.00

TOTAL: SAY FOUR THOUSAND FOUR HUNDRED CARTONS ONLY.

本公司注意事项		总体积		45.60CBM
	保险单	险别		
		保额		
		赔款地点		
外运外轮注意事项		船名		
		海关编号		3201010101
		放行日期		
		制单员		

注：开证行：WESTERN BANK；开船日期：2019 年 6 月 1 日。

（2）案例讨论。

【案例 10-1】

某对外贸易进出口公司（A 公司）于 5 月 23 日接到一张国外开来的信用证，信用证规定受益人为对外贸易进出口公司（卖方），申请人为 E 贸易有限公司（买方）。信用证对装运期和议付有效期条款规定："Shipment must be effected not prior to 31st May, 2007.The Draft must be negotiated not later than 30th June, 2007"。A 公司发现信用证装运期太紧：23 日收到信用证，31 日装运就到期。所以，有关人员即于 5 月 26 日（24 日和 25 日系双休日）按装运期 5 月 31 日通知储运部安排装运。储运部根据信用证分析单上规定的 5 月 31 日装运期即向货运代理公司配船。因装运期太紧，经多方努力才设法商洽将其他公司已配上的货退载，换上对外贸易进出口公司的货，勉强挤上有效的船期。

A 公司经各方努力终于 5 月 30 日装运完毕，并取得 5 月 30 日签发的提单。6 月 2 日备齐所有单据向开证行交单。6 月 16 日开证行来电提出："提单记载 5 月 30 日装运货物，不符合信用证规定的装运期限。不同意接受单据"。我们从本案例中应吸取怎样的教训？

【案例 10-2】

我国某外贸公司向日、英两国商人分别以 CIF 和 CFR 价格出售蘑菇罐头，有关被保险人均办理了保险手续。这两批货物自启运地仓库运往装运港的途中均遭受损失，请问这两笔交易中各由谁办理货运保险手续？该货物损失的风险与责任各由谁承担？保险公司是否应给予赔偿？并简述理由。

【案例 10-3】

某货轮从天津新港驶往新加坡，在航行途中船舶货舱起火，大火蔓延至机舱，船长为了船货的共同安全决定采取紧急措施，往舱中灌水灭火。火虽被扑灭，但由于主机受损，无法继续航行，于是船长决定雇用拖轮将货船拖回新港修理，检修后重新驶往新加坡。其中的损失与费用有：1 000 箱货被火烧毁；600 箱货由于灌水受到损失；主机和部分甲板被烧坏；拖轮费用；额外增加的燃料、船长及船员工资。请指出这些损失中哪些是单独海损，哪些是共同海损？

【案例 10-4】

有一份 FOB 合同，买方已向保险公司投保"仓至仓条款"的一切险。货物从卖方仓库运往装运港码头途中，发生了承保范围内的损失。卖方事后以保险单含有"仓至仓条款"，要求保险公司赔偿，但遭拒绝；后来卖方又请买方以买方的名义凭保险单向保险公司索赔，但同样遭拒绝。

上述案例中货物是从卖方仓库运往装运码头途中发生了承保范围内的损失，其所保一切险又含"仓至仓条款"，请问为什么保险公司会拒赔？

3. 实训组织形式和要求

（1）组织形式。将全班学生分成小组，通过小组讨论的形式完成本节实训。

（2）实训要求。分小组讨论国际货物买卖合同的装运条款内容及制定该条款应注意的事项，讨论保险险别及承保范围、保险责任起讫规定等内容。在此基础上研究以上案例，并请各小组将分析结果由各组的推荐代表在全班讨论时分享，各人依此拿出自己的分析报告。要求每位同学上交一份其自己填制的出口货物托运单，为后边的制作提单打好基础。

Chapter 11
第 11 章

国际贸易货款收付

学习要点

1. 了解支付票据的种类和内容,掌握汇票的使用。
2. 掌握汇付和托收的种类与业务流程,并会使用汇付与托收进行国际贸易结算。
3. 了解信用证的种类,掌握信用证的性质、特点及业务程序。了解银行保函和国际保付代理业务。掌握合同中支付条款的签订。

引言

在国际货物买卖中,货款的收付直接影响买卖双方资金的周转和融通,以及各种金融风险和费用的负担,所以这是关系到买卖双方利益的问题。在国际贸易中,货物和货款的给付通常不是买卖双方当面完成的:卖方发货交单,买方凭单付款,以银行为中介,以票据为工具进行结算。这是现代国际结算的基本特征。因此,在国际货物买卖合同的支付条款中,买卖双方需要对支付工具、付款时间、付款地点及支付方式等协商取得一致的意见,并在合同中做出明确的规定。

11.1 票据

现代国际贸易货款收付,采用现金的较少,大多使用非现金,即使用代替现金作为流通手段和支付手段的票据来结算国家间的债权债务。票据是可以流通转让的债权凭证,国际贸易中使用的票据主要有汇票、本票和支票,其中以汇票为主。

各国都对票据进行了立法。我国于 1995 年 5 月 10 日通过了《中华人民共和国票据法》(以下简称《票据法》),并于 1996 年 1 月 1 日起施行,2004 年 8 月 28 日进行了修订。

11.1.1 汇票

1. 汇票的含义和基本内容

（1）汇票的含义。汇票（bill of exchange 或 draft）是出票人签发的，委托付款人在见票时或者在指定日期无条件支付确定的金额给收款人或者持票人的票据。

（2）汇票的基本内容。

1）出票人（drawer），即签发汇票的人。在实务中，通常是出口人或银行。

2）受票人（drawee），又称付款人（payer），即接受支付命令付款的人。在实务中，通常是进口人或其指定的银行。

3）受款人（payee），即受领汇票所规定金额的人。在实务中，通常是出口人或其指定的银行。

4）支付金额。

5）付款的期限。

6）出票日期和地点。

7）付款地点。

8）出票人签字。

上述内容，称为汇票的要项。按照各国票据法的规定，汇票的要项必须齐全，否则受票人有权拒付。

2. 汇票的种类

（1）按出票人不同划分。

1）银行汇票（banker's draft），其出票人是银行。

2）商业汇票（trade bill），其出票人是商号或个人。

（2）按有无附属单据划分。

1）光票（clean bill），是不附带货运单据的汇票。

2）跟单汇票（documentary bill），是附带货运单据的汇票。商业汇票一般多为跟单汇票。

（3）按付款期限不同划分。

1）即期汇票（sight bill or demand draft），是在被提示或见票时立即付款的汇票。

2）远期汇票（time bill or usance bill），是在一定期限或特定日期付款的汇票。

远期汇票付款日期有 4 种记载方法：规定某一个特定日期（fixed date）；付款人见票后若干天（at ×× days after sight）；出票后若干天（at ×× days after date）；运输单据日后若干天（at ×× day after days after date of bill of lading）。

一张汇票往往可以同时具备几种性质，例如一张商业汇票同时可以是即期的跟单汇票，一张远期的商业跟单汇票同时又是银行承兑汇票。

3. 汇票的使用

汇票的使用有出票、提示、承兑、付款等。如需转让，通常要经过背书行为。汇票遭到拒付时，还需做出拒绝证书并行使追索权。

（1）出票。出票（issue）是指出票人在汇票上填写付款人、付款金额、付款日期和地点及受款人等项目，经签字交给受票人的行为。在出票时，对受款人通常有3种写法。

1）限制性抬头，如"限付××公司（Pay×× CO.not negotiable）"，这种抬头的汇票不能流通转让，即出票人不愿把债权债务关系转让到第三者手中。

2）指示性抬头，如"付××公司或其指定人（Pay×× CO.or order 或 Pay to the order of×× Co.）"，这种抬头的汇票可经过背书进行转让。

3）持票人或来人抬头，如"付给来人（Pay Bearer）""付给持票人"，这种抬头的汇票无须持票人背书即可转让。

（2）提示。提示（presentation）是持票人将汇票提交付款人要求其承兑或付款的行为。提示包括付款提示和承兑提示两种。

（3）承兑。承兑（acceptance）是指付款人对远期汇票表示承担到期付款责任的行为。付款人在汇票上写明"承兑"字样，注明承兑日期，并由付款人签字，交还持票人。

（4）付款。付款（payment）是指对即期汇票，在持票人提示汇票时，付款人即应付款；对远期汇票，付款人先承兑，在汇票到期日付款。

（5）背书。在国际市场上，汇票可以在票据市场上流通转让，背书（endorsement）是转让汇票权利的一种手续，就是由汇票抬头人在汇票背面签上自己的名字，或再加上受让人（被背书人，endorsee）的名字，并把汇票交给受让人的行为。经背书后，汇票的收款权利便转移给受让人，汇票可以经过背书不断转让下去。对于受让人来说，所有在他以前的背书人（endorser）及原出票人都是他的"前手"；而对出让人来说，所有在他让与以后的受让人都是他的"后手"，前手对后手负有担保汇票必然会被承兑或付款的责任。

在国际市场上，一张远期汇票的持有人如想在付款人付款前取得票款，可以经过背书将汇票转让给贴现的银行或金融公司，由它们将扣除一定贴现利息后的票款付给持有人，这就叫作贴现。

常见的汇票背书有3种。

1）限制性背书，即背书人在背书时写明"仅付被背书人"或"付给被背书人，不得转让"等字样。

2）记名背书，又称特别背书，是指背书人在背书时注明将汇票金额"付被背书人或其指定人"等字样。该指定的被背书人既可以凭票要求付款，也可以将汇票继续转让。

3）不记名背书，又称空白背书，是指背书人在背书时只需签名，无须记载被背书人名称。这种背书的票据一旦遗失，很难保护正当持票人的权利，因而在实践中使用较少。我国《票据法》不允许制作空白背书。

（6）拒付。持票人提示汇票要求承兑时遭到拒绝，或持票人提示汇票要求付款时遭到拒绝，均称拒付（dishonor），也称退票。除了拒绝承兑和拒绝付款外，付款人拒不见票、死亡或宣告破产，以致付款事实上已不可能时，也称拒付。

（7）追索。追索权（right of recourse）是指票据遭到拒付时，持票人对其前手（出票人、承兑人、背书人）有请求偿还票款及费用的权利。

【例 11-1】

汇票样例见图 11-1。

```
                          BILL OF EXCHANGE
NO._____           Date_____
For _____
At_____sight of this first of exchange（Second of the same tenor and date unpaid）pay to the order of _____
_____
The sum of_____
To_____
                                        _____
                                                           （Signature）
```

图 11-1 汇票样例

11.1.2 本票

1. 本票的含义和基本内容

本票（promissory note）是一个人向另一个人签发的，保证于见票时或定期或在可以确定的将来，对某人或其指定人或持票人支付一定金额的无条件的书面承诺，简言之，本票是出票人对受款人承诺无条件支付一定金额的票据。

各国票据法对本票内容的规定各不相同。我国《票据法》规定，本票必须记载下列事项：①表明"本票"字样。②无条件的支付承诺。③确定的金额。④收款人的名称。⑤出票日期。⑥出票人签字。

本票上未记载规定事项之一的，本票无效。

2. 本票的种类

本票可分为商业本票和银行本票。由工商企业或个人签发的称为商业本票或一般本票，由银行签发的称为银行本票。商业本票有即期和远期之分，银行本票则都是即期的。在国际贸易结算中使用的本票，大都是银行本票。我国《票据法》所指的本票特指银行本票。

3. 本票与汇票的区别

（1）本票的票面有两个当事人，即出票人和收款人；而汇票有三个当事人，即出票人、付款人和收款人。

（2）本票的出票人即付款人，远期本票无须办理承兑手续；而远期汇票则要办理承兑手续。

（3）本票在任何情况下，出票人都是绝对的主债务人，一旦拒付，持票人可以立即要求法院裁定，命令出票人付款；而汇票的出票人在承兑前是主债务人，在承兑后，承兑人是主债务人，出票人则处于从债务人的地位。

11.1.3 支票

1. 支票的含义和基本内容

支票（cheque）是以银行为付款人的即期汇票，即存款人签发给银行的无条件支付一定金额的委托或命令，出票人在支票上签发一定的金额，要求受票的银行于见票时，立即支付一定金额给特定人或持票人。

支票的出票人必须是在付款银行设有往来存款账户的存户。出票人在签发支票时应在付款银行存有不低于票面金额的存款。如支票持有人在向付款银行提示要求付款而被告知存款不足时，这种支票叫作空头支票，通常会遭到拒付。开出空头支票的出票人要负法律上的责任。支票只有即期的，没有远期的。

我国《票据法》规定，支票必须记载下列事项：①表明"支票"的字样。②无条件支付的委托。③确定的金额。④付款人名称。⑤出票日期。⑥出票人签章。

2. 支票的种类

我国《票据法》规定，支票可分为现金支票和转账支票两种，无论用来支取现金还是转账，均应分别在支票正面注明。现金支票只能用于支取现金，转账支票只能用于通过银行或其他金融机构转账结算。

在大多数国家，支票可以分为一般支票与划线支票。划线支票是在支票正面划两道平行线的支票，一经划线就只能通过银行转账结算，而不能直接支取现金。但在支票遗失或被人冒领时，还有可能通过银行代收的线索追回票款。一般支票也被称为未被划线的支票，支票的持票人既可以通过银行转账将票款收入自己的账户，也可以凭票在付款行提取现金。

11.2 汇付与托收

支付方式按资金流向与支付工具的传递方向，可以分为顺汇法和逆汇法。资金的流动方向与支付工具的传递方向相同的称为顺汇法，汇付属于顺汇法。资金的流动方向与支付工具的传递方向相反的称为逆汇法，托收和信用证都属于逆汇法。

11.2.1 汇付

1. 汇付的性质及运用

汇付（remittance）是指付款人通过银行或其他途径主动将款项汇交收款人。汇付方式下，卖方能否按时收回约定的款项，完全取决于买方的信誉，因此，汇付的性质为商业信用。

在国际贸易中，汇付的使用有局限性，通常用于订金、运杂费用、佣金、小额货款或尾款的支付。

2. 汇付方式的当事人

（1）汇款人（remitter），即汇出款项的一方，通常是进口人。

（2）收款人（payee or beneficiary），即收取款项的一方，通常是出口人。

（3）汇出行（remitting bank），即受汇款人的委托汇出款项的银行，通常是进口地的银行。

（4）汇入行（paying bank），即受汇出行委托将款项解付给收款人的银行，通常是出口地的银行。

3. 汇付的方式

汇付方式可以分为信汇、电汇和票汇。

（1）信汇（mail transfer，M/T）是汇出行应汇款人的申请，将信汇委托书寄给汇入行，授权解付一定金额给收款人的汇款方式。

（2）电汇（telegraphic transfer，T/T）是汇出行应汇款人的申请，要求该银行用电报、电传通知汇入行，指示解付一定金额给收款人的汇款方式。

（3）票汇（remittance by banker's demand draft，D/D）是汇出行应汇款人的申请，代汇款人开立的、以其分行或代理行为解付行的银行即期汇票，支付一定金额给收款人的汇款方式。

11.2.2 托收

1. 托收的含义及性质

托收（collection）是指债权人（出口人）出具汇票委托银行向债务人（进口人）收取货款的一种支付方式。托收方式一般都通过银行办理，故又叫银行托收。

银行托收的基本做法是由出口人根据发票金额开出以进口人为付款人的汇票，向出口地银行提出托收申请，委托出口地银行（托收行）通过它在进口地的代理或往来银行（代理行）代向进口人收取货款。托收方式下，出口人能否收回货款，完全取决于进口人的信誉，所以托收的性质也是商业信用。

2. 托收的当事人

（1）委托人（principal），即委托银行办理托收业务的人，通常是出口人。

（2）托收行（remitting bank），即接受出口人委托办理托收业务的银行。

（3）代收行（collecting bank），即接受托收银行的委托向付款人收款的进口地银行，大都是托收银行的国外分行或代理行。

（4）付款人（payer），即买卖合同项下的进口人。

除上述四个当事人外，有时可能还有提示行（presenting bank）。当代收行与付款人不在一地或代收行不是付款人的开户行时，代收行要委托另一家银行提示汇票和单据代收货款，受委托的银行即为提示行。

3. 托收的种类

托收可根据所使用的汇票的不同分为光票托收和跟单托收。国际贸易中货款的收取大多采用跟单托收。跟单托收根据交单条件的不同，可分为付款交单和承兑交单。

（1）付款交单。付款交单（documents against payment，简称 D/P）是指出口人的交单以进口人的付款为条件。按支付时间的不同，付款交单又可分为即期付款交单（documents against payment at sight，简称 D/P at sight）和远期付款交单（documents against payment after sight，简称 D/P after sight）。

即期付款交单是指银行提示即期汇票和单据，进口人见票时即应付款，并在付清货款后取得单据。其基本业务流程如图 11-2 所示。

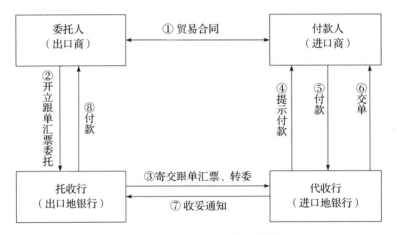

图 11-2　D/P at sight 业务流程

远期付款交单是指银行提示远期汇票，进口人审核无误后在汇票上进行承兑，于汇票到期日付清货款后再领取货运单据。其基本业务流程如图 11-3 所示。

在远期付款交单条件下，代收行对于资信较好的进口人，允许进口人凭信托收据（trust receipt）借取货运单据，先行提货。所谓信托收据，就是进口人借单时提供一种书面信用担保文件，用来表示愿意以代收行的受托人身份代为提货、报关、存仓、保险、出售，并承认货物所有权仍归银行，货物售出后所得的货款应于汇票到期时交银行。这是代收行自己向进口人提供的信用便利，与出口人无关。因此，如代收行借出单据后，汇票到期不能收回货款，则代收行应对委托人负全部责任。但如果是出口人指示代收行借单，就是由出口人主动授权银行凭信托收据借给进口人，即所谓付款交单凭信托收据借单，也就是进口人在承兑汇票后可以凭信托收据先行借单提货，日后如果进口人在汇票到期时拒付，则与银行无关，应由出口人自己承担风险。

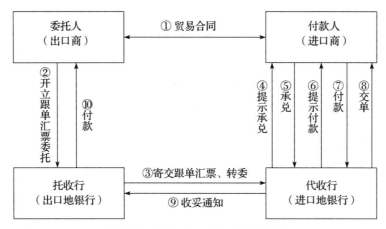

图 11-3　D/P after sight 业务流程

（2）承兑交单。承兑交单（documents against acceptance，简称 D/A）是指出口人的交单以进口人在汇票上承兑为条件。进口人在汇票到期时，方履行付款义务。承兑交单方式只适用于远期汇票的托收。承兑交单是进口人只要在汇票上办理承兑后，即可取得货运单据，凭以提取货物，也就是说出口人已交出了物权凭证，其收款的保障依赖进口人的信用，一旦进口人到期不付款，出口人便会遭到货物与货款全部落空的损失。因此，出口人对接受这种方式一般持很慎重的态度。其基本业务流程如图 11-4 所示。

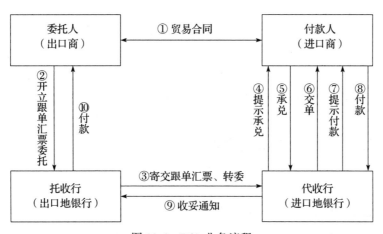

图 11-4　D/A 业务流程

4. 托收的利弊和注意事项

在国际贸易中采用托收方式，有利于调动买方订购货物的积极性，从而有利于卖方扩大出口。但是，由于托收方式属商业信用，存在着收不回货款的风险，尤其是托收方式中的承兑交单风险更大，故卖方对此方式的采用应持慎重态度。

采用托收方式，应注意下列事项。

（1）调查和考虑进口人的资信情况和经营作风，成交金额应妥善掌握，不宜超过其信用程度。

（2）了解进口国家的贸易管制和外汇管制条例，以免货到目的地后，由于不准进口或收不到外汇而造成损失。

（3）了解进口国家的商业惯例，以免由于当地习惯做法影响安全迅速收汇。

（4）出口合同应争取按 CIF 或 CIP 条件成交，由出口人办理货运保险或投保出口信用险。在不采取 CIF 或 CIP 条件时，应投保卖方利益险。

5. 托收的国际惯例

在国际贸易中，各国银行在办理托收业务时，往往由于当事人各方对权利、义务和责任的解释不同，而导致误会、争议和纠纷。国际商会为统一托收业务的做法，减少托收业务各有关当事人可能产生的矛盾和纠纷，曾于 1958 年草拟了《商业单据托收统一规则》。为了适应国际贸易发展的需要，国际商会在总结实践经验的基础上，于 1978 年对该规则进行了修订，并改其名为《托收统一规则》（The Uniform Rules for Collection, ICC Publication No.322）；1995 年再次修订，称为《托收统一规则》国际商会第 522 号出版物（《URC522》）。《托收统一规则》自公布实施以来，被各国银行所采用，已成为托收业务的国际惯例。我国银行也参照这个规则的解释办理相关业务。

11.3 信用证

信用证支付方式是随着国际贸易的发展，在银行参与国际贸易结算的过程中逐步形成的。信用证支付方式把本来由进口商付款的责任，转为由银行付款。这样就在一定程度上解决了进出口双方之间互不信任的矛盾，同时，也为进出口双方提供了资金融通的便利。信用证付款已成为国际贸易中普遍采用的一种支付方式。

11.3.1 信用证的含义及基本当事人

1. 信用证的含义

信用证（letter of credit，L/C）是银行（开证行）根据买方（开证申请人）的要求和指示向卖方（受益人）开出的载有一定金额，在规定期限内凭规定的单据付款的书面承诺。简而言之，信用证是一种银行开立的有条件的承诺付款的书面文件。

2. 信用证的当事人

（1）开证申请人（applicant），即向开证银行申请开立信用证的人，一般是进口人。在信用证中又称开证人（opener）。

（2）开证行（opening bank 或 issuing bank），即接受开证申请人的委托，开立信用证的银行。它承担按信用证规定条件保证付款的责任。开证行一般是进口人所在地的银行。

（3）通知行（advising bank），即受开证行的委托，将信用证转交出口人的银行。它只证明信用证的真实性，不承担其他义务。通知行是出口人所在地的银行。

（4）受益人（beneficiary），即信用证上所指定的有权使用该证的人，一般为出口人。

（5）议付行（negotiating bank），即愿意买入或贴现受益人交来的跟单汇票和单据的银行。

（6）付款银行（paying bank），或称代付行，一般为开证行，也可以是开证行所指定的银行。无论汇票的付款人是谁，开证行必须对提交的符合信用证要求的单据的出口人履行付款的责任。

（7）保兑行（confirming bank），即应开证行或受益人的请求在信用证上加批保证兑付的银行。它和开证行处于相同的地位，即对于汇票（有时无汇票）承担不可撤销的付款责任。

（8）偿付行（reimbursement bank），又称清算银行（clearing bank），即接受开证银行在信用证中委托代开证银行偿还垫款的第三国银行。

（9）受让人（transferee），又称第二受益人（second beneficiary），即接受第一受益人转让，有权使用该信用证的人。

11.3.2 信用证支付方式的一般业务程序

使用信用证结算货款，从开证申请人向银行申请开立信用证到开证行付清货款，需要经过很多业务环节，并需办理各种手续。由于信用证种类不同，信用证条款对其有着不同的规定，因此其业务环节和手续也不尽相同。但就其一般支付程序来看，其主要业务环节如图 11-5 所示。

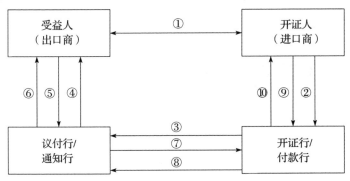

图 11-5　L/C 业务流程

说明：
①买卖双方签订贸易合同，并在合同中约定凭信用证付款。
②买方向当地银行申请开证，按合同内容填写开证申请书并交纳开证押金或提供其他保证。
③开证行按申请收款内容开证，并寄发给通知行，请其通知受益人（卖方）。
④通知行核对印鉴无误后，将信用证通知受益人。
⑤卖方收到信用证后，如审核无误，即按信用证要求发货，开出汇票并备妥各种单据向有关银行议付货款。
⑥议付行按信用证条款审核单据无误后，按照汇票金额扣除利息，把货款垫付给受益人。
⑦议付行将汇票和单据交给开证行或信用证指定的付款行索偿。
⑧开证行或信用证指定的付款行审核单据无误后，付款给议付行。
⑨开证行收到单据后，即通知买方付款赎单，开证人验单无误后付清货款。
⑩开证行把全套货运单据交给开证人。

11.3.3 信用证支付方式的特点

1. 信用证是一种银行信用

信用证是开证行有条件的付款承诺，那么银行一旦开出信用证就表明它以自己的信用做出了付款保证，并因此处于第一付款人的地位。UCP 600 规定："开证行负第一性的付款责任，只要受益人提交了单证相符的单据，开证行就必须付款。而受益人无须要求申请人（进口商）付款。"可见信用证是一种银行信用，开证行对受益人的责任是一种独立的付款责任。即使进口商倒闭或无力支付货款，开证行仍然要承担付款责任。

2. 信用证是一种自足的文件

信用证的开立是以买卖合同为依据的，但信用证一经开出，就成为独立于买卖合同以外的另一种契约，不受买卖合同的约束。UCP600 规定："信用证与其可能依据的买卖合同或其他合同，是相互独立的交易。即使信用证中提及该合同，银行也与该合同无关，且不受其约束。"所以，信用证是独立于有关合同以外的契约，是一种自足的文件。

3. 信用证是一种单据的买卖

在信用证方式之下，实行的是凭单付款的原则。UCP600 规定："在信用证业务中，各有关方面处理的是单据，而不是与单据有关的货物、服务或其他行为。"在信用证业务中，只要受益人提交的单据符合信用证规定，开证行就应承担付款责任。反之，单据与信用证规定不符，银行有权拒绝付款。

11.3.4 信用证的开立形式及主要内容

1. 信用证的开立形式

（1）信开信用证，是指开证银行将特定信用证的各项内容打印在本银行已印就的、固定格式的空白信用证上，然后以航空邮寄的方式传递给通知行。

（2）电开信用证，是指开证银行以电报、电传、SWIFT 等电讯手段将特定信用证的各项内容传递给通知行。在具体操作时，电开信用证可以分为以下几种。

1）简电开，即开证行只以电讯手段将信用证的主要内容传递给通知行，然后将包括各项详细内容的信用证航空邮寄给通知行。

2）全电开，是指开证行将特定信用证的全部内容以电讯方式传递给通知行，信用证的内容完整，有法律效力。

3）SWIFT 信用证，近年来 SWIFT 开证方式使用逐渐增多。SWIFT 是"环球银行金融电信协会"的简称，该组织成立于 1973 年，运营着世界级的金融电文网络，供成员银行进行外汇、证券交易或办理托收、信用证业务。

2. 信用证的主要内容

（1）信用证自身的说明。包括信用证的种类、性质、编号、金额、开证日期、有效期及到期地点、当事人的名称和地址、使用本信用证的权利可否转让等。

（2）汇票的说明。包括出票人、付款人、期限及金额等。

（3）对货物的说明。包括名称、品质、规格、数量、包装、运输标志、单价等。

（4）对运输的说明。包括运输方式、装运期限、装运港、目的港、运费应否预付、可否分批装运和中途转运等。

（5）对单据的说明。包括单据的种类、名称、内容要求和份数等。基本单据有商业发票、运输单据和保险单，其他单据有检验证书、产地证、装箱单或重量单等。

（6）其他规定。包括对交单期的说明、银行费用的说明、向议付行寄单的方式、议付背书和索偿方法的指示等。

【例 11-2】议付信用证样例

L/C by Negotiation

...................................Message   Header ....

Sender： HZCBCN2HXXX
　　　　　HANGZHOU CITY COMMERCIAL BANK HANGZHOU CN

Receiver： BKCHCATTXXX
　　　　　BANK OFCHINA（CANNADA）
　　　　　TORONTO CA

...................................Message Text ....

27：Sequence of Total
　　1/1

20：Documentary Credit Number
　　LC20126873300604

31C：Date of Issue
　　　121019

31D：Date and Place of Expiry
　　　121216 IN COUNTRY OF BENEFICIARY

50：Applicant
　　XIAOSHAN JJJ PAPER CO.，LTD
　　YOUYI VILLAGE CHUNJIANG STREET
　　TEL：8657163586666　FAX：8657163586657

59：Beneficiary —— Name & Address
　　OGO FIBERS INC
　　UNIT 110，30 WEST BEAVER CREEK

RD，RICHMOND HILL，ON，L4B 3KI

32B： Currency Code，Amount
Currency USD Amount#121 000.00#

39A： Percentage Credit Amt Tolerance
10/10

41D： Available With... By...
WITH ANY BANK   BY NEGOTIATION

42C： Draft at..
DRAFTS AT 90 DAYS AFTER SIGHT FOR FULL INVOICE VALUE

42D： Drawee – Name & Address
HANGZHOU CITY COMMERCIAL BANK
432 FENGQI ROAD，HANGZHOU
P.R.CHINA

43P： Partial Shipments
ALLOWED

44T： Transshipment
ALLOWED

44A： On Board/Disp/ Taking Charge at/f
MAIN PORT OF NORTH AMERICA

44B： For Transportation to...
SHANGHAI，CHINA

44C： Latest Date of Shipment
121125

45A： Description of Goods & / or Services
COMMODITY：WASTE PAPER，NO.3
QUANTITY：1 000.00 MTS
UNIT PRICE：USD 121.00/ MT
TOTAL AMOUNT：USD 121 000.00 CFR SHANGHAI，CHINA

46A： Documents Required
——SIGNED COMMERCIAL INVOICE IN 3 COPIES INDICATING L / C NO.AND CONTRACT NO.OGO-QX0636.
——FULL SET OF CLEAN ON BOARD OCEAN BILL OF LADING CONSIGNED TO APPLICANT，MARKED "FREIGHT PREPAID" AND NOTIFYING APPLICANT.
——PACKING LIST / WEIGHT MEMO IN 3 COPIES INDICATING QUANTITY，GROS AND NET WEIGHT OF EACH CONTAINER.

——CERTIFICATE OF QUANTITY/WEIGHT IN 3 COPIES.

——CERTIFICATE OF NON-WOOD PACKING MATERIAL.

——INSPECTION CERTIFICATE IN 1 ORIGINAL ISSUED BY C.C.I.C.NORTH AMERICA, INC.

——CERTIFICATE OF 14 DAYS FREE TIME DETENTION FOR CONTAINERS AT DESTINATION.

47A：Additional Conditions

——BOTH QUANTITY AND CREDIT AMOUNT 10PCT MORE OR LESS ARE ALLOWED.

71B：Charges

ALL BANKING CHARGES OUTSIDE THE ISSUING BANK ARE FOR ACCOUNT OF BENEFICIARY.

48：Period for Presentation

DOCUMENTS MUST BE PRESENTED WITHIN 21 DAYS AFTER DATE OF ISSUANCE OF THE TRANSPORT DOCUMENT BUT WITHIN THE VALIDITY OF THE CREDIT

49：Confirmation Instructions

WITHOUT

78：Instruction To Paying / Accepting / Negotiating Bank

——REIMBURSEMENT BY TELETRANSMISSION IS PROHIBITED.

——ALL DOCUMENTS MUST BE SENT TO HANGZHOU CITY COMMERCIAL BANK, 432 FENGQI ROAD, HANGZHOU 310006, P.R.CHINA IN ONE LOT BY COURIER SERVICE.

——UPON RECEIPT OF DOCUMENTS FULLY IN COMPLIANCE WITH TERMS AND CONDITIONS OF THIS CREDIT WE SHALL ACCEPT THE DRAFT AND REMIT THE PROCEEDS TO YOUR DESIGNATED ACCOUNT ON MATURITY.

——DISCREPANCY FEE OF USD50.00 OR ITS EQUIVALENT WILL BE DEDUCTED FROM THE PROCEEDS OF ANY DRAWING IF DISCREPANT DOCUMENTS ARE PRESENTED.

——THE AMOUNT OF EACH DRAWING MUST BE ENDORSED ON THE REVERSE OF THE CREDIT INSTRUMENT.

11.3.5 信用证的种类

1. 按信用证项下的汇票是否附有货运单据划分

（1）跟单信用证（documentary L/C）是指凭跟单汇票或仅凭单据付款的信用证。此处的单据指代表货物所有权的单据（如海运提单等），或证明货物已交运的单据（如铁路运单、航空运单、邮包收据)。在国际贸易中，使用的大多是跟单信用证。

（2）光票信用证（clean L/C）是指凭不随附货运单据的光票（clean draft）付款的信用证。银行凭光票信用证付款，也可要求受益人附交一些非货运单据，如发票、垫款清单等。

2. 按有无另一银行保兑划分

（1）保兑信用证（confirmed L/C）是指由另一家银行即保兑行（通常是通知行，也可是其他第三者银行）对开证行开立的信用证附加保证兑付责任的信用证，可使该信用证具有了开证行与保兑行双重的付款保证。

（2）不保兑信用证（unconfirmed L/C）是指未经另一家银行加以保兑的信用证，其由开证行单独负责付款保证责任。

3. 按付款条件划分

（1）即期付款信用证（sight payment L/C）是指开证行或付款行在收到符合信用证规定的单据后，要立即履行付款责任的信用证。即期信用证下，受益人一般不需要开立汇票，开证行或付款行只凭全套合格的货运单据付款。

（2）延期付款信用证（deferred payment L/C）是指开证行或付款行收到符合信用证规定的单据时不需要立即付款，而是在规定期限到来时才付款的信用证。这种信用证下，不要求受益人开立远期汇票，开证行也不存在承兑汇票的问题。此种信用证卖方先交单、后收款，实际上是为买方提供了资金融通的便利。

（3）议付信用证（negotiation L/C）是指开证行授权某一指定银行或任何银行都可以议付的信用证。如果信用证不限制由某一银行议付，可由受益人选择任何愿意议付的银行，提交汇票、单据给所选的银行进行议付，即为自由议付信用证。反之，如果由开证行指定了某一银行进行议付的信用证，则为限制议付信用证。

（4）承兑信用证（acceptance L/C）是指开证行或指定的付款行收到远期汇票和单据后，先对汇票进行承兑，待汇票到期日再行付款的信用证。它与延期付款信用证一样都是远期信用证，但不同的是承兑信用证必须开立远期汇票，而延期付款信用证一般不开立汇票。

（5）假远期信用证（usance L/C payable at sight）是指买卖双方签订的贸易合同原规定为即期付款，但来证要求出口人开立远期汇票，同时在来证上又说明该远期汇票可即期付款，由付款行负责贴现，其贴现费用和延迟期付款利息由开证人负担的信用证。进口人之所以愿意使用假远期信用证，是因为他可以利用贴现市场或国外银行资金来解决资金周转不足的困难，同时摆脱进口国外汇管制的限制。

4. 按受益人对信用证的权利可否转让划分

（1）可转让信用证（transferable L/C）是指受益人有权将信用证的全部或部分金额

转让给另一个或两个以上的第三者（即第二受益人）使用的信用证。可转让信用证上必须注明"transferable"字样。可转让信用证只能转让一次，如信用证不禁止分批装运，在总和不得超过信用证金额的前提下，可分别按若干部分办理转让，该转让的总和将被认为只构成信用证的一次转让。可转让信用证的受益人一般是中间商，第二受益人则是实际供货商。中间商将信用证转让给实际出口人办理装运交货，以便从中赚取差价和利润。信用证的转让并不等于买卖合同的转让，如第二受益人不能按时交货或单据有问题，第一受益人仍要负责买卖合同中的卖方责任。

（2）不可转让信用证（non-transferable L/C）是指受益人不能将信用证权利转让给第三者的信用证。凡可转让信用证，必须注明"可转让"字样，如未注明，则被视为不可转让信用证。

5. 其他形式的信用证

（1）循环信用证（revolving L/C）是指信用证金额被全部或部分使用后，无须经过信用证修改，根据一定条件就可以自动、半自动或非自动地更新或还原再被使用，直至达到规定的使用次数、期限或规定的金额用完为止的信用证。循环信用证可以分为按时间循环的信用证和按金额循环的信用证。这类信用证通常适用于长期供货，即实行分批交货和分批收款的情况。

（2）背对背信用证（back to back L/C）又称转开信用证，是指受益人要求原证的通知行或其他银行以原证为基础，另开一张内容相似的信用证。背对背信用证的开立通常是中间商转售他人货物，从中图利，或两国不能直接办理进出口贸易时，通过第三者以此种方法来沟通贸易。

（3）对开信用证（reciprocal L/C）是指两张信用证的开证申请人互以对方为受益人而开立的信用证，多用于易货贸易或加工贸易的情况。

（4）预支信用证（anticipatory L/C）是指允许受益人在货物装运和交单前预支全部或部分货款的信用证。

（5）备用信用证（stand-by L/C）又称商业票据信用证，是指开证行根据开证申请人的要求，对受益人开立的承担某项义务的凭证。在此凭证中，当开证申请人未能按时偿还贷款或货款或未能履行其义务时，由开证行为其支付。它是一种特殊的信用证，当开证人申请人未履行其义务时，受益人只要凭备用信用证的规定向开证行开出汇票（也可能不开汇票），并提交开证人未履行义务的书面声明或其他证明文件，即可得到开证行的偿付。

11.3.6　国际商会《跟单信用证统一惯例》

国际商会为明确信用证有关当事人的权利、责任、付款的定义和术语，减少因解释不同而引起各有关当事人之间的争议和纠纷，调和各有关当事人之间的矛盾，于1930年拟订了一套《跟单信用证统一惯例》（Uniform Customs and Practice for Commercial Documentary Credits），并于1933年正式公布。之后随着国际贸易变化，运输方式、运输工具、通信和信息技术的发展与进步，使得贸易、运输、保险、单据和国际结算工作都发生了巨大变化，国际商会多次对此惯例进行了修订。最新修订版本于 2006 年完成，即国际商会第 600 号出版物《跟单信用证统一惯例（2007 年修订本）》（简称为 UCP600），并从 2007 年 7 月 1 日起正式实施。目前，惯例已被各国银行和贸易界所广泛采用，已成为信用证业务的国际惯例。

UCP600 在实际操作中常见的主要规定如下。

（1）银行审单时间为收到单据次日起算的至多 5 个银行工作日。若开证行因单证不符拒绝接受单据，则必须在前述审单期内向寄单银行发出拒付通知，并说明不符之处及单据处理方式。

（2）议付是指定银行在相符交单下，对汇票及 / 或单据预付或同意预付款项，从而买入汇票及 / 或单据。仅审核单据而未付出价金不构成议付。

（3）信用证必须规定一个交单的截止日和交单地点，兑付银行的所在地即为交单地点，除规定的交单地点外，开证行所在地也是交单地点。

（4）信用证中的禁止转运条款，仅对海运中港至港的非集装箱方式的转船有约束力。对于一张包括全程运输的运输单据，即使注明转运，仍可接受。

（5）发票必须由受益人开立，以申请人为抬头，如果信用证未规定必须签署，则发票可以不加签署。发票金额如超过信用证金额，仍可接受，但对超额部分不予支付。

（6）信用证业务项下的各项费用，由指示方（申请人）负担。即使信用证规定此类费用由受益人或其他人负担，如遭拒付，则指示方仍有支付的最后责任。因此，费用的最终承担者为开证申请人。

（7）可撤销信用证的说法已被取消，目前信用证皆为不可撤销的，所以无须标明"irrevocable"字样。只有注明"transferable"一词的信用证，才是可转让信用证。

（8）写有"约"（about，approximate）字样的，应理解为允许金额或数量或单价有不超过 10% 的增减幅度；信用证不是以包装单位件数或货物自身件数的方式规定货物数量的，货物数量可以有 5% 的增减幅度，但不可以超过信用证规定的金额。

（9）信用证规定的每一种单据，至少提交一份正本。

（10）转让信用证时，第二受益人的交单必须交给转让行。

11.4　银行保函和国际保理

11.4.1　银行保函

1. 银行保函的含义

银行保函（banker's letter of guarantee，L/G）是指银行或其他金融机构作为担保人向受益人开立的，保证被保证人一定要向受益人尽到某项义务，否则将由担保人负责赔偿受益人损失的保证文件。保函依据商务合同开出，但又不依附于商务合同，具有独立的法律效力；它以银行信用作为保证，易于合同双方所接受。保函既可用于贸易货款的结算，还可应用在国际工程承包、项目融资、招投标等方面。

2. 银行保函的当事人

（1）申请人（applicant）又称委托人（principal），是指向担保人提出申请，要求担保人出具保函的一方，如付款保函中的进口商、还款保函中的出口商、投标保函中的投标人等。

（2）担保人（guarantor），即根据委托人的申请向受益人出具保函的银行或其他金融机构。担保人对受益人赔付后，有权向委托人索偿。

（3）受益人（beneficiary），即接受保函并凭以向担保人提出索偿的一方，如付款保函中的出口商、还款保函中的进口商、投标保函中的招标人等。

（4）通知行（advising bank）又称转递方（transmitting party），即接受担保人的委托，将保函通知或转递给受益人的银行或金融机构。

在上述四个当事人中，前三个是保函的基本当事人。除此之外，保函业务可能还有转开行、保兑行、反担保人等当事人。

3. 保函的基本内容

银行保函的内容根据交易的不同会有所不同，在形式方面和条款上也无固定格式。但就基本方面而言，通常有如下内容。

（1）基本栏目，即有关当事人的名称和详细地址，包括委托人、受益人、担保人、通知方等；保函的性质；保函编号及开具日期；保函所依据的合同或标书等协议的号码、日期等。

（2）保证人承担的金额。

（3）有效期，包括生效期和失效期。

（4）责任条款，即保证人在保函中承诺的应承担的责任条款，这是保函的主体内容。

（5）索偿方式，即在什么情况下受益人才可以向担保人提出索偿，以及索偿时应出具的索偿文件等。

4. 保函的种类

（1）履约保函（performance guarantee）即银行或其他金融机构（担保人）应提供货物或劳务一方（委托人）的请求，向货物的买主或劳务雇主（受益人）开立的书面保证文件。担保人在保函中承诺：如果委托人未能履行与受益人之间某项合约的义务，担保人保证向受益人支付一定金额的款项。

（2）还款保函（repayment guarantee）即担保人应劳务或货物提供方（委托人）的请求出具给劳务的购买者或货物的进口方（受益人）的书面保证文件。担保人在保函中承诺：如果委托人未能按有关合同的规定提供劳务或提交货物，由担保人向受益人偿还已付给委托人的金额及相应的利息。

（3）付款保函（payment guarantee）即担保人应货物或劳务的购买方（委托人）的请求出具给货物或劳务提供方（受益人）的书面保证文件。担保人在保函中承诺：如果委托人未按合同约定支付货款，由担保人向受益人支付应得金额的款项。因此，付款保函又称进口保函（import guarantee）。

（4）投标保函（tender guarantee）即担保人应投标人（委托人）的请求向招标人（受益人）出具的书面担保凭证。担保人在保函中承诺：投标人在开标前不中途撤标或片面修改投标条件，中标后不拒绝签约、不拒交保证金，忠实履行投标时承诺的各项义务，否则，由担保人负责向招标人支付一定金额的款项作为赔偿。

11.4.2 国际保付代理

1. 国际保付代理的含义

国际保付代理（international factoring），简称保理，是指保理人通过受让取得出口人的出口债权而向出口人提供综合性金融服务，包括贸易融资、会计结算、财务管理、信用担保等为一体的结算方式。其通常是出口商以商业信用形式出售商品，在货物装船后立即将发票、汇票、提单等有关单据，卖断给承购应收账款的财务公司或专门组织，收进全部或一部分货款，从而取得资金融通的业务。

从事国际保理业务的保理商在买进出口商的票据、承购进口商的负债后，通过一定的渠道向进口商催还欠款，如果遭到拒付，也不能向出口商行使追索权。因此，保理商与出口商形成了事实上的票据买卖、债权承购与转让的关系，而不是一种借款关系。

2. 国际保理业务的当事人

（1）出口商（exporter）是提供货物或者劳务并出具商业发票的当事人，其向出口保理人提出建立出口保理业务的申请。

（2）进口商（importer）是对提供货物或者劳务所产生的应收账款最终承担付款责任的当事人。

（3）出口保理人（export factor）是通过签订保理协议，对出口商的应收账款提供金融服务，同时与进口保理人签订保理代理协议的当事人。出口保理人大多是出口地商业银行出资或在其资助下建立的，具有独立法人资格的保理机构。

（4）进口保理人（import factor）是指向出口保理人提供信用额度及负责债务回收和处理坏账担保的当事人。进口保理人多为进出口银行或其他金融机构。

3. 国际保理业务的适用范围

国际保理业务具有一般结算方式不具有的特殊功能，但不是所有的贸易结算都适合采用，一般在下列情况下出口商宜办理国际保理业务。

（1）因部分海外进口商不能或不愿开出信用证，为达成出口交易，防范信用风险，出口人可选择保理业务。

（2）对于一些国家的进口商结算方式为 D/A 或 O/A，出口人又有融资需求的，可以采用国际保理业务。

（3）为了更有效地拓展市场，出口商决定在有关的海外市场聘任销售代理，因此必须提供信用付款方式。

（4）出口商希望解除账务管理和应收账款追收的烦恼，避免坏账损失。

4. 国际保理业务的内容

银行或财务公司经营的保理业务主要有以下 5 种。

（1）信用调查。银行或财务公司对有关的买方客户进行全面详细的资信调查，并结合市场调查，拟定对每个客户的信用限额，作为放款的重要参考。同时，也会对卖方的资信及其经营和生产能力进行调查了解，以便决定是否接受其申请。

（2）风险承担。银行或财务公司一旦接受卖方对客户的账款保理，如果到规定时间收不到款，只要是正常业务并且在承担限额之内，银行或财务公司将承担这笔呆账损失。

（3）催收账款。出口商的账款到期时，银行或财务公司通过国外的合作金融机构提醒进口商支付货款。银行或财务公司负责收取应收账款，将款项交给卖方，并向卖方提交报告。对未收账款继续催收。

（4）资金融通。在许多国家，按照有关规定和习惯做法，银行放款一般不接受以应收账款、存货等流动资产作抵押。而经营保理业务的银行或财务公司则可以以"应收账款"为抵押，使卖方获得资金融通的便利。

（5）会计结算。银行或财务公司对承办的账款负责结算，定期公布已收款和未收款的情况，并提供账务报告，分析账户动态。因此，卖方可以不必自己记账，简化了其会计工作。

5. 国际保理业务的基本流程

目前在国际贸易中，保理人所提供的国际保理业务一般都是由出口保理人和进口保理人合作提供的。现简要介绍其基本流程。

（1）出口商与出口保理人签订保理协议，提交进口商的有关情况和交易资料，并书面提出要求对进口商进行审查，确定信用额度。

（2）出口保理人将出口商提交的资料和信用额度申请整理后转交给与之有业务往来的进口保理人。进口保理人对进口商的资信进行调查和评估，确定进口商的信用额并告知出口保理人。

（3）出口保理人将资信调查结果告诉出口商。

（4）出口商按照合同规定备货并发运，同时将发票副本和合同副本交给出口保理人。

（5）出口保理人向出口商提供资金融通。

（6）出口保理人随即将发票副本等资料送交进口保理人，进口保理人将发票入账并负责定期向进口商催收账款。

（7）进口商在付款到期日后向进口保理人支付货款。

（8）进口保理人将发票金额拨交给出口保理人。

（9）出口保理人在扣除预付货款、保理服务费用及其他费用后，将货款余额交给出口商。

11.5 支付方式的选用与支付条款

11.5.1 支付方式的选用

在国际贸易中每一种支付方式都可以单独使用，但在特定的贸易条件下，为促成交易或为加速资金周转或安全地收付汇，也可将不同的支付方式结合选用。支付条款的拟定要根据选用的支付方式来确定。

1. 信用证与汇付相结合

这种方式是部分货款采用信用证方式付款，部分货款用汇付方式结算。这种支付方式一般用在成交数量大，交货数量机动幅度也比较大的商品上，其主要部分用信用证支付，超过部分采用汇付。有的交易预付款采用汇付，其余部分采用信用证。

2. 托收与信用证相结合

这种方式是部分货款以信用证支付，部分以托收方式支付。采用这种做法时，发票和其他单据并不分开，仍按全部货款金额填制，只是出口人须签发两张汇票，分别用于信用证项下和托收项下。为减少风险，一般信用证项下部分的货款为光票支付，托收采用跟单托收方式。此外，还可在信用证中规定，只有在进口商付讫了托收项下的汇票后，开证行方可交单。这种做法既减少了进口商的开证费用，又使出口商的收汇有了一定的安全保障，故受到进出口双方的欢迎。

一般在合同中可作如下规定："买方应于装运前××天开立以卖方为受益人的不可撤销信用证，规定80%发票金额凭即期光票支付，其余20%即期付款交单，100%发票金额的全套装运单据随附托收项下，于买方付清发票的全部金额后交单。如买方不付清全部发票金额，则装运单据须由开证行凭卖方指示处理。"

3. 汇付、托收与信用证三者相结合

在成套设备、大型机械产品和交通工具的交易中，因为成交金额较大、产品生产周期较长，一般采取按工程进度和交货进度分若干期付清货款，即分期付款和延期付款的方法，一般采用汇付、托收和信用证相结合的方式。

（1）分期付款。买卖双方在合同中规定，在产品投产前，买方可采用汇付方式，先交部分货款作为订金，在买方付出订金前，卖方应向买方提供出口许可证影印本和银行开具的保函。除订金外，其余货款可按不同阶段分期支付，买方开立不可撤销的信用证，即期付款，但最后一笔货款一般是在交货或卖方承担质量保证期满时付清。货物所有权在付清最后一笔货款时转移。在分期付款的条件下，货款在交货时付清或基本付清。因此，按分期付款条件所签订的合同是一种即期合同。

（2）延期付款。在成套设备和大宗交易的情况下，由于成交金额较大，若买方一时难以付清全部货款，则可采用延期付款的办法。其做法是，买卖双方签订合同后，买方一般要预付一小部分货款作为订金。有的合同还规定，按工程进度和交货进度分期支付部分货款，但大部分货款是在交货后若干年内分期摊付，即采用远期信用证支付。延期支付的那部分货款，实际上是一种赊销，等于是卖方给买方提供的商业信贷，因此，买方应承担延期付款的利息。在延期付款的条件下，货物所有权一般在交货时转移。

11.5.2 买卖合同中的支付条款

国际货物买卖中有关货款收付的规定通常以支付条款出现。买卖合同中支付条款的内容视所采用的不同收付方式而异。常用的支付条款举例如下所述。

1. 汇付条款

采用汇付方式时，应在合同中明确规定汇付的办法、汇付的时间、汇付的金额和汇付的途径等。例如：买方应不迟于 12 月 15 日，将 100% 的货款用电汇预付至卖方（The Buyer should pay 100% of the sale amount to the Seller in advance by telegraphic transfer not later than Dec.15th.）。

2. 托收条款

采用托收方式时，应在合同中明确规定托收种类、进口人的承兑和/或付款责任及付款期限等。

（1）即期付款交单条款的规定方法。例如，在合同中规定"买方凭卖方开具的即期跟单汇票，于第一次见票时立即付款，付款后交单"。（Upon first presentation the Buyers shall pay against documentary draft drawn by the sellers at sight .The shipping document are to be delivered against payment only.）

（2）远期付款交单条款的规定方法。例如：在合同中规定"买方应对卖方开具的见票后 ×× 天付款的跟单汇票于提示时即予承兑，并于汇票到期日即予付款，付款后交单"（The Buyer shall duly accept the documentary draft drawn by the Seller at ×× days upon first presentation and make payment on its maturity.The shipping documents are to be delivered against payment only.），或规定"买方应凭卖方开具的跟单汇票，于提单日后

××天付款,付款后交单",或规定"买方应凭卖方开具的跟单汇票,于汇票出票日后××天付款,付款后交单"。

(3)承兑交单条款的规定方法。例如,在合同中规定"买方应对卖方开具的见票后××天付款的跟单汇票于提示时即予承兑,并应于汇票到期日即予付款,承兑后交单"。(The Buyer shall duly accept the documentary draft drawn by the Seller at ×× days upon first presentation and make payment on its maturity.The shipping documents are to be delivered against acceptance.)

3. 信用证条款

采用信用证方式时,应在合同中明确规定信用证种类、开证日期、信用证有效期和议付地点等。

例如:买方应于×年×月×日前(或接到卖方通知后×天内或签约后×天内),通过卖方可以接受的银行,开出以卖方为受益人的(由×银行保兑)不可撤销的(可转让的)全部发票金额的即期信用证。信用证有效期延至装运日期后×天在中国到期。(The Buyers shall arrange with a bank acceptable to the Sellers for opening an Irrevocable (Transferable) Letter of Credit (or within × days after receipt of the Sellers advice or within × days after signing of this contract).The said Letter of Credit shall be available by sight draft (s) for full invoice value and remain valid for negotiation in China until the day after date of shipment.)

如要求电报索汇,可在上述条款内加列"信用证应列明收到议付电报通知后即以电汇偿付"。(The Letter of Credit must stipulate that reimbursement is to be made telegraphically upon receipt of the cable of negotiation.)

本章小结

国际贸易中常用的支付工具主要有汇票、本票和支票,其中汇票使用最为广泛;支付方式主要有汇付、托收和信用证,除此之外还有银行保函和国际保理业务。国际贸易中使用的支付方式比较多见的是信用证,因为信用证支付方式比汇付、托收更为安全。支付条款是合同中的主要交易条款,它包括付款时间、付款地点、付款金额、付款方式及方法等。

本章实训

1. 实训目的

通过案例分析和实训,使学习者能够了解信用证各当事人与合同当事人之间的关系,掌握信用证各条款的内容,并能结合合同等文件对信用证进行分析和审核,从而了解在一笔贸易中，买方对卖方在单据方面的制作要求，以便做好制单工作的各种前期准备工作。

2. 实训内容

案例分析与信用证业务的审核。

（1）对以下案例进行分析。

【案例 11-1】

外贸企业与某国 A 商达成一项出口合同，支付条件为付款交单，见票后 90 天付款。当汇票及所附单据通过托收行寄抵进口地代收行后，A 商及时在汇票上履行了承兑手续。货抵目的港时，由于用货心切，A 商出具信托收据向代收行借单提货。汇票到期时，A 商因经营不善失去偿付能力。代收行以付款人拒付为由通知托收行，并建议由外贸企业直接向 A 商索取货款。对此，你认为外贸企业应如何处理？

【案例 11-2】

某公司向外国某商进口钢材一批，货物分两批装运，支付方式为即期 L/C，每批分别由中国银行开立一份 L/C。第一批货物装运后，卖方在有效期内向银行交单议付，议付行审单后，即向该商议付货款，随后中国银行对议付行做了偿付。我方在收到第一批货物后，发现货物品质不符合合同规定，因而要求开证行对第二份 L/C 项下的单据拒绝付款，但遭到开证行拒绝。你认为开证行这样做是否有理？

【案例 11-3】

某外贸公司将出口货物装船后，通过交单行向开证行（台湾地区某银行）交单，要求开证行支付 507 200 美元。该信用证规定：①若单据中含有不符点（discrepancy），则应扣除不符点费 100 美元；②台湾地区以外的所有银行费用均由受益人承担。交单后，台湾开证行通知受益人：单据存在不符点，但申请人（买方）已接收单据，开证行将从货款中扣除 200 美元。其中，100 美元是不符点费，另外的 100 美元是银行手续费（handling fee）。开证行对不符点的描述是："The draft evidences amount in words and amount in figures are inconsistent within the document."经确认，在受益人提交的即期汇票中，在大写金额部分，误写为"Five and seven thousand and two hundred dollars only"，而非正确的"Five hundred seven thousand and two hundred US Dollars only"。针对开证行的不符点扣费，受益人方面认为：第一，汇票上固然存在上述瑕疵，但这对申请人（买方）完全没有影响，况且，买方也已经接受了这个不符点。因此，开证行不该扣费。第二，根据信用证规定，受益人有向开证行提交信用证规定单据的义务。本案中，受益人提交的单据并无问题，存在问题的汇票属于"票据"，而不属于"单据"的一部分。受益人的交单是合格的，即便汇票存在不符点，开证行也不应扣费。第三，退一步讲，即便开证行有权针对汇票不符点扣费 100 美元，但开证行也不应另行扣除 100 美元的手续费。因为信用证规定台湾地区以外的所有银行费用均由受益人承担，而这笔 100 美元的银行手续费显然发生在开证行所在地（即台湾）。因此，这笔 100 美元的手续费不应由受益人承担。请根据本案讨论问题：开证行扣费是否合理？请从法律及业务等角度予以评论，并给出依据。

（2）审核信用证。审核信用证是银行和出口企业共同承担的任务，其中银行主要负责鉴别信用证的真伪，通常由通知行负责进行审核；而出口企业则是将信用证条款与合同条款逐项逐句进行对照，从而审核信用证的内容与买卖合同条款是否一致，若不一致就要求开证申请人进行修改。

出口企业主要是从以下几点进行审核。

1）对照买卖合同条款，审核开证申请人、受益人名称是否正确；商品名称、规格、包装等及商品数量、金额大小写、货币种类是否与合同相符；付款期限是否合理等。

2）审核运输路线、分批装运和转运及运输工具的要求、装运期限的规定。

3）审核信用证所要求单据的种类、份数及填制要求我方是否能够办到。

4）关于银行费用的支付，一般应由开证申请人承担，但目前大多数信用证都规定开证行之外的费用由受益人承担。

5）找出信用证中的软条款。

6）审核空白、边缘处加注的文字，这些字句往往是对信用证内容的重要补充或新的修改，必须要认真对待。

7）有效期和到期地点关系到出口商能否及时交单。有效期应与运输相协调，到期地若在国外，应注意提前交单。

试根据下列合同条款及审证要求，审核信用证，如有不妥提出修改意见。

中国国际纺织品进出口公司江苏分公司
CHINA INTERNATIONAL TEXTILES I/E CORP.JIANGSU BRANCH
20 RANJIANG ROAD , NANJING, JIANGSU, CHINA

销售确认书

SALES CONFIRMATION

编号 NO.: CNT0219　　　　　　　　　　日期 DATE: MAY 10, 2018

OUR REFERENCE: IT123JS

买方 BUYERS:　　TAI HING LOONG SDN, BHD, KUALA LUMPUR.

地　址 ADDRESS : 　7/F, SAILING BUILDING, NO.50 AIDY STREET, KUALA LUMPUR, MALAYSIA

电话 TEL: 060-3-74236211　　　　　　　传真 FAX: 060-3-74236212

兹经买卖双方同意成交下列商品，订立条款如下：

THE UNDERSIGNED SELLERS AND BUYERS HAVE AGREED TO CLOSE THE FOLLOWING TRANSACTION ACCORDING TO THE TERMS AND CONDITIONS STIPULATED BELOW:

DESCRIPTION OF GOODS	QUANTITY	UNIT PRICE	AMOUNT
100% COTON GREY LAWN	300 000YARDS	CIF SINGAPORE @HKD3.00PER YARD	HKD900 000.00

装运 SHIPMENT: DURING JUNE/JULY, 2018 IN TRANSIT TO MALAYSIA
付款条件 PAYMENT: SIGHT L/C
保险 INSURANCE: TO BE EFFECTED BY SELLERS COVERING WPA AND WAR RISKS FOR 10% OVER THE INVOICE VALUE

买方（签章）THE BUYER　　　　　　　　　卖方（签章）THE SELLER
TAI HING LOONG SDN, BHD, KUALA LUMPUR.　　中国国际纺织品进出口公司江苏分公司
　　　　　　　　　　　　　　　　　CHINA INTERNATIONAL TEXTILES I/E CORP.
　　　　　　　　　　　　　　　　　　　JIANGSU BRANCH,

买方开来的信用证如下所示:
FROM BANGKOK BANK LTD., KUALALUMPUR
DOCUMENTARY CREDIT NO.: 01/12345, DATE: JUNE 12, 2018
ADVISING BANK: BANK OFCHINA, JIANGSU BRANCH
APPLICANT: TAI HING LOONG SDN, BHD., P.O.B.666 KUALA LUMPUR
BENEFICIARY: CHINA NAT'L TEXTILES I/E CORP., BEIJING BRANCH
AMOUNT: HKD 900 000.00 (HONGKONG DOLLARS TWO HUNDRED THREE THOUSAND ONLY)
EXPIRY DATE: JUN 15, 2018 INCHINA FOR NEGOTIATION
DEAR SIRS:
WE HEREBY ISSUE THIS DOCUMENTARY CREDIT IN YOUR FAVOR, WHICH IS AVAILABLE BY NEGOTIATION OF YOUR DRAFT (S) IN DUPLICATE AT SIGHT DRAWN ON BENEFICIARY BEARING THE CLAUSE: "DRAWN UNDER L/C NO.01/12345 OF BANGKOK BANK LTD.KUALA LUMPUR DATED JUNE 12, 2012"
ACCOMPANIED BY THE FOLLOWING DOCUMENTS:
——SIGNED INVOICE IN QUADRUPLICATE COUNTER-SIGNED BY APPLICANT.
——FULL SET OF CLEAN ON BOARD OCEAN BILLS OF LADING MADE OUT TO ORDER, ENDORSED IN BLANK, MARKED 'FREIGHT COLLECT' AND NOTIFY BENEFICIARY.
——MARINE INSURANCE POLICY OR CERTIFICATE FOR FULL INVOICE VALUE PLUS 50% WITH CLAIMS PAYABLE IN NANJING IN THE SAME CURRENCY AS THE DRAFT COVERING ALL RISKS AND WAR RISKS FROM WAREHOUSE TO WAREHOUSE UP TO KUALALUMPUR INCLUDING SRCC CLAUSE AS PER PICC 1/1/1981.
——PACKING LIST IN QUADRUPLICATE.
——CERTIFICATE OF ORIGIN ISSUED BY BANK OFCHINA, NANJING.
——SHIP'S CLASSIFICATION ISSUED BY LIOYDS'IN LONDON.
COVERING:

ABOUT 300 000 YARDS OF 65% POLYESTER, 35% COTTON GREY LAWN.AS PER BUYER'S ORDER NO.TH-108 DATED MAY 4, 2018 TO BE DELIVERED ON TWO EQUAL SHIPMENTS DURING MAY/ JUNE.

ALL BANKING CHARGES OUTSIDE MALAYSIA ARE FOR THE ACCOUNT OF BENEFICIARY.SHIPMENT FROMCHINA TO PORT KELANG LATEST JULY 31, 2018. PARTIAL SHIPMENTS ARE ALLOWED.TRANSSHIPMENT PROHIBITED.

WE HEREBY ENGAGE WITH DRAWERS, ENDORSERS AND BONA FIDE HOLDERS THAT DRAFTS DRAWN AND NEGOTIATED IN CONFORMITY WITH THE TERMS OF THIS CREDIT WILL BE DULY HONORED ON PRESENTATION.SUBJECT TO UCP600.

BANGKOK BANK LTD., KUALALUMPUR（SIGNED）

3. 实训组织形式和要求

（1）组织形式。将全班学生分成小组，通过小组讨论的形式完成本节实训。

（2）实训要求。分小组讨论国际货物买卖合同支付条款的主要内容、托收和信用证支付方式的流程和注意事项及信用证审核依据和标准。在此基础上研究以上案例并审核信用证，请各小组将分析结果由各组的推荐代表在全班讨论时分享，各人依此拿出自己的分析报告和信用证审核结果。

Chapter12

第 12 章

进出口货物的检验与报关

学习要点

1. 理解商品检验、进出口报关的概念和内容。
2. 熟悉进出口商品检验条款的主要内容。
3. 掌握进出口商品的检验程序、进出口商品的报关程序及进出口货物的税费计算。

引言

进出口商品的检验与报关是商品进出口业务中的重要一环。在货物进出口过程中,按照国家有关法律办理进出口商品检验和报关手续是国际货物交易顺利进行的重要保证。

12.1 进出口货物的检验

12.1.1 商品检验的概念及内容

1. 商品检验的概念

商品检验(commodity inspection)简称商检,是指在国际货物买卖过程中,由具有权威性的专业性商检机构对出口方交付的货物按照合同的规定进行品质、数量和包装等方面的鉴定,以确定其是否与合同规定相一致。同时,对某些货物,根据国家的法律或政府法令的规定进行安全、卫生、环境保护等条件的检验,以及动植物病虫害的检疫。检验的依据主要是买卖合同(包括信用证)中所规定的有关条款。

2. 商品检验的主要内容

(1)商品品质检验。品质检验亦称质量检验,是对进出口商品的品质、规格、等级等进行检验,以确定其是否符合进出口合同(包括成交样品)、标准等的规定。品质检验的手段有很多，包括感官检验、化学检验、仪器分析、物理测试、微生物学检验等。品质检验的范围很广，大体上包括外观质量检验与内在质量检验两个方面。

（2）商品数量和重量检验。数量和重量检验是指按合同规定的计量单位和计量方法对商品的数量和重量进行检验。

（3）商品包装检验。商品包装检验是根据外贸合同、标准和其他有关规定，对进出口商品的外包装和内包装及包装标志进行检验。包装检验首先核对外包装上的商品包装标志（标记、号码等）是否与进出口贸易合同相符。对进口商品主要检验外包装是否完好无损，包装材料、方式和衬垫物等是否符合合同规定的要求。外包装检验有破损的商品，要另外进行验残，查明货损责任方及货损程度。对出口商品的包装检验，除包装材料和包装方法必须符合合同、标准规定外，还应检验商品内外包装是否牢固、完整、干燥、清洁，是否适合长途运输和保护商品质量、数量等的习惯做法。

（4）卫生检验。卫生检验主要是对进出口食品进行检验，以确定其是否符合人类食用卫生条件，保障人民的健康和维护国家的信誉。

（5）安全性能检验。安全性能检验是根据国家规定和外贸合同、标准及进口国的法令要求，对进出口商品有关安全性能方面的项目进行的检验，如易燃、易爆、易触电、易受毒害、易受伤害等，以保证生产使用和生命财产的安全。目前，除进出口船舶及主要船用设备材料和锅炉及压力容器的安全监督检验，根据国家规定分别由船舶检验机构和劳动部门的锅炉、压力容器安全监察机构负责监督检查外，其他进出口商品涉及安全性能方面的项目，均由商检机构根据外贸合同规定和国内外的有关规定及要求进行检验，以维护人身安全并确保经济财产免遭侵害。

商品检验除上述内容外，还包括船舱检验、残损鉴定、监视装载、签封样品、签发产地证书和价值证书、委托检验等内容。

3. 商品检验的范围

我国现行的法律、行政法规或国际条约、协议规定，有一部分进出口商品及其运输工具必须经过商检机构的检验。未经检验合格的，不能出口或不能在国内销售、使用。这类商品及其运输工具的报验称为法定检验报验。

（1）进口商品及其运载工具法定检验报验的范围。

1）列入《商检机构实施检验的进出口商品种类表》的进口商品。

2）有关国际条约、协议规定须经商检机构检验的进口商品。

3）其他法律、行政法规规定须经商检机构检验的进口商品。

（2）出口商品及其运载工具法定检验报验的范围。

1）列入《商检机构实施检验的进出口商品种类表》的出口商品。

2）出口食品的卫生检验。

3）贸易性出口动物产品的检疫。

4）出口危险物品和《商检机构实施检验的进出口商品种类表》内商品包装容器的

性能检验和使用鉴定。

5）装运易腐烂变质食品出口的船舱和集装箱。

6）有关国际条约、协议规定须经商检机构检验的出口商品。

7）其他法律、行政法规规定须经商检机构检验的出口商品。

12.1.2 进出口货物检验条款的主要内容

检验条款是进行检验工作的依据，在国际贸易中，买卖双方应注意订好检验条款以维护双方的利益。一般来说，国际货物买卖合同中的商检条款一般包括下列内容：检验时间和地点的规定、检验机构、检验单证等。

1. 检验时间和地点的规定

检验时间和地点的确定，实际上关系到在何时、何地确定卖方交货的品质和数量。如何规定检验的时间和地点，关系到买卖双方的切身利益，是双方在商订检验条款时的一个核心问题。

（1）在出口国检验。

1）产地检验。由出口国的生产工厂检验人员或按照合同规定与买方验收人员一同于货物在工厂发运前进行检验。卖方须承担货物离厂前的责任，而一旦检验合格，在运输途中出现的品质、数量等方面的风险则由买方负责。这是国际贸易中普遍采用的习惯做法。近年来，我国在进口重要商品和生产线一类设备时，一般都在出口国发货前，在工厂安装运转测试。凡有质量问题的，由供货厂家立即解决，此种做法已为我国《商检法》所肯定。

2）装船前或装船时在装运港检验。出口货物在装运港装船前，以双方约定的商检机构验货后出具的品质、重量、数量和包装等检验证明，作为决定商品品质和重量的最后依据。这叫作"离岸品质"和"离岸重量"。所谓最后依据是指卖方取得商检机构出具的各项检验证书时，就意味着其所交货物的品质和重量与合同规定的相符，买方对此无权提出任何异议，从而否定了他对货物的复验权，除非买方能证明，货到目的地时的变质或短缺是由于卖方未能履行合同的品质、数量、包装等条款，或因货物固有的瑕疵而引起的。离岸品质和离岸重量所代表的是风险转移时的质量和重量，至于风险转移后，货物在运输途中所发生的货损，买方仍然有权向有关责任方索赔。至于装船时检验，则是指用传送带或机械操作的办法对进行装船的散装货，在装船的过程中抽样检验或衡量。这与装船前检验一样，也属离岸品质和离岸重量。

（2）在进口国检验。这是指在进口国的目的港或在买方营业处所检验。

1）在目的港或目的地卸货后检验。货物在目的港（地）卸货后，由买卖双方约定的商检机构验货并出具检验证明作为最后依据。这就是所谓的"到岸品质"和"到岸重量"。如发现货物的品质或重量与合同规定不符且责任属于卖方时，买方可向其提出索赔或按双方事先约定处理。

2）在买方营业处或最终用户所在地检验。对于密封包装的货物，或规格复杂、精密度高的货物，不能在使用之前开拆包装检验，或需要具备一定的检验条件和设备才能检验时，可将货物运至买方营业处所或最终用户所在地进行检验，以这里的检验机构出具的品质、重量（数量）证明作为最后依据。

（3）在出口国检验、在进口国复验。目前，我国对外签订的买卖合同，多数使用的是：货物在装船前进行检验，由卖方凭商检证书连同其他装运单据，进行议付货款；货物到达目的港后，再由双方约定的机构在约定期限内，对货物进行复检。如发现货物的品质或数量与合同规定不符，买方有权在规定时效内提出异议。鉴于国际贸易中的货物经常需要经过远程运输，其品质和重量在运输过程中难免会有变化，装船时和到达时的检验结果会常有出入。而这些差异的产生原因又很复杂，更何况有些货物本身会有自然损耗。因此，为避免买卖双方因两次检验结果不一致而各执一词，产生争执，可在条款中加入下述规定。

1）凡属于船方或保险公司的责任情况下，买方不得向卖方索赔，只能向有关责任方要求赔偿。

2）如两次检验结果的差异在一定范围之内，如0.15%，则以出口国检验结果为准。如超出这个范围，可由双方协商解决，如不能解决，可提交第三国检验机构进行仲裁检验。

从上述两种做法可以看出，第二种做法，实际上是一种相对公平合理的做法。

此外，国际上还有一种做法，叫作"离岸重量，到岸品质"，即把品质与重量的检验时间和地点分开。这实际上也是调和买卖双方在检验问题上的矛盾的折中办法。

2. 检验机构

（1）国际检验机构。世界上的大多数主权国家一般都设有专门的检验机构，这些机构从组织的性质上来分，有官方的，有同业公会、协会或民间私人经营的，也有半官方的；从经营的业务范围来分，有综合性的、专业性的。检验机构的名称也多种多样，如检验公司、公证行、公证鉴定人、实验室等。国际上著名的检验机构有：美国粮谷检验署、美国食物药品管理局、法国国家实验室检测中心、日本通商产业检查所等官方检验机构，以及瑞士日内瓦通用公证行、美国保险人实验室、英国劳合氏公证行、日本海事鉴定协会等民间或社团检验机构。

（2）我国的商品检验机构。我国的商检机构原为国家出入境检验检疫局（China Inspection and Quarantine，CIQ）及其设在全国各口岸的出入境检验检疫局。该机构由原国家进出口商品检验局、卫生部卫生检疫局、农业部动植物检疫局合并而成，原各机构相应的职责也统一由出入境检验检疫局负责。"三检合一"有利于消除多部门带来的重复管理、重复检验检疫、重复收费、通关效率低、企业负担重等一系列弊端。2001年4月，国家质量监督检验检疫总局（General Administration of Quality Supervision, Inspection and Quarantine of the People's Republic of China）成立，成为我国主管质量监督和检验检疫工作的最高行政执法机关。原国家质量技术监督局和原国家出入境检验检疫局的职能合并入总局，但合并以后，检验检疫职能不变。我国检验检疫机构的职责有三项：对进出口商品实施法定检验检疫，办理进出口商品鉴定业务，对进出口商品的质量和检验工作实施监督管理。

3. 检验单证

经商检机构检验合格的出口商品，商检机构应签发商检证书、出口放行单或在出口货物报关单上加盖商检机构放行章；经商检机构预验合格的出口商品，商检机构应出具"出口商品预验结果单"或"出口商品检验换证凭单"；经商检机构检验不合格的出口商品，商检机构应签发"出口商品检验不合格通知单"。

（1）放行单。填制放行单首先应填写商检机构受理检验编号，然后再填写以下各项。

1）发货人：对外贸易合同的卖方或信用证中的受益人。

2）输往国别或地区：出口商品运往的目的地国家或地区。

3）合同号/信用证号。

4）运输标记/批号：唛头，如无标记注明"N/M"。

5）商品名称及规格：按合同或信用证中商品的名称全称填写；如有规格、牌号或货号的，还需列上该出口商品的规格、牌号或货号。

6）H.S.编码：该批出口货物应按H.S.编码重新细化归类的《种类表》中的编码，填写8位数字。

7）包装种类、数量/重量（大写有效）：该批出口物的外包装及其数量或重量，如××木箱、××铁桶等。如需列明其他数量，也可以填上××打、××米等。重量一般填写净重，如果是毛重或以毛作净的要加注，其数字一律大写。

8）有效期：一般商品自签发之日起60天，鲜活类商品为两周，大写有效。

9）备注：供商检机构需向海关提供情况说明时使用。

（2）商检证书。商品检验证书是商检机构对进出口商品实施检验或鉴定后出具的证明文件。常用的检验证书有：品质检验证书、重量检验证书、数量检验证书、兽医检验证书、卫生检验证书、消毒检验证书、植物检疫证书、价值检验证书、原产地检验证书、验残检验证书、验舱检验证书等。

商品检验证书的种类虽然很多，但作用基本相同，主要有以下几点。

1）作为买卖双方交接货物的依据。国际货物买卖中，卖方有义务保证所提供货物的质量、数（重）量、包装等与合同规定相符。因此，合同或信用证中往往规定卖方交货时须提交商检机构出具的检验证书，以证明所交货物与合同规定相符。

2）作为索赔和理赔的依据。如合同中规定在进口国检验，或规定买方有复验权，则若经检验货物与合同规定不符，买方可凭指定检验机构出具的检验证书，向卖方提出异议和索赔。

3）作为买卖双方结算货款的依据。在信用证支付方式下，信用证规定卖方须提交的单据中，往往包括商检证书，并对检验证书的名称、内容等做出了明确规定。当卖方向银行交单，要求其付款、承兑或议付货款时，必须提交符合信用证要求的商检证书。

4）作为海关验关放行的凭证。凡属于法定检验的商品，在办理进出口清关手续时，必须提交检验机构出具的合格检验证书，海关才准予办理通关手续。

4. 订立商品检验条款应注意的事项

（1）应坚持独立自主、平等互利的原则。对我国的出口商品，一般均坚持由我国商品检验机构按我国有关检验标准及规定的方法进行检验。目前，暂无统一标准的，可参照同类商品的标准或由我国生产部门会同商检部门共同商定的标准及检验方法进行。同时，也不排斥对个别商品采用国外标准及方法进行检验。对我国的进口商品检验，除按合同规定办理外，也可按生产国标准或国际通用标准进行检验。

（2）应明确规定出口商品的复验期限及复验机构。复验时间的长短可根据商品性质及港口具体情况而定。要选择政治上对我国友好，又有一定检验业务能力的复验机构。

（3）检验条款的内容应与合同其他条款的内容相衔接，不能产生矛盾。检验证书的内容要与品质、数量、包装及信用证的内容完全相同，否则不利于合同的履行及货款的支付。

12.1.3 进出口货物的检验程序

凡属法定检验检疫商品或合同规定需要检疫机构进行检验检疫并出具检验检疫证书的商品，对外贸易关系人均应及时提请检疫机构检验。我国进出口商品的检验程序主要包括四个环节：报验、抽样、检验和签发证书。

1. 报验

进出口报验是指对外贸易关系人向检疫机构申请检验。凡属检验范围内的进出口商品，都必须报验。

（1）出口商品的报检程序。

1）报检要求。报检人在报检时应填写规定格式的报检申请单，提供与出入境检验检疫有关的单证资料、按规定缴纳检验检疫费用；报检人申请撤销报检时，应书面说明原因，经批准后方可办理撤销手续，报检后 30 天内未联系检验检疫事宜的，自动撤销报检；报检人申请更改证单时，应填写更改申请单，交付有关函电等证明单据，并退还原证单，经审核同意后方可办理更改手续。品名、数（重）量、检验检疫结果、包装、发货人、收货人等重要项目更改后与合同、信用证不符，或者更改后与法律法规不符的，均不能更改。

2）填写"出口检验申请单"。其主要有以下内容。

a. 报检号（商检机构受理报检的编号，由商检机构受理报检人员填写）。

b. 报检单位（填写报检单位全称并加盖公章或报检专用章）。

c. 报检日期（报检当天日期）；存货地点（出口货物存放处的详细地址）。

d. 卖方或发货人（合同上的卖方或信用证的受益人，要求用中英文填写）。

e. 收货人（合同上的买方或信用证的开证人）。

f. 品名（按合同、信用证中所列名称填写）。

g. 报检数量（按实际申请检验数量填写，注明计量单位）。

h. 生产部门（生产出口商品的企业名称）。

i. 输往国别（出口货物的最终销售国）。

j. H.S. 编码（按《商品名称及编码协调制度》填写 8 位数字，如皮革服装的 H.S. 编码为 4203.1000）。

k. 净重/毛重（按实际申请检验净重/毛重填写，并注明计量单位名称）。

l. 成交单价及总值（按出口合同或发票所列货物的成交单价和总值填写，并注明货币名称）。

m. 收购单价及总值（外贸经营单位向生产经营部门收购商品的人民币值）。

n. 运输方式（填写海运、陆运、空运、邮运、多式联运等多种运输方式之一）。

o. 标记及号码（唛头须按出口货物的报关单或明细单所列内容填写，应与实际货物运输包装所示一致）。

p. 结汇方式（支付贷款的方式）。

q. 出运口岸（办理报关出运的地点或口岸）。

r. 商品包装情况（按实际包装填写，使用的包装材料及包装情况是否良好应加以注明，如箱装可填写为"纸箱包装，包装完好"）。

s. 备注（如对检验证书的内容有特殊要求或有其他需要特别说明的，可在此注明）。

3）出口商品检验时应提供的单证和资料。

a. 进出口货物合同或销售确认书或订单。

b. 信用证及有关函电。

c. 生产经营部门出具的厂检单证。

d. 商检机构签发的"出口商品运输包装容器性能检验结果单"。

e. 发货人委托其他单位代理报检时，应加附委托书（原件）。

f. 凭样成交的应提供成交样品。

g. 商检机构签发的"出口商品预验结果单"。

h. 按照国家法律、行政法规规定实行卫生注册及质量许可的出境商品，必须提供商检机构批准的注册编号或许可证编号。

i. 出口危险品货物时，必须提供危险品包装容器的性能检验和使用鉴定合格证；出口锅炉、压力容器时，需提供锅炉监察机构审核盖章的安全性能检验报告等。

4）出口商品报验时应注意的事项。

a. 关于出口报检的时间，要求最迟应于报关或装运出口前 10 天向商检机构申请报检。对检验周期较长的商品，如羊绒，还需增加相应抽样、检验、化验等工作的时间。

b. 每份"出口检验申请单"仅限填报一批商品。

c. 需签发外文证书的，有关栏目应用打字机填写相应的外文。

d. 要求商检机构出具证书的，应及时向商检机构提出申请。当发现有违反我国政策法令、不合要求的，应及时向外国进口商提出修改意见。

（2）进口商品的报检程序。进口商品的报验人应在一定期限内填写"入境货物报验单"，填明申请检验鉴定项目的要求，并附合同、发票、海运提单（或铁路、航空、邮包运单）、品质证书、装箱单等资料，接货和用货部门已验收的还应附验收记录，向当地检疫部门申请检验。如货物有残损、短缺，须附理货公司与轮船大副共同签署的货物残损报告单、大副批注或铁路商务记录等有关证明材料。

报验后，如发现报验单填写有误或客户修改信用证使货物数量、规格有变动时，可提出更改申请，填写"更改申请单"，说明更改事项和原因。

2. 抽样

商检机构接受报验之后，及时派人员到货物堆存地点进行现场检验鉴定。其检验鉴定内容包括货物的数量、重量、包装、外观等项目。现场检验一般采取国际贸易中普遍使用的抽样法（个别特殊商品除外）。抽样时须按规定的抽样方法和一定的比例随机抽样，以便样品能代表整批商品的质量。

3. 检验

商检机构接受报验之后，根据抽样和现场检验记录，认真研究申报的检验项目，确定检验内容。仔细核对合同（信用证）对品质、规格、包装的规定，弄清检验的依据，确定检验的标准与方法，然后进行抽样检验、仪器分析检验、物理检验、感官检验、微生物检验等。

4. 签发证书

对于出口商品，经检验检疫部门检验合格后，凭《出境货物通关单》进行通关。如合同、信用证规定由检疫部门检验出证，或国外要求签发检疫证书的，应根据规定签发所需证书。

对于进口商品，经检验检疫部门检验合格后，凭《入境货物通关单》进行通关。凡由收货、用货单位自行验收的进口商品，如发现问题，应及时向检验检疫部门申请复验。如复验不合格，检验检疫机构即签发检疫证书，以供对外索赔。

12.2 进出口货物的报关

12.2.1 进出口报关的概念

1. 报关的含义

从广义上讲，报关是指进出境运输工具负责人、进出口货物收发货人、进出境物品所有人或者他们的代理人向海关办理运输工具、货物、物品进出境手续及相关手续的全过程。其中，进出境运输工具负责人、进出口货物收发货人、进出境物品所有人或者他们的代理人是报关行为的承担者，是报关的主体，也就是报关人。报关的对象是进出境运输工具、货物和物品。报关的内容是办理运输工具、货物和物品的进出境手续及相关海关手续。

报关，尤其是进出口货物的报关是一项十分复杂的工作，包括许多步骤和工作环节，其中按规定的内容以规定的方式向海关报告进出口货物的情况是报关工作的核心环节。因此，在实际工作中，有时我们把向海关申报也称为报关，这是狭义的报关概念。

2. 报关单位

报关单位是指在海关注册登记或经海关批准，取得报关资格，向海关办理进出口货物报关纳税等海关事务的境内法人或其他组织。我国《海关法》将报关单位分为两大类：进出口货物收发货人（自理报关单位）和报关企业。报关企业又可分为专业报关企业和代理报关企业。

3. 报关期限

报关期限是指货物运到口岸后，法律规定收发货人或其代理人向海关报关的时间限制。我国《海关法》对进出口货物的报关期限有明确的规定，而且出口货物的报关期限与进口货物的报关期限不同。

（1）出口货物的报关期限。根据我国《海关法》第18条的规定，出口货物的发货人除海关特准的以外，应当在装货的24小时以前，向海关申报并办理有关手续。

规定出口货物的报关期限主要是为了留给海关一定的时间，便于其办理正常的查验和征税等手续，以维护口岸的正常货运秩序。除了需紧急发运的鲜活、维修和赶船期货物等特殊情况之外，在装货的24小时以内申报的货物一般暂缓受理。如果在这一规定的期限之前没有向海关申报，海关可以拒绝接受通关申报，这样，出口货物就得不到海关的检验、征税和放行，无法装货运输，从而影响运输单据的取得，甚至导致延迟装运、违反合同。因此，应该及早地向海关办理申报手续，做到准时装运。

（2）进口货物的报关期限。根据我国《海关法》第18条的规定，进口货物的报关期限为自运输工具申报进境之日起14日内，由收货人或其代理人向海关申报。若超过这个期限报关的，由海关征收滞报金。规定进口货物的报关期限和征收滞报金是为了运用行政手段和经济手段，促使进口货物的收货人或其代理人及时报关，加速口岸疏运，减少积压，使进口货物早日投入生产和使用，促进国民经济的发展。

12.2.2 进出口货物的报关程序

报关工作的全部程序分为申报、查验、缴纳税费、放行四个阶段。

1. 申报

申报是办理进出口货物进出境通关手续的第一个环节，是整个进出境通关环节的基础。进出口货物的申报工作一般包括准备单证、确认货物或提取货样、正式报关、修改申报内容或撤销申请等几个环节。

（1）准备单证。准备申报单证是报关员进行申报工作的第一步，是整个报关工作能否顺利进行的关键一步。进出口货物的收发货人及其代理人必须认真检查申报必备的单证，检查内容主要是单证是否齐全、准确、有效，单证是否一致等。

1）基本单证。报关的基本单证包括进出口货物报关单和各类货运单证。货运单证，主要包括各类提货单或装货单或者相当于提货单或装货单的单据，如海运当中的提单（bill of lading）、商业发票（commercial invoice）、装箱单（packing list）等。

2）特殊单证。特殊单证主要是指进出口许可证件、加工贸易登记手册（包括电子的和纸质的）、特定减免税证明、外汇收付汇核销单证、原产地证明书、担保文件等。

3）预备单证。预备单证主要是指贸易合同、进出口企业的有关证明文件等。对这些单证，海关在审单、征税时可能需要调阅或者收取备案。

进出口货物收发货人或其代理人应向报关员提供上述单证，报关员审核这些单证后据此填制报关单。报关单是由报关人对进出口商品的基本情况进行的说明，主要包括商品的品名、数量、价格、进出口口岸、贸易方式、成交方式、运输方式及涉及国家管制的相关情况。

（2）确认货物或提取货样。为了确认货物，进口货物的收货人在经海关同意后，可以在申报前查看货物或者提取货样。提取货样的货物涉及动植物及其产品以及其他须依法提供检疫证明的，应当按照国家的有关法律规定，在取得主管部门签发的书面批准证明后提取。提取货样后，到场监管的海关关员与进口货物的收货人在取样记录和取样清单上签字确认。但对于进口货物在进境后，海关已经取得走私违法证据的，海关可不予其确认货物的权利。进口货物的收货人如经确认发现货物系境外错发货物，则可以终止申报程序，按照海关关于直接退运的规定，向现场海关办理直接退运手续。

（3）正式报关。海关审结电子数据报关单后，进出口货物收发货人或其代理人应当自接到海关"现场交单"或"放行交单"通知之日起 10 日内，持打印的纸质报关单，备齐规定的随附单证并签名盖章，到货物所在地海关提交书面单证并办理相关海关手续。

进出口货物收发货人或其代理人的申报自被海关接受时起，其申报的单证就产生法律效力，即进出口货物收发货人或其代理人应当向海关承担"如实申报"的法律责任。

（4）修改申报内容或撤销申报。海关接受申报后，报关单证及其内容不得修改或者撤销。但有下述正当理由的，经海关同意，可以修改或者撤销申报。

1）由于计算机、网络等方面的原因导致电子数据申报的错误。

2）海关在办理出口货物的放行手续后，由于装运、配载等原因造成原申报货物部分或全部退关。

3）发送单位或报关单位有关人员在操作或书写上的失误造成差错，但未对国家贸易管制政策、税收及海关统计指标等造成危害的。

4）因海关审价、归类认定后需对申报数据进行修改的。

5）根据贸易惯例先行采用暂时价格成交、实际结算时按商检品质认定或国际市场实际价格付款方式而修改的。

有正当理由要求修改申报数据或撤销申报的，应当向海关提交书面申请，经海关批准以后，可实施修改或撤销，对此情况海关一般不作违规处理。

由于进出口货物的收发货人及其代理人的申报错误构成违规的，应当接受海关相应的处罚，在接受处罚后，方可修改数据或撤销申报、重新申报。对海关已经通知要查验的进出口货物，不允许其修改数据或撤销申报。对构成走私被海关没收处罚的货物，不允许再重新申报。

2. 查验

查验是指海关根据《海关法》确定进出口货物的性质、价格、数量、原产地、状况等是否与报关单上已申报的内容相符，对货物进行实际检查的行政执法行为。海关查验的方式主要有彻底查验、抽查和外形查验。海关查验货物时，要求货物的收发货人或其代理人必须到场，并按海关的要求负责办理货物的搬移、拆装箱和查验货物的包装等工作。海关认为必要时，可以径行开验、复验或者提取货样，货物保管人应当到场作为见证人。

3. 缴纳税费

进出口货物收发货人或其代理人将报关单及随附单证提交给货物进出境地指定海关，海关对报关单进行审核，对需要查验的货物先由海关查验，然后核对计算的税费，开具税款缴款书和收费票据。进出口货物收发货人或其代理人在规定时间内，持缴款书或收费票据向指定银行办理税费交付手续。

在试行中国电子口岸网上缴税和付费的海关，进出口货物收发货人或其代理人可以通过电子口岸接收海关发出的税款缴款书和收费票据，在网上向签有协议的银行进行电子支付税费。一旦收到银行缴款成功的信息，即可报请海关办理货物放行手续。

4. 放行

海关对进出口货物的报关经过审核报关单据、查验实际货物，并依法办理了征收货物税费手续或减免税费手续后，在有关单据上签盖放行章，货物的所有人或其代理人才能提取或装运货物。此时，海关对进出口货物的监管才算结束。

另外，进出口货物因各种原因需海关特殊处理的，可向海关申请担保放行。海关对担保的范围和方式均有明确的规定。

12.2.3 进出口货物税费的计算

进出口税费是指在进出口环节中由海关依法征收的关税、消费税、增值税、船舶吨税等税费。我国进出口环节税费征纳的法律依据主要是《海关法》《中华人民共和国进出口关税条例》(以下简称《关税条例》)及其他有关的法律和行政法规。

1. 进出口税费种类

(1) 关税。进口关税是指一国海关以进境货物和物品为征税对象所征收的关税,在国际贸易中,其一直被各国公认为是一种重要的经济保护手段。目前,我国进口关税可分为从价税、从量税和复合税。

出口关税是一国海关以出境货物和物品为课税对象所征收的关税。为鼓励出口,世界各国一般不征收出口税或仅对少数商品征收出口税。征收出口关税的主要目的是限制、调控某些商品的过激、无序出口,特别是防止本国一些重要自然资源和原材料的出口。我国目前征收的出口关税都是从价税。

(2) 进口环节税。进口货物和物品在办理海关手续放行后,进入国内流通领域,与国内货物同等对待,所以应缴纳国内税。为了简化征税手续,进口货物和物品的一些国内税依法由海关在进口环节征收。目前,我国由海关征收的国内税费主要有增值税、消费税两种。

(3) 船舶吨税。船舶吨税是由海关在设关口岸对进出、停靠我国港口的国际航行船舶代为征收的一种使用税。征收船舶吨税的目的是用于航道设施的建设。

(4) 滞纳金和滞报金。滞纳金是海关税收管理中的一种行政强制措施。在海关监督管理中,滞纳金指应纳关税的单位或个人因在规定期限内未向海关缴纳税款而依法应缴纳的款项。根据我国《海关法》和《关税条例》的规定,关税、进口环节增值税及消费税、船舶吨税等的纳税人或其代理人,应当自海关填发税款缴款书之日起 15 日内缴纳进口税款,逾期缴纳的,海关依法在原应纳税款的基础上,按日加收滞纳税款 0.5‰ 的滞纳金。滞纳金起征额为 50 元,不足 50 元的免予征收。具体计算见式 (12-1)。

$$\text{关税滞纳金金额} = \text{滞纳关税税额} \times 0.5‰ \times \text{滞纳天数} \quad (12\text{-}1)$$

滞报金是海关对未在法定期限内向海关申报进口货物的收发货人采取的依法加收的属经济制裁性的款项。滞报金按日计征,其起征日为规定的申报时限的次日,截止日为收货人向海关申报后,海关接受申报的日期。滞报金的日征收金额为进口货物完税价格的 0.5‰。滞报金的起征点为人民币 50 元,不足 50 元的可以免征。滞报金按日计收,进口货物收发货人或其代理人向海关申报之日亦计算在内。具体计算见式 (12-2)。

$$\text{进口货物滞报金金额} = \text{进口货物成交价格} \times 0.5‰ \times \text{滞报天数} \quad (12\text{-}2)$$

2. 进出口税费计算

(1) 进口货物完税价格的确定。进口货物完税价格的审定包括一般进口货物完税价格的审定和特殊进口货物完税价格的审定两方面内容。

一般进口货物的完税价格,由海关以该货物的成交价格为基础审查确定,并应当包括货物运抵中华人民共和国境内输入地点起卸前的运输及其相关费用、保险费。运输及其相关费用中的"相关费用"主要是指与运输有关的费用,如装卸费、搬运费等属于广义的运费范畴内的费用。海关确定进口货物完税价格有六种估价方法:成交价格方法、相同货物成交价格方法、类似货物成交价格方法、倒扣价格方法、计算价格方法和合理方法。这六种估价方法必须依次使用,即只有在不能使用前一种估价方法的情况下,才可以顺延使用其他方法。"特殊进口货物"是指以特殊的贸易方式或交易方式进口的货物。

(2)出口货物完税价格的确定。出口货物的完税价格由海关以该货物的成交价格及该货物运至中华人民共和国境内输出地点装载前的运输及其相关费用、保险费为基础审查确定,但其中包含的出口关税税额应当扣除。

出口货物的成交价格是指该货物出口时卖方为出口该货物应当向买方直接收取和间接收取的价款总额。出口货物的成交价格中含有支付给境外的佣金的,如果单独列明,应当扣除。出口货物完税价格的计算见式(12-3)。

$$出口货物完税价格 = \frac{FOB 价格}{1 + 出口关税税率} \quad (12\text{-}3)$$

(3)适用税率。2019年的《中华人民共和国海关进口税则》(以下简称《税则》),是根据国务院关税税则委员会2019年最新调整的进出口关税税率编制而成的,自2019年1月1日起实施。《税则》包括"使用说明""进口税则""出口税则"三个部分。"使用说明"主要对各种税率的适用范围、国别代码、计量单位等进行解释和说明。"进口税则"涉及8 549个税目。"出口税则"的税率栏只有一个栏目,仅对102个税目的商品征收出口关税。此外,《税则》还规定了:对出口货物在一定期限内可以实行暂定税率;在计算出口关税时,出口暂定税率优先于出口税率执行;法律、行政法规对进出口关税税目、税率调整另有规定的,仍依照法律、行政法规实行。

(4)税费的计算公式。

1)进口关税税款的计算。

①从价关税的计算见式(12-4)~式(12-6)。

$$进口货物应纳关税税额 = 完税价格 \times 适用的进口关税税率 \quad (12\text{-}4)$$

其中,完税价格=CIF价格,或者

$$完税价格 = \frac{FOB 价格 + 运费}{1 - 保险费率} \quad (12\text{-}5)$$

或者

$$完税价格 = \frac{CFR 价格}{1 - 保险费率} \quad (12\text{-}6)$$

②从量关税的计算见式(12-7)。

$$进口货物应纳关税税额 = 进口货物数量 \times 适用的单位税额 \quad (12\text{-}7)$$

③复合关税的计算见式(12-8)。

$$进口货物应纳关税税额 = 完税价格 \times 进口关税税率 + 进口货物数量 \times 适用的单位税额 \quad (12\text{-}8)$$

2）出口关税税款的计算见式（12-9）与式（12-10）。

$$出口货物应纳关税税额 = 出口货物完税价格 \times 出口关税税率 \quad (12\text{-}9)$$

$$出口货物完税价格 = \frac{FOB 价格}{1 + 出口关税税率} \quad (12\text{-}10)$$

3）进口环节增值税税款的计算。

①应征消费税的进口货物增值税计算见式（12-11）和式（12-12）。

$$应纳增值税税额 = 增值税组成计税价格 \times 增值税税率 \quad (12\text{-}11)$$

$$增值税组成计税价格 = 进口货物完税价格 + 进口关税税额 + 消费税税额 \quad (12\text{-}12)$$

②不征消费税的进口货物增值税计算见式（12-13）和式（12-14）。

$$应纳增值税税额 = 增值税组成计税价格 \times 增值税税率 \quad (12\text{-}13)$$

$$增值税组成计税价格 = 进口货物完税价格 + 进口关税税额 \quad (12\text{-}14)$$

4）进口环节消费税款的计算方法。

①从价征收消费税的计算见式（12-15）和式（12-16）。

$$应纳消费税税额 = 消费税组成计税价格 \times 消费税从价税率 \quad (12\text{-}15)$$

$$消费税组成计税价格 = \frac{进口货物完税价格 + 进口关税税额}{1 - 消费税税率} \quad (12\text{-}16)$$

②从量征收消费税的计算见式（12-17）。

$$应纳消费税税额 = 进口货物数量 \times 消费税从价税率 \quad (12\text{-}17)$$

③复合征收消费税的计算见式（12-18）。

$$\begin{aligned}应纳消费税税额 = &\ 消费税组成计税价格 \times 消费税从价税率 \\ &+ 进口货物数量 \times 消费税从价税率\end{aligned} \quad (12\text{-}18)$$

5）船舶吨税税款的计算见式（12-19）和式（12-20）。

$$应征船舶吨税 = 净吨位 \times 船舶吨税税率 \quad (12\text{-}19)$$

$$净吨位 = 船舶有效容积 \times 吨/立方米 \quad (12\text{-}20)$$

需要注意的是，船舶净吨位的尾数，按四舍五入原则：半吨以下的免征尾数，半吨以上的按一吨计算。

本章小结

本章主要介绍了进出口商品检验、进出口报关的基本概念及内容，分析了进出口货物检验条款的主要内容，详述了进出口货物的检验程序、进出口货物的报关程序及进出口税费的计算方法，并对检验报关内容进行实训。

本章实训

1. 实训目的

了解进出口商品检验、进出口报关的基本概念及内容，掌握进出口货物检验条款、进出口货物的检验程序、进出口货物的报关程序及应该注意的问题。

2. 实训内容

（1）研究进出口商品检验的概念及检验条款的主要内容、进出口货物的检验程序。

（2）掌握进出口报关的概念、报关程序及相关注意事项。

（3）掌握进出口税费的计算。

（4）讨论下列案例和练习。

【案例 12-1】

某进出口合同商品检验条款中规定，以装船地出具的商检报告为准，但在目的港交付货物时，却发现商品的品质与合同规定不符。买方以经当地商检机构检验并出具的检验证书向卖方提出索赔，卖方以上述商检条款为理由拒绝理赔。卖方的拒赔是否合理？

【案例 12-2】

中国某公司（买方）与美国某公司（卖方）签订了一份买卖成套机电设备的 CIF 合同。合同规定目的港为天津港，检验和索赔条款规定买方有权在货物到达目的地后 90 天内根据商检报告提出索赔。

卖方如期发运了货物，货到天津港后，买方没有申请商检，而是委托某汽车运输公司将货物运至最终用户所在地——偏僻的 N 县城，并在当地申请商检局对货物进行检验。结果发现货物有某些残损，商检证书证明残损系发货前因素所致。买方依据商检证书，要求卖方赔偿损失。双方发生争议，提交仲裁。请分析：仲裁庭应如何裁决此案？

【案例 12-3】

某电视机制造厂商为生产电视机内销，通过外贸公司向 A 国订购了 100 吨卷钢、50 吨 PVC 粒子、10 吨盐酸，并委托某货运报关公司 B 办理报关手续。卷钢进口后，经检验只到货 96 吨，而且其中有 7 吨与合同规定的质量不符。与 A 方商人协商后，A 方答应退还 11 吨卷钢的货款，并没要求退还 7 吨质量不符的卷钢。作为 B 公司的报关员，应办理哪些海关手续？（注：假设国家临时决定不准进口 A 国所产 PVC 粒子）

【案例 12-4】

2014 年上海某汽车贸易公司从日本进口一批摩托车，成交价格折合人民币为 CIF 上海 20 万元，且经海关审定，查摩托车的适用关税税率为 34.2%，增值税率为 17%，消费税率为 10%。请计算应纳进口关税税额、进口环节增值税额及消费税额。

3. 实训组织形式和要求

（1）组织形式。将学生分成若干小组，以小组讨论的形式完成本节实训。

（2）实训要求。分小组讨论进出口货物的检验程序、检验条款、报关程序及相应的注意事项，在此基础上研究案例，并请各小组将分析结果由各组的推荐代表在全班讨论时分享，各人依此拿出自己的分析报告。

Chapter 13
第 13 章

贸易合同争议的预防与处理

学习要点

1. 掌握违约的含义及关于违约后果的法律规定、合同中的索赔条款。
2. 掌握不可抗力的含义及不可抗力的法律后果、合同中的不可抗力条款。
3. 掌握仲裁的含义与特点、仲裁协议的形式与作用、仲裁条款的主要内容及合同中的仲裁条款。

引言

国际货物买卖中,买卖双方往往会因各自的权利与义务问题发生争议,甚至导致发生仲裁、诉讼等情况。为了在合同履行中尽量减少争议,或者在发生争议时能妥善解决,以使交易得以顺利进行,在国际货物买卖合同中通常都要订立一些预防发生争议及一旦发生争议如何处理的条款,了解和掌握这些条款,对在国际货物买卖中维护交易双方的合法权益意义重大。

13.1 索赔

13.1.1 索赔概述

1. 违约和索赔

国际货物买卖履约时间长、涉及面广、业务环节多,一旦货物在生产、收购、运输、货款支付等任何一个环节发生意外或差错,都可能给合同的顺利履行带来影响。加之国际市场变幻莫测,一方当事人往往在市场行情发生于其不利的情况时,不履行合同义务或不完全履行合同义务,致使另一方当事人的权利受到损害,从而导致索赔与理赔,甚至引起争议。

索赔（claim）是指在进出口业务中因一方违反合同规定而直接或间接地给另一方造成损失，受损方向违约方提出要求损害赔偿的行为。理赔是指一方对于对方提出的索赔进行处理。索赔和理赔是一个问题的两个方面。在国际贸易中，索赔因对象不同分为三种：向买卖合同的当事人索赔；向保险公司索赔；向货物承运人索赔。

2. 对违约后果的法律规定

在进出口过程中，国际货物买卖合同是确定买卖双方权利与义务的法律文件。任何一方违反合同规定的义务，不履约或不按合同规定履约，就在法律上构成了违约行为。违约一方应当承担继续履行、采取补救措施或者赔偿损失等违约责任。根据各国法律和国际条约的规定，不同性质的违约行为，其承担的责任是不同的。但各国法律对违约行为的性质划分及据此可以采取的补救办法，却很不一致：有的国家的法律以合同中的交易条件的主次为划分依据；有的国家的法律以违约后果的轻重程度为划分依据。

例如，英国的法律把违约分成违反要件（breach of condition）与违反担保（breach of warranty）两种。所谓违反要件指违反合同中实质性的主要约定条件，受害方有权因之解除合同并要求损害赔偿，如卖方交货的质量或数量不符合合同规定，或不按合同规定的期限交货等。所谓违反担保，通常是指违反合同的次要条件，受害方有权因之要求损害赔偿，但不能解除合同。至于买卖合同中哪些条款属于"要件"，哪些条款属于"担保"，英国的法律未做具体规定，而要由法官在审理案件时根据合同的内容和推定双方当事人的意思做出决定，因此有较大的任意性。在实际业务中，受害方有权把另一方的违反要件当作违反担保处理，即不要求解除合同，而只要求损害赔偿。英国的法律也允许当事人不把另一方的违反要件作为解除合同的理由。此外，如果买方在法律上已被视为接受了货物，并且因此而丧失了拒收货物的权利，买方就必须将对方的违反要件当作违反担保处理。

美国的法律则规定，若一方当事人违约，致使另一方无法取得该交易的主要利益，即为重大违约（material breach）。在此情况下，受害的一方有权解除合同，并要求损害赔偿。如果一方违约的情况较为轻微，并未影响到对方在交易中取得的主要利益，则为轻微违约（minor breach），此时受害的一方只能要求损害赔偿而无权解除合同。

我国《合同法》规定：当事人一方延迟履行合同义务或者有其他违约行为致使不能实现合同目的，对方当事人可以解除合同；当事人一方延迟履行主要债务，经催告后在合同期间内仍未履行的，对方当事人可以解除合同。《合同法》还规定：合同解除后，尚未履行的，终止履行；已经履行的，根据履行的情况和合同的性质，当事人可以要求恢复原状、采取其他补救措施，并有权要求损害赔偿。

按照《联合国国际货物销售合同公约》规定，一方当事人违反合同的结果，如使另一方当事人蒙受损害，并以至实际上剥夺了其根据合同规定有权期待得到的东西，即为根本性违反合同。如果一方当事人违反合同构成了根本性违反合同，那么可以宣告合同无效，对方当事人可要求损害赔偿。如果违约的情况尚未达到根本性违反合同的程度，则受害方不能解除合同，只能要求损害赔偿。

3. 处理索赔应注意的问题

（1）注意索赔的有效期。索赔期限指受害的一方有权向违约方提出索赔的期限。按照法律和国际惯例，受损害的一方只能在一定的索赔期限内提出索赔，否则就丧失了索赔权。索赔期限有约定与法定之分：约定索赔期限是指买卖双方在合同中明确规定的索赔期限；法定索赔期限则是根据有关法律受害的一方有权向违约方提出索赔的期限。约定索赔期限的长短，需视进出口货物的性质、运输、检验的繁简等情况而定。法定索赔期限则较长，如《联合国国际货物销售合同公约》规定，自买方收到货物之日起两年之内为索赔期；我国法律也规定，自买方收到标的物之日起两年之内为索赔期。由于法定索赔期限只有在买卖合同中未约定索赔期限时才起作用，而且在法律上约定索赔期限的效力可超过法定索赔期限，因此在买卖合同中针对进出口商品的具体情况，规定合理、适当的索赔期限是十分必要的。在我国，出口货物的索赔期一般规定为货物到达目的口岸后的60天以内提出。对于机器设备等大件商品，索赔期可以适当延长，因为有的货物需经过安装调试并进行检验后才能确定是否需要索赔。如在索赔期内提出索赔有困难，可通知对方要求延长索赔期。

（2）分清责任，认准索赔对象。货物受损可能有各种原因，如果货物在保险范围内受到损失，可持有关机构出具的凭证向保险公司提出索赔；如果因承运人的责任造成货物损失，可由托运人向承运人提出索赔；如果是买卖合同的当事人违约，可依据合同规定向违约的一方提出索赔。

（3）恰当确定索赔项目和金额。索赔项目和金额，一般在合同中都有预先规定，应严格按照合同规定执行。如果在合同中没有约定损害赔偿的金额，可根据实际的损失程度向对方索赔。根据有关法律和国际贸易的实践，确定损害赔偿金额的基本原则为：

1）赔偿金额应与因违约而遭受的包括利润在内的损失额相等。

2）赔偿金额应以违约方在订立合同时可预见的合理损失为限。

3）由于受损害的一方未采取合理措施使有可能减轻而未减轻的损失，应在赔偿金额中扣除。索赔时要准备好各种单证，包括提单、发票、保险单、装箱单、磅码单的正本和副本、商检机构出具的货损检验证明或由承运人签字的短缺残损证明及索赔清单，并列明索赔依据和索赔金额。

（4）了解国际惯例和有关法律，认真制订索赔方案。在查明事实、备妥单证和确定索赔项目及金额的基础上，正确运用合同条款，做到实事求是，有理有据。既不能提出过高要求，也不能影响自身的权益，以便今后更好地开展业务往来。

13.1.2 合同中的索赔条款

买卖双方为了在索赔和理赔工作中有所依据，一般会在合同中订立索赔条款。在实践中，索赔条款可根据不同的需要做不同的规定，通常采用的有"异议与索赔条款"和"罚金条款"两种形式。

1. 异议与索赔条款

异议与索赔条款（discrepancy and claim clause）的内容是买卖合同中的一方违约时，另一方提出的索赔依据、索赔时间、索赔办法和索赔金额等事项。它主要针对卖方交货质量、数量或包装不符合合同规定而订立。

在买卖合同中规定这一条款时，也可以把商品检验连在一起订立，称为检验和索赔条款。例如：买方对于装运货物的任何索赔，必须于货物到达提单及/或运输单据所订立目的港（地）之日起30日内提出，并须提供卖方同意的公证机构出具的检验报告；属于保险公司、轮船公司或其他有关运输机构责任范围内的索赔，卖方不予受理。

2. 罚金条款

罚金条款（penalty clause）是指在合同中规定如有一方违反合同所规定的义务，应向另一方支付约定的金额，以作为对另一方损失的赔偿。它主要适用于卖方延期交货，或买方延期接货或延期付款的情况。它的特点是预先在买卖合同中约定罚金数额或罚金的百分率。

（1）卖方延期交货的罚金条款。如卖方不能如期交货，在卖方同意由付款行从议付的货款中扣除罚金或由买方于支付货款时直接扣除罚金的条件下，买方可同意延期交货。罚金按每7日收取延期交货部分总值的0.5%，不足7日者按7日计算，但罚金不得超过延期交货部分总值的5%。如卖方延期交货超过合同规定10周时，买方有权撤销合同，但卖方仍应毫不延迟地按上述规定向买方支付罚金。

（2）买方延期开立信用证的罚金条款。若买方因自身原因不能按合同规定的时间开立信用证，应向卖方支付罚金。罚金按迟开证每7日收取信用证金额的0.5%，不足7日者按7日计算，但罚金不得超过应开信用证金额的5%。该罚金仅作为因延期开立信用证引起的损失赔偿。

关于合同中的罚金条款，各国在法律上有不同的解释和规定。有些国家的法律对于罚金条款是给予承认和保护的；但有些国家的法律则认为，对于违约只能要求赔偿，而不能予以惩罚。如英美等国的法律把合同中的固定赔偿金额条款按其性质分为两种：一是"预定的损害赔偿"，这种赔偿金额是由当事人双方在订立合同时，根据预计未来违约造成的损失而估定的；二是罚款，这种罚款是当事人为了保证合同的履行而对违约方收取的罚金。如法院认为双方当事人约定支付的金额属于预定的损害赔偿，则不管损失金额的大小，均按合同规定的固定金额判付；反之，如属罚金，则不予承认，而是根据受损方所遭受的实际损失确定赔偿金额。

我国法律对罚金条款给予承认和保护。《合同法》规定"当事人可以在合同中规定，一方违反合同时向另一方支付一定数额的违约金，也可以约定对于违反合同时而产生的损失赔偿金额的计算方法"。同时规定："合同中约定的违约金，视为违反合同的损失赔偿，但是，当事人约定的违约金过分高于或低于违反合同所造成的损失的，当事人可以请求仲裁机构或者法院予以适当地减少或增加"。

13.2 不可抗力

13.2.1 不可抗力的含义

国际货物买卖合同成立后，有时客观情况会发生非当事人所能控制的重大变化，从而失去原有履行合同的基础，对此法律可以免除未履行或未完全履行合同一方对另一方的责任，这就是免责。在实践中，为防止在免责问题上产生不必要的纠纷，维护当事人各自的权益，通常在买卖合同中订立不可抗力条款。

不可抗力（force majeure）条款是指合同中订明如当事人一方因不可抗力不能履行合同的全部或部分义务时，免除其全部或部分责任，另一方当事人不得对此要求损害赔偿。因此，不可抗力条款是一项免责条款。

目前各国的法律、法规对不可抗力的确切含义在解释上并不统一。如法国的法律称这类事件为"不可抗力"，英美的法律称之为"合同落空"，德国的法律称之为"履行不可能"，《联合国国际货物销售合同公约》（以下简称《公约》）称之为"履行合同的障碍"。我国法律认为，不可抗力是指不能预见、不能避免并不能克服的客观情况。按《公约》的解释，不可抗力是非当事人所能控制的，而且没有理由预见其在订立合同时所能考虑到或能避免或克服它或它的后果而使其不能履行合同义务的障碍。尽管各国的法律、法规对不可抗力做出的解释和规定不同，但基本原则是一致的。一般认为构成不可抗力应具备以下条件。

（1）事件是在签订合同后发生的。

（2）不是由于任何一方当事人的故意或过失所造成的。

（3）事故的发生及造成的后果是当事人所不能预见、无法控制、无法避免和不可克服的。

一般来说，引起不可抗力的原因主要有两种：一种是自然原因引起的，如水灾、风灾、旱灾、雪灾、冰冻、地震等；另一种是社会原因引起的，如战争、罢工、政府禁止有关商品进出口等。至于哪些事件属于不可抗力，为避免因此而产生纠纷，当事人最好在合同中约定不可抗力事件的范围。

不可抗力条款对买卖双方是同样适用的，只要遇到合同所规定的不可抗力事件，无论是卖方还是买方，都可以据此免除自己的责任。

13.2.2 不可抗力的法律后果

所谓不可抗力的法律后果，是指发生不可抗力事件后合同是否可以解除或变更。变更合同是指对原订立的合同的条件或内容适当地变更，包括延迟履行、替代履行、减少履行。至于什么情况下解除，什么情况下变更，应视不可抗力事件的影响程度而定，也可以由双方当事人在合同中具体规定。如果合同中对此没有做出明确的规定，一般的解释是：如不可抗力事件只是使合同的履行受到了暂时阻碍，则不能解除合同，只能延期履行合同；如果不可抗力事件的发生致使不能实现合同目的，使得合同履行成为不可能，则可解除合同。

13.2.3 不可抗力的通知

不可抗力事件发生后，不能履约的一方当事人要取得免责的权利，必须及时通知另一方，并提供必要的证明文件，而且在通知中应提出处理意见。《联合国国际货物销售合同公约》明确规定："不履行义务的一方必须将障碍及其对他履行义务能力的影响通知另一方。如果该项通知在不履行义务的一方已知道或理应知道此障碍后一段合理时间内仍未为另一方收到，则他对由于另一方未收到通知而造成的损害应负赔偿责任。"我国法律也规定：当事人一方因不可抗力不能履行合同的，应及时通知另一方，以减轻可能给另一方造成的损失，并且应在合理期间内提供证明。实践中，为防止争议，通常在合同的不可抗力条款中明确规定具体的通知期限。

一方收到对方关于不可抗力的通知或证明文件后，无论同意与否都应及时答复，否则，按有些国家的法律（如《美国统一商法典》）规定，将被视为默认。

13.2.4 合同中的不可抗力条款

从法律的角度看，如果合同中没有订立不可抗力条款，一旦发生了意外事故，就会影响到合同的履行甚至引起争议。对于不可抗力，虽然每个合同规定的内容不完全相同，但一般应包括下列内容。

（1）不可抗力事件的范围。在对外商订合同时，对于哪些事件属于不可抗力事件，往往是双方谈判中争论较多的一个问题。所以，合同相关条款必须明确具体，切实可行。

（2）不可抗力事件的法律后果。应规定清楚在哪些情况下可以解除合同，在哪些情况下只能变更合同并写明具体的解决办法。

（3）规定出具事件的证明机构和事件发生后通知对方的期限。事件证明文件应由发生不可抗力事件地区的商会或登记的公证人出具，或者由政府的主管部门签发。在我国，一般由中国国际贸易促进委员会出具。发生事件后通知对方的期限，可由双方具体商定。

在我国进出口业务合同中，对不可抗力条款的规定方法一般有三种。

（1）概括式。即在合同中不具体订明哪些是不可抗力事件，只做笼统规定。此种规定方法下，买卖双方容易因理解上的差异而产生纠纷。例如："由于不可抗力的原因，致使卖方不能全部或部分装运或延迟装运合同货物，卖方对这种不能装运或延迟装运本合同货物不负责任。但卖方必须以电报或电传通知买方，并须在15日内以航空挂号信件向买方提交由中国国际贸易促进委员会（中国国际商会）出具的证明此类事件的证明书。"

（2）列举式。即在不可抗力条款中明确规定哪些是不可抗力事件，凡未做规定的均不能作为不可抗力事件加以援引。例如："由于战争、地震、水灾、火灾、暴风雨、雪灾的原因，致使卖方不能全部或部分装运或延迟装运合同货物，卖方对这种不能装运或延迟装运本合同货物不负责任。但卖方必须以电报或电传通知买方，并须在 15 日内以航空挂号信件向买方提交由中国国际贸易促进委员会（中国国际商会）出具的证明此类事件的证明书。"

（3）综合式。即采用概括式和列举式综合并用的方式，既列明双方取得共识的不可抗力事件，又加上概括性的语句，以便在发生合同中未列明的意外事故时，由双方当事人共同确定其是否作为不可抗力事件处理。可见，这种方式弥补了前两种方式的不足，既具体明确，又有一定的灵活性，比较科学实用，是一种较好的规定方法。在我国实际业务中，采用此法居多。例如："由于战争、地震、水灾、火灾、暴风雨、雪灾或其他不可抗力的原因，致使卖方不能全部或部分装运或延迟装运合同货物，卖方可不负责任。但卖方应立即将事件通知买方，并于事件发生后 15 日内将事件发生地政府主管当局出具的事件证明书以航空挂号方式邮寄交给买方为证，并取得买方认可。在上述情况下，卖方仍有责任采取一切必要措施从速交货。如果事件持续超过一个星期，买方有权撤销合同。"

13.3　仲裁

国际货物买卖中，买卖双方在履行合同过程中因种种原因发生争议是难以避免的。正确处理和妥善解决贸易争议，直接关系到买卖双方的切身利益。在实际业务中，发生争议时一般应首先采用友好协商方式解决。如协商得不到解决时，则视情况采取第三者调解、提交仲裁机构仲裁或进行司法诉讼等方式处理。

13.3.1　仲裁的含义与特点

仲裁（arbitration）是解决对外贸易争议的一种重要方式，即当买卖双方在执行合同过程中发生争议时，按照双方所签订的仲裁协议，自愿把他们之间的争议交给双方所同意的第三者进行裁决。仲裁裁决是终局的，对双方都有约束力，双方必须遵照执行。

仲裁同协商，特别是同司法诉讼相比，具有以下特点。

（1）受理争议的仲裁机构属于社会性民间组织，不是国家政权机关，不具有强制管辖权，对争议案件的受理以当事人自愿为基础。

（2）任何仲裁机构不受理没有仲裁协议的案件。因此，当事人必须在发生争议之前或之后订立仲裁协议。

（3）仲裁的程序比诉讼简单，处理问题比较迅速、及时，仲裁费用也较低。

（4）仲裁裁决一般是终局的，对双方当事人均有约束力。

13.3.2　仲裁协议的形式及作用

1. 仲裁协议的形式

仲裁协议是双方当事人表示愿意把他们之间的争议交付仲裁解决的一种书面协议，

是仲裁机构或仲裁员受理争议案件的依据。

仲裁协议的形式有两种。一种是由双方当事人在争议发生之前订立的，表示同意把将来可能发生的争议提交仲裁解决的协议。这种协议一般都包含在合同内，在合同内称为仲裁条款。另一种是由双方当事人在争议发生之后订立的，表示同意把已经发生的争议交付仲裁的协议。这种协议称为提交仲裁的协议。根据我国国际贸易仲裁委员会的规定，仲裁协议既包括合同中的仲裁条款，也包括以其他形式（例如特别协议、往来函电）规定的协议。

2. 仲裁协议的作用

按照我国和多数国家的仲裁法的规定，仲裁协议的作用主要有以下三方面。

（1）仲裁协议表明双方当事人在发生争议时自愿提交仲裁，其约束双方当事人在协商、调解不成的情况下，只能以仲裁来解决争议，不得向法院起诉。

（2）仲裁协议是仲裁机构受理争议案件的法律依据，它使仲裁员和仲裁庭取得对有关争议案件的管辖权。

（3）仲裁协议排除了法院对有关争议案件的管辖权。

以上三方面的作用是相互联系、不可分割的，其中最重要的一点是排除法院对有关争议案件的管辖权。

13.3.3 仲裁条款的主要内容

合同中的仲裁条款一般主要包括仲裁地点、仲裁机构、仲裁程序、仲裁裁决的效力及仲裁费用负担等内容。

1. 仲裁地点

仲裁地点是仲裁条款的主要内容之一，一般可以根据不同的贸易对象，采取以下三种不同的规定办法：①规定在本国进行仲裁。②规定在被告所在国进行仲裁。③规定在双方所同意的第三国进行仲裁。

仲裁地点的选择也是交易双方极为关心的一个问题。这是因为仲裁地点与仲裁所适用的程序法及合同所使用的实体法关系密切。按照许多国家法律的解释，凡属程序方面的问题，除非仲裁协议另有规定，一般都适用审判地法律，即在哪个国家仲裁就往往适用那个国家的仲裁法规。至于确定双方当事人权利与义务的实体法，如在合同中未规定，一般由仲裁庭根据仲裁地国家的法律予以确定。由此可见，仲裁地点不同，适用的法律可能不同，对双方当事人权利与义务的解释就会有差别。

在商订仲裁地点时，交易双方一般都力争在本国进行仲裁，这是因为当事人对本国的法律和仲裁做法比较了解和信任。如果不能争取在本国仲裁，可以根据对方国家的情况和可能，规定在被告国家进行仲裁。如果业务上有特殊的需要，也可以考虑在双方同意的第三国进行仲裁，但应考虑两个因素：一是该国与本国有正常的政治关系；二是该国的法律必须能受理双方当事人都不是该国公民的争议案件。此外，还要考虑该国仲裁机构的业务能力。

2. 仲裁机构

国际上进行仲裁的机构有两种：一种是常设的仲裁机构，另一种是临时的仲裁机构。

所谓常设的仲裁机构是指根据一国的法律或有关规定设立的，有固定的名称、地址、仲裁员设置和具备仲裁权的仲裁机构。常设的仲裁机构能为仲裁工作提供必要的服务与便利，有利于仲裁工作的开展。因此，国际商事仲裁绝大多数采用此类机构仲裁。

世界上许多国家都有常设的仲裁机构，在外贸业务中经常遇到的有英国伦敦国际仲裁院、瑞典斯德哥尔摩商会仲裁院、瑞士苏黎士商会仲裁院、日本国际商事仲裁会、美国仲裁协会及设在巴黎的国际商会仲裁院等。这些常设的仲裁机构，不少都与我国国际经济贸易仲裁委员会有业务上的联系，可以在仲裁业务方面进行合作。

我国常设的涉外仲裁机构是中国国际经济贸易仲裁委员会，又称中国国际商会仲裁院，原名是中国国际贸易促进委员会对外经济贸易仲裁委员会，隶属于中国国际贸易促进委员会（中国国际商会）。中国国际经济贸易仲裁委员会总会设在北京，在深圳和上海分别设有华南分会和上海分会。中国国际经济贸易仲裁委员会受理案件的范围是：国际的或涉外的争议案件，涉及香港特别行政区、澳门特别行政区或台湾地区的争议案件，国内争议案件。

临时的仲裁机构指由双方当事人指定仲裁员组成仲裁庭进行仲裁。临时仲裁庭是为审理某一具体案件而组成的，案件处理完毕后即自动解散。因此，在采用临时的仲裁机构解决争议时，双方当事人需要在仲裁条款中就双方指定仲裁员的办法、人数、是否需要首席仲裁员及采用的仲裁规则等问题做出明确规定。

3. 仲裁程序

仲裁程序是进行仲裁的过程和做法，主要包括仲裁申请、仲裁庭的组成、仲裁审理及做出裁决。各国仲裁法和仲裁规则对仲裁程序都有明确规定。按照中国国际经济贸易仲裁委员会的仲裁规则，我国的仲裁程序包括：仲裁申请、答辩和反请求，以及仲裁庭的组成、审理和裁决。

（1）仲裁申请、答辩和反请求。

1）仲裁申请。申请仲裁者称为申请人，申请人在请求仲裁时应在申请中写明：申请人和被申请人的名称和地址；申请人所依据的仲裁协议；申请人的要求及所依据的事实和证明。

2）答辩和反请求。被申请人对仲裁委员会受理的案件，在收到申请人的申请书后应根据申请书提出的问题逐一进行答辩，并附上有关证明材料。如果被申请人有反请求，应当在收到仲裁申请书之日起60日内提出。被申请人应在反请求书中写明其要求及所依据的事实和证据，并附上申请有关的证明文件。被申请人提出反请求时，应按照仲裁规则的规定预缴仲裁费用。

（2）仲裁庭的组成。在双方当事人各自指定一名仲裁员（或委托仲裁委员会主任指定）之后，仲裁委员会主任应再指定第三名仲裁员为首席仲裁员，组成仲裁庭共同审理案件。有时也可以由一名双方都可接受的仲裁员单独审理案件；如果双方都同意由一名仲裁员审理而又对人选达不成共识，则由仲裁委员会主任指定。被指定的仲裁员不能与案件有利害关系，如果被指定的仲裁员与案件有利害关系，当事人有权要求该仲裁员回避。

（3）审理。仲裁庭审理案件有两种形式：一是开庭审理，二是书面审理。仲裁案件的审理一般应开庭进行，如果双方当事人不愿开庭审理且仲裁庭也认为不必开庭审理的，仲裁庭可以只依据书面文件进行审理并做出裁决。仲裁开庭审理的日期由仲裁庭所在的仲裁委员会决定，并于开庭前 30 日通知双方当事人。当事人有正当理由的，可以请求延期，但必须在开庭前 12 日向仲裁委员会提出，再由仲裁委员会转告仲裁庭。

（4）裁决。仲裁庭应当在组庭之日起 9 个月内做出仲裁裁决。裁决书要说明理由，且须由仲裁庭全体或者多数仲裁员署名，并写明做出裁决的日期和地点。

4. 仲裁裁决的效力

仲裁裁决的效力主要是指裁决是否具有终局性，对双方当事人有无约束力，能否再向法院上诉的问题。

在我国，凡由中国国际经济贸易仲裁委员会做出的裁决都是终局性的，对双方当事人均有约束力，双方都必须执行，任何一方都不可以向法院上诉要求变更。在西方国家，一般也不允许仲裁当事人再向法院上诉，即使上诉，法院一般也只审查程序，不审查实体，即只审查仲裁裁决在法律手续上是否有问题，而不审查仲裁裁决本身是否正确。一般而言，对仲裁裁决上诉的情况是很少的，因为仲裁不同于司法诉讼，它是在双方当事人自愿的基础上进行的，加之仲裁机构和仲裁员都是由双方当事人指定的，因此，双方都应当自动执行裁决。为了明确仲裁裁决的效力，避免引起复杂的上诉程序，在合同中签订仲裁条款时，应当明确规定：仲裁裁决是终局的裁决，对双方当事人都有约束力，任何一方都不得向法院上诉要求变更。这样不仅排除了当事人就本案向法院起诉的权力，而且也排除了当事人向其他任何机构提出变更裁决或就本案再次提交仲裁的可能。

5. 仲裁费用负担

一般都规定由败诉方承担仲裁费用，也可在条款中明确双方各自负担的比例或规定由仲裁庭酌情决定。

13.3.4 仲裁裁决的承认与执行

从理论上来说，既然买卖双方当事人通过协议提交仲裁，双方就必须毫不迟延地自觉执行仲裁裁决。但有时也发生败诉人拒不履行仲裁裁决的情况，而仲裁庭的民间性质决定了它不具有国家强制力作为后盾。在这种情况下，要使仲裁裁决得以履行，就必须向法院申请承认和强制执行。

1. 我国涉外仲裁裁决在国内的执行问题

根据《中华人民共和国民事诉讼法》第二百七十三条的规定："经中华人民共和国涉外仲裁机构裁决的，当事人不得向人民法院起诉，一方当事人不履行仲裁裁决的，对方当事人可以向被申请人住所地或者财产所在地的中级人民法院申请执行"。据此，对我国涉外仲裁机构（中国国际经济贸易仲裁委员会，中国海事仲裁委员会）做出的涉外仲裁，裁决的一方当事人不自动履行的，另一方当事人应申请强制执行，而不管被执行人是中方还是外方。当然，执行的前提应当是被执行人在住所地有足够的财产，否则就无法强制执行。

2. 我国涉外仲裁裁决在国外的执行问题

我国涉外仲裁机构所做出的裁决，如果被执行人是外国公司并且在中国境内没有财产，那么应当由当事人直接向有管辖权的外国法院申请承认和执行。所谓"有管辖权的外国法院"指的是被执行人的财产所在地法院。

3. 外国仲裁裁决在中国的执行问题

对于国外仲裁机构做出的裁决，需要在中国境内强制执行的，无论败诉人是中国公司还是外国公司，只要在中国有住所地或有财产，当事人就可以直接向被执行人的住所地或财产所在地的中级人民法院申请执行。人民法院按照我国缔结或者参加的国际条约办理，或按照互惠原则办理。

4. 涉外仲裁裁决的不予执行问题

根据《中华人民共和国民事诉讼法》第二百七十四条的规定，凡我国涉外仲裁机构做出的裁决，被申请人提出证据证明仲裁裁决有下列情形之一的，经人民法院组成合议庭审查核实的，裁定不予执行。

（1）当事人在合同中没有订立仲裁条款或者事后没有达成书面仲裁协议的。

（2）被申请人没有得到指定仲裁员或者进行仲裁程序的通知，或者由于其他不属于被申请人负责的原因未能陈述意见的。

（3）仲裁庭的组成或者仲裁的程序与仲裁规则不符的。

（4）裁决的事项不属于仲裁协议的范围或者仲裁机构无权仲裁的。

另外，人民法院认定执行该裁决违背社会公共利益的，也可以裁定不予执行。

13.3.5　买卖合同中的仲裁条款

中国国际经济贸易仲裁委员会根据我国进出口公司签订仲裁条款的实际做法，适当参照国际上通行的规定，提出下列三种格式供进出口公司参考。

1. 规定在我国仲裁的条款

凡因执行本合同所产生的或与本合同有关的一切争议,双方应通过友好协商解决;如果协商不能解决,应提交中国国际经济贸易仲裁委员会,根据该会的仲裁规则进行仲裁。仲裁裁决是终局性的,对双方均有约束力。

2. 规定在被申请一方所在国仲裁的条款

凡因执行本合同产生或与本合同有关的一切争议,双方应通过友好协商解决;如果协商不能解决,应提交仲裁。仲裁在被申请一方所在国进行。如在中国,由中国国际经济贸易仲裁委员会根据该会的仲裁规则进行仲裁。如在××国,由××(仲裁机构)根据该仲裁机构的仲裁规则进行仲裁。仲裁裁决是终局的,对双方均有约束力。

3. 规定在双方同意的第三国仲裁的条款

凡因执行本合同产生或与本合同有关的一切争议,双方应通过友好协商解决;如果协商不能解决,应提交××(国)××(地)××(仲裁机构),根据该仲裁机构的仲裁规则进行仲裁。仲裁裁决是终局的,对双方均有约束力。

本章小结

本章主要介绍了合同中的索赔条款、不可抗力的含义及合同中的不可抗力条款、仲裁的含义与特点及合同中的仲裁条款,目的是使学生掌握合同争议的预防与处理方式。

本章实训

1. 实训目的

了解合同中的索赔条款、不可抗力条款、仲裁条款等,使学生掌握合同争议的预防与处理。

2. 实训内容

(1) 研究合同中的索赔条款。
(2) 了解不可抗力的含义及合同中的不可抗力条款。
(3) 掌握仲裁的含义及合同中的仲裁条款。
(4) 讨论下列案例。

【案例 13-1】

我国某进出口公司出口欧洲大豆 500 公吨,USD300.00/ 公吨鹿特丹。合同规定任何一方违反合同,应支付另一方违约金 2 万美元。装运期将近时,由于美洲大豆产区出现灾害天气,世界市场大豆价格猛涨,CIF 鹿特丹价涨到 USD450.00/ 公吨。于是中方仅发运 300 公吨,希望以赔偿违约金 2 万美元了结此案。但是买方不同意。试问买方能向中方索赔的金额应是多少？

【案例 13-2】

我国某外贸公司以 CIF 鹿特丹向荷兰客户出口食品 1 000 箱，即期信用证付款。货物装运后，其凭已装船清洁提单和已投保一切险与战争险的保险单，向银行收妥货款。货到目的港后，经进口人复验发现下列情况：该批货物共有 10 个批号，抽查 20 箱，发现其中两个批号涉及 200 箱内含沙门氏细菌超过进口国标准；有 15 箱货物外表情况良好，但每箱内货物短少 10 公斤。试分析以上情况，进口人应分别向谁索赔，并说明理由是什么。

【案例 13-3】

1993 年我国某外贸公司与某外商签订一份按 FOB 价的进口合同，后因中东战争苏伊士运河封锁，我方所派船只好绕道好望角，以至未能如期到达目的港接货。于是卖方以我方未按期接货为由，要求我方赔偿其仓储费等，请问我方应如何处理？

【案例 13-4】

某年 9 月，土耳其一商人以 CIF 条件售给英商一批蚕豆，合同规定当年 10 月交货。不料土耳其政府于当年 10 月 20 日宣布禁止蚕豆出口，并自宣布日起 10 日内生效执行。土耳其商人以不可抗力事件为由要求解约，请问此说法能否成立？

【案例 13-5】

我国某公司从法国某贸易公司进口国际通用标准的化肥一批，7 月起分批装运。合同签署后，国际市场中该种商品的价格猛涨，高出合同价 20%。6 月 25 日对方来电，称合同所涉及的一家化肥厂在生产过程中发生爆炸，工厂全部被毁，要求援引合同中的不可抗力条款解除合同。试问我方应如何处理？

【案例 13-6】

某年 10 月，我国某外贸公司同外商签订了一份农产品进口合同，交货期为当年 12 月。由于当年 7～8 月间该国产区遭受旱灾，农产品严重减产，出口人不能依约交货，于是其以不可抗力为由，向我方提出解除合同的要求。请问我方应如何处理？

【案例 13-7】

我国某进出口公司出口货物一批，合同中明确规定一旦在履约过程中发生争议，如友好协商不能解决，即将争议提交中国国际经济贸易仲裁委员会在北京进行仲裁。后来，双方就商品的品质发生争议，对方在其所在地法院起诉我方，该法院也发来了传票，传唤我方公司出庭应诉。试问我方应如何处理？

3. 实训组织形式和要求

（1）组织形式。将全班学生分成小组，以小组讨论的形式完成本节实训。

（2）实训要求。分小组讨论合同中的索赔条款、处理索赔应该注意的问题、不可抗力条款、仲裁条款等，并请各小组将分析结果由各组的推荐代表在全班讨论时分享，在此基础上各人拿出自己的分析报告。

Chapter14

第 14 章

国际贸易合同的订立

学习要点

1. 了解国际货物买卖合同的概念、作用和内容,熟悉国际货物买卖合同的基本格式。
2. 掌握国际货物买卖合同有效成立的条件。
3. 掌握交易磋商、询盘、发盘、还盘和接受的概念,发盘和接受生效的条件及相关法律规定;了解国际货物买卖合同订立的原则和应注意的问题。

引言

市场经济是法制经济,现代世界是一个典型的以契约为基础的世界,合同在现代经济生活中占有重要地位。国际贸易活动的当事人常常处于相距遥远的国家,其文化背景、法律制度各不相同,使得贸易中诸如货物运输、政府许可、海关手续、价款支付等环节存在诸多问题,而通过国际货物买卖合同可以使买卖双方的利益得到保护,使双方发生争议时也有法律依据可循,从而使上述问题迎刃而解。因此,在一定意义上,国际货物买卖合同是国际贸易活动的核心和主线。交易磋商的主要过程是:建立业务关系、询盘、发盘、还盘和接受。交易磋商的结果是确定合同条款,订立合同。在国际贸易中,交易磋商占有十分重要的地位,因为它是贸易合同订立的基础。按现代国际贸易有关法律,一项有效发盘经对方有效接受,合同即告成立。因此,交易磋商的过程有时就是订立合同的过程,没有交易磋商就没有合同。交易磋商工作的好坏,直接影响到合同的签订及其后的履行,关系到双方的经济利益,故必须认真对待交易磋商。

14.1 国际货物买卖合同的概念

14.1.1 国际货物买卖合同的含义

按《联合国国际货物销售合同公约》(以下简称《公约》)第一条规定,国际货物销售

（或买卖）合同（contract for the international sale of goods）是指营业地在不同国家的当事人之间所订立的有关货物进口或出口的合同。《公约》仅以该合同当事人的经营地是否处于不同国家作为唯一的标准，而与双方当事人的国籍无关。所以，只要买卖双方当事人的营业地处于不同的国家，即使他们的国籍相同，他们之间签订的合同也会被认为是国际货物买卖合同。反之，如果交易双方当事人的营业地在同一国境内，即使他们的国籍不同，他们所签订的合同也不能被认为是国际货物买卖合同。买卖合同中的标的物，主要是指有形的动产，不包括不动产与货币、债券、股票和流通票据，也不包括无形的劳务。

国际货物买卖合同明确了买卖双方的权利和义务，是联系买卖双方的纽带，一旦合同成立，即对合同双方具有相同的法律约束力。在合同的执行过程中，买卖双方都必须严格遵守合同条款，不得有任何误差，否则就构成违约。按我国《合同法》规定，一方违约使另一方遭受损失或损害时，受损害的一方可依法提出损害赔偿要求，违约方必须承担损害赔偿责任。如果在合同的执行中发现某些条款规定不妥，或因客观情况发生变化而必须修改合同的某些内容，或必须终止双方的合同关系时，必须由合同的一方提出要求，由另一方确认。如果一方提出终止双方的合同关系而另一方不同意，则除非是出现了人力不可抗拒等特殊情况，原合同仍对双方当事人有约束力。

14.1.2　国际货物买卖合同的作用

国际货物买卖合同是各种涉外经济合同中最基本、最重要的合同。由于国际货物买卖合同中的交易双方当事人不在同一个国家，这就决定了它与其他涉外合同有着不同的法律问题，如由何方来承担国际货物运输和保险的义务、由何方负责办理货物进出口清关手续、用何种结算方式来进行货款的结算等。这些问题都必须通过合同来加以明确，因此，这就决定了国际货物买卖合同具有重要的作用。

1. 国际货物买卖通过订立合同具体实现

在我国对外贸易中，通常以逐笔货物成交的单边出口或进口方式为主，且进行独立的货币结算，而国际货物买卖合同就是解决逐笔成交且以货币结算方式为主的与不同国家和地区厂商交易问题的法律依据。当然在进行一笔交易时，厂商还需与运输部门、保险公司、银行等签订运输、保险、支付合同，这些合同也都是为履行买卖合同服务的，是辅助性的合同。因此，国际货物买卖合同是国际贸易中最基本的合同，国际贸易活动的主要内容就是实现国际货物买卖合同。

2. 买卖双方的权利和义务关系通过合同加以规定

国际货物买卖合同是国际货物交易双方在法律的允许下设立、补充、变更一项货物买卖中彼此的权利和义务关系的依据，这种权利和义务关系只能是当事人的权利能力和行为能力范围之内的事项，不能超过这个范围。

3. 合同使双方当事人的正当利益得到保障

合同生效后，如果一方当事人违反该合同或拒绝履行该合同，经双方协商不能解决时，另一方当事人可依法提出诉讼，或依据仲裁协议提交仲裁，要求强制执行该合同的权利和义务关系。这可使双方的正当利益得到应有的保障。

14.2 国际货物买卖合同的内容

14.2.1 合同的形式

国际货物买卖合同的形式主要有口头形式和书面形式两种。

1. 口头形式

口头形式是贸易双方在订立合同时，就履行了贸易合同，通常表现为一手交钱一手交货的现买现卖行为，也称为即时结清。

2. 书面形式

在国际贸易中，对书面合同的具体形式没有统一规定，交易双方既可采用正式合同（contract）、销售确认书（sales confirmation）、协议（agreement）、备忘录（memorandum），也可采用订单（order）等形式。在我国进出口业务中，主要采用正式合同和销售确认书两种形式。

签订书面合同具有以下意义。

（1）书面合同是合同成立的证据。相较于以口头磋商达成的合同，签订书面合同可以"立字为据"。

（2）书面合同是履行合同的依据。用文字来列明交易双方在履行合同过程中各自应享受的权利和应履行的义务，可更好促使双方准确履行合同。

（3）书面合同有时是合同生效的条件。很多国家对某些特定的交易活动，仍规定以书面合同签订方为有效，如金钱借贷合同、房地产买卖合同、保险合同及按规定须经一方或双方政府机构审批的合同等。

14.2.2 国际货物买卖合同的内容

国际货物买卖合同一般由约首、正文和约尾三部分组成。

1. 约首

约首是合同的序言部分，主要包括合同的名称、编号、订约日期、订约地点、买卖双方当事人名称和地址、电报挂号、传真号码及双方订立合同的意愿和执行合同的保证等内容。

2. 正文

正文是合同的主体和核心内容。它详细规定了各项交易条件，通过条款来具体规定买卖双方在一项交易中的权利和义务，包括商品名称、品质规格、包装及唛头、数量、单价、总值、装运和保险条款、支付条款、单据、装船通知、商检条款、免责条款及索赔与争议的解决等内容。以上各项条款必须相互衔接，不能彼此脱节，更不能相互矛盾。例如在品质、数量方面，如果规定有增减价条款、溢短装条款时，在支付条件中也应规定相应的增减幅度，以免影响结汇。

3. 约尾

约尾是合同的尾部，一般列明合同使用的文字及其效力、合同的正本份数、副本效力、订约日期、附件及双方签章等。

要注意的是约首和约尾规定了合同的效力范围和有效条件的主要问题，因此这两部分又合称为合同的效力部分，是合同的重要部分。这些内容通常不为人们所注意，但在发生争议时，它们完全可能产生重大的法律后果。例如，在合同开头部分注明订立合同的时间和地点，它在法律上就表明：第一，除非法律或合同中对合同生效的时间另有规定，否则应以该日期为合同生效的日期；第二，如果在合同中没有规定该合同所适用的法律，在发生法律冲突时，按照国际私法的法律冲突原则，一般以合同成立地的法律为依据。

【例 14-1】

国际货物进口合同的基本格式如下。

CONTRACT

合　同

No.：

Signing place：

Date：

The Buyer：BEIJING TEPUKANG SCIENCE AND TECHNOLOGY CO., LTD.

买方：北京特谱康科技有限公司

Add：No.6, XINGHUO Street, ZHONGGUANCUN SCIENCE AND TECHNOLOGY PAKR, CHANGPING, BEIJING.

地址：北京中关村科技园昌平园星火街 6 号

Post Code：102200　　　　　　　　　　　邮政编码：102200

Tel：8610-81788006　　　　　　　　　　　Fax：8610-81787112

The Seller：（卖方）Brilliantech (CHINA) CO., LTD.

Address：（地址）Flat/RM 805, Bank Centre, 636 Nathan Road, Mongkok, HK.

Tel：852-34263738　　　　　　　　　　　Fax：852-27837978

The Buyer and the Seller agree to sell the under-mentioned commodity according to the terms and conditions stipulated below:

此合同依据下述条款规定由买卖双方签订，买方同意购买且卖方同意出售下述商品：

Item	Commodity Specification	Stock No.	Quantity	Unit Price	Total Amount
1	SMR40 SIGNAL GENERATOR 1 TO 40GHZ FREQUENCY RESOLUTION 1KHZ PULSE MODULATION/SWEEP SMR40 信号发生器	1104.0002.40	2 sets	EUR 33 654	EUR 67 308
1.01	SMR-B14 SOFTWARE OPTION：PULSE GENERATOR 脉冲源选件	1104.3982.02	2 pieces		
1.02	SMR-B17 OPTION：RF ATTENUATOR 40 GHZ FOR SMR30/40 射频衰减器	1104.5233.02	2 pieces		
1.03	N-FEMALE ADAPTER FOR SMR40 转接头	1036.4770.00	2 pieces		

Total Value：CIP BEIJING AIRPORT EUR67 308.00
SAY Eurodollar SIXTY SEVEN THOUSAND AND THREE HUNDRED AND EIGHT ONLY.

1. COUNTRY OF ORIGIN AND MANUFACTURERS：Rohde & Schwarz GmbH.& Co.KG/Germany. 商品制造商及原产地国：罗德与施瓦茨/德国。

2. PACKING：

To be packed in strong wooden cases or in cartons or in container(s), suitable for long distance air freight transportation and change of climate, well protected against moisture and shocks.The Seller shall be liable for any damage of the commodity and expenses incurred on account of improper packing and for any rust.One full set of service and operation instructions concerned shall be enclosed in the case(s).

包装：用牢固的适于长途空运的纸箱或木箱或集装箱包装，卖方对所有因不适当的包装而引起的锈蚀及损坏负责任。箱内应附有整套的维修保养、操作使用说明书。

3. SHIPPING MARK：

The Seller shall mark on each package with fadeless paint the package number, gross weight, net weight, measurement and the wordings:"KEEP AWAY FROM MOISTURE", "HANDLE WITH CARE", "THIS SIDE UP" etc.and the shipping mark：

03ZHSYLY/034-HK

BEIJING, CHINA

装运标记：卖方应在每个货箱上用不褪色油漆标明箱号、毛重、净重、长、宽、高并书以"防潮""小心轻放""此面向上"等字样，并注明装运标记：

03ZHSYLY/034-HK

BEIJING, CHINA

4. TIME OF SHIPMENT：Within 8 weeks after receipt payment. 装运期限：收到货款后8周内。

5. PORT OF SHIPMENT: Main Airport in Germany. 装运港口：德国主要机场。

6. PORT OF DESTINATION: Beijing Airport. 目的港口：北京机场。

7. INSURANCE:

For FCA and CFR Terms to be covered by the Buyer from the shipments, for CIF Terms, to be covered by the Seller from shipment, 110% of the invoice value covering All Risks and War Risks.

保险：对 FCA 和 CFR 条款，由买方投保，对 CIF 条款，由卖方投保，金额为发票金额的 110%，包含一切险和战争险。

8. PAYMENT: T/T in advance

付款：预付货款

9. DOCUMENTS: 单据：

（1）One each original and Photostatted copy Airway Bill marked"Freight Prepaid", contract number and shipping marks, and consigned to Buyer notifying the Buyer.The Airway Bill issued by Air-Lines (Aviation Co.) or the House Airway Bill (HAWB) issued by the agent named by the Buyer for air transportation shall be acceptable.

注明"运费预付"、合同号和标记，收货人为买方，通知买方的空运提单正副本各一份。可以接受航空公司签发的运单或买方的运输代理签发的分运单。

（2）Commercial Invoice in 5 (five) originals indicating contract number and container numbers made out in details as per the relative contract.

一式五份标明合同号和集装箱号并详列与附件一致的发票正本原件（如有两个以上集装箱应分别列明）。

（3）Packing list in 5 (five) originals issued by the Beneficiary.

一式五份由受益人开出的与发票相符的装箱单正本原件。

（4）Certificate of quality and quantity in 5 (five) originals issued by the Manufacturer.

一式五份由生产厂家开出的品质/数量证书正本原件。

（5）One copy of fax/cable to the Buyer advising the particulars of shipment immediately after shipment is made.

一份装运后传真/电报通知买方发货的发货通知。

（6）For CIP Terms, one original and one copy of Insurance Policy for 110% of the invoice value,showing claims payable in China, in currency of the draft, blank, covering air transportation All Risks and War Risks.

在 CIP 条件下，保险单正本副本各一份。

（7）If the package is wooden materials, a certificate of treatment in original version is necessarily attached to the shipment, and two copies of the certificate should be provided to the negotiable bank with other documents; or a certificate of non-wooden material package should be attached to the shipment.

如果包装是木质材料，请必须将包装熏蒸证明的原件随货发出，该证明的两份副本随其他文件交至议付行；否则，随货发出非木质包装证明。

(8) One Photostatted copy of effective Export License issued by the Government, if necessary. 如有必要，须附一份政府出具的出口许可证。

In addition, the Seller shall, within 7 days after shipment, send by airmail one set of aforesaid documents (except item 5) one set directly to the Buyer and one set to the Buyer by Fax within 48hours after shipment.

另外，卖方应在交货后的 7 日内空邮上述单据一套（不含第五项）给买方，并在发货后 48 小时内传真一套给买方。

The number of the document and their contents shall be complete and correct, if the Buyer fails to pass the Customs and take-over the goods in time due to the Seller not having provided the documents specified as above, all losses shall be borne by the Seller.

单据的数量和内容应完整、正确。如果是由于卖方没能提供上述单据而导致买方不能及时通关并接收货物，一切损失由卖方承担。

10. SHIPMENT：装运：

The Seller shall, within 3 days after the date of shipment stipulated in the Clause 5 of the contract, advise the Buyer by fax of the contract No., commodities, quantity, value, number of package, gross weight, measurement and date of readiness at the port of shipment.

卖方应在本合同第 5 条所述的装运日期后 3 日内以传真通知买方合同号、商品名称、数量、总价、装箱数量、重量、体积及在起运港的备货日期。

The Seller shall pay any taxes, custom duties and fees as well as charges levied in respect of the exportation of the goods contracted, and bear risks of the goods before the goods have been delivered to the above-mentioned air carrier at the port of shipment specified in the contract.

卖方应自负与出口货物有关的各种税赋、关税及费用，并承担货物的全部风险直到货物被交付至前述的起运港空运承运人。

(1) In case of FCA：

The Seller shall deliver the goods within the time of delivery into the charge of the air carrier or his agent named by the Buyer at the port of shipment specified in the contract.

在 FCA 情况下，卖方负责在装运期内将货物运输到合同规定的交货港，并交付给买方指定的空运承运人或其代理。

(2) In case of CFR：

The Seller shall deliver the goods within the time of delivery from the port of delivery to port of destination.The Seller shall, immediately after dispatch of the goods, advise the Buyer by fax of the contract No., commodity, invoice value and the date of dispatch for the Buyer to arrange insurance in time.

在 CFR 情况下：卖方负责在装运期内将货物从装运港运输到目的港。卖方应在货物起运后立刻用传真通知买方合同号、商品名称、发票金额、装运日期，以便买方及时安排保险事宜。

Should the port of destination marked on the airway bill be found not in conformity with the stipulations of this contract, the Buyer shall have the right to refuse to effect the payment.

如果空运单据上标明的目的港与合同规定不符，买方有权拒付货款。

（3）In case of CIP：

The Seller shall ship the goods within the time of shipment from the port of shipment to the port of destination.The air freight, insurance premium in respect of the exportation of goods contracted shall be borne by the Seller.

在 CIP 情况下：卖方负责在装运期内将货物从装运港运输到目的港。与出口货物有关的运费和保险费由卖方承担。

11. SHIPPING ADVICE：

The Seller shall, immediately upon the completion of the loading of the goods, advise by fax / cable the Buyer of the Contract No., commodity, quantity, invoiced value, gross weight, flight No.and date of shipment etc.In case the buyer fails to arrange insurance in time due to the insufficient notice given by the Seller, all losses resulting therefrom shall be borne by the Seller.

装运通知：卖方应该在货物装船完毕后，以传真/电报立刻通知买方合同号、货物、数量、发票金额、毛重、航班号及起航时间。若因卖方通知不及时致使买方不能及时投保，卖方承担全部损失。

12. GUARANTEE OF QUALITY：

The Seller guarantee that the commodity hereof is made of the best materials with first class workmanship, brand new and unused, and complies in all respects with the quality and specification stipulated in this Contract and conforms to the data sheets or technical manuals of the commodities contracted.The guarantee period shall be 36 months counting from the date of the final acceptance of the goods.

品质保证：卖方保证此货物使用的是最好的材料、一流的工艺、原厂原包装，是符合合同规定的品质和级别的新产品，质保期自双方签署验收报告之日起 36 个月。

13. CLAIMS：

Within 90 days after the arrival of the goods at destination, should the quality, specifications or quantity be found not in conformity with the stipulations of the Contract except those claims for which the insurance company or the carrier are liable, the Buyer, on the strength of Inspection Certificate issued by the local inspection branch of the State Administration for Entry-Exit Inspection and Quarantine Bureau (hereinafter referred as "Inspection Authorities") of the P.R.C, may require the Seller to remedy the lack of conformity by repairing, replacement or compensation, and all the expenses (such as inspection and repairing charges, freight for replacement, insurance premium, storage or loading and unloading charges, etc.) shall be borne by the Seller.As regards quality, the Seller guarantees if, within 12 months from the date of the arrival of the goods at destination, damages occur in the course of operation by reason of inferior quality, poor workmanship or the use of inferior materials, the Buyer shall immediately notify the Seller in writing and put forward a claim supported by Inspection Authorities.The Certificate so issued shall be accepted as the base of the claim.The Seller, in accordance with the Buyer's claim shall be responsible for the immediate elimination of the defects, complete or partial replacement of the goods or shall devaluate the goods according to the state of the defects.Where necessary, the Buyer shall be at liberty to eliminate the defects himself at the Seller's expenses.If the Seller fail to answer the buyer within two weeks after receipt of the aforesaid claim, the claim shall be deemed as having been accepted by the Seller.

索赔：自货到目的港起90日内，若发现货物质量、规格或数量与合同规定不符者，除那些应由保险公司或船方承担的部分外，买方可凭中华人民共和国国家出入境检验检疫局设立于当地的检验机构（下文简称检验机构）出具的商检证书，有权维修、更换或索赔，所有费用（如检验和维修费、更换运费、保险费、储存或装卸费等）由卖方承担。卖方担保货到目的港起12个月内，若在使用过程中出现因质量低劣、工艺不佳或材料低劣而引起的损坏，买方应立即以书面形式通知卖方并出具检验机构开具的检验证书，提出索赔。商检证书乃索赔之依据。按照索赔要求，卖方有责任立即解决货物之缺陷，全部或部分更换货物或依据缺陷情况将货物降价处理。如果需要，买方可以自行解决缺陷，该费用由卖方承担。若卖方在收到上述索赔的两周内没有回复买方，可被视为卖方接受索赔条件。

14. FORCE MAJEURE：

The Seller shall not be held responsible for the delay in shipment or non-delivery of the goods due to Force Majeure, such as war, serious fire, flood, typhoon and earthquake, or other events agreed upon between both parties, which might occur during the process of manufacturing or in the course of loading or transit.The Seller shall advise the Buyer immediately of the occurrence mentioned above and within 10 days thereafter, the Seller shall send by airmail to the Buyer for their acceptance a certificate of the accident issued by the Competent Government Authorities where the accident occurs as evidence thereof.

不可抗力：卖方不对以下延迟交货和未交货物负有责任，它们是由以下不可抗力原因造成的：战争、严重火灾、洪水、地震或双方同意的其他事件。卖方应立刻通知买方上述事件的发生，并在事发10日内空邮买方一份由相应政府部门签署的事件发生证明。

Under such circumstances the Seller, however, are still under the obligation to take all necessary measures to hasten the delivery of the goods.In case the accident lasts for more than 3 weeks, the Buyer shall have the right to cancel the Contract.

在上述情况下，卖方仍有责任采取所有措施来加快货物的交付工作。若上述事件持续超过3个星期，买方有权利取消上述合同。

15. LATE DELIVERY AND PENALTY：

Should the Seller fail to make delivery on time as stipulated in the Contract, in exception of Force Majeure, the Seller shall pay penalty at the rate of 0.5% per every seven days, which shall be deducted by the paying bank from the payment.The penalty, however, shall not exceed 5% of the total value of the goods involved in the late delivery.The odd days less than seven days should be counted as seven days.Provided that the Seller does not make delivery ten weeks later than the time of shipment stipulated in the Contract, the Buyer shall have the right to cancel the Contract and the Seller, in spite of the cancellation, shall pay the aforesaid penalty to the Buyer without delay.

延期交货和罚款：除不可抗力原因，卖方若不能按合同规定如期交货，应按照每7天交纳货物总值0.5%的罚款率交纳罚金，由付款银行从付款中扣除。但罚金总额不能超过货物总值的5%，不足7天的天数应以7天计算。卖方若在本合同规定的装运时间内逾期10星期仍不能交货，则买方有权取消合同。即便合同已取消，卖方也仍应如期支付上述罚金。

16. ARBITRATION：

All disputes in connection with this Contract or the execution thereof shall be settled friendly through negotiations.In case no settlement can be reached, the case shall be submitted for arbitration to China International Economic and Trade Arbitration Commission (CIETAC), in Beijing, in accordance with its Rules of Arbitration.The arbitration shall take place in Beijing and the decision of the Arbitration Committee shall be final and binding upon both parties；neither party shall seek recourse to a law court nor other authorities to appeal for revision of the decision.Arbitration fee shall be borne by the losing party.Or the Arbitration may be settled in the third country mutually agreed upon by both parties.

仲裁：所有与此合同有关的争议应通过友好协商解决，如果协商不能解决，则可提交至中国国际经济贸易仲裁委员会（CIETAC），由其根据有关仲裁法则进行仲裁。仲裁应在北京进行且其结果对双方均有约束力，任何一方均不得向法院或其他政府部门申请以改变仲裁结果。仲裁费由败诉方负担。或者仲裁可以在双方同意的第三国进行。

17. SPECIAL PROVISIONS：

In witness thereof, this Contract is made in English andChinese signed by both parties in two original copies：each party holds one copy.If any disputes happened during the execution of the Contract, the English version of the Contract will be regarded as the basic proof.

附加条款：此合同一式两份由中英文写成，双方签字并各持有一份。执行中如有异议，以英文为准。

THE BUYERS：买方　　　　　　　　　　THE SELLERS：卖方
BEIJING TEPUKANG SCIENCE AND　　　　Brilliantech (CHINA) CO., LTD
TECHNOLOGY CO., LTD

14.3 国际货物买卖合同有效成立的条件

14.3.1 国际货物买卖合同的成立

按国际贸易惯例，在贸易磋商过程中，一方发盘经另一方有效接受以后，合同即告成立。但根据国际贸易习惯，交易双方往往还要签订书面合同或确认书，作为合同成立的依据。我国法律和行政法规定，由国家批准的合同，在获得批准时，合同方成立。

14.3.2 国际货物买卖合同有效成立的必要条件

1. 合同的当事人双方必须具有相应的法律资格

合同的当事人若是自然人，则必须是公民，具备民事权利能力和行为能力。未成年人、发病期间的精神病患者、神志不清的醉汉等所签订的合同无效。合同的当事人若是法人，则行为人应是法人的全权代表。如果是非企业负责人代表企业达成合同时，一般应有授权委托书或类似文件。在中国，只有经政府批准有外贸经营权的企业，才能从事对外贸易活动，并且只有在其工商登记的经营范围内才能与外商签订有关的外贸合同。

2. 合同双方应在自愿的基础上达成意思一致

国际货物买卖合同是在一方发盘和另一方接受的基础上达成意思一致协议的，且这种协议必须是自愿的。如果一方以欺诈、威胁或暴力等手段使另一方接受而达成的合同，此合同在法律上无效。

3. 合同具有约因和对价，双务有偿

"约因"是缔约当事人之间，由于缔约行为，一方获得利益或一方遭受损失。"对价"则是合同一方的承诺或行为有对方的某些有价值的东西作为回报。约因和对价是西方大陆法系和英美法系合同法中的重要概念。对价理论的主要目的是区分许诺和承诺义务是否具有法律约束力。按照英美法系的理解，合同是一种允诺，一方的允诺只有在另一方提供对应利益即代价时才能强制执行。如果法院认定某项合同有"对价"，合同即可成立，没有"对价"，则可以认定此合同无效。

我国合同法要求合同是双务合同。所谓双务合同，即一方的权利是另一方的义务，

双方既有权利又有义务。如果卖方按期交货、交单，则买方必须按期付款，双方应互为有偿，也即"对价"。如果买卖双方中的任何一方不按合同规定在期限内付款或交货，则违反合同的一方要承担赔偿损失的责任。

4. 合同的标的和内容必须合法

买卖双方所交易的货物应是政府允许进口或出口的货物。如果货物属于政府管制的商品，还应有许可证或进出口配额。货款的收付必须符合国家规定。凡违反法律、损害国家社会公共利益的合同一律无效。

5. 合同必须符合法律规定的形式和审批手续

各国法律对国际货物买卖合同的形式有不同的要求。目前，绝大多数国家的法律对货物买卖合同基本上都采取所谓的"不要式原则"，即不规定任何特定的形式要求，当事人不论是采用口头方式还是书面方式，或是以某种行为来订立合同，都被认为是合法和有效的。我国于1999年10月起正式实施的新《合同法》对国际货物买卖合同的形式做出了与《联合国国际货物销售合同公约》相同的规定，即在一般的国际货物买卖中，合同既可以以书面形式，也可以以口头或其他形式成立。这种规定与我国过去法律中规定的国际货物买卖合同只能以书面形式订立有了很大差别，标志着在国际货物买卖合同的形式方面，我国最终与国际通行做法达成了一致。

14.3.3 国际货物买卖合同订立的原则和应注意的问题

1. 国际货物买卖合同订立的原则

国际货物买卖，由于各国存在法律上的不同规定和贸易习惯上的差异，因而在涉及交易双方的利害关系时，往往会出现矛盾和斗争。如何协调这种关系，使买卖双方在平等互利、公平合理竞争的基础上达成交易，从而实现进出口的最大效益，是我们的目标。订立国际货物买卖合同应遵循以下原则。

（1）尊重国家主权原则。这是我国对外贸易活动基本原则中最重要的一条原则。任何对外贸易活动不得有损我国的国家主权和尊严，不得同我国有关的法律和法规相抵触，且不得损害我国的社会公共利益。凡实施后将对我国社会、公众造成不良后果的合同，将被禁止。

（2）平等互利原则。平等互利，即在法律上相互平等，在经济上彼此有利。首先，合同双方当事人必须保持平等的地位，有平等的发言权和对等的权利与义务。买卖双方无论经济实力强弱，社会地位高低，经营范围大小，所属国家强弱，其在法律面前的地位都是平等的，无高低贵贱之分、大小尊卑之别。其次，合同双方当事人在此经济贸易活动中都有利可得，原则上应当权利与义务对等，风险与收益相当。即使在双方经济实力悬殊的情况下，也应当采取适当措施，兼顾双方的利益，绝不允许以强欺弱、以大压小。

尊重国家主权原则与平等互利原则是相辅相成，紧密联系的。没有主权原则，就不可能做到平等互利，只有实现真正的平等互利，才能保证国家的经济独立与主权完整。这两项原则是我国商品进出口业务中应坚持的主要原则。

（3）协商一致原则。买卖双方达成的贸易协定，应是双方真实的意思表示，歪曲的、虚假的意思表示，当然不是自愿的。任何一方以任何变相的强制手段引诱、胁迫、欺诈另一方所订立的合同，均属无效合同。

（4）诚实信用原则。签订经济合同的双方都希望达到一定的经济目的，而双方只有遵从诚实信用的原则，切实履行自己的义务，讲信用，才有可能达到买卖双方的贸易目的。"重合同，守信用"是我国对外经济贸易的重要原则。作为卖方，应按合同的规定，按时、按质、按量履行交货等义务；作为买方，根据合同规定，应按时开立信用证以履行付款等义务；任何一方不能以各种借口和理由单方面任意修改合同条款，更不能随意毁约。

（5）利于国民经济发展原则。我国实行对外开放，发展对外经济贸易的目的，就是要发展我国社会主义经济。因此，一切对外贸易活动，都要从有利于发展我国国民经济的角度出发。例如，引进先进的技术、机器、设备和科学管理经验，就是为发展我国的国民经济服务。其具体内容可由当事人在采用时加以补充或更改。

2. 订立国际货物买卖合同应注意的问题

（1）交易双方达成买卖合同，不仅是一种经济行为，而且是一种法律行为。国际货物买卖合同和其他经济合同一样，体现了当事人之间的经济关系。经济合同是商品经济的产物，随着商品经济的发展而不断地充实、完善，并运用法律成为调整经济关系的手段，使经济关系被纳入法治的轨道。凡符合法律规定的合同均可得到法律的承认，且合同当事人的权利均可受到法律的承认、保护、监督和约束。

（2）合同应符合当事人所在国缔结或参加的有关双边或多边的国际条约及国际惯例。目前与我国对外贸易有关的国际条约，主要是我国与某些国家缔结的双边贸易协定、支付协定、贸易议定书等。其中，《联合国国际货物销售合同公约》与我国货物进出口贸易关系最密切，其影响也最大。该公约本着平等互利的原则，在国际贸易中采用顾及不同社会制度及不同经济、法律制度国家的习惯和法律规则，有利于减少国际贸易的法律冲突，促进了国际贸易的发展。此外，现行国际惯例的有些内容已被某些国家纳入其国内法，有些内容已被引入国际条约，成为国际条约的内容，即所谓的"惯例条约化"。这些国际惯例，对合同当事人通常也具有约束力。

（3）法律冲突及其解决办法。由于合同的当事人位于不同的国家和地区，而不同国家和地区的有关法律规定往往有不同之处，因此一旦发生争议或纠纷，按照哪个国家的法律作为判断是非的依据就成了棘手的问题，即所谓的"法律冲突"。法律冲突给国际贸易带来了许多不便和障碍。如何解决这些问题，通常有以下几种办法：依照缔约地法律；依照履约地法律；允许当事人选择法律或依照仲裁地法律。例如，有一份 CIF 合同在美国订立,由美国商人 A 出售一批 IBM 电脑给中国香港商人 B,交货目的港在中国香港。双方在执行合同时发生了争议,因为合同是在美国订立的,履约地也是在美国,因此根据合同最密切关系原则,该合同适用美国法律。

(4)合同变更和合同撤销的法律认定。合同签订后,由于客观情况的复杂多变使得合同不得不变更时,法律允许在一定条件下变更合同,即可以对国际货物买卖合同的条款加以部分的修改或补充。但如果一方当事人违反合同的情况所造成的损害实际上剥夺了另一方根据合同规定有权期待得到的东西,则受害方有权解除合同。因此,一方当事人发现要求违约方实际履行合同义务无实际意义时,应果断宣告合同无效,解除双方在合同中的权利与义务关系,从无法实现其交易目的的合同关系中解脱出来,以寻找另外的合同交易者,实现自己的商业目的。同时应注意,解除合同的通知或协议必须采用书面形式。中国法律和行政法规规定应由国家批准成立的合同,其解除应当报原批准机关备案。如发生国外客商违约而需要修改合同的情况,向对方追究责任时,我方应注意在修改合同中主张索赔要求并明示保留索赔的权利,避免由于疏忽而导致权利得不到保护。因为变更合同以后,再提出原合同的违约责任已经缺乏依据,在法律上得不到认定。

14.4 交易磋商与订立合同

14.4.1 国际货物买卖的一般程序

商品进出口业务是研究国际商品交换具体过程的学科,它是具有涉外活动特点的实践性很强的综合性应用科学,涉及国际贸易理论与政策、国际贸易法律与惯例、国际金融、国际运输和保险等学科的基本知识内容和它们的具体运用。国际商品交换的具体过程,从一个国家的角度看,具体体现在进口和出口业务活动的各个环节。无论是出口还是进口,其工作环节有很多,而且各环节之间密切联系。但归纳起来,进出口业务一般分为交易前准备阶段、交易磋商阶段和履行合同阶段三个基本阶段。

1. 交易前准备

交易前准备(preparation before business)是指在洽谈交易前,为了正确贯彻外贸政策,完成进出口任务,提高交易的成功率,交易者必须在思想上、物质上和组织上为谈判进行充分的准备工作。其主要包括商品的可行性调查研究、交易对象的选择确定、制订进出口商品经营方案等工作。

2. 交易磋商

交易磋商(business negotiation)是指买卖双方就买卖商品的有关条件进行协商,以期达成交易的过程。交易磋商一般包括询盘、发盘、还盘和接受(acceptance)四个环节，其中发盘和接受是达成交易不可缺少的两个环节。

贸易磋商的内容包括商品的品名、品质、数量、包装、价格、货物交付条件和方式、货运保险及险别、支付条件、货物的检验、索赔、不可抗力和仲裁等。磋商既可以当面洽谈或电话协商，又可以通过信函、电报、电传等书面形式进行。当买卖双方磋商取得一致意见后，交易即告达成，合同即告成立，双方即可签订书面合同。合同是交易双方当事人在交接货物、收付货款和解决争议等方面的权利和义务的具体体现，也是买卖双方履行合同的依据和调整双方经济关系的法律文件。

3. 履行合同

履行合同（processing sale contract）是指买卖双方根据所签订合同的内容和规定，各自履行自己的责任和义务，从而实现货物和资金按约定方式的转移。在履约过程中，由于环节多、程序繁杂、市场情况多变等因素，一方稍有不慎，就可能违反合同规定，即构成违约行为。这样不仅影响合同的履行，而且违约方还要承担赔偿对方损失的法律责任。

我国的出口合同，大多数按 CFR 或 CIF 贸易条件成交。作为卖方，履行出口合同的工作一般包括货、证、船、款四个工作环节。其中，货包括备货和报验；证包括催证、审证和改证；船包括租船订舱、报关、商检、保险和装运等；款即制单结汇，缮制发票、运单、保险单、产地证明书、普惠制单据、检验证书、装箱单及汇票等出口单据。如果履行合同时有一方违反合同而造成另一方受损的，还要进行索赔和理赔工作。

我国的进口合同，大多数以 FOB 价格条件成交。因此，作为买方，在履行进口合同时，一般包括以下工作程序：开立信用证、租船订舱、办理保险、审单付款、报关、接货和拨交、检验、索赔等。

14.4.2 交易磋商与订立合同

交易磋商是国际贸易不可缺少的一个很重要的环节，且是订立合同的基础，没有磋商就没有合同。在现实的国际贸易中，我们会发现，交易磋商的过程，实际上就是订立合同的过程。因为，按国际贸易惯例，一项有效发盘一旦经对方有效接受，这时合同就已经成立，而后来的签订合同工作实际上只是对合同成立的一种证明。因此，交易磋商工作的好坏，直接决定了合同是否成立，影响到合同的履行，并关系到双方的经济利益，故必须认真对待。

1. 交易磋商的形式

交易磋商在形式上可分为口头和书面两种。口头磋商主要是指在谈判桌上面对面的谈判，如参加各种交易会、洽谈会，以及贸易小组出访、邀请客户来华洽谈交易等，此外，还包括双方通过电话进行的交易磋商。口头磋商方式由于是面对面的直接交流，便于了解对方的诚意和态度,以便针锋相对地采取对策,并可根据进展情况及时调整策略,争取达到预期的目的,因此其对于谈判内容复杂、涉及问题多的交易尤为适合。书面磋商是指通过信件、电报、电传等通信方式来洽谈交易。随着现代通信技术的发展,书面洽谈也越来越简便易行,而且费用与前者相比要低廉一些,故它是日常业务中的通常做法。通过口头磋商和书面磋商,双方在交易条件方面达成协议后,即可制作正式书面合同。

2. 交易磋商的内容

交易磋商的内容,涉及拟签订的买卖合同的各项条款,其中包括品名、品质、数量、包装、价格、装运、保险、支付及商检、索赔、仲裁和不可抗力等。从理论上讲,只有就以上条款逐一达成一致意见,才能充分体现"契约自由"的原则。然而,在实际业务中,并非每次洽谈都需要把这些条款一一列出、逐条商讨。这是因为,在普通的商品交易中,一般都使用固定格式的合同,而上述条款中的商检、索赔、仲裁、不可抗力等通常作为一般交易条件印在合同中,只要对方没有异议,就不必逐条重新协商,这些条件也就成为双方进行交易的基础。在许多老客户之间,事先已就"一般交易条件"达成协议,或者双方在长期的交易过程中已经形成一些习惯做法,或者双方已订有长期的贸易协议。在这些情况下,也不需要在每笔交易中对各项条款一一重新协商。这对于缩短洽谈时间和节约费用开支,都是有益的。

3. 交易磋商的程序

交易磋商的程序可概括为四个步骤:询盘(邀请发盘)、发盘、还盘和接受。其中,只有发盘和接受是每笔交易必不可少的两个基本环节和法律步骤。

(1)询盘。询盘(enquiry)是准备购买或出售商品的人向对方探询该商品的成交条件,故又称邀请发盘。询盘是为了试探对方对交易的诚意和了解其对交易条件的意见。其内容可以涉及价格、规格、品质、数量、包装、交货期及索取样品、商品目录等,而多数是询问价格,所以通常将询盘称为询价。询盘可由买方发出,也可由卖方发出;可采用口头方式,亦可采用书面方式。书面方式除包括书信、电报、电传外,还有较常采用的询价单。用书信询盘时,除了说明要询问的内容外,一般还应带有礼貌性的客套语言及对交易内容的宣传,以达到诱使对方发盘的目的。电报、电传询盘由于传递速度快,在业务中采用较多,但是用其询盘时,文字要简洁明了,开门见山。以下为两则电报询盘的实例。

【例 14-2】

我们对印花衬衫布料感兴趣,请航邮给我们该商品的目录、样本和必要的资料,以使我们了解你们商品的质量和工艺。(We are interested in printed shirting and shall be pleased to receive from you by airmail catalogues, sample books and all necessary information regarding these goods so as to acquaint us with the quality and workmanship of your supplies.)

【例 14-3】
拟订购红豆 2 000 公吨，请电告最低价格和产地。(Bookable 2 000M/T Red Beans. Please Cable Lowest Price and Place of Origin.)

询盘对买卖双方都无法律上的约束力，也不是每笔交易的必经程序，其特点是语气委婉，用词也不肯定。

在询盘时，通常使用下列词句：

拟定……请……	Bookable...please...
对……感兴趣，请……	Interested in...please...
请报价……	Please quote...or Please offer...
请电告我们……	Please cable us...

在现实贸易磋商中，询盘多是提出内容不肯定或附有保留条件的建议。这种建议对于发盘人没有约束力，它只是起到邀请对方发盘的作用。在实际业务中，往往是卖方货源尚未落实提出的条件带有不确定性，或者为争取较好的价格，同一批货向两个以上的客户邀请递盘，以便择优成交。有的是买方为了探询市场情况和便于进行比价，同时向多家供货商提出发盘的邀请。

（2）发盘。发盘（offer）又称发价或报价，在合同法中称之为要约，是订立合同的一种肯定表示。《联合国国际货物销售合同公约》（以下简称《公约》）规定："凡向一个或一个以上的特定的人提出订立合同的建议，如果其内容十分确定并且表明发盘人有在其发盘一旦得到接受就受其约束的意思，即构成发盘。"

发盘既是商业行为，又是法律行为。发盘可以是应对方的邀请发盘做出的答复，也可以是在没有邀请的情况下直接发出的。发盘多由卖方发出，这种发盘称作售货发盘（selling offer）；也可以是由买方发出，称作购货发盘或递盘（buying offer 或 bid）。下面是电报发盘的实例。

【例 14-4】
今天早上我们回电，向贵方发盘 250 公吨手捡的、去壳且不分等级的花生仁，每公吨净价人民币 1 800 元 CFR 哥本哈根或其他欧洲主要港口，装船期 10 月或 11 月。此实盘以我方 9 月 25 日前收到为准。(We cable back this morning, offering you 250 metric tons of groundnuts, hand-picked, shelled and upgraded at RMB ￥1 800 net per metric ton CFR Copenhagen or any other European Main Port for shipment during October/November. This offer is firm, subject to the receipt of reply by us before September 25th.)

1）发盘应具备的条件。

①向一个或一个以上特定的人提出。大多数国家的法律规定，一项要约必须发给特定的人。特定的人是指有名有姓的公司或个人。商业广告不是向一个或一个以上的特定的人发出的，因此它不能被看作一项有效的发盘，而只是发盘的邀请。《公约》第14条第2款规定，凡不是向一个或一个以上特定的人提出建议，仅应视为发盘邀请，而不是一项发盘。但对于悬赏广告（声明对完成一定行为的人给予报酬的广告），英美法一般认为是公开的发盘。

②发盘的内容必须十分确定。所谓十分确定，是指在订立合同的建议中应至少包括以下三项内容：a. 标明货物的名称；b. 明示或默示地规定货物的数量或规定确定数量的方法；c. 明示或默示地规定货物的价格或规定确定价格的方法。只要发盘包括了上述三项条件（货物、数量、价格），而且在后两项条件中可以只规定如何确定的方法，从形式上看其已是一项确定的发盘。在我国对外贸易业务中，一般要求在发盘中列明商品名称、品质或规格、数量、包装、价格等主要条件。这样，一旦对方接受，便可据以做出详细的书面合同。

③表明在得到受盘人接受时即受约束的意思。这是构成一项发盘的前提，发盘是订立合同的建议，这个意思应体现在发盘之中。如果发盘人只就某些交易条件的建议同对方进行磋商，或者发盘人意思表示不清楚、不肯定、不明确，就不能证明要约人在要约被接受时有订立合同的意愿，这种意思表示就不能被视为是一项发盘。

在实际工作中，发盘人表示肯定的订立合同意思的形式是多种多样的，可以通过电报、电传、信件等书面形式，也可采取面对面谈判、电话等口头形式。发盘人在做出上述意思表示后，实际上把成立合同的决定权交给了受盘人，只要受盘人有效地接受发盘的内容，合同即告成立，无需再经过发盘人的确认。这正是发盘与发盘邀请的主要区别。发盘邀请是为了邀请对方向自己提出要约，其本身不构成要约。例如，我国进出口公司经常使用的"询价单"（inquiry）、"价格表"（price list）、"商品目录"（catalogue）等均属于发盘邀请。因此，报价单制作应当慎重，如果其内容十分明确肯定，有时可构成发盘。

④送达受盘人。发盘于送达受盘人时才生效。在通常情况下，发盘人常使用以下发盘术语：发盘（offer）、实盘（firm offer）、递盘（bid）、供应（supply）、订购（booking 或 order）等。

2）发盘的有效期。在通常情况下，发盘都具体规定了一个有效期，作为发盘人受其约束的期限和受盘人接受的有效期。若未具体规定有效期，则受盘人应在合理时间内接受才有效。对于口头发盘，除双方另有约定外，发盘的有效期在谈话结束时终止。发盘有效期的规定主要有三种方式。

①规定最迟接受的期限。

【例 14-5】

兹报实盘，以我方时间 10 月 3 日下午 5 时以前答复为有效。（We offer you firm

subject to reply by 5pm our time October 3rd.)

【例 14-6】
兹报实盘,以我方 5 月 30 日以前复到为准。(We give you firm offer, subject to reply here by US before May 30th.)

②规定一段接受的期限。

【例 14-7】
此发盘有效期为 3 天。("The offer is firm for 3 days." or "This offer is valid for three days.")

【例 14-8】
兹报实盘,以自本日起一周内你方复到为准。(We give you firm offer, subject to your reply here within one week from today.)

③不做明确规定或仅做笼统规定。在实际业务中,常用的有以下几种。

【例 14-9】
发盘……速复。(Offer...reply immediately.)
发盘……尽快复。(Offer...reply as soon as possible.)

【例 14-10】
发盘……即复。(Offer...reply promptly.)

"迅速""尽快""立即"等时间的具体长短,各国法律并无明确规定或解释。因此,为了避免买卖双方对发盘有效期的时间理解不一而引起纠纷,最好避免使用这种笼统的规定方法。

3)发盘的撤回和撤销。发盘在未生效前,即发盘在未被送达受盘人之前,可以被撤回(withdrawal),但撤回的通知必须在发盘到达受盘人之前或与之同时到达受盘人处。《公约》第十五条第一款规定"发盘于送达受盘人时生效",同条第二款规定"一项发盘,即使是不可撤销的,也得给予撤回,如果撤回的通知于发盘送达受盘人之前或同时送达受盘人"。这充分说明发盘可以被撤回,但有前提条件,即发盘人要用更快的通信方式使撤回的通知赶在发盘到达受盘人之前或起码与之同时到达。

发盘的撤销（revocation）是指发盘人在发盘已到受盘人之后，即发盘已生效时，将该项发盘取消。发盘能否被撤销，各国法律规定有较大的分歧。

①英美法认为发盘在受盘人表示接受之前，即使发盘中规定了有效期，发盘人也可随时撤销发盘或变更其内容。

②大陆法认为在发盘有效期内，发盘人不得撤销其发盘。

③《公约》认为在发盘生效之后，但受盘人尚未表示接受之前的这段时间里，只要发盘人及时将撤销通知送达受盘人，便可撤销其发盘；一旦受盘人接受发盘，则发盘人无权撤销发盘。但在下列两种情况下发盘一旦生效，就不得撤销：发盘中写明了发盘有效期，或以其他方式表明发盘是不可撤销的；受盘人有理由信赖该发盘是不可撤销的，并本着对该发盘的信赖采取了行动。

以上规定表明，发盘在一定条件下可以撤销，而在一定条件下又不得撤销。发盘可撤销的条件是在受盘人发出接受通知之前发盘人将撤销的通知传达到受盘人。发盘不可撤销的条件，一是发盘中明确规定了接受的有效时限，或者虽未规定时限，但在发盘中使用了"不可撤销"的字眼，如 Firm、Irrevocable 等，那么在合理时间内也不得撤销；二是受盘人从主观上相信该发盘是不可撤销的，并且在客观上采取了与交易有关的行动，如寻找用户、组织货源等，这时发盘人也不得撤销，因为在这种情况下，发盘人撤销发盘会造成较严重的后果。

4）发盘的终止。《公约》中规定："一项发盘，即使是不可撤销的发盘，应于拒绝该发盘的通知送达发盘人时终止。"发盘的终止，通常有以下几种情况：过了发盘规定的有效期；被受盘人拒绝或还盘；在被接受之前，发盘人对发盘进行了有效的撤销；不可抗力事件造成发盘失效或发盘人丧失行为能力、死亡、法人破产等从而造成发盘失效。

（3）还盘。还盘（counter offer）又称还价，在民法上称为反要约。其是指受盘人不同意或不完全同意发盘人提出的条件，并对原发盘做出修改或变更。还盘可以用口头方式或书面方式表达出来，一般与发盘采用的方式相同。还盘既可针对商品价格，也可针对交易的其他条件，如支付方式、交货时间等。在进行还盘时，可用"还盘"字样，也可不用。下面是一则还盘实例。

【例 14-11】

50 公吨花生仁，1995 年收获的大路货，每公吨人民币 2 550 元 CIF 鹿特丹，其他条件按照贵方 8 月 22 日信件内容。（50 metric tons of groundnut kernels FAQ 1995 crop at RMB ￥2 550 per M/T CIF Rotterdam, other terms as per your letter of August 22th.）

在通常的贸易谈判中，一方在发盘中提出的条件与对方能够接受的条件不完全吻合的情况是经常发生的。特别是大宗交易中，很少有一方一发盘即被对方无条件全部接受的情况。所以，虽然从法律上讲，还盘并非交易磋商的基本环节，即交易的达成可以不经过还盘这一环节,然而,在实际业务中,还盘的情况还是很多的。此外,通过还盘,还有利于获取商品优惠价格、拖延谈判时间、等待成交时机等。因此,在实际交易中,有时往往要经过多次还盘,才能达成协议、订立合同。

需要注意的是,还盘是对发盘的拒绝。还盘一经做出,原发盘即失去效力,发盘人不再受其约束。一项还盘等于是受盘人向原发盘人提出的一项新的发盘。还盘做出后,还盘的一方与原发盘的发盘人在地位上发生了变化:还盘者由原来的受盘人变成新发盘的发盘人,而原发盘的发盘人则变成了新发盘的受盘人。新受盘人有权针对还盘的内容进行考虑,决定接受、拒绝或是再还盘。

(4)接受。接受(acceptance)是指受盘人接到对方的发盘或还盘后,同意对方提出的条件,愿意与对方达成交易,并及时以声明或行为表示出来。接受在法律上称为承诺。接受同发盘一样,既属于商业行为,也属于法律行为。接受产生的重要法律后果是交易达成、合同成立。下面是一则接受的实例。

【例 14-12】
我们接受贵方上述货物的还盘。(We accept your counter offer for the goods mentioned above.)

1)构成接受的条件。

①由特定的受盘人做出。特定的人是指发盘中规定的特定人或是被其授权的代理人。这与发盘的第一项条件相呼应。由第三者做出的接受,不能被视为有效的接受,只能被看作一项新的发盘。

②由受盘人表示出来。接受必须由受盘人以口头、书面或实际行动等方式表示出来。《公约》第十八条规定:"受盘人声明或做出其他行为表示同意一项发盘,即为接受,沉默或不行动本身不等于接受。"受盘人采取行动,如交运货物或开立信用证等均可以被认为是接受。

③在发盘的有效期内送达发盘人。发盘中规定有效期具有双重意义:一方面约束发盘人,即发盘人在有效期内不得任意撤销或修改发盘的内容;另一方面约束受盘人,即受盘人只有在有效期内做出接受,其才有法律效力。如果发盘未规定有效期,则应在合理时间内接受方为有效。

对于迟到的接受,发盘人将不受其约束,因为其不具有法律效力。但下列两种情况的迟到接受,《公约》第二十一条规定其仍具有效力:如果发盘人毫不迟延地用口头或书面形式将表示同意的意思通知受盘人;如果载有逾期接受的信件或其他书面文件表明,它是在传递正常时能及时送达发盘人的情况下寄发的,则该项逾期接受具有接受的效力,除非发盘人毫不迟延地用口头或书面方式通知受盘人,使其认为自己的发盘已经失效。因此,对于迟到的接受,决定该项接受是否有效的主动权在发盘人。这同时也提醒我们,发盘人在接到逾期接受的信件时不能不予理睬,如果它是邮递延误而导致的逾期,则此项发盘仍有可能有效,故发盘人如不想该发盘有效,则必须即时加以否定,以阻止其生效。

④接受的内容必须与发盘相符。受盘人必须无条件地完全接受发盘的条件,即应像镜子一样照出发盘的内容。对于任何的添加、限制或其他更改的接受,不能构成有效的接受,只能视为还盘。《公约》将发盘条件的添加或变更分成了实质性变更和非实质性变更两种。

对于实质性变更,《公约》第十九条第三款规定:"有关货物价格、付款、货物质量和数量、交货地点和时间、一方当事人对另一方当事人的赔偿责任范围或解决争端等的添加或不同条件,均视为实质上变更发盘的条件。"因此,实质性变更构成还盘。

而对于非实质性变更,《公约》第十九条第二款规定:"对发盘表示接受但载有添加或不同条件的答复,如其在实质上并不变更该项发盘的条件,除发盘人在不过分迟延的期间内以口头或书面方式通知反对其间的差异外,仍构成接受。如发盘人不做出这种反对,合同的条件就以该项发盘的条件及接受通知内所载的更改为准。"因此,非实质性变更并不影响接受的法律效力。

【例 14-13】

A 拟出售一架飞机给 B,A 在发盘中说:"确认出售一架马德拉水陆两用飞机(各项交易条件)……请电汇 5 000 英镑"。B 立即复电说:"确认你方来电,我购买马德拉水陆两用飞机一架,各项交易条件按照你电报所规定的条件,我已汇交贵方开户银行 5 000 英镑,该款在你交货前代你方保管,请确认自本电之日起,30 天内交货。"但 A 未作任何答复,并把这架飞机以更高的价钱卖给第三者,事后双方发生了争论。该项合同是否成立?为什么?

本例中 A 与 B 之间的合同并未成立,因为 B 的接受并非是有效的接受。首先,B 在接受中改变了付款条件。因为 A 在发盘中规定"请电汇 5 000 英镑",但 B 在接受中变为"我已汇交贵方开户银行 5 000 英镑,该款在你交货前代你方保管"。这一变更应被视为付款条件的实质性变更。其次,B 在接受通知中又添加了"自本电之日起,30 天内交货"的新交货条件,也属于实质性变更。对于实质性变更的接受,只构成新的还盘。因此,本案中 A 与 B 之间的合同并不能成立。

在通常情况下,表示接受的术语有接受(accept 或 entertain)、确认(confirm)、同意(agree)。

2)接受的方式。《公约》第十八条第一款规定:"受盘人声明或做出其他行为表示同意一项发盘,即为接受,沉默或不行动本身不等于接受。"根据这项规定,可见接受必须用声明或行为表示出来。声明包括口头和书面两种方式。一般说来,发盘人如果以口头发盘,受盘人应以口头表示接受;发盘人如果以书面形式发盘,受盘人也应以书面形式来表示接受。此外,受盘人应该用等同于发盘或比发盘更快捷的方式来做出接受。在实际工作中的函来函复、电来电复、函来电复、电报来电传复的做法就是这一原则的真实写照。

除了以口头或书面声明的方式接受外，还可以行为表示接受。《公约》第十八条第三款对这一问题做了解释："如果根据该项发盘或者依照当事人之间确立的习惯做法或惯例，受盘人可以做出某种行为，例如与发运货物或支付货款有关的行为，来表示同意。"这说明只要发盘中有规定，或者当事双方之间有习惯做法或惯例，受盘人即可不以声明而以行为来表示接受。比如，买方在发盘中提出交易条件，卖方同意其条件并及时发运货物；或者买方同意卖方在发盘中提出的交易条件并随即支付货款或开出信用证。上述做法主要是为了争速度、抢时间，它改变了国际贸易中传统的先经过磋商达成协议，再订立合同，最后履行合同的做法。但这种做法在有些国家是不适用的，这些国家的法律明文规定以书面形式订立合同方有效，这就排除了以行为表示接受的做法。

3）接受生效的时间。接受应于何时生效，各国合同法有较大分歧。英美法系的国家采用"投邮生效原则"，即在发盘规定的有效期内，接受通知一经投邮或交给电报局发出，就立即生效。大陆法系的国家采用"到达生效原则"，即表示接受的通知在发盘的有效期内送达到发盘人时才生效。

《公约》采用的是大陆法系立场，即采用"到达生效原则"，因为由受盘人承担传递的风险比由发盘人承担更合理：通信方式由受盘人选择，他应知道该方式是否容易出现特别的风险或延误，也应能采取最有效的措施以确保接受送达目的地。

4）接受的撤回或修改。由于《公约》和大陆法系国家采用的是"到达生效原则"，因而接受通知发出后在一定条件下可以撤回：撤回的通知先于原接受通知或与原接受通知同时送达发盘人，则接受可以撤回或修改。英美法系国家由于采用"投邮生效原则"，故接受通知一经投邮，合同就立即成立，因此就不存在接受的撤回或修改问题了。此种情况下，接受通知一经到达发盘人，则不能撤销。

本章小结

本章介绍了国际货物买卖合同的概念、作用和内容及国际货物买卖合同的基本格式，分析了国际货物买卖合同有效成立的条件、国际货物买卖合同订立的原则和应注意的问题，还介绍了交易磋商与订立合同的含义、询盘、发盘、还盘和接受的概念及其生效的条件与相关法律规定。目的是使学生掌握国际货物买卖合同的相关知识，认识交易磋商在国际贸易中所拥有的重要地位和交易磋商对订立合同的重要影响，为其学习国际贸易实务打下良好基础，同时也为学生从事国际贸易实际工作做好准备。

本章实训

1. 实训目的

了解国际货物买卖的程序，国际货物买卖合同的概念、作用和内容，国际货物买卖合同有效成立的必要条件及交易磋商与订立合同的一般程序，掌握国际货物买卖合同有效成立的判断标准。

2. 实训内容

（1）了解国际货物买卖合同的基本格式和内容。

（2）掌握国际货物买卖合同有效成立的条件和判别标准。

（3）练习交易磋商与订立合同的业务。

（4）讨论下列案例。

【案例 14-1】

A 向 B 发盘，发盘中说："供应 50 台计算机，每台 1 500 美元 CIF 中国香港，订立合同后两个月内装船，以不可撤销 L/C 付款，请复电。"B 受到发盘后，立即复电："我接受你的发盘，在订立合同后立即装船。"但 A 未作任何答复，请问双方合同是否成立？

【案例 14-2】

我国 C 公司于 2013 年 7 月 16 日收到法国巴黎 D 公司发盘："马口铁 500 公吨，每公吨 545 美元 CFR 中国口岸，8 月份装运，即期信用证支付，限 20 日复到有效。"我方于 17 日复电："若单价为 500 美元 CFR 中国口岸，可接受 500 公吨马口铁，履约中如有争议，在中国仲裁。"法国 D 公司当日复电："市场坚挺，价格不能减，仲裁条件可接受，速复。"此时马口铁价格确实趋涨。我方于 19 日复电："接受你 16 日发盘，信用证已由中国银行开出，请确认。"但 D 公司未确认并退回信用证，试问合同是否成立？我方有无失误？并说明理由。

【案例 14-3】

A 在 2 月 17 日上午用航空信件形式邮寄出一份发盘给 B。发盘中规定 B 在 2 月 25 日前答复有效。但 A 又于 2 月 17 日下午发出撤回发盘的通知（用电报）。该通知于 2 月 18 日上午到达 B，而 2 月 25 日 B 才收到那封发盘的航空信。由于 B 考虑到该商品价格对其有利，所以立即做出接受，并用电报发出接受通知。请问合同能否成立？为什么？

【案例 14-4】

德国建筑商 A 于 2013 年 8 月底与美国生产商 B 联系，要求美国生产商 B 向其报 4 万吨钢缆的价格，并明确告诉美国生产商 B，此次报价是为了计算向某项工程的投标金额，此投标将于同年 10 月 1 日开始进行，10 月 10 日便可得知投标结果。同年 9 月 10 日，美国生产商 B 向德国建筑商 A 发出正式要约，要约中条件完整，但要约中既没有规定承诺期限，也没有注明要约是可撤销的。同年 9 月中旬起，国际市场钢缆的价格猛涨，在此种情况下，美国生产商 B 于 10 月 2 日向德国建筑商 A 发出撤销其 9 月 10 日要约的传真。同年 10 月 10 日，当德国建筑商 A 得知自己已中标的消息后，立即向美国生产商 B 发去传真，对 9 月 10 日要约表示承诺。此后，美国生产商 B 争辩其已于 10 月 2 日撤销了要约，因此合同不能成立。双方就合同是否有效成立发生了纠纷。本案涉及的主要法律问题是要约是否已被撤销，德国建筑商 A 与美国生产商 B 之间买卖钢缆的合同是否有效成立？

【案例 14-5】

香港 A 商行于 10 月 20 日来电向上海 B 公司发盘出售木材一批，发盘中列明各项必要条件，但未规定有效期限。B 公司于当天（20 日）收到来电，经研究后，于 22 日上午 11 时整向上海电报局交发对上述发盘表示接受的电报，该电报于 22 日下午 1 时整送达香港 A 商行。在此期间因木材价格上涨，香港 A 商行于 22 日上午 9 时 15 分向香港电报局交发电报，其电文如下："由于木材价格上涨，我 10 月 20 日电发盘撤销。"A 商行的电报于 22 日上午 11 时 20 分送达 B 公司。试问：根据有关国际贸易法律，A 公司是否已成功地撤销了 10 月 20 日的发盘，为什么？A 公司与 B 公司之间是否已成立了合同，为什么？

【案例 14-6】

2013 年 4 月 1 日，巴西 W 公司向我国欣华有限责任公司发来传真，出售鱼粉并告知于 4 月 6 日 15 时前答复有效。该要约主要内容为秘鲁或智利鱼粉，数量 20 000 公吨，溢短装 5%，CFR 上海，每公吨 483 美元，2013 年 7 月交货，信用证付款及其他条件。欣华公司在接到要约的当天即回复巴西 W 公司传真，要求巴西 W 公司将价格由 483 美元减至 480 美元，同时对索赔条款提出了修改意见，明确指出："如果同意以上两点，请速告知并可签约。"4 月 4 日，巴西 W 公司与欣华公司直接电话协商，欣华有限责任公司同意接受每公吨 483 美元的价格，但坚持修改索赔条款为："货到 45 天内，经中国商检机构检验后，如发现问题，在此期限内提出索赔。"巴西 W 公司也同意了以上意见。至此，双方口头上达成了一致意见。

4 月 5 日，巴西 W 公司在给欣华公司的传真中，重申了要约的主要内容和双方电话协商结果。同日，欣华回传真给巴西 W 公司，告知将由欣华公司的经理某先生在广交会期间直接与巴西 W 公司签署合同。5 月 2 日，巴西 W 公司副总裁来广交会会见了欣华公司郝经理，交给他巴西 W 公司已签了字的合同文本。郝经理表示要审阅后再签字。5 月 6 日，当巴西 W 公司派人去取该合同时，欣华公司的郝经理仍未签字。巴西 W 公司副总裁随即指示其员工将欣华公司未签字的合同取回。5 月 9 日，巴西 W 公司致传真给欣华公司，重申了双方 4 月 5 日的传真的内容，并谈到在广交会期间双方接触的情况，声称欣华公司不执行合同，给巴西 W 公司造成了损失，故其要提出索赔要求，除非欣华公司在 36 小时内保证履行合同义务。

5 月 10 日，欣华公司在给巴西 W 公司的传真中称："我公司郝经理于 5 月 2 日接到合同文本时明确表示须对合同条款做完善补充后，我方才能签字。在买卖双方未签约之前，不存在买方开立信用证问题。并且，5 月 6 日巴西 W 公司已经将合同取回，我公司认为你公司已改变主意，撤回了要约，明确表示根本不存在承担责任的问题。"5 月 11 日，巴西 W 公司传真欣华公司称：该公司取回合同，不表示撤约，合同对双方仍有约束力，重申要保留索赔权利。5 月 12 日，欣华公司答复："首先，买方确认卖方的报价、数量并不等于一笔买卖最终完成，这是国际贸易的惯例。其次，5 月 2 日，我方明确提出要完善、补充合同条款时，你方只是将单方面签字的合同放下，对我方提出的要求不做任何表示。最后，5月6日，未等我方在你方留下的合同上签字，就匆匆将合同取回，也没提出任何意见。现在贵公司提出要我方开立信用证履约，我们不能依据被你方撤回的合同开证履约。你方对本次交易已毫无诚意，我们对你方的要求深表遗憾，也无须承担由此引起的任何责任。"

5月13日，巴西W公司传真欣华公司，告知该公司副总裁将去北京，并带去合同文本，让欣华公司签字。5月19日，巴西W公司又传真欣华公司称："因巴西W公司副总裁未能在北京与欣华公司人员会见，故将合同文本快递给欣华公司，让其签字。并要求欣华公司答复。如欣华公司认为双方不存在合同关系，要欣华公司同意将该争议提交伦敦仲裁机构仲裁。"

5月20日，欣华公司传真答复：重申合同应该在欣华公司签字以后生效，巴西W公司取回合同文本是撤回要约。5月22日，巴西W公司又传真欣华公司，重述了双方往来情况，重申合同业已成立，再次要求欣华公司开出信用证。5月31日，欣华公司传真巴西W公司重申了5月20日传真的内容，并告知：由于双方合同矛盾，欣华公司的客户已经将订单撤回，声明保留要求巴西W公司赔偿损失的权利；同时告知，将巴西W公司快递来的合同文本退回。6月4日，巴西W公司电告欣华公司，指出：欣华公司已否认合同有效、拒开信用证，巴西W公司有权就此所受损害、费用损失提出赔偿。双方多次协商，但均未果。

2013年7月15日，巴西W公司以欣华公司违约为由起诉，要求欣华公司承担赔偿责任。巴西W公司认为：欣华公司在接到巴西W公司的要约后，仅对价格和索赔条款提出不同意见，但在之后的电话协商中，双方取得了一致，即巴西W公司同意了欣华公司对索赔条款的修改，欣华公司同意接受要约中的价格条件，合同已于此时成立。巴西W公司还认为欣华公司要求在广交会期间签署书面合同，这仅仅是一种形式而已。欣华公司则认为：双方虽然在口头上就合同主要内容协商一致，但欣华公司提出要签署书面合同，合同应从双方正式签署后生效。当欣华公司接到对方已签字的合同文本后，提出要对巴西W公司提供的合同文本进行完善补充，巴西W公司未表态，后又将合同文本索回，欣华公司认为这是巴西W公司撤回要约，合同并未成立，当然谈不上要履行的问题。

本案的问题是由于双方在合同成立的形式要求上的差异引起的，试回答下列问题：(1)双方于4月4日通过电话协商达成一致意见，是否表示合同已于此时成立？(2)欣华公司要求签署书面合同是否仅仅是一种形式，会不会影响到合同的有效成立？(3)巴西W公司在欣华公司还没有签字的情况下，又将合同取回是否是"要约的撤回"？

【案例 14-7】

我国某出口公司甲于2011年3月27日通过某国外中间商丙与进口商乙签订书面合同销售某商品，总值为RMB51 000，即期L/C付款，乙方付款后，由甲方汇寄丙方佣金3%，开证日期为2011年5月15日前，交货时间为6月份。但在合约签订后，乙方未按合同规定开证，后经甲方多次催证，不仅未开证，连一个答复也没有。直到 7 月 12 日中间商丙来电称：由于迄今未领到进口许可证，乙方请求撤约或改装至自由港口 P 港。于是，甲方电告丙方：不同意撤约，但同意货运目的港改为 P 港，并请其迅速开证。不久，丙方又电请甲方同意将信用证即期付款改为 D/P 即期付款。甲方未及时答复，到 11 月上旬才电告丙方同意 D/P 即期付款，并告知已订好舱位，月中装船。丙方接电后复甲方："乙方表示拒收货物，我方仅仅是一个代理，但仍愿以 D/P 120 天接受该批货物。"甲方接电时货物已经装船，于是电告丙方请其接受货物，但对其是否接受 D/P 120 天未做任何表示。丙方获悉后又要求改为 D/P 120 天，甲方对此表示不同意，因此丙方始终未提货。直至货到目的港两个多月后甲方才表示同意 D/P 120 天。此时，丙方又电告甲方，船方要索取货物存入海关仓库的存仓费，如甲方负担这笔费用，丙方将按 D/P 120 天提取货物。甲方对此又表示不能接受，并说明这笔费用是由于丙方不提货所致。甲丙双方为此多次争执不下，直至货物被海关当局拍卖处理。

根据上述案情，试问：（1）这笔交易的买卖双方当事人究竟是谁？（2）该合同是否已由甲乙双方转移为甲丙双方，从而确立了新的合同关系？（3）有关交易方有无失误？失误何在？

3. 实训组织形式和要求

（1）组织形式。将全班学生分成几个小组，通过小组讨论的形式完成本章实训。

（2）实训要求。分小组讨论国际货物买卖的程序、货物买卖合同的基本格式和内容及合同有效成立的条件和判别标准，在此基础上研究案例，并请各小组将分析结果由各组的推荐代表在全班讨论时分享，在此基础上各人拿出自己的分析报告。

Chapter15

第 15 章

国际贸易合同的履行

学习要点

1. 了解进出口合同履行的一般程序。掌握进出口合同履行的必要环节,尤其是出口业务流程及注意事项。
2. 了解主要进出口结付汇单据的种类,掌握各种单据的缮制,能够正确、顺利地履行进出口合同并进行相关案例分析。

引言

在国际贸易中,买卖双方通过洽商达成协议后,按国际贸易的一般习惯做法,大都会签订一定格式的书面合同作为约束双方的法律依据。在交易双方所订立的买卖合同中,会规定合同双方当事人的权利和义务。虽然交易对象、成交条件及所选用的惯例不同,但是每份合同中规定的当事人的基本义务是相同的。根据《联合国国际货物销售合同公约》规定:卖方的基本义务是按合同规定交付货物,移交与货物有关的各项单据并转移货物的所有权;买方的基本义务是按合同规定支付货款并收取货物。国际货物买卖合同是对买卖双方具有法律约束力的文件,故合同一旦成立,买卖双方均应按照合同规定履行自己的义务。以不同交易条件订立的合同,履行合同的程序也各不相同。

15.1 出口合同的履行

在我国出口贸易中,大多数企业按 CIF 贸易术语条件成交合同,并按信用证支付方式收款。履行这种出口合同,涉及面广、工作环节多、手续繁杂,加之影响履行的因素很多,所以为了提高履约率,各外贸公司必须加强同有关部门的协作与配合,力求把各项工作做到精确细致,环环扣紧,井然有序,尽量避免出现脱节情况。

履行出口合同的程序,一般包括备货、催证、审证、改证、租船、订舱、报关、报验、保险、装船、制单、结汇等工作环节。在这些工作环节中，以货（备货）、证（催证、审证和改证）、船（租船和订舱）、款（制单和结汇）4个环节的工作最为重要。只有做好这些环节的工作，才能防止出现"有货无证""有证无货""有货无船""有船无货""单证不符"或违反装运期等情况。根据我国对外贸易长期实践经验，履行出口合同时，应做好下述各环节的工作。

15.1.1 备货与报验

备货工作是指卖方根据出口合同的规定，按时、按质、按量地准备好应交付的货物，并做好申请报验和领证工作。

1. 备货

备货是进出口公司根据合同和信用证规定，向生产加工及仓储部门下达联系单（有些公司称其为加工通知单或信用证分析单等），要求有关部门按联系单的要求，对应交付的货物进行清点、加工整理、刷制运输标志及办理申报检验和领证等工作。在备货过程中，应注意的问题有：货物的品质、规格应保证与合同规定一致；货物的数量应满足合同和信用证的要求并适当留有余地；货物的包装、运输标志应保护商品并适应运输的要求；备货时间也应合理安排，以利于船货衔接。

2. 报验

凡属国家规定或合同规定必须经中国进出口商品检验局检验出证的商品，在货物备齐后，应向商品检验局（下文简称商检局）申请检验。货物只有取得商检局发给的检验合格证书，海关才准放行；凡经检验属不合格的货物，一律不得出口。

申请报验时，应填制出口商品检验申请单，向商检局办理申请报验手续。该申请单的内容，一般包括品名、规格、数量或重量、包装、产地等。在提交申请单时，应随附合同和信用证副本等有关文件，供商检局检验和发证时作为参考。

当货物经检验合格后，商检局会发放检验合格证书，外贸公司应在检验证规定的有效期内将货物装运出口，如在规定的有效期内不能装运出口，应向商检局申请展期，并由商检局进行复验，复验合格后，才准予出口。

15.1.2 催证、审证和改证

当采用信用证为支付方式时，出口商为了维护自己的权益，必须做好对信用证的掌握、管理和使用，这涉及催证、审证和改证等工作环节。

1. 催证

在出口合同中，买方应严格按照合同的规定按时开立信用证，这是卖方履约的前提。但在实际业务中，有时国外进口商在遇到市场发生变化或资金发生短缺的情况时，往往会拖延开证。对此，我们应催促对方迅速办理开证手续，必要时也可请我国驻外机构或有关银行协助代为催证。

2. 审证

信用证是依据合同开立的，其内容应该与合同条款一致。但在实践中，由于种种因素，如工作的疏忽、电文传递的错误、贸易习惯的不同、市场行情的变化等，往往会出现开立的信用证条款与合同规定不符的情况。为确保收汇安全和合同顺利执行，我们应该依据合同对信用证进行认真的核对与审查。

在实际业务中，通常是由银行和进出口公司共同承担审证任务。其中，银行着重审核开证行的政治背景、资信能力、付款责任和索汇路线等方面的内容，进出口公司则着重审核信用证内容与买卖合同是否一致。

（1）银行审核的重点。

1）对政策方面的审核。信用证各项内容应该符合我国的政治与经济方针政策，不得有歧视性内容，否则应根据具体情况向有关方交涉。

2）对开证行资信的审核。为了保证安全收汇，对开证行所在国家的政治经济情况、开证行的资信及经营作风等必须进行审查，对于资信不佳的银行，应酌情采取适当措施。

3）对信用证的性质和开证行付款责任的审核。来证不应标明"可撤销"的字样，同时在证内须载有开证行保证付款的文句。有些国家的来证虽然注明有"不可撤销"的字样，但在证内对开证行付款责任方面加列了"限制性"条款或"保留条件"条款，受益人必须特别注意这种来证，必要时应要求对方进行修改。

（2）进出口公司审核的要点。

1）对信用证本身说明的审核。这包括：信用证金额应与合同金额相一致；如合同订有溢短装条款，信用证金额亦应包括溢短装部分的金额；信用证金额中的单价与总值要填写正确；来证所采用的货币应与合同规定相一致。

2）对信用证有关货物记载的审核。信用证中有关商品货名、规格、数量、包装、单价等项的内容必须和合同规定相符，特别要注意有无另外的特殊条件。此外，还应注意装运期、装卸港口、运输方式、可否分批装运转船等内容的审查。

3）对单据的审核。单据主要包括商业发票、提单、保险单等。对于来证要求提供的单据种类、份数及填制方法等，要进行仔细审核，如发现有不正常的规定，例如要求商业发票或产地证明须由国外第三者签证等字样，应慎重对待。

4）对信用证有关时间说明的审核。装运期必须与合同规定一致，如国外来证晚致使无法按期装运，应及时电请国外买方延展装运期限。信用证有效期一般应与装运期有一定的合理间隔，以便在装运货物后有足够的时间办理制单结汇工作。关于信用证的到期地点，通常要求规定在中国境内到期。

3. 改证

在审证过程中如发现信用证的内容与合同规定不符，应在区别问题的性质后，分别同有关部门研究，做出妥善的处理。一般来说，如发现我方不能接受的条款，应及时提请开证人修改，在同一信用证上如有多处需要修改的，应当一次提出；对信用证中可改可不改的，或经过适当努力可以办到且并不造成损失的内容，可酌情处理；对通知行转来的修改通知书内容，如经审核不能接受，应及时表示拒绝；如一份修改通知书中包括多项内容，只能全部接受或全部拒绝，不能只接受其中一部分而拒绝另一部分。改证示例如下。

（1）装运日期和有效日期的延展：(Shipment and validity extended to 31st March 2019 and 15th April 2019 respectively.)

（2）金额与货物数量之增减：(L/C increased (decreased) by (USD10 000.00) to USD60 000.00 and quantity of commodities increased (decreased) by 100 metric tons to 600 metric tons.)

15.1.3 租船订舱与保险

进出口公司在出运货物之前，须做好租船订舱、出口报关、投保等工作。

1. 租船订舱

按 CIF 或 CFR 条件成交时，卖方应及时办理租船订舱工作：如系大宗货物，需要办理租船手续；如系一般杂货，则需洽订舱位。各外贸公司洽订舱位时需要向船方提交托运单（shipping note），船方根据托运单内容，在结合航线、船期和舱位情况后，如认为可以承运，即在托运单上签单，自己留存一份，退回托运人一份。船公司或其代理人在接受托运人的托运申请之后，即发给托运人装货单（shipping order），使其可凭以办理装船手续。货物装船以后，船长或大副则应该签发收货单，即大副收据（mate's receipt），作为货物已装妥的临时收据，托运人凭此收据即可向船公司或其代理人交付运费并换取正式提单。

2. 出口报关

出口货物在装船之前，需向海关办理报关手续。出口货物办理报关时，必须填写出口货物报关单，必要时还需要提供出口合同副本、发票、装箱单、重量单、商品检验证书及其他有关单据。海关查验有关单据后，即在装货单上盖章放行，出口公司即可凭以装船出口。

3. 投保

凡是以 CIF 价格成交的出口合同，卖方在装船前，须及时向保险公司办理投保手续，填制投保单。出口商品的投保手续，一般都是逐笔办理的，投保人在投保时，应将货物名称、保额、运输路线、运输工具、开航日期、投保险别等一一列明。保险公司接受投保后，即签发保险单或保险凭证。

15.1.4 制单结汇

出口货物装船之后，进出口公司即应按信用证的规定，正确缮制各种单据，并在信用证规定的交单有效期内递交银行办理议付结汇手续，这个过程称为制单结汇。在出口业务中，制单结汇是一个非常重要的环节。在制单过程中，银行只有对这些单据审核无误后，才会向出口方支付货款，即相符交单才能取得货款。根据《跟单信用证统一惯例》600号（UCP600）的定义，"相符交单"指与信用证条款、该惯例的相关适用条款及国际标准银行实务一致的交单。因此，制单的好坏直接关系到出口方能否安全及时收汇。

1. 结汇办法

我国出口业务使用议付信用证比较多。对于这种信用证的出口结汇办法，主要有收妥结汇、定期结汇和买单结汇三种。

（1）收妥结汇，又称先收后结，是指出口地银行收到受益人提交的单据，经审核确认与信用证条款规定相符后，将单据寄给国外付款行索偿，待付款行将外汇划给出口银行后，该行再按当日外汇牌价结算成人民币交付给受益人。

（2）定期结汇，是指出口地银行在收到受益人提交的单据，经审核确认无误后，将单据寄给国外银行索偿，并自交单日起在事先规定的期限内将货款外汇结算成人民币贷记受益人账户或交付给受益人。此项期限视不同的国家或地区，根据银行索汇邮程的时间长短而定。

（3）买单结汇，又称出口押汇或议付，是议付行在审核单据无误后，并在确认受益人所交单据符合信用证条款规定的情况下，按信用证的条款买入受益人的汇票和（或）单据，按照票面金额扣除从议付日到估计收到票款之日的利息，将净数按议付日人民币市场汇价折算成人民币付给信用证的受益人。出口押汇是真正意义上的议付。根据UCP600规定，"议付"指"指定银行在相符交单下，在其应获偿付的银行工作日当天或之前向受益人预付或者同意预付款项，从而购买汇票（其付款人为指定银行以外的其他银行）及（或）单据的行为"。因此，银行如仅仅审核单据而不付出对价，则不能构成议付。如前所述，"买单结汇"实际是议付行向信用证受益人提供了资金融通，有利于其扩大出口业务。

2. 单证不符的业务处理

在实际业务中，单证不符的情况时有发生。如果交单行发现不符点，应立即争取时间修改单据，使其与信用证及其他惯例相符。如果来不及修改，视具体情况，议付行通常对不符点单据有以下几种处理方法。

（1）表提。其是指议付行把不符点列在寄单函上，征求开证行意见，由开证行接洽申请人是否付款。接到肯定答复后，议付行即行议付，如果申请人不予接受，开证行退单，议付行也会退单给受益人。表提一般适用于单证不符点并不严重或虽然是实质性不符，但事先已经进口商确认可以接受的情形。

（2）电提。又称电报提出，即在单证不符情况下，议付行暂不向开证行寄单，而是用电传通知开证行单据不符。如开证行同意付款，再行议付并寄单，若不同意，受益人应及早收回单据并设法改正。

（3）跟单托收。如出现单证不符，而议付行不愿用表提或电提方式征询开证行意见的情况，信用证就会彻底失效。此时，出口企业只能采用托收方式委托银行寄单代收货款。

至于国外开证行提出的不符点，处理方法则不同。我们知道，拒付包含有不符点的单据是国际惯例赋予开证行的权利。信用证是开证行有条件的付款承诺，只要是单证相符，开证行必须付款，但一旦单据有不符点，开证行有权向提交单据的一方提出不符点并解除自己的付款责任，这也是开证行保护自己的一种做法。拒付后，开证行将不符点提示给开证申请人，此时受益人应该做到如下几点。

（1）认真审核不符点。审核不符点是否成立，要求审核者要通晓国际惯例，并有丰富的国际结算经验和熟练的技巧，对此出口公司可以咨询银行。一般来说，审核不符点包括以下内容。

1）以国际惯例和国际标准银行惯例为依据，查看开证行所提的不符点是否成立。

2）查看开证行提出不符点的前提是否满足。根据国际惯例，开证行提出不符点应符合以下要求。①在合理的时间内提出不符点，即在开证行收到单据次日起算的七个工作日之内向单据的提示者提出不符点。②无延迟地以电讯方式，如做不到，须以其他快捷方式将不符点通知提示者。③不符点必须一次性提出，即如第一次所提不符点不成立，即使单据还存在实质性不符点，开证行也无权再次提出。④通知不符点的同时，必须说明单据代为保管听候处理，或径退交单者。以上条件必须同时满足，如有一项条件开证行未做到，则开证行无权声称单据有不符点并拒付。

（2）研究是否可以换单。根据国际惯例，如果单据确实存在不符点，开证行并已就此提出拒付，只要受益人改正的单据在信用证规定的有效期和议付期内提交到指定银行，且新提交的单据没有新的不符点，则视为单据不存在不符点，开证行必须付款。

（3）密切关注货物下落。在信用证业务中，相关各方处理的是单据，而不是与货物有关的货物或服务，所以 UCP600 规定，银行拒付后必须要么持单听候指示，要么将单据直接退回交单者，也就是说开证行拒付后不经受益人或议付行同意，不得擅自向开证申请人放单，否则必须付款。另外，关注货物下落还可以了解到开证申请人是否已凭开证行开具的提货担保提取货物。

（4）积极与开证申请人洽谈。

（5）降价或另寻买主。如果不符点确实是成立的，且货物质量有缺陷，要降价或积极联系新的买主。

（6）退单退货。在开证行提出实质性不符点、拒付行为很规范、与客户交涉不力、寻找新买主而不得的情况下，就只有退单退货一条路了。

15.1.5 出口收汇核销和出口退税

出口收汇核销与出口退税是保证出口企业取得预期经济效益的关键。

1. 出口收汇核销

出口收汇核销是指对每笔出口收汇进行跟踪，直到收回外汇为止。我国从1995年7月开始采取事后监督与事前监督并举的方式，将外汇管理局、银行、税务、海关及出口企业有机地结合起来，防止出口单位做出高报出口价格骗税的行为。

根据国务院建设"中国电子口岸"的文件精神，由海关总署、对外贸易经济合作部、国家税务总局、国家工商行政管理局、国家外汇管理局（以下简称外管局）、国家出入境检验检疫局、工业和信息化部等部门联合开发建设的电子口岸部分联网应用项目已于2001年6月在全国推广。电子口岸通过联网的方式，为外管局、海关、税务等有关部门和进出口企业提供口岸业务综合服务。通过电子口岸的出口收汇系统和企业管理系统，进出口企业可以在网上向有关管理部门申领核销单、办理核销单交单及挂失等系列操作。

"中国电子口岸"管理系统的出口收汇流程及相关业务如下所述。

（1）网上领单，即用企业操作员卡在网上申领核销单。外管局依据原核销系统记录的可发单数量，发给企业核销单，即企业领单数不能超过原系统记录的可发单数，由企业核销员到外管局领取新版核销单。

（2）口岸备案，即由企业操作员在网上输入口岸代码，进行企业备案。

（3）出口交单，即在办理核销之前，企业操作员在网上进行交单。

（4）收汇核销，即企业操作员在网上交单后，到外管局办理书面核销。书面核销需要出具出口收汇核销单、报关单、收汇水单及出口发票等单据。即期业务在90天内办理核销；远期业务必须提交出口合同，在外管局办理远期收汇备案。丢失空白核销单，应在网上及外管局同时挂失；破损的核销单必须到外管局注销。若逾期未收汇，出口单位应及时以书面形式向外管局申报逾期未收汇的原因，由外管局视情况处理。

2. 出口退税

出口退税是指一个国家为了扶持和鼓励本国商品出口，将所征税款退还给出口商的一种制度。出口退税是提高货物国际竞争能力，符合税收立法及避免国际双重征税的有力措施。我国也实行出口退税政策。对出口的已纳税产品，在其报关离境后，将其在生产环节已缴纳的消费税、增值税退还给出口企业，使企业能及时收回投入经营的流动资金，加速资金周转，降低出口成本，从而提高企业经济效益。

（1）退税的基本条件：必须是报关离境的出口货物；必须是财务上做出口销售处理的货物；必须是属于增值税、消费税征税范围的货物。

（2）退税凭证：增值税专用发票（税额抵扣联）或普通发票；税收（出口货物专用）缴款书或出口货物完税分割单；出口销售发票和销售明细账；出口货物报关单（出口退税联）；出口收汇核销单（出口退税专用）。

（3）退税程序：出口企业设专职或兼职办理出口退税的人员，由其按月填报出口货物退（免）税申请书，并提供有关凭证，先报外经贸主管部门稽查签章后，再报国税局进出口税收管理分局办理退税。目前，出口货物报关单、出口收汇核销单、税收（出口货物专用）缴款书已经全国联网，缺少其中一个都不能退税。

15.2 进口合同的履行

我国的进口货物，大多数是按 FOB 条件并采用信用证付款方式成交的。按此条件签订的进口合同，其履行的一般程序包括：开立信用证、租船订舱、接运货物、办理货运保险、审单与付款、报关提货、验收和拨交货物，以及办理进口索赔等。现分别加以介绍和说明。

15.2.1 开立信用证

买方开立信用证是履行合同的前提条件，因此，签订进口合同后，买方应按合同规定办理开证手续。如合同规定在收到卖方货物备妥通知或在卖方确定装运期后开证，买方应在接到上述通知后及时开证；如合同规定在卖方领到出口许可证或支付履约保证金后开证，买方应在收到对方已领到许可证的通知，或银行告知履约保证金已收讫后开证。买方向银行办理开证手续时，必须按合同内容填写开证申请书，银行即按开证申请书内容开立信用证，因此，信用证内容是以合同为依据开立的，它与合同内容应当一致。

卖方对收到信用证后，如提出修改信用证的请求，经买方同意后，即可向银行办理改证手续。最常见的修改内容有展延装运期和信用证有效期、变更装运港口等。

开立信用证时应该注意的问题有：信用证的内容必须符合进口合同的规定；信用证的开证时间应该按照合同规定办理；单据条款要明确，文字要力求完整、准确。

15.2.2 租船订舱、接运货物

按 FOB 条件签订进口合同时，应由买方安排船舶，如买方自己没有船舶，则应负责租船订舱或委托租船代理办理租船订舱手续。当办妥租船订舱手续后，应及时将船名及船期通知卖方，以便卖方备货装船，避免出现船等货的情况。

买方备妥船后，应做好催装工作，随时掌握卖方备货情况和船舶动态，催促卖方做好装船准备工作。对于数量多或重要的进口货物，必要时可请我国驻外机构就地协助了解和督促对方履约。装船完毕后，卖方应及时向买方发出装船通知，以便买方及时办理保险和接货等项工作。

15.2.3　办理货运保险

在 FOB 或 CFR 交货条件下签订的进口合同，保险由买方办理。由于我国进出口公司都同中国人民保险公司签订了预约保险合同，其对各种货物应保的险别做了具体规定，故投保手续比较简便。按照预约保险合同的规定，所有按 FOB 及 CFR 条件进口的货物保险，都由保险公司承保。因此，当我方进口货物并收到国外装运通知后，应及时将船名、提单名、开航日期、装运港、目的港及货物的名称和数量等内容通知中国人民保险公司，此即为办妥投保手续。保险公司随即按预约保险合同的规定对货物负自动承保的责任。

15.2.4　审单与付款

银行收到国外寄来的汇票及单据后，对照信用证的规定，核对单据的份数和内容。如内容无误，即由银行对国外付款，同时，进出口公司用人民币按照国家规定的折算牌价向银行买汇赎单。进出口公司凭银行出具的"付款通知书"向用货部门进行结算。如审核国外单据发现证单不符时，应做出适当处理。处理办法有很多，例如：停止对外付款；相符部分付款，不符部分拒付；货到检验合格后再付款；凭卖方或议付行出具的担保付款；要求国外改正；在付款的同时，提出保留索赔权等。

15.2.5　报关提货、验收和拨交货物

1. 报关提货

进口货物到货后，由进出口公司或其委托的外贸运输公司根据进口单据填写"进口货物报关单"向海关申请，并随附发票、提单及保险单。如属法定检验的进口商品，还须随附商品检验证书。货、证经海关查验无误，才能放行。

2. 验收和拨交货物

进口货物运达港口卸货时，港务局要进行卸货核对。如发现短缺，应及时填制"短卸报告"交由船方签认，并根据短缺情况向船方提出保留索赔权的书面声明。卸货时如发现残损，货物应存放于海关指定仓库，待保险公司会同商检局检验后做出处理。

在办理完上述手续后，进出口公司可自行或由货运代理提取货物并拨交给订货部门。货运代理通知订货部门在目的地办理收货手续的同时，通知进出口公司代理手续已办理完毕。

15.2.6 办理进口索赔

买方常因进口商品品质、数量、包装等不符合合同的规定，而需向有关方面提出索赔。根据造成损失原因的不同，进口索赔的对象主要有三种：向卖方索赔，向轮船公司索赔，向保险公司索赔。

1. 向卖方索赔

凡属下列情况，都应该向卖方索赔：原装数量不足；货物的品质、规格与合同规定不符；包装不良导致货物受损；未按期交付货物或拒不交货等。

2. 向轮船公司索赔

凡属下列情况，都应该向轮船公司索赔：货物数量少于提单所载数量；提单是清洁提单，而货物是残缺的，并属于船方过失所致；货物所受的损失，根据租船合约有关条款应由船方负责等。

3. 向保险公司索赔

凡属下列情况者，均可以向保险公司索赔：由于自然灾害、意外事故或运输中其他事故的发生使货物受损，且属于承保险别范围以内的；凡属轮船公司不予赔偿或赔偿金额不足以抵补损失的部分，且属于承保险别范围以内的。

在进口业务中，办理对外索赔时，应该注意以下事项。

（1）索赔证据。对外索赔需要提供证件，首先应制备索赔清单，随附商检局签发的商检证书、发票、装箱单和提单副本；其次，对不同的索赔对象还要附有关证件（具体内容见本书相关章节的内容）。

（2）索赔金额。除受损商品的价值之外，有关的费用也可以提出。

（3）索赔期限。必须在合同的索赔有效期限内提出，过期无效。若商检工作可能需要更长的时间，可以向对方要求延长索赔期限。

（4）关于卖方的理赔责任。进口货物发生损失，除属于轮船公司及保险公司的赔偿责任外，如属卖方必须直接承担的责任，应直接向卖方要求赔偿，防止卖方制造借口来推卸理赔责任。

15.3 主要进出口单据

15.3.1 主要进出口操作单据

1. 报验单

报验单也称检验申请单，是指根据我国《商检法》规定，针对法定检验的进出口货物向指定商检机关填制和申报货物检验的申请单。其内容一般包括品名、规格、数量（或重量）、包装、产地等项。如需有外文译文时，应注意使中、外文内容一致。

在填制和提交"出口商品检验申请单"时，要注意按一种商品、一次出运、两个收货人为一批，填写一张出口商品检验申请单。一般还应附上合同和信用证副本等有关凭据，供商检局检验和发证时参考。

在填写和提交"进口商品检验申请单"时，国内外贸企业一般应随附货物买卖合同、国外发票、提单、装箱单、重量明细单、质量保证书和国外检验证书等资料。

2. 报关单

报关单是向海关申报进出口货物，供海关验关估税和放行的法定单据，也是海关对进出口货物统计的原始资料。根据货物进出口的情况，又分为出口货物报关单和进口货物报关单。其主要填写项目为：经营单位、贸易性质、贸易国别（地区）、原产国别（地区）、货名、规格及货号、成交价格、数量等。

出口货物报关单综合了出口发票上有关货物的各项记载和托运单上运输事项的记载，此外还设有海关统计商品编号和离岸价格等栏目。前者须按《中华人民共和国海关统计商品目录》的规定填制；后者须将不同价格条件、不同币种的出口金额减除运费、保险费、佣金和折扣等，以 FOB 净额按国家外汇管理局核定的各种货币对美元统一折算率折算后填报，以便利海关统计汇总。

在提交进出口货物报关单时，一般还须按规定随附如下文件或单证：进出口许可证或批准文件、进出口货物提货单、装货单或运单、进出口货物发票、进出口货物装箱单及减税、免税或免验的证明文件等，必要时还须附上货物买卖合同、产地证明等有关单证。

3. 投保单

投保单是进出口企业向保险公司对运输货物进行投保的申请书，也是保险公司据以出具保险单的凭证，保险公司在收到投保单后即缮制保险单。

投保单一般是在逐笔投保方式下采用的做法。进出口企业在投保单中要填制的内容包括货物名称、运输标志、包装及数量、保险金额、保险险别、运输工具、开航日期、提单号等。

4. 货物托运单

货物在办理运输过程中需要缮制托运单据，不同的运输方式或运输工具使用不同格式的托运单。现分别介绍如下。

（1）海运托运单。出口企业填写托运单（booking note，B/N）作为订舱依据。所谓托运单是指托运人（发货人）根据买卖合同或信用证条款内容填写的向承运人（货运服务机构、船公司或装运港的船方代理人）办理货物托运的单证。

承运人根据托运单内容，并结合船舶的航线、挂靠港、船期和舱位等条件考虑，认为合适后，即接受这一托运，并在托运单上签章，自己留存一份，退回托运人一份。至此，订舱手续即告完成，运输合同即告成立。

货运服务机构、船公司或其代理人在接受托运人的托运单证后，即发给托运人装货单（shipping order，S/O）。装货单俗称下货纸，其作用有三：其一，通知托运人货物已备妥××航次××船，并告知装货日期，让其备货装船；其二，便于托运人向海关办理出口申报手续，海关凭以验放货物；其三，作为命令船长接受该批货物装船的通知。

海洋运输按运输工具不同有两种运输方式：一种是传统的散货运输，另一种是现代化的集装箱运输。海运托运单又根据这两种不同的运输方式分为以下两种。

1）散货运输托运单，是在装货单（shipping order）和大副收据（mate's receipt）基础上发展而成的一种多功能单据，一套12联。其内容包括目的港、运输标志、件数和包装式样、货名、运费到付或运费预付、重量、尺码、可否转船、可否分批、装运期和有效期等。

2）集装箱货物托运单，是指集装箱运输专用出口单证。其标准格式一套共12联，内容和性质与散货运输托运单相同。此套单据的核心是装货单和场站收据（dock receipt）。

（2）陆运托运单。陆运托运单一般指陆上火车运输所使用的托运单，主要有沪港联运和国际联运，两者都纳入货运代理人（如外运公司）的货运代理业务范围。为简化工作，各出口单位一般以发票代替托运单，但发票上必须加注必要的项目，如编号、装运期、有效期、可否分批等，并随附出口报关单、出口收汇核销单、出仓（提货）单等报运的有关单证。

（3）空运托运单。中国民用航空局制定有统一的国际货物托运书（shipper's letter of instruction），其内容与海运托运单大同小异，也与陆运托运单类似。

5. 大副收据

在海运中，货物装船之后，即由船长或大副签发收货单，其也被称为大副收据。收货单是船公司签发给托运人的表明货物已装船的临时收据，托运人凭收货单向外轮代理公司交付运费并换取正式提单。收货单上如有大副批注，则在换取提单时须将该项大副批注转注在提单上。

6. 出口收汇核销单

1991年1月1日起，我国实施出口收汇核销制度，即对出口货物实行"跟踪结汇"，出口收汇核销单便是"跟踪结汇"的管理手段。进出口企业在货物出口前应先向当地外汇管理局申请领取出口收汇核销单。出口企业应如实填写有关货物出口的情况，货物报关验放后，海关在核销单上盖章，并与报关单上盖有"放行"图章的一联一起退回给出口企业，由出口企业附发票等文件送当地外汇管理部门备案。待收汇后，出口企业在结汇水单或收账通知单上填写核销单号码，向外汇管理部门销案。

7. 出口货物退税单

出口货物退税单即出口货物报关单中的退税专用联，其格式与出口货物报关单完全相同，但纸张为黄色，通关时由海关盖章表示货物业已出口，出口企业可凭此联作为证明，按规定时间向主管退税的税务机关申请退还该批出口货物所征纳过的产品税或增值税。

15.3.2　主要进出口结付汇单据

国际贸易出口履约中对结汇单据总的要求是要做到正确、完整、及时、简明和整洁。现对几种主要结汇单据及制单时应注意的问题扼要介绍如下。

1. 汇票

汇票（bill of exchange）的作用和内容，已在第 11 章中做了介绍，这里仅介绍缮制汇票时应注意的问题。

（1）付款人。采用信用证支付方式时，汇票的付款人应按信用证的规定填写，如来证没有具体规定付款人名称，一般可理解为付款人是开证行。如果采取托收方式，汇票的付款人一般是进口商。

（2）收款人。除个别情况另有规定外，无论是信用证付款方式，还是其他付款方式，如托收，汇票的收款人一般做成凭指示抬头（pay to order），由收款银行指示将该货款打入出口公司的银行账号。

（3）开具汇票的依据。作为出票条款的内容，开具汇票的依据一般指开具汇票的具体原因：如属于信用证方式付款的凭证之一，应按照来证的规定文句填写；如信用证内没有规定具体文句，可在汇票上注明开证行名称、地点、信用证号码及开证日期；如属于托收方式付款的凭证之一，则应在汇票上注明有关合同号码等。

汇票一般开具一式两份，两份具有同等效力，其中一份付讫，另一份便自动失效。

2. 发票

我国进出口贸易中使用的发票主要有商业发票、海关发票、形式发票、领事发票及厂商发票等。

（1）商业发票。商业发票（commercial invoice）是卖方开立的载有货物名称、数量、价格等内容的清单，作为买卖双方交接货物和结算货款的主要单证，也是进出口报关完税必不可少的单证之一。我国各进出口公司的商业发票没有统一的格式，但其主要项目基本相同，包括发票编号、开票日期、数量、包装、单价、总值和支付方式等项内容。

商业发票是出口商对所装运货物情况进行的详细描述，并凭以向买方收取货款的一种价目总清单，是全套进出口单据的核心。其可使进口商对货物的品名、规格、单价、数量、总价等有一个全面的了解，并凭以对货物进行验收与核对。同时，商业发票也是进出口商记账、收付汇、进出口报关及海关统计的依据。在不需要出具汇票时，还可以作为买方支付货款的依据。

制作商业发票时应注意以下问题。

1）出口商名称及地址。信用证中一般表示为"BENEFICIARY：××"。通常，出口商名称及地址都已事先印好。

2）单据名称。商业发票上应明确标明"INVOICE"（发票）或"COMMERCIAL INVOICE"（商业发票）字样。

3）发票抬头（TO：...）。除信用证有其他要求之外，发票抬头一般缮制为开证申请人（APPLICANT）。而信用证中一般表示为"FOR ACCOUNT OF ××"或"TO THE ORDER OF ××"。

4）发票号码（INVOICE NO.）。发票号码一般由出口商按统一规律自行确定。

5）发票日期（INVOICE DATE）。发票日期最好不要晚于提单的出具日期。根据 UCP600 的规定，发票的出具日期可以早于信用证的开立日期，但必须在信用证及 UCP600 惯例规定的期限内提交。

6）合同及信用证号码（S/C NO., L/C NO.）。要根据实际填写。

7）装运港和目的港。一般只简单地表明运输路线及运输方式，如"FROM ×× TO ×× BY SEA/AIR"。

8）唛头（SHIPPING MARKS）。一般由卖方自行设计，但若合同或信用证规定了唛头，则须按规定。若无唛头，应注明 N/M。

9）货物描述（DESCRIPTION）。必须与信用证中的货物描述（DESCRIPTION OF GOODS）完全一致，必要时要按照信用证原样打印，不得随意减少内容，否则有可能被银行视为不符点。但有时信用证货物描述的表述非常简单，此时按信用证打印完毕后，须再按合同要求列明货物的具体内容。

10）数量（QUANTITY）。按合同标明装运货物数量，必须标明数量单位，如"PIECE""SET""KG"或"METER"等。

11）单价（UNIT PRICE）和总价（AMOUNT）。不同的货物应标明相应的单价，注意货币单位及数量单位。总价即实际发货金额，应与信用证规定一致。同时，还应注明贸易术语。

12）签字盖章。若信用证要求 SIGNED INVOICE，这就是要求出口商签字或加盖图章。否则按 UCP600 的规定，发票可不需签章。

13）其他。有些国家对商业发票有特殊要求，如必须在商业发票上注明船名、重量、无木制包装等字样，需根据具体业务及信用证要求具体对待。

【例 15-1】

商业发票的参考样式如下所示。

江苏××股份有限公司

JIANGSU××CORPOARATION

HOTIY BUILDING, 50 ZHONGSHAN, NANJING, CHINA

COMMERCIAL INVOICE

TO: 　　　　　　　　　　　　　　　　　　　　　NO.: A2400A/98
JYSKCHANALEFSILKA/S　　　　　　　　　　　　DATE: OCT.21, 2018
BRIGHT BUILDING 14, SKOVSGERD DK-9990 BROVET.　S/C NO.: 03HL21401
DENMARK　　　　　　　　　　　　　　　　　　　L/C NO.: 202-612-1068

FROM　　　SHANGHAI　　　TO　　　COPENHAGEN

MARKS & NO.S	DESCRIPTIONS	QUANTITIES	UNIT PRICE	AMOUNT
				CIF COPENHAGEN
JYSK	X'MAS DECORATIONS			
COPENHAGEN	2-A15261	250 BOXES	USD4.15/BOX	USD1,037.50
A2400A/98	2-A15261-1	40 BOXES	USD6.45/BOX	USD258.00
1-7	2-A15261-2	23 BOXES	USD6.45/BOX	USD148.35
TOTAL:		313BOXES		USD1,443.85

SAY US DOLLARS ONE THOUSAND FOUR HUNDRED AND TORTY THREE POINT EIGHT FIVE ONLY

江苏××股份有限公司

JIANGSU××CORPOARATION

（2）海关发票。海关发票（customs invoice）是根据某些国家海关的规定，由出口商填制的供进口商凭以报关用的特定格式的发票。同时，其也供进口国海关核定货物原产地国，以采取不同的国别政策。

（3）形式发票。形式发票（proforma invoice）是出口商向进口商发出的有关货物名称、规格、单价等内容的非正式的参考性发票，供进口商申请进口批汇之用。它只能算是一种简式合同，不能用于托收和议付。

（4）领事发票。领事发票（consular invoice）是拉美、菲律宾等地区和国家为了解进口货物的原产地、货物有无倾销等情况而规定的，由进口国驻出口国领事签证的发票，作为征收进口关税的前提，同时也作为领事馆的经费来源。

（5）厂商发票。厂商发票（manufacturer's invoice）是进口国为确定出口商有无倾销行为，以及为了进行海关估价、核税和征收反倾销税，而由出口货物的制造厂商所出具的，以该国货币计算的，用来证明出口国国内市场出厂价的发票。

3. 海运提单

海运提单（ocean bill of lading）是各项单据中最重要的单据，在制作提单的过程中，必须注意以下几个问题。

（1）提单的种类。国外来证均要求提供全套已装船清洁提单。如来证未规定可否转船，按照银行惯例，银行可以接受转船提单或联运提单。

（2）提单的收货人。提单的收货人，习惯上称为抬头人。在信用证或托收支付方式下，绝大多数的提单都做成"凭指定"（To Order）抬头或者"凭发货人指定"（To Order of Shipper）抬头。这种提单必须经发货人背书，才可流通转让。有的合同要求做成"凭××银行指定"（To Order of ××Bank）抬头，一般由开证行指定。

（3）提单的货物名称。提单上的有关货物名称可以用概括性的商品统称，不必列出详细规格，但应注意不能与来证所规定的货物特征相抵触。

（4）提单的运费项目。如合同以CIF或CFR条件成交，在提单上应注明"运费已付"（Freight Prepaid）；如成交价格为FOB条件，在提单上则应注明"运费到付"（Freight to Collect）。除信用证内另有规定外，提单上不必列出运费的具体金额。

（5）提单上的目的港和件数。提单上的目的港和件数，原则上应和运输标志上所列的内容一致。包装货物在装船过程中，如发生漏装少量件数，可在提单的运输标志件号前面加"EX"字样，以表示其中有缺件，例如"EXNos.1—100"。

（6）提单的签发份数。根据《跟单信用证统一惯例》规定，银行只接受全套正本仅有一份的正本提单，或一份以上正本提单。如提单正本有几份，每份正本提单的效力是相同的，但是，只要其中一份凭以提货，其他各份立即失效。因此，合同或信用证中规定要求出口商提供的"全套提单"（full set or complete set B/L），就是指承运人在签发的提单上所注明的全部正本份数。

（7）提单的签署人。如信用证要求港到港的海运提单，银行将接受由承运人或作为承运人的具名代理或代表，或船长或作为船长的具名代理或代表签署的提单。

（8）有关装运的其他条款。买方有时限于本国法令，或为了使货物迅速到达或其他原因，会在来证中加列其他装运条款，并要求出口商照办。如要求出口商提供航线证明、船籍证明、船龄证明，或者指定装运船名、指定转运港、指定用集装箱货轮等。对上述各项要求，卖方应按照有关规定，并结合运输条件适当掌握。如属不合理的或者卖方难以办到的运输条款，卖方必须向买方提出修改信用证的要求。

4. 保险单

按CIF术语成交时，卖方应代买方办理保险并提供保险单。保险单（insurance

policy）的内容应与有关单证的内容相符。

（1）保险单的被保险人应是信用证上的受益人，并加空白背书，便于办理保险单转让。

（2）保险险别和保险金额应与信用证规定一致。在单据的表面上对 CIF 和 CIP 的金额能够被确定时，保险单必须表明投保最低金额。该项金额应为货物的 CIF 或 CIP 的金额加 10%，否则，银行接受的最低投保金额，应为根据信用证要求而付款、承兑或议付金额的 110%，或发票金额的 110%，以两者之中较高者为准。保险单所表明的货币，应与信用证规定的货币相符。

（3）保险单的签发日期应当合理。在保险单上，除表明保险责任最迟于货物装船或发运或接受监督之日起生效外，银行将拒受出单日期迟于装船或发运或接受监管时间的保险单。

5. 产地证明书

有些不使用海关发票或领事发票的国家，要求出口商提供产地证明书，以便确定进口货物应征收的税率。产地证明书一般由出口地的公证行或工商团体签发，我国通常由中国进出口商品检验局或中国国际贸易促进委员会签发。

6. 普惠制单据

普惠制是普遍优惠制的简称，是发展中国家在联合国贸易和发展会议上进行长期斗争的结果，是在 1968 年通过建立普惠制决议之后取得的。该决议规定，发达国家承诺对从发展中国家或地区输入的商品，特别是制成品和半制成品，给予普遍的、非歧视性的、非互惠的关税优惠待遇，这种税称为普惠税。目前，新西兰、德国、加拿大等 30 多个国家给予我国普惠制待遇，凡向这些国家出口的货物，须提供普惠制单据，作为对方国家海关减免关税的依据。各种普惠制单据内容的填写，应符合各个项目的要求，不能填错，否则，就有可能丧失享受普惠制待遇的机会。目前使用的普惠制单据有以下几种。

（1）表格 A 产地证（GSP Certificate of Origin Form A）。适用于一般商品，由出口公司填制，并经国家出入境检验检疫局签证出具。

（2）纺织品产地证（Certificate of Origin of Textile Products）。适用于纺织品类，由中国进出口商品检验局签发。

（3）纺织品出口许可证（Export License of Textile Products）。适用于配额纺织品，限额品种控制严格，由出口地外贸主管部门签发。

（4）手工制纺织品产地证（Certificate in Regard to Handlooms，Textile Handcrafts and Traditional Textile Products of the Cottage Industry）。适用于手工制纺织品类，由国家出入境检验检疫局签发。

（5）纺织品装船证明（Shipment Certificate of Textile Products）。适用于无配额的毛呢产品，由出口地外贸主管部门签发。

7. 检验证书

各种检验证书是分别用以证明货物的品质、数量、重量和卫生条件的。在我国，这类证书一般由国家出入境检验检疫局出具，如合同或信用证无特别规定，也可以视不同情况，由进出口公司或生产企业出具，但需注意的是，证书的名称及所列项目或检验结果应与合同及信用证规定相同。

8. 装箱单和重量单

装箱单又称花色码单，它列明每批货物的逐件花色搭配。重量单则列明每件货物的净重和毛重。这两种单据可用来补充商业发票内容的不足，便于进口国海关检验和核对货物。

总之，履行凭信用证付款的 CIF 出口合同时，货、证、船、款四个基本环节是不可缺少的，但是，在履行按其他付款方式或其他贸易术语成交的出口合同时，工作环节则有所不同。例如：在采用汇付或托收的情况下，就没有我方催证、审证和改证的工作环节；在履行 CFR 出口合同时，就没有我方负责投保的工作；在履行 FOB 出口合同时，我方既无负担租船订舱的任务，也无投保货物运输险的责任。由此可见，履行出口合同的环节和工作内容，主要取决于合同的类别及其所采用的支付方式。

本章小结

本章主要介绍了履行进出口合同的程序及合同履行过程中应注意的事项。通过对本章的学习，学生应该掌握出口合同的程序，包括备货、催证、审证、改证、租船、订舱、报关、报验、保险、装船和制单结汇等工作环节。在这些工作环节中，以货（备货）、证（催证、审证和改证）、船（租船、订舱）、款（制单结汇）四个环节的工作最为重要。制单结汇是一笔交易圆满结束的最后一环，它要求业务人员认真、仔细，并具有高度的责任感。

本章实训

1. 实训目的

通过案例分析和反复实训，让学生熟练掌握进出口合同履行的相关环节的主要业务及操作技巧。

2. 实训内容

（1）履行进出口合同的步骤。国际贸易业务中，交易双方履行合同所承担的义务由合同选用的贸易术语和结算方式决定。常常使用的贸易术语有 CIF、CFR 和 FOB，结算方式多用 D/P 和 L/C，每种贸易术语与结算方式的结合，交易双方所承担的义务都不一样。现分别对 L/C 与 CIF、D/P 与 CIF 的组合进行对比和介绍，如表 15-1 所示。

表 15-1　L/C 进出口合同与 D/P 进出口合同履行流程比较

步骤	L/C+CIF 履约流程		D/P+CIF 履约流程	
	出口商	进口商	出口商	进口商
1	签订外销合同		签订外销合同	
2	开立信用证，支付开证费和押金		签订国内购销合同	
3	审核信用证		备货	
4	签订国内购销合同		选择货运代理托运	
5	备货		出口报检	
6	选择货代理托运		到保险公司投保	
7	出口报检		到外管局申领核销单	
8	到保险公司投保		到海关报关	
9			货物装船，获取提单	
10	到海关报关		发出装船通知	
11	货物装船，获取提单		缮制结汇单据	
12	发出装船通知		向出口地银行交单托收	
13	向出口地银行交单议付		到银行办理结汇	付款，取回提单
14	到银行办理结汇	审单付款，取得提单		到船公司换提货单
15	到国税局办理出口退税	到船公司换提货单		进口报检
16		进口报检		进口报关，交税
17		进口报关，交税		提货
18		提货		

通过比较两种结算方式，合同履行的步骤清晰易懂。托收对出口商而言，风险比信用证方式大。但托收对进口商有利，其可以节省开证费用，不用支付开证押金，有利于资金融通。因此，选用托收可以调动进口商的积极性，扩大出口量。从合同履行的角度看，托收便于货物及时装运，不受信用证条款的影响。

信用证虽收汇安全，但进口商要交纳开证费并向开证行支付押金。对出口商而言，安全收汇的前提条件是提交符合信用证条款要求的结汇单据，这对单据的要求较高，使得履行合同比托收复杂。

（2）实训内容。

1）以第 11 章提供的外销合同和信用证为资料背景，参照表 15-1 的步骤，从备货准备开始，逐步履行出口合同。

2）自拟项目。学生在老师的指导下，选择一种自己熟悉的产品，首先了解货源情况，获得一手商品资料；其次，模拟注册一个出口公司，与虚拟的进口公司洽谈业务；再次，签订合同；最后，按步骤履行出口合同。

3）案例讨论。

【案例 15-1】

某年 10 月，某粮油食品进出口公司（买方）从某国进口了 3 000 箱冻鸡，委托某航运公司所谓的"东方"轮运输。"东方"轮在迪拜港装上全部冻鸡后，经过 35 天航行，到达上海港交货。买方在港口检查时，发现全部冻鸡已解冻变质。经上海市卫生局鉴定，认为此批货物不适宜人类食用，买方损失价值 66 000 美元。

买方随后诉至法院提出索赔，诉称承运人对自己运输的货物管理不当，保管未尽其责，由此而发生的货损，其应负全责。承运人辩称货物在装船之前，冷藏舱设备已由当地船检局检查，船开往上海港的整个过程中，温度一直保持在 −12℃～−17℃，机器正常没有损坏。货损原因是冷却器冻塞，冷气打不进冷藏舱，是管船过失所致。根据《海牙规则》，对因船长、船员或承运人的雇用人员在驾驶和管理船舶方面的行为疏忽所致的货损，承运人可以免责。所以，承运人拒不承担赔偿责任。后经查明，冻鸡变质的原因确实是冷藏机的冷却器冻塞，冷气打不进冷藏仓，造成舱内温度过高，引起变质。法院审理认为，承运人拒赔理由不成立，最后判决承运人赔偿买方经济损失 66 000 美元并结案。请分析，承运人赔偿的原因是什么？

【案例 15-2】

一批货物由印度的马得拉斯港装船经新加坡转船运往温哥华的不列颠哥伦比亚，承运人签发了全程运输提单。在新加坡转船时，货物在码头等候装第二程时，在露天仓库受雨淋遭损。货主向承运人索赔，船方以货物不在船上而是在陆地上受损，不属于海上运输为由拒赔。请分析，承运人拒赔理由是否充分，为什么？如果该货物的提单分别由第一程船和第二程船的承运人签发，那么该批货损应是由第一程船承运人，还是第二程船承运人或其他方负责赔偿？

【案例 15-3】

我国某公司与国外客户签订了一份合同，规定按照 CIF 即期信用证支付。合同规定 11 月装运，但未规定具体开证日期，后因该商品市场价格趋降，外商便拖延开证。我方为了防止延误装运期，从 10 月中旬起多次催开信用证，终于使该外商在 11 月 16 日开出了信用证。但由于开证太晚，使安排装运困难，我方遂要求对信用证的装运期和议付有效期进行修改，分别推迟一个月，但外商拒不同意，并以我方未能按期装运为由单方面宣布解除合同，我方也就此作罢。试析：我方处理是否得当，应从中吸取哪些教训？

【案例 15-4】

中国 A 公司（卖方）和德国 B 公司（买方）签订买卖合同，就 10 000 公吨彩涂镀锌钢卷达成交易。每公吨 1 000 美元 CIF 加里宁格勒，2018 年 9～10 月装船。货物分两批装运，第一批 6 000 公吨，第二批 4 000 公吨。此外，合同规定：针对数量索赔，买方需在货到口岸卸货之日起 30 天内提出；针对品质索赔，买方需在货到口岸卸货之日起 45 天内提出。

双方签约后，德国 B 公司又将合同项下货物转售给在俄国加里宁格勒的俄国 C 公司。

2018 年 10 月 1 日，俄国 C 公司在加里宁格勒收到了第一批货物 6 000 公吨。

2018 年 11 月 1 日，俄国 C 公司在加里宁格勒收到了第二批货物 4 000 公吨。

但 C 公司声称：已经收到的第一批货物存在品质缺陷，故拒绝接受第二批货物。德国 B 公司只能将已运抵加里宁格勒的第二批货物暂时存仓，后转售俄国 D 公司。

2018年12月1日，德国B公司分别造访了俄国C公司和俄国D公司，对前后两批钢卷进行现场调查并拍照取样，将现场调查结果转寄中国A公司。调查结果指出：钢卷存在聚酯涂层缺陷、锯齿利边等品质缺陷。

2019年1月1日，德国B公司通知中国A公司，称俄国C公司和俄国D公司要求就品质缺陷降价20%，否则将拒收货物。经与两家公司谈判，德国B公司接受了降价20%的请求。为此，德国B公司向中国A公司提出索赔，要求中国A公司承担其降价损失。

试析：卖方是否应接受买方提出的品质索赔？请从法律及业务等角度予以评论，并给出依据。

3. 实训的组织形式和要求

（1）实训的组织形式。①将学生分成若干小组，每组选择一个商品，收集产品资料。②安排三四个组的学生扮演出口商，三四个组的学生扮演进口商，用英文进行询盘、发盘、还盘和接受等模拟交易磋商。③双方签订进出口合同，并进行备货、商检和报关等一系列合同的履行。④根据合同使用的CIF贸易术语和L/C支付方式，缮制结汇单据，送银行议付，重复训练，直到学生基本掌握合同履行的步骤和方法；⑤进出口商之间交换角色，学生应尽可能地多做业务，熟练掌握进出口合同履行的相关环节的主要业务及操作技巧。

（2）实训要求。①制作出口合同履行示意图。②签订合同。③将每组的往来函电及合同和单据保留存档，作为考核成绩的依据。④小组讨论案例，并派代表在全班讨论时发言。

Chapter16

第 16 章

国际贸易方式

学习要点

1. 通晓各种贸易方式的基本内容、运行过程和相应的适用条件。
2. 掌握各种贸易方式的特点和差异。
3. 能够在法律和各种贸易方式的层面上处理相应的协议与条款。

引言

随着国际贸易的发展,贸易方式从传统到现代经历了很大变化,尤其是电子商务,其通过电子信息技术、网络互联技术和现代通信技术,实现了整个交易过程的电子化,而无须再依靠纸质文件和单据的传输。电子商务的迅猛发展,对传统国际贸易活动的影响将会十分深远。它既为国际贸易带来了前所未有的挑战,也为国际贸易提供了十分难得的发展机遇:灵活运用各种不同的贸易方式,有利于促进对外贸易的发展。本章阐述的是除逐笔售定外的其他贸易方式。

16.1 一般传统贸易方式

16.1.1 经销与代理

1. 经销与代理的概念及性质

(1) 经销。经销(distributorship)是指出口企业与国外经销商达成书面协议,在约定的经销期限和地区范围内,利用经销商就地推销某种商品的一种方式。经销有一般经销和独家经销之分。

在一般经销方式下,出口企业根据经销协议向国外经销商提供在一定地区、一定时期内经营某项（或某几项）商品的销售权，经销商则有义务维护出口企业的利益，必要时还要对经销商品组织技术服务、进行宣传推广，而出口企业也需向经销商提供种种帮助。经销商虽享有经销权，在购货上能得到一些优惠，但没有专营权，即出口企业可以在同一地区指定几个经销商。

凡出口企业授予经销商在约定期限、约定地区内对约定商品有独家经销专营权的，就是独家经销。独家经销（exclusive sales 或 exclusive distributorship），在我国又习惯称为包销，是指我国出口企业与国外一个客户或几个客户组成的集团，即独家经销商（exclusive distributor），达成书面协议，由前者把某一种商品或某一类商品给予后者在约定地区和约定期限内独家经营的权利。出口商（供货人）通过订立独家经销协议与国外客户（独家经销商）建立一种长期稳定的购销关系，从而稳定市场、扩大销售。独家经销商以自己的名义购进货物，在规定的区域内享有货物的独家经营权，自担风险进行货物的转售。因此，独家经销业务的当事人之间是一种买卖关系。

（2）代理。代理（agency）是委托人一方，委托独立的代理人为另一方，在约定的时间和地区内，以委托人的名义与资金从事业务活动，并由委托人直接负责由此而产生的权利与义务。按委托人授权的大小，国际贸易中的代理可分为总代理、独家代理和一般代理。

总代理（general agent）指委托人在指定地区的全权代表，其有权代表委托人从事一般商务活动和某些非商务性的事务。独家代理（sole agent 或 exclusive agent）指在指定地区和期限内单独代表委托人行为，从事代理协议中规定的有关业务的代理人。此时，委托人在该地区内不得再委托其他任何代理人。一般代理（agent）又被称为佣金代理（commission agent），是指在同一地区和期限内委托人可同时委派几个代理人代表委托人行为，代理人不享有独家经营权。

代理按行业性质和职责分类，又可分为销售代理、购货代理、运输代理、保险代理、广告代理、诉讼代理等多种类型。

2. 独家经销与独家代理的区别

独家经销与独家代理的做法，均能在一定程度上起到扩大销售渠道、减少自相竞争的作用，但存在以下主要区别。

（1）独家经销的卖方与独家经销人之间是买卖关系；独家代理的委托人与代理人之间的关系是委托代理关系。

（2）独家经销人自担风险，自负盈亏；独家代理不承担市场经营风险。

（3）独家经销人自购自销，自行承担履行购货合同规定的义务；独家代理人招揽客户、介绍业务、收取佣金，合同由实际卖主和买主负责履行。

3. 经销协议与代理协议的主要内容

（1）经销协议的主要内容。经销协议是供货人和经销人订立的确立双方法律关系的契约。我国在实际业务中一般只原则性地在协议中规定双方当事人的权利义务和一般交易条件，以后每批货的交付要依据经销协议订立具体买卖合同，明确价格、数量、交货期甚至支付方式等具体交易条件。

通常，经销协议主要包括以下内容：经销商品的范围、经销地区、经销数量或金额、作价方法、经销商的其他义务及经销期限等。经销期限即协议的有效期，可规定为签字生效起一年或若干年。一般还要规定延期条款和终止条款，明确协议到期时如何继续延长及在什么情况下可以解除协议。除上述主要内容外，还应规定不可抗力及仲裁条款等一般交易条件，其规定方法与一般买卖合同大致相同。

（2）代理协议的主要内容。代理协议的内容由双方当事人按照契约自由的原则，根据双方的合意加以规定。销售代理协议主要包括以下内容：代理的商品和地区、代理人的权利与义务、委托人的权利与义务及佣金的支付方式等。

16.1.2 招投标和拍卖

招投标和拍卖是国际和国内贸易中两种常见的方式。在这两种方式下，买卖双方并不直接进行交易磋商：招投标是卖主之间的竞争，拍卖是买主之间的竞争。标的公开、竞争公平、成交迅速，是这两种方式的特点。

1. 招投标的含义及特点

（1）招投标的含义。招标和投标是一种贸易方式的两个方面。招标（invitation to tender）是指招标人（买方）发出招标通知，说明拟采购的商品名称、规格、数量及其他条件，邀请投标人（卖方）在规定的时间、地点按照一定的程序进行投标的行为。投标（submission of tender）是指投标人（卖方）应招标人的邀请，按照招标的要求和条件，在规定的时间内向招标人递价，争取中标的行为。

（2）招投标的特点。与其他贸易方式相比，招投标具有明显的特点。

1）招标方式下，投标人按照招标人规定的时间、地点和条件进行一次性报盘。这种报盘是对投标人有约束力的法律行为，一旦投标人违约，招标人可要求得到补偿。

2）招投标属于竞卖方式，即一个买方面对多个卖方。卖方之间的竞争使买方在价格及其他条件上有较多的比较和选择，从而在一定程度上保证了采购商品的最佳质量。

2. 招投标的基本做法

商品采购中的招投标业务，基本上包括四个步骤，即招标、投标、开标和签约。

（1）招标。招标在法律上是一项邀请发盘。国际招标有公开招标和非公开招标两种。公开招标是指招标人在国内外报纸杂志上发布招标通告，使所有合法的投标者都有机会参与竞争，因此这种做法又称为无限竞争性招标。公开招标通常要对投标人进行资格预审。非公开招标又称选择性招标，是指招标人不公开发布招标通告，只是根据以往的业务关系和情报资料或由咨询公司提供的投标者情况，向少数客户发出招标通知，因此这种做法也称为有限竞争性招标。非公开招标多用于购买技术要求高的专业性设备或成套设备，应邀参加投标的企业通常是经验丰富、技术装备优良，且在该行业享有一定声誉的企业。

（2）投标。投标人首先要取得招标文件，认真分析研究之后，编制投标书。投标书实质上是一项有效期至规定开标日期为止的发盘，其内容必须十分明确，投标人中标后与招标人签订合同所应包含的重要内容应全部列入。投标书应在投标截止日期之前送达招标人或其指定的收件人，逾期无效。按照一般的惯例，投标人在投标截止日期之前可以书面提出修改或撤回申请。

（3）开标。开标有公开开标和不公开开标两种方式，招标人应在招标通告中对开标方式做出规定。公开开标指招标人在规定的时间和地点当众启封投标书，宣读内容。投标人都可参加，监视开标。不公开开标则由招标人自行开标和评标，选定中标人，投标人不参加此过程。开标后，招标人进行权衡比较，即评标，选择最有利者为中标人。如果招标人认为所有的投标均不理想，可宣布招标失败。

（4）签约。招标人选定中标人之后，要向其发出中标通知书，约定双方签约的时间和地点。中标人签约时要提交履约保证金，用以担保中标人将遵照合同履行义务。

3. 拍卖的含义、特点及基本程序

（1）拍卖的含义。拍卖（auction）是由专营拍卖业务的拍卖行接受货主的委托，在一定的时间和地点，按照一定的章程和规则，以公开叫价竞购的方法，由拍卖人把货物卖给出价最高的买主的一种现货交易方式。

（2）拍卖的特点。国际货物的拍卖具有以下特点。

1）拍卖是一种公开竞买的现货交易。拍卖开始前，买主可以查看货物，拍卖开始后，买主当场出价，公开竞买，拍卖主持人代表货主选择交易对象。成交后，买主即可付款提货。

2）拍卖是在一定的机构内有组织地进行的。拍卖一般都是由拍卖行定期组织的，集中在一定的时间和地点，买卖某种特定商品。也有由货主临时组织的拍卖会。

3）拍卖具有自己独特的法律和规章。拍卖不同于一般的进出口贸易，在交易磋商的程序和方式、合同的订立和履行等问题上，都有其特殊的规定。不同的拍卖行有不同的章程和规则。

（3）拍卖的基本程序。拍卖业务的一般程序可分为三个阶段。

1）准备阶段。参加拍卖的货主先要把货物运到拍卖地点，委托拍卖行进行挑选和分批，编印目录并招揽买主。参加拍卖的买主可以在规定的时间内到仓库查看货物。

2）正式拍卖。正式拍卖是在规定的时间和地点，按照拍卖目录规定的次序，逐笔喊价成交。拍卖按出价方法的不同，可以分为以下三种。

①增价拍卖。这是一种最常见的拍卖方式，拍卖人按照拍卖目录规定的顺序，宣布

预定货物的起叫价,由竞买者按规定的增价额度竞相加价,当主持人认为无人再出更高价格时,即以击槌方式宣布成交,将货物卖给出价最高的买主。

②减价拍卖。又称荷兰式拍卖(Dutch auction),是由拍卖人先宣布最高价,无人接受就逐渐降低叫价,直到有竞买者认为已降到其可以接受的价格,并以规定的方式表示接受时为止。

以上两种方法都是公开竞买并当场成交。

③密封递价拍卖。又称招标式拍卖,具体做法是由拍卖人公布每批商品的具体情况和拍卖条件,然后由买主在规定的时间内将自己的出价递交拍卖人,再由拍卖人选择条件最适合的达成交易。这种方式已失去了公开竞买的性质,若采用这一方式,拍卖人不一定接受最高的递价,还要考虑其他因素。

拍卖过程中,买主在正式拍卖时的每一次叫价,都是一项要约,拍卖行一旦接受,交易即告达成。

3)成交与交货。拍卖成交后,买主即在成交确认书上签字,以现汇支付货款,在规定的期限内按仓库交货条件到指定仓库提货。

16.1.3 寄售和展卖

1. 寄售的含义、性质和特点

(1)寄售的含义。寄售(consignment)是一种委托代售的贸易方式,寄售人(consignor)先将准备销售的货物运往国外寄售地,委托当地代销人(consignee)按照寄售协议规定的条件代为销售后,再由代销人向寄售人结算货款。寄售商品的作价方法有四种:规定最低限价,随行就市,售前经寄售人同意,规定结算价格。

(2)寄售的性质。寄售按双方签订的协议进行,寄售人和代销人之间不是买卖关系,而是委托与受托关系,因此寄售协议属于信托合同性质。代销人也是一个赚取佣金的受托人,其权利和义务与代理人相似,但又有区别。最主要的区别是代理人在从事授权范围内的事务时,可以用委托人的名义,也可以用自己的名义,但代销人只能用自己的名义处理信托合同中规定的事务,而且受托人同第三方从事的法律行为不能直接对委托人产生效力。由此可见,寄售既不同于经销,又与一般的代理业务有所区别。

(3)寄售的特点。寄售与正常的出口销售相比,具有以下特点。

1)寄售人与代销人是委托代售关系。代销人只能根据寄售人的指示代为处置货物,在货物售出前所有权仍属寄售人。

2)寄售是由寄售人先将货物运至寄售地,然后再寻找买主的销售方式,因此,它是凭实物进行的现货交易。

3)寄售方式下,代销人不承担任何风险和费用,货物售出前的一切风险和费用均由寄售人承担。

2. 展卖

（1）展卖的含义与做法。展卖（fairs and sales）是把出口商品的展览与推销有机结合起来的方式，边展边销，以销为主。一般以展览会、博览会及其他交易会等形式进行。

（2）展卖的基本特点。见货成交，展销结合，成交过分集中，这些使得容易出现客户压价的情况，也容易暴露货源和供应等信息，因此，不是所有的货物都可使用展卖。

（3）我国采用的展卖方式。主要有国际博览会和中国进出口商品交易会两种。

（4）开展展卖业务应注意的问题。

1）正确选择展卖商品。如规格复杂、性能多变的货物及日用消费品等。参展时，要选择具有竞争力的产品，品种要多，档次要全。

2）选择合适的展卖地点。要选择人流、物流、资金流量大，交易比较集中，市场潜力比较大的集散地作为展卖地点。

3）选择适当的展卖时机。

4）做好宣传工作。

5）选择好合作的客户。

16.1.4 商品期货交易

现代期货交易起源于19世纪后期的美国，目前已在世界范围内得到普遍发展。

1. 期货交易的含义及其特点

（1）期货交易的含义。期货交易（futures trading）又称期货合同交易，是在商品交易所早期的实物交易基础上发展起来的。期货合同交易只是期货合同本身的买卖，交易结果是交付或取得买进或卖出同等数量的期货合同的价格差额。

（2）期货交易的特点。期货交易与现货交易有明显的区别。现货交易，无论是即期交货还是远期交货，交易双方都必须交付实际货物，转移货物所有权；而期货交易买卖的是标准期货合同，必须在商品交易所内进行，一般不涉及货物的实际交割，只需在期货合同到期前平仓。所谓平仓或称对冲，是指在期货合同到期前，交易者做一笔方向相反、交割月份和数量相同的期货交易，从而解除其实物交割的义务。期货交易的特点可以概括为以下三个方面。

1）以标准期货合同作为交易的标的。标准期货合同是由各商品交易所制定的，商品的品质、规格、数量及其他交易条件都是统一拟定的，买卖双方只需洽定价格、交货期和合同数目。

2）特殊的清算制度。商品交易所内买卖的期货合同由清算所进行统一交割、对冲和结算。清算所既是所有期货合同的买方，也是所有期货合同的卖方。交易双方分别与清算所建立法律关系。

3）严格的保证金制度。清算所要求每个会员必须开立一个保证金账户，在开始建立期货交易时，按交易金额的一定百分比交纳初始保证金。以后每天交易结束后，清算所都按当日结算价格核算盈亏，如果亏损超过规定的百分比，清算所即要求追加保证金。该会员须在次日交易开盘前交纳追加保证金，否则清算所有权停止该会员的交易。

2. 套期保值

套期保值又音译为"海琴"（hedging）。套期保值的通常做法是在卖出或买入实际货物的同时，在期货市场上买入或卖出同等数量的期货。套期保值者一般是从事实物交易的经营者和生产者。套期保值之所以能转移现货价格波动的风险，是因为同一商品的实物价格与期货价格变化的趋势是基本一致的。在购入（卖出）现货的同时出售（买入）期货，这样在现货市场和期货市场上做等量相反的交易，必然会出现一亏一盈的情况，套期保值者正是希望这样以盈补亏。

套期保值基本上有两种方式。一种称为卖期保值（selling hedge），通常是经营者买进一批实物，为避免因价格下跌遭受损失而在交易所预售同等数量的期货合同进行保值。另一种保值方法称为买期保值（buying hedge），即经营者卖出一笔日后交货的实物，为避免交货时该商品价格上涨，在交易所买入期货来弥补损失。

3. 投机交易

在期货交易中，投机者将"纸合同"作为筹码，通过买进卖出的手段，从价格的涨落中取得差额利润。其根据自己对期货市场价格走势的预测，在预计价格上涨时，买进期货合同，即所谓买空或多头（long position）；在估计价格下跌时，抛出期货合同，即所谓卖空或空头（short position）；等到价格与预期变化方向一致时，便抓住时机对冲，获取两次交易的差额。投机者在这样的贱买贵卖中通常要承担很大的风险。

16.2　加工贸易

所谓加工贸易（processing trade）是指一国的企业利用自己的设备和生产能力，对来自国外的原材料、零部件或元器件进行加工、制造或装配，然后再将产品运往国外销售的贸易做法。加工贸易分为来料加工和进料加工两种，二者的共同点是"两头在外"，即原料来自国外，成品又销往国外。

16.2.1　来料加工

1. 来料加工的含义

来料加工在我国又称为对外加工装配业务，是指由外商提供一定的原材料、零部件、元器件，由我方按对方的要求进行加工装配，成品交由对方处置，我方按照约定收取工缴费作为报酬。

2. 来料加工合同的主要内容

来料加工合同包括三部分：约首部分、正文部分和约尾部分。约首和约尾主要说明订约双方的名称、订约宗旨、订约时间、合同的效力和有效期限、终止及变更办法等问题。正文部分是合同的核心部分，具体规定双方的权利与义务。在商谈合同的主要条款时，应注意下列事项。

（1）对来料来件的规定。在合同中要明确规定来料来件的质量、数量要求和到货时间。

（2）对成品质量的规定。外商为了保证成品在国际市场的销路，对成品的质量要求比较严格，因此我方在签订合同时必须从自身的技术水平和生产能力出发，妥善规定，以免交付成品时产生问题。

（3）对耗料率和残次品率的规定。耗料率又称原材料消耗定额，是指每单位成品消耗原材料的数额。残次品率是指不合格产品在全部成品中的比率。这两个指标如定得过高，委托方必然要增加成本，减少成品的收入；如定得过低，则承接方难以完成。

（4）对工缴费结算的规定。工缴费是直接涉及合同双方利害关系的核心问题。来料加工业务中的工缴费结算办法有两种：一是来料、来件和成品均不作价，单收加工费，由对方在我方交付成品后通过信用证或汇付方式向我方支付；二是对来料、来件和成品分别作价，两者之间的差额即为工缴费。采用第二种方式时，我方应坚持先收后付的原则，以免垫付外汇。

（5）对运输和保险的规定。来料加工业务涉及两段运输：原料运进和成品运出。须在合同中明确规定由谁承担有关的运输责任和费用。涉及的保险包括两段运输险及货物加工期间存仓的财产险。从法律上讲，保险应归委托方负责，但从实际业务过程看，由承接方投保较为方便。

此外，来料加工合同还应订立工业产权的保证、不可抗力和仲裁等预防性条款。

16.2.2 进料加工

1. 进料加工的定义

进料加工是指我方用外汇购买进口的原材料、辅料、零部件、元器件、配套件、包装物料等，经加工为成品或半成品后再外销出口的交易形式。

2. 进料加工的形式

在实际工作中，进料加工主要有两种形式。

（1）自行加工。自行加工是指有进出口经营权的生产企业进口料件后，利用本企业的生产条件进行加工，生产出成品后复出口的业务。自行加工形式是生产企业进料加工贸易的最主要形式。

（2）委托加工。委托加工是指有进出口经营权的生产企业进口料件后，以委托加工形式拨交本单位其他独立核算的加工厂或本单位外的其他生产企业加工，加工成品收回后自营出口，并向受托方支付加工费的一种形式。

3. 进料加工的方式

目前，我国进料加工的品种主要是生产纺织品、橡胶、塑料制品、食品、轻工、工艺品、电子产品等所需要的原材料、辅料及一些元件、部件等。进料加工的主要方式有以下几种。

（1）预先进口原料、辅料，然后找买主，签订出口合同。一般称为"备料加工贸易"。

（2）先签订出口合同，然后根据需要进口原料。

（3）在签订进口原料、辅料合同的同时，相应地签订产品的出口合同。这通常称为"对口合同"。

（4）使用客户原料，在国外注册我国商标，由专门客户负责宣传、推销。一般称为"对口进料加工"。

此外，与进料加工相反的出料加工在我国也有了一定的发展。出料加工指将我国的原料出口到国外，用国外先进的技术和设备，完成生产过程中的某些环节的加工，然后再输入国内，由我国完成最后的生产程序，生产出来的制成品再出口或在国内市场销售。

4. 进料加工要注意的事项

（1）搞好国际市场调研。进料加工贸易的特点之一是其对国际市场严重依赖，它的整个贸易过程的起点和终点都在国际市场，即"两头在外"，国际市场的瞬息万变会给国内加工企业的生产带来很大影响。因此，从事进料加工贸易的企业一定要注意搞好国际市场调研，并根据国际市场的变化安排生产。

（2）加强企业管理，增强企业国际竞争力。要加强企业的资金管理，加快"进料—加工—出口"的生产循环，加速资金周转，使有限的外汇资金发挥较大的作用，取得较大的经济效益。此外，还要加强成本管理，提高劳动力素质，使企业的管理水平达到国际水平。

（3）搞好政策扶持，以利于进料加工贸易进行。从事进料加工贸易的企业的亏损原因之一，就是政策性亏损。例如，由于汇率调整，人民币与外汇的比价下浮时，用于进口的外汇贷款增加，利息也相应增加，对进料加工贸易周期较长的企业而言无疑将增加支出成本。同时，以人民币计算的进口成本增加，用进口物资生产的商品，其有关环节的相应税负也会加重，这些都将导致出口成本增加，还有可能使出口多收的收入收不抵支，造成亏损。其他如进料加工贸易的资金问题、外汇收入分成问题等，国家都应进行政策扶持。

5. 来料加工与进料加工的区别

来料加工业务不属于货物买卖，因为原料和成品的所有权始终属于委托方，并未发生转移，我方只提供劳务并收取约定的工缴费。因此，可以说来料加工属于劳务贸易的范畴，是以商品为载体的劳务出口。来料加工与进料加工方式都是"两头在外"的加工贸易方式，但两者又有明显的不同。

（1）来料加工在加工过程中均未发生所有权的转移，原料运进和成品运出属于同一笔交易，原料供应者即是成品接受者。而在进料加工中，原料进口和成品出口是两笔不同的交易，均发生了所有权的转移，原料供应者和成品购买者之间也没有必然的联系。

（2）在来料加工中，我方不承担销售风险，不负盈亏，只收取工缴费。而在进料加工中，我方赚取的是从原料到成品的附加价值，要自筹资金、自寻销路、自担风险、自负盈亏。

16.2.3 对销贸易

1. 对销贸易的含义和特点

对销贸易（counter trade）是指在互惠的前提下，由两个或两个以上的贸易方达成协议，规定一方的进口产品可以部分或者全部以相对的出口产品来支付。

对销贸易不同于单边进出口，实质上是进口和出口相结合的方式。一方商品或劳务的出口必须以进口为条件，体现了互惠的特点，即相互提供出口机会。但这种以进口抵补出口的贸易方式又不是易货的简单重复，它常常伴随着借贷资本甚至商品资本化的运动。

2. 对销贸易的种类

对销贸易有多种形式，但归纳起来基本有四种，即易货贸易、反购或互购、补偿贸易和转手贸易。

（1）易货贸易（barter trade）。易货有狭义的易货和广义的易货之分。狭义的易货是纯粹的以货换货方式，不用货币支付。现代的易货贸易即广义的易货，采用比较灵活的方式，贸易双方将货值记账，相互抵冲，或通过对开信用证来结算货款。需要说明的是，这种做法仍是以货换货，而非现汇交易。

（2）反购或互购（counter purchase）。所谓反购或互购是指出口方在出售货物给进口商时，承诺在规定的期限内向进口方购买一定数量或金额的商品。互购贸易涉及两个既独立又相互联系的合同，每个合同都以货币支付，金额不要求等值。

（3）补偿贸易（compensation trade）。补偿贸易是在信贷的基础上，一方进口机器设备或技术，不用现汇支付，而以产品或劳务分期全额或部分偿还价款的一种贸易做法。补偿贸易是一种通过商品交易起到利用外资作用的交易方式。补偿贸易区别于其他贸易方式的根本特点是：补偿贸易必须是在信贷的基础上进行的；设备供应方必须承诺承担回购产品或劳务的义务。

（4）转手贸易（switch trade）。又称三角贸易、中转贸易或再输出贸易，是指国际贸易中进出口货物的买卖不是在生产国与消费国之间直接进行，而是通过第三国转手进行的贸易。交易的货物可以由出口国运往第三国，在第三国不经过加工再销往消费国；也可以不通过第三国而直接由生产国运往消费国，但生产国与消费国之间并不发生交易关系，而是由中转国分别同生产国和消费国发生交易。

在记账贸易的条件下，人们将转手贸易作为取得硬通货的一种手段。简单的转手贸易是用记账贸易项下购进的货物直接转运到国际市场上售出，取得自由外汇。复杂的转手贸易往往表现为低价转让购买权，以换取本来要用自由外汇才能获得的商品。获得购买权的人再在相应的逆差国选购商品，并在国际市场上转手，收回资金。

16.3 跨境电子商务

随着电子信息技术和经济全球化的深入发展，电子商务在国际贸易中的重要地位和作用日益凸显，并已成为我国对外贸易的发展趋势。党的十九大报告指出，"拓展对外贸易，培育贸易新业态新模式，推进贸易强国建设"。如今，在外贸领域，"跨境电子商务""市场采购贸易""外贸综合服务平台"等关键词正变得耳熟能详，它们正逐步成为我国外贸企业打开国际市场、推动转型升级的重要途径。

16.3.1 跨境电子商务的基本概念

跨境电子商务是指分属不同关境的交易主体，通过电子商务平台达成交易、进行支付结算，并通过跨境物流送达商品、完成交易的一种国际商业活动。从某种意义上看，跨境电子商务既是一种商业模式也是一种通关模式，相较于邮政的个人物品通关、一般贸易进出口通关，跨境电子商务即是跨境电商通关。

跨境电子商务作为推动经济一体化、贸易全球化的技术基础，具有非常重要的战略意义。跨境电子商务不仅冲破了国家间的障碍，使国际贸易走向无国界贸易，同时它也是引发世界经济贸易巨大变革的推动力量。对企业来说，跨境电子商务构建的开放、多维、立体的多边经贸合作模式，极大地拓宽了其进入国际市场的路径，大大促进了多边资源的优化配置与企业间的互利共赢；对于消费者来说，跨境电子商务使他们可以非常容易地获取其他国家的信息并买到物美价廉的商品。

按照进出境货物流向，跨境电子商务可分为跨境电子商务出口和跨境电子商务进口。

16.3.2 跨境电子商务的模式分类

我国跨境电子商务的贸易模式主要分为企业对企业（B2B）和企业对消费者（B2C）两种。B2B模式下，企业运用电子商务，以广告和信息发布为主，成交和通关流程基本在线下完成。其本质上仍属传统贸易，已纳入海关一般贸易统计。B2C模式下，我国企业直接面对国外消费者，以销售个人消费品为主，物流方面主要采用航空小包、邮寄、快递等方式，其报关主体是邮政或快递公司。目前这种贸易大多未纳入海关登记。当前跨境电子商务的主要商业模式如表16-1所示。

表16-1 跨境电子商务的主要商业模式

模式	参与主体	交易特点	代表网站
B2B	企业与企业间交易	大批量，小批次	阿里巴巴、中国制造网等
B2C	企业与消费者间交易	小批量，多批次	亚马逊、全球速卖通等
C2C	消费者与消费者间交易	小额商务交易	eBay（个人物品竞标）等

16.3.3 跨境电子商务的特征

跨境电子商务是基于网络发展起来的。网络空间相对于物理空间来说，是一个新空间，是一个由网址和密码组成的虚拟但客观存在的世界。网络空间独特的价值标准和行为模式深刻地影响着跨境电子商务，使其不同于传统的交易方式而呈现出自己的特点。跨境电子商务具有如下特征。

1. 全球性（global forum）

网络是一个没有边界的媒介体，具有全球性和非中心化的特征。依附于网络发生的跨境电子商务也因此具有了全球性和非中心化的特性。电子商务与传统的交易方式相比，一个重要的特点便是电子商务是一种无边界交易，丧失了传统交易所具有的地理因素。互联网用户不需要考虑跨越国界就可以把产品，尤其是高附加值的产品和服务提交到市场。网络的全球性特征带来的积极影响是信息的最大程度共享，消极影响是用户必须面临因文化、政治和法律的不同而产生的风险。任何人只要具备了一定的技术手段，在任何时候、任何地方都可以让信息进入网络，从而相互联系进行交易。

2. 无形性（intangible）

网络的发展使数字化产品和服务的传输盛行。而数字化传输是通过不同类型的媒介，如数据、声音和图像，在全球化网络环境中集中进行的，这些媒介在网络中是以计算机数据代码的形式出现的，因而是无形的。电子商务是数字化传输活动的一种特殊形式。

3. 匿名性（anonymous）

由于跨境电子商务的非中心化和全球性的特性，因此很难识别电子商务用户的身份和其所处的地理位置。在线交易的消费者往往不显示自己的真实身份和地理位置，因此跨境电商具有匿名性。这种匿名性导致自由和责任不对等，降低了避税成本。

4. 即时性（instantaneously）

对于网络而言，传输的速度和地理距离无关。传统交易模式下，信函、电报、传真等信息交流方式，在信息的发送与接收间，存在着长短不同的时间差。而电子商务中的信息交流，无论实际距离远近，一方发送信息与另一方接收信息几乎是同时的，就如同生活中面对面交谈。某些数字化产品（如音像制品、软件等）的交易，还可以即时清结，订货、付款、交货都可以在瞬间完成。

电子商务交易的即时性提高了人们交往和交易的效率，免去了传统交易中的中介环节，但也隐藏了法律危机。

5. 无纸化（paperless）

电子商务主要采取无纸化操作的方式，这是以电子商务形式进行交易的主要特征。在电子商务中，电子计算机通信记录取代了一系列的纸质交易文件。由于用户产生的电子信息以比特的形式存在和传送，因此整个信息发送和接收过程实现了无纸化。无纸化使信息传递摆脱了纸张的限制，但也在一定程度上导致了法律的混乱。

6. 快速演进（rapidly evolving）

互联网是一个新生事物，现阶段它尚处在幼年时期，网络设施和相应的软件协议的未来发展具有很大的不确定性。基于互联网的电子商务活动也处在瞬息万变的过程中，短短几十年中，电子交易经历了从 EDI 到电子商务零售业的兴起的过程，而数字化产品和服务更是花样百出，不断地改变着人类的生活。

虽然跨境电子商务具有不同于传统贸易方式的诸多特点，但世界各国的税法制度却是在传统的贸易方式下产生的，因此，跨境电子商务必然会给传统国际贸易方式带来前所未有的冲击与挑战，这需要我们不断地完善和创新，做出适应新变化的改变。

16.3.4 我国跨境电子商务的发展特征及趋势

1. 我国跨境电子商务市场保持快速增长

随着全球金融危机以来外部市场需求环境的变化，我国劳动力、土地、资源能源等要素的成本和资本价格持续上升，人民币汇率频繁波动，针对中国的贸易摩擦持续增多，这些使得我国传统的外贸竞争优势有所减弱。

同时，受国际市场需求萎缩的影响，随着互联网技术的快速崛起和企业间信息不对称程度的降低，我国出口企业的外贸订单在一定程度上由标准化的"大单"向个性化的"小单"转变，即向小批量、多批次和快速发货方向发展。商务部数据显示，我国跨境电子商务交易额 2012 年已达到 2 万亿元，占当年外贸进出口总额的 9% 以上；2013 年超过 3 万亿元；2016 年达到 6.5 万亿元；2017 年达到 8.2 万亿元；2018 年突破 9 万亿元，占全球交易总额的 40% 以上。进入 21 世纪后，跨境电子商务的年平均发展速度维持在 30% 左右，远远超过对外贸易的发展速度，因此跨境电子商务在对外贸易中的地位愈显重要。

2. 我国跨境电子商务进口规模小，出口规模大

近年来，我国的跨境电子商务进口快速增长，涌现出一批活跃的进口 B2C 电商平台，"海淘"、海外代购等购物方式流行，化妆品、护肤品、奢侈品、新潮服装、电子消费品、食品和保健品等进口量增长迅猛。但随着中国的世界工厂地位不断加强，跨境电子商务的出口规模远大于进口规模，尤其是外贸 B2B 模式主要以出口为主。随着我国跨境电子商务政策制度环境的逐步完善，在电子商务服务企业的带动下，跨境电子商务将进一步发挥"中国制造"的产品优势，加速促进"中国制造"向"中国营销"和"中国创造"的转变。

3. 我国跨境电子商务 B2C 等模式增势迅猛，B2B 仍占主导地位

近年来，我国跨境网络零售增势迅猛：以兰亭集势、唯品会等为代表的部分电商企业建立起独立的 B2C 网站；大量外贸企业利用阿里巴巴、全球速卖通、敦煌网等第三方电商平台开展零售业务，大量出口服装、饰品、小家电、数码产品等日用消费品，并实现了在线交易。同时，"海淘"等跨境电子商务进口模式快速发展。

外贸 B2B 企业主要依托阿里巴巴、环球资源、中国制造网等电商平台进行信息展示、在线营销和线下交易，交易规模超过跨境电子商务总交易额的 90%。大多数 B2B 贸易订单的金额较大，但受支付、安全、习惯等各方面因素的制约，无法实现在线交易。在线全流程的 B2B 交易是否是未来的发展趋势，仍存在较大争议。

4. 跨境电子商务市场快速增长，带动跨境物流服务迅猛发展

据国家邮政局统计，2017 年国际/港澳台业务量完成 8.3 亿件，同比增长 33.8%。邮政包裹依托价格优势成为我国跨境零售出口业务的主要物流渠道。截至 2017 年年底，中国邮政已在美国、德国、英国、澳大利亚及我国香港地区建立了分支机构并搭建了跨境电商综合服务平台；在全国建设和运营了近 60 个互换局；在杭州等 9 个口岸建立了保税仓；在 23 个城市实现了邮件的退费服务。中国邮政还积极响应国家建设"海外仓"的发展计划，开办海外仓和口岸的海外购等业务。同时，随着我国跨境电商服务需求的多元化发展，国内及国际的快递公司也在积极拓展跨境物流快递业务。

5. 参与跨境电子商务的企业比例偏低，增长潜力巨大

截至 2013 年年底，通过各类平台开展跨境电子商务的境内企业已超过 20 万家，但

这在我国约 500 万家外贸企业中所占的比例微乎其微。越来越多的中小外贸企业意识到跨境电子商务能带来更广阔的市场空间和利润空间，但面临跨境电子商务起步阶段的网店搭建、市场推广、跨境物流等门槛，再加上对交易安全的担忧，大多数企业对此望而却步。随着跨境电子商务的不断发展，政策制度环境的不断完善，中小企业外贸综合服务的不断发展，有望看到越来越多的中小企业涉足这一领域。

6. 跨境电子商务的发展带动了跨境支付服务的快速发展

目前，在跨境电子商务领域，银行转账、信用卡、第三方支付等多种支付方式并存。跨境电子商务 B2B 模式主要以传统线下模式完成交易，支付方式主要是信用卡、银行转账（如西联汇款）。跨境电子商务 B2C 模式主要使用线上支付方式完成交易，此模式下第三方支付工具得到了广泛应用。除全球应用最广泛的跨境交易支付工具 PayPal 为我国跨境电商提供了跨境外币在线支付服务之外，一批优秀的本土第三方支付企业也正在逐步发展壮大，并陆续进军跨境支付领域。2013 年，支付宝、财付通、银联电子支付、汇付天下等 17 家本土第三方支付企业获得了跨境支付业务试点资格，可通过合作银行为小额电子商务交易双方提供跨境互联网支付所涉及的外汇资金集中收付和相关结售汇服务。

当然，跨境电子商务的发展仍面临一系列挑战，包括通关、跨国物流、交易安全、跨境支付等。

16.3.5　我国跨境电子商务及支付业务管理存在的问题

虽然跨境电子商务及支付业务的迅猛发展给企业带来了巨大的利润空间，但是如果管理不当也可能给企业带来巨大的风险。当前我国跨境电子商务与支付业务的管理缺陷主要体现在以下几个方面。

1. 政策缺陷

（1）电子商务交易归属管理问题。从电子商务交易形式上分析，纯粹的电子交易在很大程度上属于服务贸易范畴，国际普遍认可其归入 GATS 的规则中按服务贸易进行管理。对于只是通过电子商务方式完成定购、签约等，但要通过传统的运输方式运送至购买人所在地的电子交易，则归入货物贸易范畴，属于 WTO 的管理范畴。此外，对于特殊的电子商务种类，既非明显的服务贸易也非明显的货物贸易，如通过电子商务手段提供电子类产品（如文化、软件、娱乐产品等），国际上对此类电子商务交易归属服务贸易还是货物贸易仍存在较大分歧。尽管我国在 2019 年正式施行了《电子商务法》，但目前我国在跨境电子商务领域还没有出台专门的法律法规，因此跨境电子商务交易管理归属问题仍然不清晰。

（2）交易主体市场准入问题。跨境电子商务及支付业务能够突破时空限制，将商务辐射到世界的每个角落，使经济金融信息和资金链日益集中在数据平台。一旦交易主体缺乏足够的资金实力或出现违规经营、信用危机、系统故障、信息泄露等问题，便会引发客户外汇资金风险。因此，对跨境电子商务及支付业务参与主体进行市场准入规范管理，是极其重要和迫切的。

（3）支付机构外汇管理与监管职责问题。第一，支付机构在跨境外汇收支管理中承担了部分外汇政策执行及管理职责，其与外汇指定银行类似，是外汇管理政策的执行者与监督者；第二，支付机构主要为电子商务交易主体提供货币资金支付清算服务，属于支付清算组织的一种，不同于金融机构。

2. 操作瓶颈

（1）交易真实性难以审核。电子商务的虚拟性，直接导致外汇监管部门对跨境电子商务交易的真实性、支付资金的合法性难以审核，为境内外异常资金通过跨境电子商务办理收支提供了途径。

（2）国际收支申报存在困难。一方面，通过电子支付平台，境内外电商的银行账户并不直接发生跨境资金流动，且支付平台完成实质交易资金清算常需要7~10天，因此由交易主体办理对外收付款申报的规定较难实施。另一方面，不同的交易方式对国际收支申报主体也会产生一定的影响。如代理购汇支付方式的实际购汇人为交易主体，应由其进行国际收支申报，但依前所述较难实施；线下统一购汇支付方式的实际购汇人为支付机构，可以其为主体进行国际收支申报，但此种申报方式难以体现每笔交易资金的实质，会增加外汇监管难度。

（3）外汇备付金账户管理缺失。随着跨境电子商务的发展，外汇备付金管理问题日益突显，而国内当前对外汇备付金管理仍未有明确规定，如外汇备付金是归属经常项目范畴或资本项目范畴（按贸易信贷管理），外汇备付金账户开立、收支范围、收支数据报送，同一机构本外币备付金是否可以轧差结算等均无统一管理标准，易使外汇备付金游离于外汇监管体系之外。

16.4 市场采购贸易

16.4.1 市场采购贸易的定义

市场采购贸易是我国在国际贸易综合改革中创造性提出的一种新型贸易方式。海关总署于2014年第54号公告中对**市场采购贸易**做了如下定义："由符合条件的经营者在经国家商务主管等部门认定的市场集聚区内采购的、单票报关单商品货值15万（含15万）美元以下、并在采购地办理出口商品通关手续的贸易方式。"按义乌国际贸易综合信息服务平台的定义，市场采购贸易方式是指"符合条件的境内外企业和个人在经国家相关部门认定的市场集聚区采购商品，并在相应的主管地海关或口岸海关报关出口的贸易方式"。

为推动出口贸易发展和促进地方小商品市场发展，国家积极扩大试点市场采购贸易方式。2011年3月4日，国务院批复义乌国际贸易综合改革试点总体方案，把确立"市场采购"新型贸易方式作为改革首要任务。2013年4月18日，国家八部委联合发文，同意在义乌正式试行市场采购贸易方式。2014年7月1日，海关总署第54号公告明确市场采购贸易监管办法及监管方式。2015年7月22日，市场采购贸易试点范围扩大到江苏海门和浙江海宁。2015年9月28日，江苏海门叠石桥国际家纺城、浙江海宁皮革城开展试点。2015年12月17日，国家税务总局发布规范统一市场采购贸易方式出口货物免税管理办法。2016年4月20日的国务院常务会议和2016年5月9日印发的《关于促进外贸回稳向好的若干意见》均提出"要扩大市场采购贸易方式试点"。2016年9月27日，商务部会同发展改革委、财政部等八部门，将江苏省常熟服装城、广东省广州花都皮革皮具市场、山东省临沂商城工程物资市场、湖北省武汉汉口北国际商品交易中心、河北省白沟箱包市场五个市场纳入第三批市场采购贸易方式试点单位。2018年，温州（鹿城）轻工产品交易中心、泉州石狮服装城、湖南高桥大市场、亚洲国际家具材料交易中心、中山市利和灯博中心、成都国际商贸城被纳入第四批市场采购贸易方式试点单位。截至2018年年底，全国已有14个市场采购贸易方式试点单位，各单位的贸易增长呈现良好态势。

16.4.2 市场采购贸易的特点

1. 适用商品与运输

市场采购贸易通常适用于多品种、小批量、多批次的采购，一般以拼箱组柜方式进行报关和运输。

2. 简化归类申报

以市场采购贸易方式出口的商品，每票报关单随附的商品清单所列品种在10种以上的可实行简化申报；对符合规定的商品，以中华人民共和国进出口税则中"章"为单位进行归并；每"章"按价值最大商品的税号作为归并后的税号，价值、数量等也相应归并。

3. 增值税免征不退

以市场采购贸易方式出口的商品直接免征增值税（包括以增值税为计税依据的城建税、教费附加和地方教育附加等），在征收方式上采取不征不退的方式，即市场集聚区的市场经营户未取得或无法取得增值税发票的货物均可以市场采购贸易方式出口。

4. 外贸主体个人可结收汇

以市场采购贸易方式出口的商品，既可由试点的市场采购贸易经营者收结汇，也可由其代理出口的市场经营户个人收结汇；由市场经营户个人收结汇的，符合条件的市场经营户个人首先须开立外汇结算账户，再凭代理协议、出口货物报关单正本等办理收结汇；外汇管理局则对试点的市场采购贸易经营者企业的贸易真实性实行主体总量核查。

5. 出口商检闭环管理

市场采购贸易经营者或市场经营户对市场采购的出口商品进行验收后，按照国家质检总局《出入境检验检疫报检企业管理办法》向检验检疫机构报检，报检时提供符合性声明、市场采购凭证、备案证明复印件等资料。联网申报、核销使得小商品出口报检形成闭环管理，实现商品记录的完整与可追溯。即市场采购贸易方式试点单位已基本形成"一划定、三备案、一联网"的管理机制，建立"信息共享、部门联动、风险可控、源头可溯"的商品认定体系和知识产权保护体系，实现"源头可溯、责任可究、风险可控"的管理目标。

16.4.3 市场采购贸易的优点

1. 提升贸易便利化

以市场采购方式申报出口的小商品可享受海关24小时全程电子通关、简化申报、智能卡口验放、出口商品增值税征/退管理方式简化等便利化举措，进一步提高市场采购出口商品通关便利。

2. 降低外贸风险和成本

市场采购贸易方式下，出口商品可在市场所在地办理出口通关手续，市场经营户无须将商品运至口岸海关再办理通关，这样不仅能降低物流成本，还能提前办理通关手续，大大降低了外贸风险和经营成本。

3. 共享贸易平台

市场采购贸易方式为广大中小微企业提供了共享式的商贸流通和对外贸易大平台，构筑了对接国际市场的便利通道，激发了中小微市场主体活力，增强了我国小商品参与国际竞争的能力，提升国际化水平的同时推动了外贸增长。

4. 解决小商品出口瓶颈

小商品出口质量管理与追溯已成为制约我国小商品出口的因素，而贸易采购方式具有的贸易规范化、贸易主体本地化等特征，有利于建立质量溯源体系，解决小商品出口瓶颈，推动贸易发展。

出口采购贸易模式能显著提高贸易便利化水平，降低贸易成本，提升贸易效率。其提供的商品信息更全，使客户的选择更多，相比于传统贸易方式，是一种新型的、更高层次的对外贸易形式。

16.4.4 市场采购贸易的操作流程

1. 采购订货

境外采购商与市场经营户或市场采购贸易经营者（外贸公司）签订合同，预付定金，并要求市场经营户或市场采购贸易经营者在境外采购商指定的收货截止日期前将货物送至指定地点。

2. 信息录入

经营主体按时限要求在市场采购贸易综合管理系统准确录入商品名称、规格型号、计量单位、数量、单价和金额等内容以形成交易清单，具体如下：自营出口的市场经营户应在与外商签订采购合同时自行录入；委托出口的市场经营户在货物交付市场采购贸易经营者时自行录入，或由市场采购贸易经营者录入；由市场采购贸易经营者代理录入的，须与市场经营户进行确认。

3. 委托收货

境外采购商委托市场采购贸易经营者利用自有外贸仓库或租用外贸仓库收货、验货。

4. 订舱装箱

市场采购贸易经营者在收货、验货后，直接或委托货代公司向船公司预定船期和舱位，并联系集装箱卡车，将多种货物组柜装箱。

5. 报检报关

市场采购贸易经营者凭符合性声明、市场购销凭证、备案证明、身份信息复印件、装箱清单等资料，直接或委托报检公司向采购地检验检疫部门报检、直接或委托报关公司向采购地海关报关出口；除应在"发货单位"栏填写市场采购贸易经营者名称外，还须在"备注栏"注明采购商身份信息。

6. 查验施封

在获得海关放行单后，市场采购贸易经营者将货物运至试点市场所设的海关监管点接受查验（抽验）、施封。

7. 转关放行

市场采购贸易经营者在采购地海关办理转关出口手续后，将货物运至口岸海关，办理转关检验手续和核销手续，以进入港区、装船出运。

8. 免税备案

市场经营户应在货物报关出口次月的增值税纳税申报期内按规定向主管国税机关办理市场采购贸易出口货物免税申报；委托出口的，市场采购贸易经营者应在规定的期限内向主管国税机关申请开具《代理出口货物证明》以代为办理免税申报手续。

9. 办理结汇

市场经营户或市场采购贸易经营者向外汇管理部门提交资料，办理结汇手续。

本章小结

本章介绍了各种贸易方式的基本内容、运行过程和相应的适用条件，各种贸易方式的特点和差异及跨境电子商务、市场采购贸易方式的含义、特点及发展趋势。通过学习使学生了解国际贸易的过去、现在和未来的发展趋势。

本章实训

1. 实训目的

了解多种贸易方式的含义、运行过程和相应的适用条件并进行相关案例分析。

2. 实训内容

（1）熟悉各种贸易方式的基本运行程序和注意事项。

（2）讨论下列问题并进行案例分析：①什么是经销与代理，二者有什么区别？②什么是商品期货交易，有什么特点？③搞好我国的来料加工贸易应注意哪些问题？④电子商务对国际贸易的发展产生了什么影响？

【案例 16-1】

我国某公司与国外一公司订有包销某商品的包销协议，期限为一年。年末临近，因行情变化，包销商"包而未销"，要求退货并索赔广告宣传费用。请问：包销商有无权利提出此类要求，为什么？

【案例 16-2】

美国 A 公司与中国 B 公司签订了一份独家代理协议，指定 B 公司为 A 公司在中国的独家代理。不久，A 公司推出指定产品的改进产品，并指定中国 C 公司作为该改进产品的独家代理。请问 A 公司有无这种权利？

【案例 16-3】

某公司在拍卖行经竞买获得一批精美瓷器。在商品拍卖时，拍卖条件中规定，"买方对货物过目或不过目，卖方对商品的品质概不负责"。该公司在将这批瓷器通过公司所属商行销售时，发现有部分瓷器出现网纹，严重影响这部分商品的销售。该公司因此向拍卖行提出索赔，但遭到拍卖行的拒绝。请问拍卖行的拒绝有道理吗？为什么？

【案例 16-4】

某贸易商于 7 月与一农场订立远期合同，购进 10 000 蒲式耳玉米，10 月交货，价格为每蒲式耳 4.30 美元。该贸易商担心 11 月新玉米收获时市价下跌，遂即以每蒲式耳 4.50 美元买入 11 月的期货合同两份（每份 5 000 蒲式耳）。11 月，该贸易商将购进的玉米全部转售。因新货上市，市价下跌，只售得每蒲式耳 4.20 美元，亏损 1 000 美元。而此时期货价格也趋降，由于交割期到，贸易商无奈将两份期货合同卖出对冲，价格为每蒲式耳 4.20 美元，连同佣金 100 美元，在期货交易中亏损 3 100 美元。加上现货市场的亏损，总计亏损 4 100 美元。试析该贸易商在以上经营活动中应吸取什么教训？

3. 实训组织形式和要求

（1）组织形式。将全班学生分成小组，通过小组讨论的形式完成本节实训。

（2）实训要求。分小组讨论各种国际贸易方式的含义和程序及实际履行中的注意事项，在此基础上研究案例，并请各小组将分析结果由各组的推荐代表在全班讨论时分享，在此基础上各人拿出自己的分析报告。

参考文献

[1] 贾建华，阚宏. 新编国际贸易理论与实务［M］. 2版. 北京：对外经济贸易大学出版社，2010.
[2] 冷柏军. 国际贸易实务［M］. 3版. 北京：高等教育出版社，2013.
[3] 刘庆林，孙中伟. 国际贸易理论与实务［M］. 北京：人民邮电出版社，2003.
[4] 陈同仇. 国际贸易（新编本）［M］. 北京：对外经济贸易大学出版社，2015.
[5] 吴百福，等. 进出口贸易实务教程［M］. 7版. 上海：格致出版社，2015.
[6] 黎孝先，王健. 国际贸易实务［M］. 6版. 北京：对外经贸大学出版社，2016.
[7] 张二震，马野青. 国际贸易学［M］. 4版. 南京：南京大学出版社，2009.
[8] 赵春明，魏浩，蔡宏波. 国际贸易［M］. 3版. 北京：高等教育出版社，2013.
[9] 陈宪，等. 国际贸易理论与实务［M］. 4版. 北京：高等教育出版社，2012.
[10] 伯特尔·俄林. 区际贸易与国际贸易［M］. 逯宇铎，等译. 北京：华夏出版社，2008.
[11] 陈岩. 国际贸易单证教程［M］. 2版. 北京：高等教育出版社，2014.
[12] 陈国武. 解读跟单信用证统一惯例（2007年修订本）第600号出版物［M］. 天津：天津大学出版社，2007.
[13] 薛荣久. 世贸组织与中国大经贸发展［M］. 北京：对外经济贸易大学出版社，1997.
[14] 艾伦·鲁格曼，理查德·霍杰茨. 国际商务［M］. 李克宁，译. 北京：经济科学出版社，1999.
[15] 海闻P林德特，王新奎. 国际贸易［M］. 上海：格致出版社，上海人民出版社，2003.
[16] 张晓明. 国际贸易实务与操作［M］. 北京：高等教育出版社，2008.
[17] 廖立平. 进出口业务与报关［M］. 5版. 广州：中山大学出版社，2006.
[18] 白洪声，张嘉民. 国际贸易理论与实务［M］. 济南：山东人民出版社，2002.
[19] 熊良福，夏国政. 国际贸易实务新编［M］. 3版. 武汉：武汉大学出版社，2005.
[20] 宫焕久，许源. 进出口业务教程［M］. 上海：上海人民出版社，2007.
[21] 孙勤，陈宏付，赵静敏. 新编国际贸易教程［M］. 西安：西安电子科技大学出版社，2016.
[22] 孙勤，赵静敏，郑凌霄. 国际贸易理论与实务［M］. 2版. 北京：机械工业出版社，2015.
[23] 袁永友. 国际商务经典案例［M］. 北京：经济日报出版社，2001.
[24] 赵静敏，罗吉文. 国际贸易实务［M］. 北京：机械工业出版社，2013.
[25] 孙勤. 新编国际贸易［M］. 徐州：中国矿业大学出版社，1996.
[26] 中国国际商会. 国际贸易术语解释通则2010（Incoterms2010）［M］. 北京：中国民主法制出版社，2011.
[27] 鄂立彬，黄永稳. 国际贸易新方式：跨境电子商务的最新研究［J］. 东北财经大学学报，2014（02）：22-31.
[28] 于丞. 我国出口跨境电商现状、发展趋势及转型策略［J］. 商业经济研究，2019（10）：67-70.
[29] 陈晓霞. 论跨境电商的发展与创新［J］. 中国商论，2019（09）：89-90.

［30］孙蕾，王芳. 中国跨境电子商务发展现状及对策［J］. 中国流通经济，2015，29（03）：38-41.
［31］洪勇. 跨境电子商务的发展现状、问题及对策［J］. 农业工程技术，2018，38（30）：22-26.
［32］金虹，林晓伟. 我国跨境电子商务的发展模式与策略建议［J］. 宏观经济研究，2015（09）：40-49.
［33］沈瑞，王莉. 中国的跨境电子商务：发展及未来的视角［J］. 中国商论，2016（03）：49-52.
［34］余楠. 当前国内 TPP 研究述评［J］. 上海海关学院学报，2012，33（03）：99-105.
［35］彭支伟，张伯伟. TPP 和亚太自由贸易区的经济效应及中国的对策［J］. 国际贸易问题，2013（04）：83-95.
［36］王彦芳，陈淑梅，高佳汇."一带一路"贸易网络对中国贸易效率的影响—兼论与 TPP、TTIP、RCEP 的比较［J］. 亚太经济，2019（01）：49-55+154.

普通高等教育"十三五"应用型教改系列规划教材
财会系列

即将出版			
会计学基础： 基于企业全局视角 （李爱红）	财务会计	高级财务会计	成本核算与管理
管理会计基础与实务	税法基础	纳税实务： 计算、申报、筹划	财务管理基础
中级财务管理	会计信息系统	生产运作管理	审计基础与实务
行业会计比较	VBSE跨专业综合实训教程	财务报告分析	Excel会计数据处理